AS MULHERES DO DIA D

AS MULHERES DO DIA D

SARAH ROSE

SEXTANTE

Título original: *D-Day Girls*

Copyright © 2019 por Sarah Rose
Copyright da tradução © 2022 por GMT Editores Ltda.

Todos os direitos reservados. Nenhuma parte deste livro pode ser utilizada ou reproduzida sob quaisquer meios existentes sem autorização por escrito dos editores.

tradução: Bruno Fiuza e Roberta Clapp
preparo de originais: Silvia Correr
revisão: Luis Américo Costa e Midori Hatai
diagramação: Valéria Teixeira
capa: Elena Giavaldi
adaptação de capa: Natali Nabekura
imagens de capa: Mark Stutzman
impressão e acabamento: Bartira Gráfica

CIP-BRASIL. CATALOGAÇÃO NA PUBLICAÇÃO
SINDICATO NACIONAL DOS EDITORES DE LIVROS, RJ

R729m

Rose, Sarah, 1974-
    As mulheres do Dia D / Sarah Rose ; tradução Bruno Fiuza , Roberta Clapp. - 1. ed. - Rio de Janeiro : Sextante, 2022.
    384 p. ; 23 cm.

    Tradução de: D-day girls
    Inclui bibliografia
    ISBN 978-65-5564-328-2

    1. Segunda Guerra Mundial , 1939-1945 - Serviço secreto. 2. Segunda Guerra Mundial, 1939-1945 - Mulheres espiãs - História. I. Fiuza, Bruno. II. Clapp, Roberta. III. Título.

22-76240   CDD: 940.54
                 CDU: 94(100)"1939/1945"

Gabriela Faray Ferreira Lopes - Bibliotecária - CRB-7/6643

Todos os direitos reservados, no Brasil, por
GMT Editores Ltda.
Rua Voluntários da Pátria, 45 – Gr. 1.404 – Botafogo
22270-000 – Rio de Janeiro – RJ
Tel.: (21) 2538-4100 – Fax: (21) 2286-9244
E-mail: atendimento@sextante.com.br
www.sextante.com.br

*Para Gerald Rose, que lutou
contra a discriminação de gênero nas escolas.*

Gloucester: Paris caiu? Rouen capitulou?
Se Henrique voltasse de novo à vida,
Tais notícias fariam seu espírito mais uma vez fenecer.
Exeter: Caíram como? Que ardis foram empregados?
Mensageiro: Ardil nenhum; apenas carência de homens e dinheiro.

– WILLIAM SHAKESPEARE,
Henrique VI, Parte 1, ato 1, cena 1

Tout simplement, mon colonel, parce que les hommes les avaient laissé tomber.
"[Peguei em armas] simplesmente, coronel, porque os homens as deixaram cair."

– MARGUERITE GONNET
no tribunal, 1942

Sumário

Lista de personagens   9

PARTE I   13

CAPÍTULO 1   Que Deus nos ajude   15
CAPÍTULO 2   Guerra descortês   24
CAPÍTULO 3   Um agente de primeira classe   35
CAPÍTULO 4   A rainha da organização   49
CAPÍTULO 5   *Merde alors!*   61
CAPÍTULO 6   Até o último homem   74

PARTE II   79

CAPÍTULO 7   Milhares de ameaças   81
CAPÍTULO 8   Os Anos Sombrios   87
CAPÍTULO 9   Sozinha no mundo   101
CAPÍTULO 10   *Robert est arrivé*   116
CAPÍTULO 11   A Paris do Saara   130
CAPÍTULO 12   Nossas possibilidades   136
CAPÍTULO 13   As detonações nunca podem dar errado   152

CAPÍTULO 14 Uma mulher obstinada   159
CAPÍTULO 15 Calvário infinito   171
CAPÍTULO 16 A troca   183
CAPÍTULO 17 O cachorro espirrou na cortina   199
CAPÍTULO 18 Caçada   209
CAPÍTULO 19 É chegada a hora da ação   217

PARTE III   231

CAPÍTULO 20 Beijos   233
CAPÍTULO 21 Uma incumbência patriótica   237
CAPÍTULO 22 Um pouco mais de coragem   245
CAPÍTULO 23 Canção de outono   249
CAPÍTULO 24 Morte de um lado, vida do outro   257
CAPÍTULO 25 A cabeça não para   271

EPÍLOGO   Uma vida útil   278

Nota da autora   289
Agradecimentos   291
Notas   293
Bibliografia   357

Lista de personagens

Andrée Borrel
NOME DE CAMPO: Denise
NOME OPERACIONAL: Whitebeam
IDENTIDADE FALSA: Monique Urbain

Lise de Baissac
NOME DE CAMPO: Odile
NOME OPERACIONAL: Artist
IDENTIDADE FALSA: Irène Brisée, Jeanette Bouville

Odette Sansom
NOME DE CAMPO: Lise
NOME OPERACIONAL: Clothier
IDENTIDADE FALSA: Odette Metayer

Yvonne Rudellat
NOME DE CAMPO: Suzanne
NOME OPERACIONAL: Soaptree
IDENTIDADE FALSA: Jacqueline Viallet, Jacqueline Gauthier, Jacqueline Culioli

Mary Herbert
NOME DE CAMPO: Claudine
NOME OPERACIONAL: Corvette
IDENTIDADE FALSA: Marie-Louise Vernier

Francis Suttill
NOME DE CAMPO: Prosper
NOME OPERACIONAL: Physician
IDENTIDADE FALSA: François Desprez

Gilbert Norman
NOME DE CAMPO: Archambaud
NOME OPERACIONAL: Butcher
IDENTIDADE FALSA: Gilbert Aubin

Peter Churchill
NOME DE CAMPO: Michel, Raoul
NOME OPERACIONAL: Spindle
IDENTIDADE FALSA: Pierre Marc Chauvet, Pierre Chambrun

Claude de Baissac
NOME DE CAMPO: David
NOME OPERACIONAL: Scientist
IDENTIDADE FALSA: Clement Bastable, Michel Rouault, Claude Marc Boucher

França e arredores, 1940–1944

DINAMARCA

Mar do Norte

INGLATERRA
- Londres

PAÍSES BAIXOS

ALEMANHA

BÉLGICA

LUXEMBURGO

Canal da Mancha

Utah Beach
Península do Cotentin
Gold Beach
Juno Beach
Sark
Omaha Beach
Sword Beach

NORMANDIA
- Paris

ZONA DE OCUPAÇÃO ALEMÃ

Rio Loire
- Blois
- Orléans

- Poitiers

FRANÇA

SUÍÇA

- Annecy (Saint-Jorioz)

ITÁLIA

Oceano Atlântico

FRANÇA DE VICHY

- Bordeaux

Território ocupado pela Alemanha a partir de novembro de 1942

Território ocupado pela Itália a partir de novembro de 1942

- Marselha
- Cannes

ESPANHA

CÓRSEGA

Mar Mediterrâneo

SARDENHA

As praias Utah, Omaha, Gold, Juno e Sword foram invadidas em 6 de junho de 1944.

© 2019 Jeffrey L. Ward

Parte I

CAPÍTULO 1

Que Deus nos ajude

Londres

Sob o olhar vigilante do almirante lorde Nelson, postado no alto de uma coluna de pedra no centro de Londres, a Sra. Odette Sansom caminhava apressada para chegar a tempo a seu compromisso no Departamento de Guerra. O caolho e maneta herói da Batalha de Trafalgar estava sendo castigado pela chuva – um monumento de bronze que lembrava os dias gloriosos da *Pax Britannica*, já tão distante da Londres do dia 10 de julho de 1942, marcado por conflitos sangrentos.

Era o dia 1.043 da pior guerra de todos os tempos.

Grande parte da cidade estava em ruínas. Os vãos entre os edifícios lembravam o sorriso banguela de uma criança. Odette baixou o chapéu para se proteger da chuva fina que teimava em cair e passou às pressas pelos leões de cobre junto à base da coluna, como se dependesse somente de si mesma colocar ordem na capital e fazer a cidade voltar a sorrir.

Odette deslumbrava os londrinos com seu ar gaulês, sua essência francesa. Ela era mais bonita do que suas colegas inglesas e sabia disso: grandes olhos castanhos, um "biotipo suave"[1] e um rosto em formato de coração emoldurado por cabelos escuros presos num rabo de cavalo com alguns fios soltos na nuca. Seu casaco leve, preso por um cinto, era a única cor na paisagem chuvosa e sem graça de Londres, inundada por uniformes de soldados, marinheiros e aviadores. O mundo inteiro estava cinzento. Embora tivesse vivido na Inglaterra durante a maior parte da vida adulta, Odette mantinha vivo seu ar continental e se orgulhava disso; a gélida Grã-Bretanha lhe parecia indiferente ao sexo e às mulheres. Dotada de um enorme talento teatral, Odette se exibia com graça e os militares se derretiam. Diziam entre si que ela até mesmo sorria em francês.[2]

O Victoria Hotel, requisitado pelos militares para centro administrativo do Departamento de Guerra, recendia a naftalina. Não havia ninguém na porta para receber Odette. Os cintilantes lustres haviam sido guardados em local seguro e o prédio estava sombrio e funcional, como praticamente todo o resto. Nenhum dândi fumava seu cigarro no saguão de mármore rosa como outrora. O local estava movimentado, é verdade, mas por burocratas e sargentos, por homens à paisana recém-chegados do front, por velhos, inválidos, homens sem chances de ir para o combate e por aqueles que eram úteis demais para ser sacrificados – afinal, a guerra precisava ser comandada por alguém...

Odette estava lá por ter recebido um convite datilografado – o segundo enviado pelo Departamento de Guerra:

Prezada senhora,[3]

Foi-me informado que a senhora possui qualificações e informações potencialmente valiosas nesta fase dos esforços de guerra.

Se estiver disponível para uma entrevista, terei o maior prazer em recebê-la no endereço acima na sexta-feira, dia 10 de julho, às 11h.

Peço-lhe a gentileza de confirmar seu comparecimento.

Atenciosamente,
Selwyn Jepson
Capitão

Era o terceiro ano de guerra e, para uma mulher infeliz no casamento, aquela carta em papel timbrado do governo dava grandes esperanças. No mínimo, a ida até lá lhe proporcionaria uma tarde só para ela. Um filme estava estreando na Leicester Square, *Rosa de esperança*[4] – uma história sobre como as donas de casa inglesas contribuíam para o esforço de guerra, de como as matriarcas moviam montanhas enquanto seus homens estavam no front. Havia também muitas vitrines para ver, embora, como em toda a Europa, muito pouco pudesse ser comprado: eram tempos de racionamento e o ordenado dos maridos em combate era baixo. Na pior das hipóteses, a carta significaria uma boa mudança na vida de Odette, pois as "qualificações e informações" que o Exército desejava deveriam estar relacionadas à sua habilidade nativa na língua francesa. Talvez o Departamento de Guerra estivesse procurando tradutores. Ou secretárias. Ela não estava tão enferrujada, ainda conseguia datilografar de forma rápida.[5] Ou talvez fosse escrever cartas para prisioneiros de guerra na França. Seria um serviço bastante digno.

Odette não sabia o que lhe seria pedido e a carta do capitão informava muito pouco. Em todo caso, se o Departamento de Guerra tivesse algo em que ela pudesse ajudar, estava disposta a ser útil.

ODETTE MORAVA NA ALAGADA região rural de Somerset. Com apenas 30 anos, cuidava sozinha de três meninas de menos de 6 anos – Lily, Françoise e Marianne –, enquanto o marido, Roy, servia na luta contra Hitler. Roy era filho do soldado inglês que havia se alojado na casa da família dela durante a Primeira Guerra. Odette se casou com ele ainda jovem – muito jovem –, aos 18 anos, praticamente uma criança, ela admitia, ainda tão boba e adolescente que, na noite de núpcias, entrou em pânico e se recusou a partir para a lua de mel. Em vez disso, arrastou a mãe e a sogra para o cinema.[6]

Toda a juventude de Odette fora marcada pela guerra. Tinha apenas 4 anos quando seu pai foi morto na Batalha de Verdun, poucos dias antes do armistício que encerrou a Primeira Guerra.[7] Havia sido um dos 300 mil mortos, uma vergonhosa e dolorosa perda. As crianças do período entre guerras atingiram a maioridade em uma Europa atormentada, que ainda sangrava as feridas de Flandres e do Somme. A França se sentia mutilada pela brutalidade alemã; a Alemanha fora humilhada com as punições impostas pelos vizinhos. Odette, órfã de pai, foi criada na casa dos avós e seus domingos eram uma procissão sem fim de visitas obrigatórias ao túmulo e oferendas para a igreja acompanhada por sua mãe viúva. Como as tantas filhas da Primeira Guerra, aquele trauma transformou Odette: tornou-a, ao mesmo tempo, delicada e forte, vulnerável e feroz.

Já adulta, casada mas sozinha, sendo mãe na Inglaterra, Odette foi obrigada pela Blitz a trocar a agitação da vida na cidade pela segurança dos campos verdes e ermos.[8] Entre 1940 e 1941, as noites de Londres eram recortadas pelas explosões das bombas e pela luz dos holofotes. Havia um espetáculo diário no céu: clarões e labaredas brilhavam como fogos de artifício. Se ela tivesse ficado, teria se tornado mais fluente em inglês; por outro lado, teria aprendido a distinguir entre os sons de uma mina lançada de paraquedas e de um canhão antiaéreo, e as crianças teriam precisado usar máscara de gás. Não. Somerset seria melhor para as meninas.

Os dias de Odette eram agora uma série interminável de afazeres típicos do campo: ficar na fila na padaria, contar cupons de racionamento, remendar roupas quando era impossível conseguir tecido. Cartazes de propaganda exaltavam o exercício da frugalidade: "Sou o mais patriota que posso ser – e o racionamento não me faz temer!" A mensagem chegava a lhe causar mal-estar. "Reveja o seu guarda-roupa. Seja criativo, reaproveite o que você tem." Antes da guerra, Odette estava sempre na moda, uma costureira capaz de fazer pregas e plissados e acrescentar um toque de *uh-lá-lá* a qualquer traje, mas agora, naquele exílio rural, não havia ninguém para quem ficar bonita. "Roupas austeras para o quarto ano de guerra!",[9] exclamavam os semanários femininos; blazers sem enfeites e "saias livres de pecado" ganhavam aplausos. Odette ansiava pela emoção de Londres, pelo prazer da companhia dos amigos e por atenção. A maternidade no campo e a reclusão não combinavam nada com ela. Era uma vida insossa para uma mulher tão cheia de vida quanto ela.

O CAPITÃO SELWYN JEPSON estava sentado à sua mesa no Departamento de Guerra, sala 055a[10] – no que antes era o quarto 238 do Victoria Hotel –,[11] um cômodo tão pequeno que deveria servir apenas para guardar vassouras. Despojado de qualquer decoração luxuosa por questões de praticidade, o espaço continha apenas uma pia, uma mesa de madeira do Exército e duas cadeiras simples. A escassez era proposital, a mando do capitão, que ordenou que aquela sala de entrevistas fosse esvaziada de qualquer coisa que pudesse sugerir autoridade ou conforto. Ele não estava ali para bater papo nem para se proteger dos visitantes atrás de uma mesa enorme. Não queria que nada atrapalhasse a relação de confiança pura e simples: nada de divisão, status nem patente – a menos, é claro, que estivesse entrevistando um militar, momento em que vestia o uniforme por respeito.[12]

O capitão Jepson olhou para baixo, em direção ao arquivo diante de si.

A Sra. Sansom não tinha nenhum vínculo aparente com o inimigo; nada questionável fora encontrado pelo governo de Sua Majestade: "Nada consta contra ela." Em outras palavras, ela não tinha ficha criminal. Aparentemente, a Scotland Yard e o MI5 haviam concluído que era uma candidata apta para entrevista. Entretanto, isso definitivamente não era o bastante para os padrões dele. Se houvesse quaisquer impedimentos, ele os encontraria.

NOME DE BATISMO: Odette Marie Céline[13]
NACIONALIDADE ADQUIRIDA: Britânica
NACIONALIDADE NATA: Francesa

Após o casamento, Odette passou a ser inglesa graças à *coverture*, um conceito jurídico segundo o qual ela perdia os direitos legais e o marido podia controlar sua vida. Passara a fazer parte dele como a mão fazia parte do corpo.

O arquivo de Odette estava ali porque ela podia colaborar com a guerra. Em março de 1942 o noticiário noturno da BBC fizera um chamado urgente: a Marinha queria fotografias da costa francesa. Nas transmissões das seis e das nove da noite, intercaladas pelos concertos dos Proms e pelo noticiário em norueguês, o locutor anunciou que qualquer foto serviria, mesmo as mais corriqueiras poderiam ajudar no esforço de guerra e a virar o jogo na Europa e, por conseguinte, no restante do mundo. Aquele foi apenas um dos muitos chamados para servir à pátria naquele ano; na manhã seguinte os britânicos responderam com cerca de 30 mil envelopes contendo 10 milhões de fotos de férias.[14]

Odette também respondeu à solicitação do governo. Ela doou seus retratos de família, uma coleção de fotos de si mesma ainda menina nas extensas praias perto de Amiens, sua cidade natal, de piqueniques e guarda-sóis, castelos de areia, e de seu irmão, sua mãe, seus avós, até mesmo de um pai que ela nunca conheceu – lembranças simples e comuns de verões havia muito vividos.

Na maior guerra do mundo, os detalhes faziam diferença. Um departamento ultrassecreto de Oxford estava, naquele momento, elaborando um mapa detalhado da costa francesa. Por mais que a Inglaterra tivesse muitas informações sobre a França – mapas do Guia Michelin, descrições de todas as vilas de pescadores do Guia Baedeker e cartas náuticas que esmiuçavam cada centímetro das águas –, o Almirantado requisitava material mais especializado de inteligência. Para planejar uma invasão, a Marinha teria que fazer uma representação do país a partir da altura das ondas, da proa de uma lancha de desembarque. O Departamento Interno de Topografia (ISTD) estava elaborando um retrato detalhado de toda a costa francesa e da região dos Países Baixos. A Marinha precisava saber como eram os portos e as praias, o grau de inclinação de cada duna, cada estrada sinuosa, cada curso d'água, qualquer característica da paisagem que pudesse fornecer informações sobre abastecimento de água, pontos cegos e atracações. Tal mapa não podia ser produzido por um pequeno grupo de elite nem por meio de fotografias aéreas; a única maneira de obter uma representação elaborada seria remendando as memórias dos britânicos de suas viagens de férias antes da guerra. Um grupo de pesquisadores da Biblioteca Bodleiana se debruçou sobre os inúmeros álbuns, tirando foto das fotos e, em seguida, devolvendo-os aos seus legítimos proprietários, que não sabiam quais imagens haviam sido catalogadas nem por quê. O ISTD construiu um mosaico, uma montagem a partir de memórias de família, e costurou tudo numa panorâmica para formar uma colcha topográfica colossal.[15] Essa foi a plataforma para o plano de invasão dos Aliados na Europa. A Inglaterra estava em guerra e o derradeiro campo de batalha seria a França.

As fotografias de Odette não tinham nenhum valor militar. As polaroides de sua infância nem mesmo chegaram à Biblioteca Naval de Guerra. Ao ouvir o chamado na BBC, Odette enviou suas fotos para o Departamento de Guerra, e não para o ISTD; era uma falante não nativa de inglês, por isso não entendeu a diferença entre um e outro. Suas poucas fotos de família acabaram sendo enviadas para o serviço errado.

As engrenagens da administração militar, no entanto, se puseram em movimento. Os funcionários dos correios encaminharam sua carta oferecendo auxílio a um escritório central, que redirecionou apropriadamente as informações, por mais que estas não fossem muito claras, até chegar ao capitão Jepson.

Quando Odette entrou no gabinete do capitão, ele se levantou, como um homem versado na cortesia. As janelas estavam emolduradas por pesadas cortinas de blecaute, fazendo com que a sala fechada parecesse ainda mais apertada; a luz que caía sobre eles era dura e artificial.

O capitão Jepson era um homem delicado de 42 anos, vestia um terno escuro e tinha uma voz estridente, como se estivesse na puberdade. Em tempos de paz era um jornalista ativo e um escritor mediano de romances de mistério; na guerra, um homem cínico firmemente apegado ao que se passava em sua mente um tanto sombria. Com olhos cor de café e cabelo liso e escuro, sua expressão desconfiada passava a impressão de que estava sempre com prisão de ventre.[16]

O capitão tinha um sotaque aguçado e aprimorado na St. Paul's School, uma instituição exclusiva para herdeiros e aristocratas. Ele começou a entrevista com a pergunta que fazia a todos que entravam em seu gabinete: o que Odette achava dos alemães?[17]

Ela odiava Hitler com todas as suas forças.

Detestava o que havia acontecido com a França. Sua mãe fora retirada de casa; seu irmão, gravemente ferido na Blitzkrieg, estava se recuperando no hospital militar Val-de-Grâce numa Paris ocupada. Foi o que ela respondeu. Seu país tinha sido violado.

Ah, ela achava que até era capaz de sentir compaixão pelo povo alemão; quanto aos militares, não sentia nada além de desprezo.[18]

O capitão sabia que a hostilidade francesa aos alemães que ela havia herdado perdia apenas para a inimizade gaulesa em relação aos ingleses.[19] Como indicava a carta, naquele momento era seu trabalho selecionar, em meio ao pequeno subconjunto daqueles que ele considerava cidadãos britânicos normais, comuns e medianos, alguns candidatos específicos que falassem um francês impecável, que pudessem se passar por franceses e que fossem, para todos os efeitos, razoavelmente franceses.

– Você jamais saberia como essas coisas acontecem – começou o capitão, com a pasta de Odette sobre a mesa diante dele.[20] – Fizemos uma investigação sobre você aqui e na França e estamos muito satisfeitos com o que encontramos.

O drama e o exagero eram comportamentos naturais para Odette, tanto quanto falar a própria língua. Por isso, tão logo ouviu o capitão, em menos de um segundo sua postura recatada e elegante se transformou em ressentimento e indignação.

– Como assim? Por que vocês me investigaram?[21]

Numa Inglaterra em guerra, Odette era uma suspeita natural por causa de sua origem. Havia ressentimento entre os britânicos: os franceses tinham se rendido absurdamente depressa em 1940; o Exército francês desabou diante do avanço das divisões Panzer; a Linha Maginot foi a cereja do bolo, uma piada; os navios de Vichy, no norte da África, estavam naquele momento enfrentando as frotas dos Aliados;[22] as fábricas francesas haviam produzido armas para os nazistas, que matavam ingleses no Egito.

A lealdade de Odette poderia se tornar um componente essencial da luta pela Europa. O capitão estava recrutando soldados secretos para uma guerra clandestina em território nazista, mas mulheres como Odette só eram inglesas por casamento; esposas de britânicos nascidas no estrangeiro eram consideradas inimigas, forasteiras.

Ela reagiu à insinuação com um ímpeto capaz de reviver a Batalha de Hastings. Num acesso de raiva, Odette elencou, uma a uma, todas as suas credenciais patrióticas: era uma boa mãe para suas filhas inglesas, a esposa fiel de um soldado britânico que defendia o rei e a nação, levava uma vida tranquila, não havia feito nada ilegal nem cometido nenhuma traição e era uma inglesa tão honesta quanto qualquer um nascido em solo britânico.

– Afinal, o que você pensa que eu sou?[23]

Naquele momento, o capitão tomou uma decisão: estava disposto a arriscar a vida de Odette.[24]

SEM FORNECER OS DETALHES do trabalho para o qual a estava recrutando, nem mesmo o nome do empregador, o capitão Jepson ofereceu a Odette a oportunidade de ir à França em nome do governo de Sua Majestade por 300 libras por ano. Ela aceitava se candidatar?

– Espere um minuto. – O capitão hesitou. – Como é sua situação em casa?

As informações sobre a vida de Odette estavam todas reunidas no arquivo diante dele, mas ele não enviaria à guerra uma mulher que ficaria sofrendo por ter deixado suas filhas na Inglaterra. Suas chances de voltar com vida não passavam de 50%, até menos.[25]

Para o capitão, ela parecia não estar preocupada com as filhas. "Ah, elas vão ficar bem", ele se lembraria, mais tarde, da resposta que ela lhe dera.[26]

Odette estava imersa nos próprios pensamentos. Traduziu a nebulosa oferta de emprego para a linguagem de uma mãe. "Devo aceitar o sacrifício que os outros estão fazendo sem eu mesma erguer um dedo?", pensou.[27] O que seria de suas meninas se a França e a Inglaterra se rendessem a Hitler? Talvez ela não fosse útil aos olhos daquele homem minúsculo, Jepson; talvez não tivesse nenhuma competência para ajudar. Mas ainda assim estava determinada a pelo menos tentar, em nome de Lily, Françoise e Marianne.

Com apenas uma vaga ideia do que o trabalho envolvia, Odette disse:
– Quero partir para o treinamento.[28]

O CAPITÃO SE LEVANTOU e a acompanhou nos dois curtos passos até a soleira da porta, onde eles trocaram um aperto de mão. Odette tinha uma personalidade extremamente forte e talvez não estivesse disposta a seguir ordens; era muito intensa. Mesmo assim, atendia a todas as qualificações: francês fluente, cidadania britânica. Os Aliados precisavam de algo capaz de mudar o mundo: mulheres como Odette.

Ele voltou ao arquivo sobre sua mesa e fez uma anotação rápida na margem de um dos documentos, a avaliação profissional de sua mais recente contratação:

Que Deus tenha piedade dos alemães se conseguirmos fazê-la se aproximar deles. Ou quem sabe Deus nos ajude ao longo do caminho.[29]

CAPÍTULO 2

Guerra descortês

Londres

No número 64 da Baker Street, à plena vista na inebriante Londres dos tempos de guerra, um departamento operava sob um nome falso: o Escritório de Pesquisas Interserviços, ou ISRB, na sigla em inglês. Para os funcionários, era às vezes "o Escritório",[1] "o Ardil", "a Organização",[2] "o Ministério da Agricultura e da Pesca" e, frequentemente, "o Hospício".[3] O lugar era cinza e burocrático, militarista e sem alma, com longos corredores e mobília puramente funcional – e sede de uma agência do governo dedicada à guerra clandestina em território ocupado pelo inimigo: a Executiva de Operações Especiais (SOE).

Era especial. Era secreta. Não fazia parte da estrutura de comando regular do Serviço Civil nem dos militares, respondendo apenas aos estrategistas mais graduados. Com a Europa em estado crítico, essa organização sigilosa estava se preparando para a batalha que colocaria um ponto final na guerra.

Pouco antes do encontro de Odette com o capitão Jepson, circulou no ISRB um documento ultrassecreto informando que os comandos de guerra britânico e norte-americano concordavam que um segundo front na Europa era essencial para ajudar o Exército Vermelho de Stálin. Os soviéticos estavam lutando sozinhos a guerra na Europa em nome dos Aliados. Se uma força anglo-americana fosse capaz de abrir uma frente de batalha ocidental, desviaria a atenção de Hitler da Rússia, pois ele teria que lutar em duas frentes diferentes ao mesmo tempo, algo insustentável. A estratégia poderia acabar com a sede de sangue dos nazistas para sempre.

A invasão começaria obrigatoriamente na França, concordavam os estrategistas:

> A Europa Ocidental foi escolhida como palco para a primeira grande ofensiva dos Estados Unidos e da Grã-Bretanha.[4] Por todas as formas possíveis de comparação, é definitivamente superior a qualquer outro local. No que se refere ao tempo necessário para produzir resultados eficazes, essa decisão economizará muitos meses. Nossa rota mais curta até o coração da Alemanha passa pela França. Em nenhuma outra área podemos alcançar uma superioridade aérea tão extraordinária para um ataque terrestre bem-sucedido. Nessa região os Estados Unidos podem concentrar e manter uma força maior do que em qualquer outra. Um ataque anglo-americano pela Europa Ocidental é o único meio viável de empregar a maior parte do poder de combate dos Estados Unidos, do Reino Unido e da Rússia em um esforço conjunto contra um único inimigo.

A tomada da França era o eixo tático que faria uma diferença decisiva no teatro europeu. Do ponto de vista da geografia militar, a França era crucial: tinha extensas porções de litoral acessíveis voltadas para o canal da Mancha, para o Atlântico e para o Mediterrâneo; fazia fronteira com a Suíça e a Espanha, países neutros. O mais importante, porém, era que a França estava próxima à Inglaterra por via aérea e marítima. Era um alvo ao alcance dos Aliados. Mas a França não estava em condição de lutar por si mesma: o governo francês e a maioria de seus cidadãos estavam colaborando com Hitler.

"A decisão de lançar essa ofensiva deve ser tomada *imediatamente*", afirmava o memorando.

A invasão da França estava marcada para 1º de abril de 1943.[5]

ATARRACADO, CALVO E QUASE sempre bêbado, o primeiro-ministro Winston Churchill planejou a invasão da Europa enquanto alimentava e perseguia suas paixões militares de estimação: guerrilha, contrabando, sabotagem, propaganda política, opinião pública e levantes. Dentro dos países ocupados, ele planejava empregar os povos conquistados da Europa como uma força de combate secreta contra os nazistas.

Era tudo que os Aliados tinham. Os nazistas eram donos da Europa. Adolf Hitler havia se apoderado do continente com uma velocidade estonteante: em um mês, em 1939, ocupou toda a Polônia. Em 1940, levou dois meses para conquistar a Noruega; a Bélgica se rendeu em 18 dias; a Holanda, em quatro; Luxemburgo caiu em 12 horas e a Dinamarca, em menos de seis.[6]

Em maio de 1940 os nazistas invadiram a França. Durante a evacuação em Dunquerque, 338.226 soldados foram transportados da linha de frente para a Inglaterra em uma flotilha de 800 barcos de pesca, pequenas embarcações domésticas e cruzadores de batalha. O que restou da Força Expedicionária Britânica escapou por pouco do avanço do Exército alemão. Os nazistas entraram em Paris em 14 de junho de 1940.

Naqueles primeiros dias febris de guerra na França, logo após a nomeação de Churchill para chefe de governo, o Reino Unido estava atordoado, sozinho, a única nação da Europa que restava para lutar contra Hitler. Contudo, sem soldados no continente, como seria capaz de revidar?

Foram distribuídos memorandos sobre um novo esquema para derrotar o Reich por dentro:

> Precisamos organizar no território ocupado pelo inimigo movimentos semelhantes aos do Sinn Fein na Irlanda, das guerrilhas chinesas contra o Japão, dos paramilitares espanhóis que desempenharam um papel notável na campanha de Wellington ou – como se pode até supor – das organizações que os próprios nazistas desenvolveram de maneira extraordinária em quase todos os países do mundo. Essa "internacional democrática" deve usar muitos métodos diferentes, incluindo sabotagem industrial e militar, agitação e greves trabalhistas, propaganda incessante, atos terroristas contra traidores e líderes alemães, boicotes e rebeliões.[7]

O conceito de guerra clandestina não era novidade. Era tão antigo quanto a própria guerra: os gregos já haviam construído um excelente cavalo em Troia. A palavra "guerrilha", que vem do espanhol *guerrilla*, "pequena guerra", originou-se da luta contra a hegemonia napoleônica na Península Ibérica. Entretanto, até *esta* guerra, a subversão e a sabotagem tinham se provado bem-sucedidas principalmente quando engendradas por agentes não numerosos e não ligados ao governo, como os *partisans*. Os estrategistas não sabiam se aquilo funcionaria como tática em nível global. Até então, jamais havia sido testado em escala institucional.

Eram tempos de desespero e medo em Londres. As democracias tinham sido expulsas da Europa, os norte-americanos se recusavam a entrar na guerra, Hitler e Stálin ainda estavam dividindo o espólio da Polônia. Quando Churchill tomou a decisão de apostar na resistência e em incursões direcionadas, rápidas e violentas, essas eram as últimas ferramentas restantes em seu arsenal. Até que o Reino Unido pudesse lutar com equipamento e força militar, esse exército secreto daria continuidade ao combate em nome da Europa. Os Aliados se reagrupariam e se reequipariam para um retorno triunfante. Algum dia.

> O que precisamos é de uma nova organização para coordenar, inspirar, controlar e ajudar as populações dos países oprimidos, sendo elas próprias os participantes diretos. Precisamos de segredo absoluto, de entusiasmo fanático, de vontade de trabalhar com pessoas de diferentes nacionalidades, de total confiabilidade política.

Em uma reunião do Gabinete de Guerra no número 10 da Downing Street em 22 de julho de 1940, Churchill autorizou a criação de uma agência secreta para a insurgência, uma quinta-coluna profissional para atacar Hitler em seus novos territórios até que as Forças Expedicionárias Aliadas estivessem fortes o suficiente para abrir um segundo front.[8]

A centelha da resistência, acreditava Churchill, estava prestes a se acender no continente. Milhões haviam sofrido sob o coturno dos nazistas. Movimentos dissidentes surgiriam para desafiar o Reich; ataques furtivos poderiam alavancar a máquina de guerra, desmoralizar os soldados alemães de patentes mais baixas e, acima de tudo, lembrar ao povo europeu que a liberdade era um direito inato; a justiça não seria esquecida. Atiçar a ânsia pela insurreição era uma forma de minar o fascismo dentro de suas cada vez mais extensas fronteiras.

– Homens corajosos e desesperados poderiam causar o mais agudo constrangimento ao inimigo – disse Churchill –, e devemos fazer tudo ao nosso alcance para promover e estimular uma assistência tão valiosa à estratégia dos Aliados.[9]

A guerra moderna dependia da tecnologia e pertencia a nações industrializadas; nunca mais dois países ficariam frente a frente em uma trincheira, trocando tiros através de uma linha inerte. A guerra mundial entre grandes potências poderia ser vencida tanto pela subversão quanto pela força. Enquanto as forças regulares fornecem contingente militar, as forças especiais são cirúrgicas e habilidosas, treinadas para ser "as armas mais potentes que se pode imaginar":[10] atacar os meios de produção e de comunicação – desativando as instalações que fabricavam as máquinas que faziam a guerra acontecer, aniquilando a possibilidade de se informar a distância sobre a movimentação das tropas – era o que havia de mais arrojado no planejamento militar. Churchill gostava de chamar o departamento secreto recém-formado de Ministério da Guerra Descortês.

"Descortês" era uma palavra bonita demais para descrever o tipo de guerra que Churchill tinha em mente. Seria a guerra mais suja, destituída de quaisquer regras de combate, que não contava com proteção de tribunais, contratos ou convenções políticas globais.[11] Seria uma guerra por todos os meios disponíveis: haveria assassinatos, sequestros e pedidos de resgate, demolições e tortura. No entanto, quando os Aliados dessem início ao seu principal ataque à Europa – com bombas, torpedos, artilharia, blindados, infantaria –, os cidadãos do continente estariam lá, prontos para lutar por si mesmos, armados e treinados, um imenso exército rebelde pronto para explodir.

Muito antes que a data-alvo da ofensiva europeia fosse sequer cogitada, já tinham lhe dado um codinome: Dia D.[12]

Le Jour J.

– E agora – exortou Churchill em rude eufemismo endereçado a seu novo ministro encarregado da obscura agência dos guerreiros secretos – incendeie a Europa.

ENQUANTO WINSTON CHURCHILL SE preparava para autorizar a criação da Executiva de Operações Especiais, em 16 de julho de 1940, Adolf Hitler assinava a ordem de invadir a Grã-Bretanha.[13] Na Operação Leão-Marinho, o Führer demandava a obliteração completa da Marinha Real e da Força

Aérea Real (RAF). Ele instalaria minas submarinas ao redor das Ilhas Britânicas e ordenaria bombardeios aéreos, paralisando o comércio e fazendo com que o poderoso império caísse em uma submissão abjeta. Na Diretriz nº 16 do Führer, ele escreveu: "O objetivo desta operação é acabar com a pátria inglesa, uma vez que ela é a base a partir da qual a guerra contra a Alemanha pode prosseguir, e, se necessário, ocupar o país completamente."

COM O INTUITO DE se preparar para uma invasão continental dali a um ano e de fundar as bases para uma mudança política na Europa, a SOE precisava urgentemente de soldados em terra nos países ocupados, para que pudessem abastecer, financiar, armar, organizar, treinar e comandar uma resistência.

Mas, com tantos já em campo, o Reino Unido estava sem homens.[14]

O capitão Jepson enfrentava uma escassez de mão de obra e, como crises costumam servir de estímulo à inovação, decidiu recrutar mulheres para as operações secretas na França.

A decisão não teve muito apoio do Escritório. Para o alto escalão, colocá-las na linha de frente era algo obsceno: a guerra é travada pelos homens em prol das mulheres e das crianças; que serventia poderiam ter as mulheres em combate?[15] Para todas as culturas ao redor do planeta, a participação feminina em guerras é um tabu; seus corpos são construídos com o propósito de gerar vida, não de destruí-la.[16] Desde que Boadicea liderou suas tropas contra Roma, nunca mais uma inglesa pegara em armas contra um adversário estrangeiro.

Não era mero sexismo. Os britânicos à frente da guerra eram durões demais para admitir, mas acreditavam que as recrutas entregariam uma nova arma nas mãos de Hitler: o estupro.[17] Como soldados, as mulheres ficam singularmente expostas;[18] seus corpos se tornam recompensas de guerra, suscetíveis a homens armados.[19] Como habitantes de uma ilha isolada, as mulheres britânicas sempre foram mantidas em segurança; havia uma diferença muito grande entre o front doméstico e a linha de frente. Se as mulheres fossem designadas para operações especiais na França, estariam sujeitas às piores crueldades e retaliações dos nazistas caso fossem capturadas. E isso com certeza aconteceria: a expectativa de vida dos combatentes paramilitares era de menos de três meses atrás das linhas inimigas. Os comandantes se recusaram, em defesa da honra britânica.

No Victoria Hotel, um único homem começou a pôr fim a essa proibição absoluta e ao preconceito como solução prática para a falta de colaboradores: o resmungão capitão Jepson.

O CAPITÃO JEPSON CONSULTOU as leis do direito internacional em busca de uma orientação explícita. Descobriu que contratar mulheres para o combate não era contra as leis da guerra; isso nunca fora sequer mencionado. Na verdade, era aceitável e possível, de acordo com as Leis do Serviço Nacional vigentes entre 1939 e 1941, que recrutavam mulheres em massa para os serviços auxiliares e as agregavam à força de trabalho. A lei permitia que uma mulher usasse armas letais se ela estivesse disposta a assinar um documento declarando que compreendia o que significava matar e morrer.[20]

Além disso, os precedentes para o recrutamento feminino haviam aumentado: desde a experiência brutal vivida durante os dias da Blitz,[21] cerca de 78 mil mulheres tinham começado a atirar contra os alemães, manejando o gatilho da defesa antiaérea (*ack-ack*).[22] Elas iluminavam o céu noturno com armas tão poderosas que poderiam derrubar um Messerschmitt.[23] A própria filha de Winston Churchill, Mary,[24] serviu em um campo de artilharia montado no Hyde Park e, a respeito disso, o primeiro-ministro comentou: "Um atirador é um atirador."[25]

Mulheres se ofereceram. Mulheres foram recrutadas. Mulheres foram treinadas. Mulheres usavam uniforme nos serviços auxiliares. Mulheres morreram. As mulheres britânicas já estavam em guerra.

Mas elas não estavam atrás das linhas inimigas.

O capitão Jepson fez ainda mais pressão a favor das mulheres. Elas seriam não apenas úteis na França, mas essenciais. Ele alegava que, por serem reservadas, estarem acostumadas ao isolamento e serem dotadas de uma "coragem fria e solitária",[26] seriam perfeitas na execução de tarefas clandestinas. Também seriam excelentes mensageiras, dizia ele, e teriam maior liberdade para circular: com tantos prisioneiros de guerra na Alemanha e todos os franceses fisicamente aptos forçados por Hitler a servir, as mulheres superavam numericamente os homens. Um homem sem emprego, desocupado, seria suspeito. O capitão acreditava que o sexismo alemão se estenderia às mulheres francesas: nenhum nazista jamais seria capaz de suspeitar que uma mulher fosse uma *saboteuse*, e garotas andando de bicicleta eram bastante comuns por lá. (Para o capitão Jepson, não importava que Odette não soubesse andar de bicicleta. Ela poderia aprender.)

A FIM DE EVITAR confronto com certo general francês exilado, ainda que a contragosto, o capitão Jepson estava selecionando mulheres que falavam o idioma, mas não eram cidadãs francesas.

O general Charles de Gaulle era visto como uma figura insolente em Londres, o que o fazia parecer ainda maior do que os seus quase 2 metros de altura. Um general sem exército, um líder sem nação, que, mesmo estando longe, do outro lado do canal da Mancha, vinha alimentando havia dois anos a fornalha do patriotismo francês e da oposição por meio de transmissões sem fio. Naquele triste verão de 1940, quando a França se rendeu à Blitzkrieg, Odette e milhões de pessoas iguais a ela ouviram a primeira incitadora convocação do jovem general na rádio BBC:[27]

> A honra, o bom senso e os interesses do país exigem que todos os franceses livres, onde quer que estejam, continuem a lutar da melhor maneira possível.

O armistício não era uma declaração de paz, disse ele, mas uma vingança cruel infligida a uma nação em ruínas. Ele era a voz solitária na escuridão, furioso diante da ocupação nazista, convocando a resistência:

> Peço a todos os franceses que desejam permanecer livres que ouçam a minha voz e me sigam. Viva a França livre, íntegra e independente. *Vive la France.*

Depois de Dunquerque, De Gaulle se tornou o líder dos franceses exilados em Londres. Mas o Escritório achava a Cruz de Lorena – o símbolo do movimento França Livre do general – um fardo pesado demais.[28] A agência estava em busca de falantes nativos de todas as línguas da Europa ocupada e apenas De Gaulle protestava contra os planos de batalha. Segundo ele, era historicamente abominável que os franceses servissem em combate sob ordens britânicas. Ele previa um futuro no qual a França acabaria se tornando uma colônia da Coroa. Para De Gaulle, não era necessário vivenciar uma nova Guerra dos Cem Anos depois que a Segunda Guerra Mundial chegasse ao fim.

Para os Aliados, os chiliques de De Gaulle colocavam em risco a invasão. Os chefes de Estado exilados dos territórios ocupados – Noruega, Holanda, Grécia, Luxemburgo, Polônia, Albânia e Iugoslávia – tinham fixado residência em Londres e todos eles concordavam com a realização das operações secretas dentro da Europa de Hitler. Apenas De Gaulle se opunha. Esses monarcas tinham a esperança de retornar a seus postos depois da guerra, mas De Gaulle sabia que, no seu caso, essa perspectiva na França não era possível: já havia um chefe de Estado legal e reconhecido na cidade termal de Vichy.

Existiam efetivamente duas Franças em 1942, e nenhuma delas tinha representação no exílio na Inglaterra. O armistício de 1940 dividira o país ao meio. No Norte, havia uma Zona de Ocupação Alemã que englobava as áreas agrícolas mais ricas, a capital e a costa atlântica e que era administrada pelo Reich. O Sul era a chamada *zone libre*, uma colcha de retalhos do que havia sobrado da França: 40% do território com mais 6 milhões de refugiados e apenas um porto de águas profundas para se chegar às colônias francesas do norte da África. Essa porção não ocupada do território francês era governada pelo marechal Philippe Pétain, herói nacional da Primeira Guerra e vergonha da Segunda. A França de Vichy era tecnicamente neutra, um Estado nacionalista pagando dívidas gigantescas à Alemanha em razão da ocupação; tinha mantido seu império de além-mar e um impotente exército de "armistício". Ao contrário das outras conquistas de Hitler, o regime de Vichy oferecia aos franceses uma falsa aparência legal de autonomia.

Em Londres, o general De Gaulle mais parecia um exilado em campanha para presidente do que um chefe de Estado no exílio. Ele pleiteava um posto que os Aliados não estavam dispostos a oferecer. Se os exércitos anglo-americanos algum dia conseguissem se firmar na França ou em suas colônias do norte da África, era quase certo que De Gaulle não seria o escolhido para liderar o povo francês, durante ou depois da invasão. Os norte-americanos prefeririam um comandante francês totalmente diferente, mais receptivo ao presidente Roosevelt do que o genioso De Gaulle. O primeiro-ministro Churchill precisava mais do apoio dos Estados Unidos do que de um francês insolente e sem-teto.[29]

– Toda vez que eu tiver que decidir entre você e Roosevelt, sempre vou escolher Roosevelt – despejou Churchill em De Gaulle quando a invasão se aproximava.[30]

O Escritório tratou uma dor de cabeça diplomática com uma alta dose de burocracia militar. Dois grupos de guerrilha separados, mas paralelos, foram criados para a execução de operações dentro da França. O França Livre trabalhou junto à Seção RF (République Française)[31] empregando cidadãos franceses; seus esforços estavam voltados não só para a França do pós-guerra como para reunir politicamente um "exército das sombras"[32] durante o conflito. Depois surgiu uma segunda organização, apolítica, também comandada pelos ingleses e voltada para cidadãos não franceses, com um olhar direcionado para a invasão: a Seção F, ou Seção Francesa.

Juntas, as duas organizações comandavam todos os homens francófonos na Inglaterra em condições de lutar. Entre as agências, havia uma escassez constante do "tipo certo"[33] de soldado secreto. Os complexos nós do relacionamento entre Inglaterra e França só ajudaram a aumentar a demanda por recrutas do sexo feminino.

Quando Selwyn Jepson começou a "caçar talentos" entre as mulheres de Londres, estava apenas formalizando um fato: desde os primeiros dias da SOE, quando a missão da agência era organizar rotas de fuga para pilotos abatidos na França, as mulheres haviam sido recrutadas como agentes especiais e agentes secretas. Em 1941, por exemplo, Giliana Balmaceda, uma jovem atriz chilena com visto de Vichy ainda válido em seu passaporte, foi convidada a fazer uma curta viagem de reconhecimento do outro lado do canal da Mancha; Virginia Hall, uma jornalista norte-americana com uma perna de pau que ela batizou de Cuthbert, escapou de Vichy em virtude de seu passaporte e alistou-se em Londres para retornar à zona livre como um contato local da SOE.[34] Desde os primórdios da agência, as mulheres realizavam o mesmo trabalho ultrassecreto que os homens, apenas não pegavam em armas.

Mesmo assim, o alto escalão se recusou a aprovar o reconhecimento e o treinamento formal de agentes do sexo feminino. Enfrentando forte oposição, o capitão Jepson apelou para um ex-jornalista que havia colaborado com a sua revista no passado, um velho bêbado que escrevia pesados ensaios sobre encouraçados e guerra naval: Winston Churchill.

Se as forças de Sua Majestade insistiam em proibir mulheres na guerra, um apelo direto à mais alta autoridade do país era a única saída.

Em Londres, a portas fechadas em salas de reuniões recobertas de madeira de ponta a ponta, cercado de bustos de mármore e retratos a óleo de mundos antigos e mais belos, o alto escalão britânico fumava charutos em meio a sussurros. Qualquer um podia ser conhecido de alguém. Assim, quando um oficial de médio escalão buscou acesso ao homem no comando da guerra, esse acesso foi concedido. Eles eram velhos amigos, o capitão e o primeiro-ministro.

– O que você está me dizendo? – rosnou o buldogue para Jepson, um homem com metade do peso de Churchill, mas com autoestima elevada.[35] – Você está envolvendo mulheres nisso?

– É isso mesmo – respondeu o capitão. Havia um "gargalo de mão de obra"[36] que poderia ser resolvido com a simples aplicação da força de trabalho feminina. – Não acha que é a coisa mais sensata a ser feita?

– Boa sorte – consentiu o primeiro-ministro, mal-humorado.[37]

O capitão Jepson voltou para a confusão dos "Irregulares da Baker Street". Quando os opositores insistiam em duvidar de sua inovadora ideia de integrar mulheres às Forças Armadas, ele respondia citando a autorização do primeiro-ministro:

– Você gostaria de falar com o Sr. Churchill a respeito disso?[38]

CAPÍTULO 3

Um agente de primeira classe
Inglaterra

A tenente Andrée Borrel aprendeu a saltar no céu rosado do amanhecer. Assim como outros 60 mil paraquedistas aliados que aterrissaram em território inimigo durante a guerra, Andrée, de 22 anos, foi apresentada a essa prática na RAF Ringway, perto de Manchester, a principal escola de paraquedistas da Inglaterra, num curso destinado a explicar a relação física entre sustentação, empuxo, peso e arrasto. Todo mundo que amarrava um pedaço de seda às costas aprendia a física da queda: o corpo humano é uma pedra; o paraquedas é uma pena. Em tese, no vácuo, pedras e penas cairão na mesma velocidade. No céu, a resistência do ar retarda uma, mas não a outra. Por mais compacta que fosse a estrutura do corpo feminino de Andrée, ela cairia rápido como uma rocha se não fosse pela força ascendente do ar capturado. Sustentada pelo paraquedas, ela flutuava, lenta e delicadamente, sustentada por uma almofada de vento.

Os seres humanos devem ser treinados para desobedecer a seus instintos, para relaxar o corpo ao sentirem a velocidade com que o solo se aproxima. O segredo é rolar, deixar as partes carnudas absorverem o impacto enquanto estão presas a um lenço gigante.

Ao lado dos colegas homens, Andrée observava os sacos de areia serem lançados de paraquedas. Metade deles não abria. E, mesmo abertos, os sacos de areia se chocavam contra o chão com "um ruído oco e seco".[1] A mensagem e a metáfora não poderiam ser mais claras: prepare-se para pousar com um baque surdo ao chegar à França. Também esteja preparado para morrer.

Andrée foi afivelada a um arreio; em seguida, subiu para uma plataforma a 10 metros do chão, de onde foi instruída a pular. Disseram-lhe que ela estaria segura pelo arreio preso a cabos de polia que a impediriam de atingir o solo. Ela precisava se acostumar com o ato de se jogar e de estar em queda livre, de se atirar ao abismo.

Havia uma fila de homens lá embaixo olhando para Andrée. Diziam que tinha um "estilo Apache":[2] oriunda das classes mais baixas, brigona e espontaneamente informal. Os homens a achavam acessível, divertida, fácil de gostar, fácil de compartilhar um cigarro[3] e trocar umas risadas, mas também inocente, nem endurecida nem maltratada pelos graves danos provocados pela guerra. Como disse um de seus colegas, "ela sabia muito pouco sobre o mundo".[4]

Usando um capacete e um macacão de corte masculino, ela deu um passo até a borda e parou. Os homens abaixo dela observavam, esperando para escalar a torre também, inspirados por sua determinação. Era um truque dos instrutores fazer uma mulher ir primeiro. Nenhum homem suportaria a ideia de ser humilhado por ela.[5]

Andrée pulou. A gravidade fez o seu trabalho. Os instrutores gritaram para cada um dos alunos: *Pés juntos! Cotovelos na frente do peito! Cabeça baixa! Dobre os joelhos! Caia pisando com a ponta dos pés, não com os calcanhares.*[6]

Em 1942, o paraquedismo era uma nova forma de combate, uma revelação da estratégia militar. Em vez de atacar um front, uma unidade de infantaria leve poderia sobrevoar o território controlado pelo inimigo e se lançar na retaguarda da frente de combate. Na escuridão, invisível, sem aviso prévio, toda uma divisão poderia chegar em segredo.

A ideia de um exército de paraquedas alçou voo muito antes dos irmãos Wright, advinda de uma das maiores mentes da história. Leonardo da Vinci já havia esboçado desenhos de paraquedas em seus cadernos. Benjamin Franklin traçara planos de batalha imaginários: "Que príncipe pode se dar ao luxo de cobrir seu país com tropas, em muitos lugares ao mesmo tempo, de modo que consiga repelir a tempo uma invasão de 10 mil homens vindo do céu, evitando um mal infinito?"[7] Quando era o primeiro lorde do Almirantado da Marinha na Primeira Guerra Mundial, Winston Churchill também havia imaginado lançar homens do céu sobre a Alemanha. Mas a primeira operação em tempos de guerra ocorreu apenas em 1940, quando paraquedistas nazistas atacaram a Noruega e a Dinamarca.[8] Em 1942, os paraquedas já estavam consolidados como uma arma.

O público britânico descobriu que os paraquedas eram uma excitante tecnologia para ataques direcionados. No inverno anterior, quando tudo parecia ir por água abaixo, os ataques aéreos deram esperança à Inglaterra. Os Aliados ainda não podiam contar com uma vitória significativa em nenhum lugar do mundo, trechos de Londres foram destruídos na Blitz, os destacamentos avançados do império no Extremo Oriente, expulsos, mas, do outro lado do canal da Mancha, na França, uma companhia de paraquedistas britânica[9] tinha capturado radares nazistas em Bruneval.[10] Foi justamente o tipo de vitória de que uma nação sitiada precisava; as manchetes se gabavam: "Paraquedistas em ação",[11] "Inimigo é pego de surpresa".

A Executiva de Operações Especiais incluiu os paraquedistas na estratégia clandestina. "Pular de paraquedas na França ocupada não era uma grande aventura, tampouco um passatempo emocionante; era uma luta fatal contra um inimigo cruel e selvagem, e, na maioria das vezes, tinha a morte como recompensa."[12]

ANDRÉE ESTAVA FAMILIARIZADA COM a morte e com os nazistas. Ela vinha combatendo ambos na França desde a invasão de Hitler, quando trabalhou como guia em uma rota clandestina de fuga, ajudando cerca de 65 prisioneiros de guerra aliados a escapar pela fronteira com a Espanha.[13] Na guerra, sua função era cuidar dos deslocamentos. Dona de casa operando uma rota de fuga financiada pelos britânicos, conduzia compatriotas e pilotos caídos de esconderijo em esconderijo enquanto faziam seu tortuoso caminho em direção à liberdade. Andrée era uma forte defensora do recurso mais escasso e valioso dos Aliados: os homens.

Ela se especializou em salvar pilotos. Quando os Aliados ainda estavam fora do continente e os ataques contra a Alemanha vinham do céu, nenhum aviador poderia ser dispensado. Se uma tripulação conseguisse sobreviver à queda de uma aeronave, seria vista pelos camponeses franceses como heróis que precisavam de uma rota de saída do território inimigo. Quando as mulheres francesas ainda não podiam nem mesmo votar, Andrée, como centenas de outras filhas, irmãs e mães cuidando das lareiras de uma nação em decadência, colocou sua vida em risco para levar os homens em segurança para casa. Era assim que ela lutava pela França.

A guerra enfrentou a escassez de tudo que era essencial, de lã e couro a carne e manteiga, mas, acima de tudo, havia uma carência mundial de mão de obra. Naquele momento, um em cada três seres humanos estava servindo em um conflito que acabaria por arrebatar 61 países.[14] Como em toda guerra, as mulheres em geral assumiram o controle quando os homens partiram para o front, inundando o mercado de trabalho e se infiltrando em novas profissões. Naquele conflito, como havia acontecido séculos antes, as mulheres eram, em sua maioria, personagens indesejáveis no campo de batalha, proibidas no teatro de combate, mas Andrée estava imersa naquilo. Ela se opunha ativamente a Hitler.

Andrée havia feito uma série de contra-ataques calculados depois que o Reich marchou em direção a Paris. Matriculou-se em um curso de enfermagem da Cruz Vermelha francesa, a Association des Dames de France, para salvar soldados feridos na Blitzkrieg. Assim que a França se rendeu, Andrée e sua mãe se juntaram ao grande êxodo para o sul, cruzando a fronteira entre a zona ocupada e a não ocupada junto com mais de 6 milhões de compatriotas.

Fuga e evasão eram naturais para Andrée, habilidades que ela havia aperfeiçoado muito antes da guerra. Quando menina em Paris, foi aprendiz em butiques de moda para mulheres da alta sociedade, mas acabou trocando os salões em ascensão pela Boulangerie Pujo. Mais tarde trabalhou como simples balconista. Qualquer que fosse a esperança que Andrée, que deixara a escola aos 14 anos, tivesse de progredir economicamente, ela ficava feliz em abandonar para ter os domingos de folga. Adorava fazer trilhas e era uma ciclista ávida, uma amante da liberdade que precisava de, pelo menos, um dia da semana ao ar livre.

Um curso de paraquedismo no norte da Inglaterra era bem diferente da vida nos subúrbios bem cuidados de Paris, mas assim era o espírito sem limites de Andrée. Na França ela havia caminhado pela floresta usando calças masculinas, nunca saias; sensível e desimpedida, seu pragmatismo superava qualquer ideia de feminilidade; agora recebera um macacão masculino. Andrée era voltada para a ação, não tinha medo de vestir uma roupa esquisita nem de se sujar. Sua família a considerava uma moleca. Ela não rejeitava os homens nem eles a achavam pouco atraente; na verdade, os homens no chão que aguardavam o salto de Andrée não conseguiam olhar para outra coisa enquanto ela tirava a poeira de seu macacão de voo. "Ela era absolutamente maravilhosa", disse um colega.[15] "Uma grande camarada, excelente amiga, mas nada além disso, entende?"

Na guerra, os franceses estavam desesperados. O armistício tinha sido apenas uma trégua, não um tratado de paz oficial, e quase 2 milhões de soldados franceses foram encaminhados para campos de prisioneiros *stalag* e *oflag* na França e na Alemanha.[16] (Oficiais de alta patente ficaram detidos ao longo de toda a guerra, por medo de que se rebelassem contra o Reich.) Na zona de Vichy, Andrée tinha cuidado dos soldados franceses que retornavam à medida que eram lentamente libertados; ela ia de hospital em hospital, onde quer que a presença de uma jovem enfermeira pudesse ser valiosa. Enquanto trabalhava em um campo de prisioneiros de guerra aliados operado por Vichy em Saint-Hippolyte-du-Fort, perto de Nîmes, Andrée conheceu o oficial responsável, o capitão Maurice Dufour. Maurice não resistiu à beleza desconcertante de Andrée, a sua coragem e a sua autoconfiança. E Andrée não foi capaz de conter o seu desejo pelo piloto Maurice, um herói de guerra ferido.

Juntos, Andrée e Maurice trabalharam com o MI9, a agência secreta britânica que financiava a rota de fuga dos Aliados. Maurice dirigia o campo de prisioneiros com um desleixo absolutamente mediterrâneo. Seus colegas oficiais eram velhos bêbados, negligentes como podem ser apenas os que têm as contas pagas pelo governo, visivelmente não germânicos. Maurice permitia que seus prisioneiros perambulassem livremente pela pacata cidade durante o dia por sua conta. Os prisioneiros de guerra aliados se afastavam dos portões da fortaleza para nunca mais voltar, enquanto ele adotava "uma atitude de magistral inação até que se certificasse de que o prisioneiro tinha conseguido se sair bem".[17]

Andrée passou a integrar a rota clandestina de fuga, uma "esteira de transporte" com cerca de 250 *partisans* – freiras e padres, professores e fazendeiros, médicos e contadores, idosos e adolescentes – que escoltaram mais ou menos 600 desertores aliados de volta para casa. Ela não tinha muito estudo, mas era sagaz e meticulosa quando o assunto era segurança, guiando homens e transmitindo mensagens entre esconderijos e cafés, sem fazer perguntas, cumprimentando estrangeiros com senhas sozinha em Toulouse, Nîmes, Marselha e Cannes. Era sempre arriscado: os pilotos que caíam eram muito altos e pálidos, vários ingleses chamados Tom e escoceses chamados John e Frank, que nunca conseguiam se misturar à população do sul da França. Ela nunca soube seus nomes verdadeiros; quanto menos informações Andrée tivesse, mais protegidas estariam suas tarefas. Ela sabia apenas os endereços dos esconderijos dentro de vinhas e olivais. Cada elo da rota de fuga era independente, sem relação com as paradas já feitas ou por vir, a fim de que a movimentação dos prisioneiros de guerra fosse impenetrável. Vazamentos eram uma doença, uma epidemia que se espalharia em progressão geométrica até destruir tudo em que tocassem.

A então chamada "estrada humana" se estendia da fronteira com a Bélgica até a Espanha. Em uma noite ousada em Canet Plage, próximo a Perpignan, Andrée e Maurice participaram de uma operação que libertou por mar 50 prisioneiros de guerra de uma só vez rumo a Gibraltar.[18] "Se [os nazistas] soubessem quantos eu realmente ajudei a escapar, eles iam me fuzilar duas vezes, no mínimo", disse o líder.[19]

O sucesso de Andrée e seus colegas em libertar pilotos de aviões abatidos na França mudou a estratégia militar dos Aliados na Europa. No labirinto de centros de comando à prova de bombas sob Whitehall, Churchill concluiu que, se cidadãos franceses como Andrée estavam dispostos a arriscar sua vida para ajudar os Aliados, mereciam um incentivo: um suprimento constante de dinheiro, armas, treinamento, comunicação e instruções. "A França está com o moral baixo e queremos reanimá-la."[20]

Andrée estava fortalecida pela resistência, obcecada por Maurice e pela causa. Mas, por azar do destino, Maurice era casado, embora a união fosse infeliz. Seu filho, resultado de uma gravidez não planejada na adolescência, tinha então 10 anos e vivia com a mãe na zona ocupada. Andrée tinha poucas perspectivas sociais, mas era uma mulher com um coração cheio de esperança e estava apaixonada. Ainda que nunca pudessem se casar, ao menos eram grandes companheiros de armas.

A clandestinidade se tornou o trabalho da vida de Andrée. No entanto, apenas coragem nunca seria suficiente para sustentar uma carreira de resistência: ela foi traída, exposta, queimada, *brûlée*. A rota de fuga foi violada internamente quando um colega do alto escalão, munido de nomes, endereços e senhas, foi pego; ele entregou tudo aos nazistas. Depois disso, pelo menos 51 pessoas foram presas. Maurice foi capturado nas ruas de Marselha por dois gendarmes, mas conseguiu escapar.[21] Sob os apitos da polícia, correu por 11 quilômetros até a periferia e voltou a trabalhar na rota dias depois; fazendo a travessia até a França ocupada, transportou mais quatro desertores pela fronteira em direção a um local seguro, enquanto as fotos de sua identidade estavam sendo compartilhadas pela polícia secreta.

Enquanto isso, o esconderijo operado por Andrée, uma *villa* em Canet Plage, estava sob vigilância;[22] uma mulher que trabalhava ali havia se tornado informante e passava pistas à polícia pela módica quantia de 10 mil francos, uma verdadeira ninharia. Com tanta exposição, o casal colocava em risco toda a operação; eles praticamente estavam implorando pela atenção dos pelotões de fuzilamento. Seus supervisores do MI9 ordenaram que Andrée e Maurice saíssem do país.

Andrée deixou a França seguindo o mesmo método com o qual havia libertado mais de 50 outros compatriotas e guerrilheiros: a rota clandestina. Onde antes havia sido guia, uma *passeuse*, alimentando, protegendo, abrigando e transportando uma enxurrada de desertores, ela agora era a carga. Com Maurice a seu lado e a polícia de Vichy em seu encalço, ela cruzou os Pirineus até a Espanha no dia 14 de fevereiro de 1942, sob o frio invernal e em meio à escuridão da noite. A única maneira de Andrée voltar para a luta era abandonando-a.

Então ela foi para a Inglaterra.

AO CHEGAREM A LONDRES, o general Charles de Gaulle agradeceu a Maurice por seus serviços, para surpresa dele e de Andrée. Eles foram convidados a integrar o França Livre[23] e Maurice recebeu uma proposta de promoção, um aumento e um posto de alto status no norte da África; sua utilidade era óbvia: ele era piloto e, portanto, poderia ser treinado para operar aeródromos clandestinos, recebendo armas e agentes. Ele também era um operador de telégrafo sem fio habilidoso, o que atendia à demanda frenética por comunicação detrás das linhas inimigas. Andrée também já havia provado seu valor como agente em território inimigo.

Andrée e Maurice foram encaminhados ao número 10 da Duke Street, a sede do serviço secreto francês, para serem entrevistados.

A ENTREVISTA DE EMPREGO de Andrée para a Seção RF de De Gaulle foi um fiasco. Ela se viu diante de um oficial francês que ocupava um cargo similar ao do capitão Jepson e que a interrogou sobre seu trabalho na rota de fuga clandestina. Quem eram seus contatos? De onde vinha o dinheiro? Quais eram os endereços dos esconderijos? Procedimentos. Ajudantes. Códigos. Subornos. Rotas. Como ela havia conseguido sair da França? O serviço secreto de Charles de Gaulle exigia informações completas como condição para o emprego.

Andrée se recusou a responder.

A regra do trabalho clandestino era que ninguém soubesse dos detalhes – nem mesmo os chefes dela no MI9. Conhecimento era algo perigoso. Quanto menos você soubesse, menos um nazista poderia torturar você. Qualquer um que fosse pego poderia prejudicar outra pessoa.

Não haveria trabalho junto ao França Livre, disseram-lhe, se ela não compartilhasse as informações.

Andrée não cedeu. Em respeito ao senso de dever e à proteção dos demais, e por desconfiar daqueles que, em vez de padecer a guerra na França, estavam havia dois anos vivendo em Londres, ela permaneceu em silêncio. Falar colocaria futuros desertores dos Aliados em risco. Os coconspiradores de Andrée não eram soldados, mas cidadãos que arriscavam suas vidas por uma causa maior. Missões bem-sucedidas para resgatar pilotos abatidos dependiam da mera bondade de franceses anônimos. Era um heroísmo modesto e crucial.

Andrée fez questão de dizer ao recrutador onde ele poderia enfiar aquelas perguntas.

Foi rejeitada pelo serviço secreto de seu país.

A ficha de Andrée foi encaminhada para Selwyn Jepson, na Seção F, que a considerou "um excelente tipo de camponesa que, além de inteligente, parece ser uma patriota fervorosa".[24] Ela foi contratada como agente secreta de campo e treinada para ser "um elo essencial"[25] no plano em desenvolvimento para a invasão dos Aliados na França.

Apesar de o encontro de Andrée na Duke Street ter sido hostil e infrutífero, a recepção de Maurice foi ainda pior. Ele chegou para sua entrevista às três da tarde do dia 8 de maio de 1942 e foi interrogado pelo capitão Roger Wybot, que trabalhava para o coronel André Passy, líder do serviço secreto francês.[26] Ambos eram agentes destemidos de De Gaulle, dotados de uma grave mania de perseguição.

A entrevista de Maurice durou três horas. Em vez de enaltecer seus serviços, sua ousadia ao desafiar Hitler, sua bondade para com os pilotos abatidos, os prisioneiros de guerra capturados e a própria França, o capitão Wybot apresentou a história de Maurice sob uma outra ótica: na época em que trabalhava para o governo de Vichy como diretor do campo de prisioneiros, recebia ordens do marechal Pétain. Isso não fazia dele um agente de Vichy?

O França Livre desconfiava da história de Maurice: ele fora contratado como tenente; sendo assim, o entrevistador se perguntava, Maurice não estaria inflando sua patente? Ele era um modesto sargento falsificando um status de capitão para amplificar seu heroísmo. Durante a entrevista, Maurice afirmou ter sido condecorado com a Légion d'Honneur, o maior prêmio militar na França. Era um fato que podia ser confirmado.

Também de Maurice foi exigido que entregasse nomes, senhas, rotas, segredos, esconderijos, caixas postais, todo e qualquer detalhe da rota de fuga. Wybot exigia respostas; Maurice se recusou a dá-las. A conversa entre os dois soldados ficou acalorada, apaixonada, francesa.

Em um impasse, Wybot deixou Maurice sozinho, sob guarda, por duas horas, enquanto o entrevistador notificava ao sistema de segurança britânico que Maurice Dufour era um espião e deveria ser preso. A polícia secreta britânica, o MI5, disse que não, Maurice era um "agente excelente", com um histórico comprovado de serviço. Aos olhos do governo de Sua Majestade, Maurice era "muito inteligente e causava ótima impressão".[27] Muitos patriotas franceses trabalhavam como freelancers, mas Maurice era um legítimo soldado de infantaria que havia salvado pelo menos 65 vidas aliadas; se não fosse por ele, mães na Inglaterra talvez nunca mais tivessem visto os filhos. Estavam felizes por terem Maurice ao lado dele: como "pode ser comprovado por sua história e suas conexões, [ele] aparentemente tem feito um excelente trabalho na França para os britânicos em uma organização conceituada".

Apesar das garantias, o serviço secreto francês prendeu Maurice. Como ele não queria divulgar informações sobre sua participação na rota de fuga, talvez fosse encorajado a falar depois de uma noite sem comida no depósito de carvão subterrâneo da Duke Street, um conjunto de celas escuras, úmidas, com pé-direito baixo e portas de aço reforçadas.

Não era segredo para ninguém em Whitehall que o França Livre do general De Gaulle tinha um senso de justiça bastante rudimentar. "Melhor que nove inocentes sejam mortos do que um culpado escape", dizia um relatório.[28] O serviço secreto francês trabalhava com uma produtividade implacável; ganhou o nome de La Gestapo Londonienne. Diante do silêncio de Maurice após horas sob a luz de holofotes, o estenógrafo foi dispensado.

Dois interrogadores o espancaram até ele ficar completamente ensanguentado e inconsciente. Na Blitzkrieg de 1940, Maurice fora baleado num rim e depois largado por meses em um *stalag* para apodrecer, praticamente sem tratamento médico. Daquela vez, na Duke Street, "eles continuavam me batendo nas costas com uma barra de aço envolvida em couro, me golpeavam no lugar onde eu tinha sido ferido e na nuca", disse Maurice.[29] A surra continuou até as três da manhã.

A cela era tão úmida que Maurice mal conseguia respirar. O local de pouco mais de 6 metros quadrados tinha um teto tão baixo que ele não conseguia nem ficar em pé. Mas estava tão machucado que mal conseguia se deitar.

Maurice foi mantido em cativeiro pelas 13 noites seguintes, sempre indo e voltando para mais interrogatórios. Todos os dias ele temia por sua vida: "Um dos oficiais franceses bateu minha cabeça violentamente contra a parede, quebrando dois dentes meus."[30]

Aos olhos dos britânicos, o interrogatório de Maurice havia sido "inquestionavelmente abusivo".[31] Os homens de De Gaulle usavam as mesmas técnicas que Hitler vinha aperfeiçoando em prisões e campos de extermínio em toda a Europa. No entanto, o serviço secreto francês estava cometendo tamanha crueldade não contra um combatente inimigo, mas contra um concidadão, um herói tanto para a França quanto para a Inglaterra. E então, naquela pequena Bastilha no coração de Londres, um território francês em solo britânico, à plena vista de diplomatas ingleses e norte-americanos, os gaullistas fizeram uma ameaça que praticamente aniquilou o capitão Maurice Dufour:

– Prendemos mademoiselle Borrel e vamos fazê-la falar usando todos os meios necessários, mesmo se tivermos que estuprá-la, um após outro.[32]

Maurice se rendeu. Quando ainda era um menino, na Primeira Guerra, sua irmã fora violentada por soldados alemães na sua frente, sem que ele pudesse reagir. Maurice disse que faria qualquer coisa.

A papelada da contratação foi levada até ele, um contrato de trabalho em branco. Maurice voltou a ser soldado francês, sob o comando e a jurisdição do general De Gaulle. Os governos europeus no exílio tinham amplos poderes de soberania, operando como Estados dentro do Estado britânico: tinham autonomia quanto a decisões políticas e assuntos jurídicos internos; podiam manter pequenos exércitos e uma polícia secreta, além de supervisionar questões de natureza militar, como disciplina e punições. Com a assinatura de Maurice, o França Livre passou a ter competência legal para submetê-lo a corte marcial por se recusar a divulgar informações militares confidenciais. Com uma mera assinatura, ele tornou sua tortura legal aos olhos da Coroa.

Maurice foi levado para a prisão militar do quartel do França Livre em Camberley, a 50 quilômetros de Londres. Enquanto isso, Andrée, a mando do capitão Jepson, foi para a zona rural, a fim de ser treinada como agente secreta. Os relatórios de seus instrutores continham muitos elogios:

> Bastante inteligente, embora lhe falte um pouco de criatividade. Tem pouca capacidade de organização e procura ao máximo trabalhar sob instruções definidas. É completamente destemida e autoconfiante, não perde a cabeça. Tem muito bom senso e é capaz de cuidar de si mesma em qualquer circunstância, e é absolutamente confiável. Deixou de ter uma postura muito autoconfiante, beneficiou-se enormemente do curso e desenvolveu uma abordagem totalmente equilibrada para resolução de problemas. Tem uma personalidade muito agradável e pode vir a se tornar uma agente de primeira classe.[33]

EMBORA OS COMANDANTES ENALTECESSEM o sangue-frio de Andrée, esse seu lado foi testado imediatamente após o retorno dela a Londres.

A segunda sexta-feira de julho foi cheia de surpresas. O Dia da Bastilha foi comemorado em todo o mundo com manifestações de apoio à França. Em Londres, De Gaulle liderou um desfile militar da Buckingham Palace Road até a estátua do marechal Foch, o general que venceu a Primeira Guerra. Na França, o feriado era ilegal, e a comemoração do *Quatorze Juillet*,[34] proibida.

Andrée foi alojada em uma mansão em Kensington, a Moncorvo House, um lar de assistência para mulheres francesas refugiadas e dormitório para as *volontaires françaises*. Ela era uma convidada dos Aliados e recebeu um sermão sobre como deveria se portar. "Você não é livre", repreendia a governanta nas luxuosas salas de estar.[35] "Você foi escolhida para assumir o dever e ter a honra de mostrar ao mundo como é a verdadeira França e como as mulheres francesas podem ser e, de fato, são um importante elemento na luta mundial contra a tirania."

Para Andrée, os dias que se seguiram ao *Quatorze Juillet* foram de reencontro: Maurice tinha fugido da prisão. Ela não o via havia meses, mas, agora que ele a encontrara, eles estavam juntos novamente em um dormitório feminino. Ela parecia diferente; seu cabelo escuro e pesado estava penteado para trás, mostrando a testa, como nuvens sobre um oceano agitado, mas batia precisamente na altura do colarinho, conforme lhe fora exigido. Com os olhos azuis da cor do mar de uma praia da Riviera, Andrée examinou o rosto de Maurice e viu um homem em sofrimento.

Os capangas de De Gaulle o haviam subestimado. Os torturadores não enxergavam Maurice como Andrée enxergava: um *partisan* que desafiou abertamente a Gestapo, que tinha um contracheque militar enquanto contrariava Vichy e que escapou várias vezes da prisão e da morte para salvar a vida de soldados aliados. A ideia de que Maurice se submeteria a uma prisão ilegal diante de uma assinatura obtida por coerção era risível. Ele tinha sido diretor de um campo de prisioneiros; conhecia os padrões e o dia a dia de uma cadeia, os pontos fracos e as inclinações dos guardas. Indo de encontro às ordens, depois de três meses Maurice fugiu, como Napoleão de Elba.

Por mais apaixonada e saudosa que fosse a reconciliação, havia um abismo entre os dois. O amado da jovem Andrée havia sido torturado, estava despedaçado, perturbado e traumatizado – para protegê-la, pelo menos em parte, soubesse ela ou não. E Andrée era agora uma agente britânica, a única mulher paraquedista da SOE[36] – a primeira e, naquele momento, a única mulher paraquedista de combate no mundo.[37]

Nos momentos em que estiveram a sós, naquela noite fria em pleno verão na Inglaterra, Andrée não contou nada a Maurice sobre o que sabia, sobre o que implicava seu treinamento nem para onde estava indo. Nem ele perguntou, consolidando para sempre a confiança que ela tinha nele. Eles compartilhavam da confiança dos amantes e do medo dos guerrilheiros.

Passaram uma noite juntos. O Escritório na Baker Street ficou angustiado quando Maurice desapareceu, pois isso ameaçava a iminente missão de Andrée de ajudar a estabelecer as bases para a invasão. "Um agente nosso que já está em território ocupado a aguarda e a presença dela lá se encaixa em um plano predefinido; é impossível mudar a esta altura."[38] Um oficial da seção de segurança do MI5 encontrou Maurice com Andrée e o "alojou" em um esconderijo em Guilford, sob vigilância intermitente. O Escritório estava na difícil posição de ficar do lado de Maurice contra os gaullistas; divulgou a desconcertante "opinião de que o França Combatente está mandando Dufour para a corte marcial em razão da animosidade decorrente de seu serviço anteriormente prestado aos britânicos".[39]

Uma crise diplomática começou a fervilhar. O Escritório atuava em relativa sincronia com o serviço secreto de De Gaulle: numa perspectiva mais ampla, eles lutavam pela mesma causa, mas não pelo mesmo país nem pelo mesmo líder. Um serviço secreto não podia entrar em choque com o outro enquanto trabalhavam em conjunto para derrotar Hitler. O caso de Dufour prejudicou a frágil relação jurídica e diplomática entre os dois: o autoproclamado governo francês no exílio estava violando a Constituição britânica.

Aquilo ia de encontro à noção britânica de *fair play*. Existem regras, mesmo na guerra e principalmente *naquela* guerra. Maurice, embora não fosse cidadão britânico, tinha direito a processo legal, a *habeas corpus*, a um julgamento na presença de um júri; ele estava protegido contra punições arbitrárias e desumanas. Tudo havia acontecido com base na sua assinatura, que, como os britânicos disseram secamente, ele havia sido "convidado"[40] a dar. Depois que Maurice se tornara um membro involuntário das Forças Francesas Combatentes, tinha deixado de estar sob a jurisdição inglesa para estar sujeito à justiça militar.[41] Não muito tempo depois, um homem morreria sob o mesmo tratamento "amigável" que Maurice recebera nas masmorras da Duke Street, provavelmente em consequência das torturas.

O amor de Andrée Borrel salvou Maurice.[42] Se o Escritório o entregasse a De Gaulle, aquilo abalaria a confiança dela em seus supervisores; colocaria em risco todos os agentes que ela pudesse contatar em campo e, consequentemente, comprometeria a invasão. Enquanto Andrée fosse a peça-chave para as operações dos Aliados na Europa, a segurança de Maurice estava garantida. O Escritório invocou uma artimanha magistral: "O passo apropriado seria o MI5 dizer ao França Combatente que Dufour era de grande interesse para os britânicos naquele momento e que eles adorariam ter a oportunidade de mantê-lo e observá-lo por algumas semanas."[43]

No verão de 1942, Andrée Borrel era uma arma. Ela valia muito. Enquanto a Força Aérea Real gastava bilhões para desenvolver aeronaves sofisticadas para campanhas de bombardeio no continente, Andrée era o equivalente humano disso. Os bombardeiros eram confusos, imprecisos; era difícil localizar os alvos à noite, o que causava ainda um infeliz efeito colateral: a morte de civis. O bombardeiro de precisão mais sofisticado do mundo é um agente secreto por trás das linhas inimigas. Andrée era necessária para o Dia D.

Maurice ficaria sob a vigilância dos serviços de segurança britânicos, para o caso de tentar entrar em contato com Andrée. Ele não estava autorizado a vê-la novamente antes da invasão. Após a conclusão bem-sucedida de sua missão na França, eles poderiam se encontrar.

Depois da surpresa de uma noite juntos, Andrée voltou à Moncorvo House, o claustro para os modestos exilados franceses.

Maurice havia sido brutalizado, mas a França também. Entre o amor de Andrée pelo país e por Maurice – como se fosse uma questão de escolha –, Andrée escolheu a França.

CAPÍTULO 4

A rainha da organização

New Forest

Era o auge do verão em New Forest, o agosto mais quente de que se tinha lembrança. O céu estava limpo, mas havia uma névoa sob a lua cheia, formando um halo um tanto sombrio. Em meio aos bosques repletos de árvores antigas, nas horas mais avançadas da noite, um grupo inteiro de mulheres era reprovado no treinamento para agente secreta. Os visitantes que se aproximavam da Escola de Treinamento Especial 31[1] viam o que, em tempos de paz, era uma propriedade privada, um baluarte da Era Tudor. O lugar supostamente tinha 27 banheiros e fora herdado pelo lorde quando ele ainda usava fraldas. Conhecido como Beaulieu, pertencia à família Montagu desde a dissolução dos mosteiros por Henrique VIII, e naquele momento a Coroa o havia requisitado – como era de costume – para operações de guerra. Grandes casas tinham sido apropriadas por todo o Reino Unido, seus Van Dycks e Gainsboroughs arrancados das paredes, os contornos deixados pelas molduras agora observando salas de aula, salas de mapas, mesas de reuniões e avaliações.

A SOE ganhou o apelido de Stately 'Omes of England, por conta de suas acomodações chiques e oficiais de alta classe, um trocadilho com o título de uma canção de rádio popular de Noël Coward:

> The stately homes of England
> How beautiful they stand

To prove the upper classes
Have still the upper hand.*²

Em uma das menores casas da propriedade estavam reunidos os diretores da Seção Francesa. O major Maurice Buckmaster³ e a oficial de inteligência Vera Atkins passaram da meia-noite discutindo com o instrutor-chefe e comandante da área de Beaulieu.⁴

A Seção Francesa ainda era, na época, uma operação nova. Buckmaster era o líder com sobrecarga de trabalho, um homem no início da calvície, de olhos e sangue azuis, com a mesma trajetória que parecia conectar todos que trabalhavam no número 64 da Baker Street (Eton College, vínculos com o continente, falência na família). Era informalmente chamado de Buck. No serviço secreto, frequentemente se referiam aos oficiais por um código criado a partir de seus títulos: como chefe da Seção F, ele era o "F".

F era apoiado por seu braço direito, sua leal assistente Vera, a oficial de inteligência, "F-INT". Brilhante, obstinada, com uma expressão marcante, era uma imigrante de casta elevada que escondia sua herança romeno-judaica atrás de um sotaque britânico tão perfeito que até a rainha ficaria impressionada.

Eles formavam uma equipe: Buck e Vera.

Pela primeira vez as escolas de treinamento especial estavam fabricando soldados secretos visando à construção de forças armadas modernas. Em agosto de 1942, cinco mulheres receberam treinamento de elite ultrassecreto e de inteligência acerca dos futuros planos de batalha para a Europa; dessas cinco, apenas uma alcançou, e raspando, a nota para aprovação.⁵

Havia uma névoa na sala, provocada pela fumaça do cigarro e pela discórdia. Em torno da mesa, Buck e Vera se opunham ao homem conhecido como "MT", o chefe de treinamento da SOE, tenente-coronel Stanley Woolrych,⁶ que estava indignado com o fato de que apenas uma aluna de toda a Escola de Treinamento Especial 31, Destacamento nº 27.OB, estivesse minimamente apta para entrar em ação.

Um oficial de segurança determinado, ele tinha sido mais bem-sucedido em combate do que como civil. Veterano da Primeira Guerra, era fluente em francês e alemão, condecorado e perigoso; ficou conhecido por cruzar as

---

* As pujantes mansões inglesas/ Que bonitas elas são/ Provando que a alta classe/ Tem ainda o prestígio nas mãos.

linhas inimigas durante o cessar-fogo do dia de Natal e por falar com os *boches* no idioma deles. Bronco, dono de um pescoço grosso e careca como uma batata, era um guarda-caça que tinha se tornado caçador, importador de lingeries fracassado e talentoso pianista clássico.

Para Woolrych, a única candidata aceitável na turma – de acordo com os padrões estabelecidos para um homem – era a recruta-modelo, a tenente Lise de Baissac, de 37 anos.[7]

E nem mesmo ela deveria ir para a França.

Algumas noites antes, não muito distante da casa onde os comandantes discutiam, Lise de Baissac foi arrancada de um sono profundo e tirada do dormitório feminino vestindo pijama. Com as mãos acima da cabeça, teve que cruzar um campo coberto de orvalho até chegar a uma garagem vazia, onde homens vestindo uniformes cinza com colarinhos exibindo dois raios paralelos – a insígnia da SS – gritaram "*Achtung! Raus!*". Com uma luz intensa incidindo em seus olhos, Lise foi interrogada e sabatinada em relação a todos os aspectos do seu disfarce enquanto os oficiais nazistas a pressionavam com seus jogos psicológicos.[8]

– Você foi descoberta. Qual é o seu nome? – vociferavam eles.

Ela conseguiu reconhecer as vozes dos supostos interrogadores alemães: eram os caseiros e outros empregados de Beaulieu. Todos os candidatos a agente eram submetidos a prisão e interrogatório simulados.

O período que Lise permaneceu entre os antigos carvalhos tinha sido agradável. Ela fazia parte de um animado grupo de mulheres que acordavam cedo para o treinamento físico diário, espirrando lodo por todo lado dentro de pântanos lamacentos e tateando pelas cercas para conseguir encontrar o caminho. Todas as manhãs um homem com panturrilhas que mais pareciam bastões de críquete corria ao lado delas gritando "*Allez! Allez! Bougez!*".[9] Lise era uma atleta inata, criada em uma casa cheia de irmãos. "De fato, eu me sentia mais, digamos, à vontade para pular e correr do que para brincar com bonecas", disse ela.[10] O que a maioria das candidatas lembraria sobre o treinamento de elite eram a exaustão e o masoquismo particularmente inglês de correr pela floresta muito antes do desjejum, com o estômago cheio de nada além de café, mas não Lise. Ela era forte e destemida; gostava da programação com corridas diárias, caminhadas com peso e aulas de treinamento com obstáculos. A cada manhã ficava um pouco mais rápida; então as corridas se tornavam mais longas e a mochila, mais pesada. Para muitas das alunas de Beaulieu, a lógica do treinamento de campo desafiava a razão: elas deveriam parecer francesas "comuns do dia a dia"[11] – sujas da guerra, preocupadas, enfraquecidas pelo racionamento –, mas seu trabalho era ficar em forma como estrelas do atletismo.

Lise já era uma francesa comum. Até onde ela sabia, aquele era o requisito básico para a tarefa. Ela havia crescido nas Ilhas Maurício, a colônia britânica de língua francesa na costa leste da África, um posto de abastecimento de carvão na rota marítima para a Ásia capturado durante as Guerras Napoleônicas, por isso tinha passaporte britânico. Em sua infância na ilha, Lise passava o ano inteiro brincando ao ar livre, usufruindo de todas as regalias da aristocracia colonial, empregados e propriedades; aos 14 anos foi estudar na França, onde permaneceu até a Ocupação. A Paris que conheceu era de privilégios. Ela convivia com um grupo de intelectuais e artistas que passava os fins de semana em *châteaux* e viajava em aviões particulares. Lise era bem versada nos hábitos parisienses.

Mas a França não era mais a mesma, tampouco era lugar para súditos da Coroa. Com a queda diante de Hitler, Lise se tornou uma estrangeira inimiga, uma ameaça direta ao Reich. Milhares de britânicos foram capturados e levados para campos de detenção na França – vingança, dizia-se, pela prisão de cidadãos alemães na Ilha de Man. Em junho de 1940 Lise abandonou seu apartamento em Paris e fugiu junto com quase 6 milhões de franceses a pé, de bicicleta, a cavalo e de carro, para longe dos nazistas e ao sul da recém-traçada linha de demarcação; foi um êxodo em massa, *une exode*. O armistício era uma humilhação para a França, pensou Lise. "A atitude de Pétain, abrindo os braços para o inimigo, foi abominável."[12] Em Cannes ela foi até o consulado norte-americano – neutro à época –, que providenciou sua passagem para a Inglaterra graças à sua cidadania britânica.

Em Londres, os irmãos de Lise foram alistados nos esforços de guerra; seu irmão Claude também foi contratado pela SOE. Ele havia trabalhado para a Resistência francesa após a Blitzkrieg até ser preso na Espanha; posteriormente fugiu para a Inglaterra em virtude da cidadania colonial. Foi por intermédio do irmão que Lise entrou para a espionagem.[13] Depois que Claude foi recrutado para um trabalho especial, o arquivo pessoal de Lise acabou parando na mesa de Selwyn Jepson. (O Escritório com frequência aceitava membros da mesma família, afinal o bilinguismo inato costuma ser comum entre irmãos.) Jepson notou que Lise tinha autoconfiança, experiência e perspicácia, além de uma mente focada e analítica como a do irmão.[14] Foi fácil tomar a decisão de se tornar uma agente. "Fui para a Inglaterra ajudar no esforço de guerra e achei que seria mais útil fazendo esse tipo de coisa – além de ser mais interessante do que trabalhar em um escritório em Londres."[15]

O curso da Escola de Treinamento Especial era, ao mesmo tempo, uma doutrinação sobre o que era ser soldado, sobre a luta pela liberdade e sobre servir à pátria. Mas, enquanto os recrutas do sexo masculino recebiam vasta instrução acerca de demolições e investidas noturnas, às mulheres, as chamadas amazonas, era conferida uma educação muito mais superficial. Os primeiros grupos de mulheres não receberam a maior parte do treinamento militar e foram enviados diretamente para as turmas de segurança de nível superior, a "escola de acabamento".

Durante três semanas, Lise e outras quatro alunas frequentaram aulas de assuntos antes considerados inapropriados para soldados, especialmente do sexo feminino. Lise assistiu a palestras sobre escrita invisível; aprendeu a arrombar fechaduras e abrir cofres; e o guarda-caça real de Sandringham lhe ensinou a pegar, capturar e esfolar um coelho para se alimentar em uma floresta escura. Ao invadir uma casa, as agentes eram instruídas a defecar no canto de um celeiro para mascarar seu cheiro e confundir cachorros,[16] como o gado fazia. A serviço da sabotagem e do recrutamento de rebeldes, Lise aprendeu a se passar por civil, construir uma rede de contatos, despistar alguém que a estivesse seguindo, provocar incêndios, destruir trens, fabricar chaves, falsificar, chantagear, perseguir e matar. Um instrutor chamado Harold "Kim" Philby elaborou cursos sobre as artes obscuras da propaganda estrangeira.[17] Lise foi educada como uma criminosa, mas a expectativa era de que se comportasse como uma *socialite*. De modo geral, não eram coisas lá muito úteis, pensava Lise. Ela estava indo para a França para ser francesa e ajudar a Resistência, não para se envolver em bobagens de capa e espada.

Lise aprendeu que a violência era uma necessidade e uma forma de arte, algo a se dominar, processar e aprimorar. Por essa razão, depois de suas corridas matinais, ela era colocada diante de um homem adulto com a ordem de derrubá-lo com uma única pancada. Oficiais da infame polícia de Xangai ensinaram um estilo de briga de rua do tipo "vale-tudo", que não se parecia em nada com esportes como o boxe ou a luta livre: Lise aprendeu a desferir um golpe violento com a palma da mão aberta e a lateral da mão.[18] Não tinha a ver com a força, diziam a ela, mas com o ponto em que acertava; foi instruída a desferir uma "joelhada nos testículos" após cada ataque.[19] Em suas aulas de combate desarmado, Lise aprendeu "pelo menos 100 maneiras de matar uma pessoa sem atirar nela".[20]

Lise vinha de uma família de caçadores, mas Beaulieu não estava interessada em atiradores diletantes.[21] Em vez disso, ela foi apresentada a dois brinquedinhos: a FP-45 Liberator e o Colt .32. Pistolas não eram armas de defesa, diziam os instrutores, mas de ataque. Lise considerava o treinamento com armas condizente com seu lugar no mundo: lidava com ele majestosamente, como se a lei da gravidade se aplicasse a ela apenas de modo superficial. Todos os dias ela praticava tiro com movimentos naturais, com base na velocidade de ataque e na precisão sob fogo. Atirava ao ar livre e em estandes de tiro; disparava enquanto perseguia. Aprendeu pontaria a distância, à noite e durante uma fuga. Os alvos balançavam e se moviam em polias, e ela neutralizava os nazistas de papel que vinham em sua direção. Notou-se que as mulheres do curso eram todas atiradoras de primeira. "Curiosamente, elas dominaram o tiro com pistola com grande habilidade", disse o capitão Jepson.[22] Ele viu recrutas mulheres absorverem o coice de uma .45, caírem de costas, "se levantarem, atirarem novamente e caírem de costas. Era esse o grau de determinação delas".

Naquele úmido mês de agosto, Lise aprendeu a usar duas armas, a Bren e a Sten, que se pareciam muito com uma metralhadora de algum filme de gângster de Hollywood. A submetralhadora Sten era a arma preferida da Resistência – fácil de montar, rápida de limpar, simples de usar e leve. Disparava 500 tiros por minuto. Todo mês milhares de Stens seriam jogadas do céu na França em caixas de aço. Deviam estar amplamente espalhadas entre os *partisans* no dia em que os Aliados chegassem; Lise tinha que saber não apenas como montar, desmontar, limpar e disparar, mas como ensinar essas habilidades aos demais – jovens escondidos dos nazistas no meio da floresta e fazendeiros idosos e curvados demais para serem úteis em uma fábrica de guerra alemã. Esses eram os franceses, ela foi informada, que serviriam como soldados de infantaria da rebelião.

Em aspectos importantes, no entanto, Lise e sua turma ficaram atrás de seus colegas homens. Enquanto a maioria dos recrutas que passaram por Beaulieu tinha pelo menos algum conhecimento prévio de guerra e estratégia – que garotinho nunca enfileirou soldadinhos de chumbo sobre um tapete em uma noite fria de inverno ou jogou xadrez com um tio doente? –, as mulheres precisavam aprender todas as noções básicas de movimentos de tropas, sistemas de abastecimento e estratégia de batalha. A logística do ataque do Dia D era quase impossível de compreender; seria a maior invasão anfíbia da história da humanidade. Em Beaulieu, Lise e as demais aprenderam exatamente o que isso significava. Era uma escola primária de guerra.

As mulheres eram treinadas para serem emissárias, pombos-correios, mensageiras, intermediárias temporárias para homens mais proeminentes no comando. A emissária era o ponto de contato lateral – membros de redes diferentes não deveriam se encontrar; um grupo não deveria influenciar outro. Lise achava que o trabalho de mensageira era muito banal: "Eu não queria ser emissária. Não queria trabalhar com mais ninguém."[23] Lise não pularia de paraquedas como uma lacaia, para seguir as ordens de outros homens. Isso estava muito abaixo dela, ela pensou, e disse a seus superiores: "Eu quero ficar sozinha." Buck e Vera ouviram.[24] Ao longo da breve educação militar de Lise, sempre ficou muito claro para ela que sua subserviência aos homens não fazia parte de nenhuma estratégia de vitória dos Aliados.

As aulas mais interessantes para Lise eram aquelas sobre como a França mudara sob o domínio de Hitler. Com a risível exceção de seu falso interrogatório, Lise nunca vira um soldado alemão pessoalmente; nas salas de aula, ela aprendeu a distinguir detalhes sobre os uniformes da polícia de segurança, da Schutzstaffel (SS) e da Gendarmerie de Vichy. Ela não tivera que comprar comida sob o esquema de racionamento de Pétain; agora havia cupons para pegar pão e outros para carne, além de regras complicadas sobre o dia da semana em que cada um estava disponível.

A França era um país totalmente novo e, da mesma forma, Lise chegaria lá uma pessoa diferente. Em Beaulieu ela escreveu uma nova história de vida para si mesma, inventou uma identidade secreta: Irène Brisée, uma viúva parisiense. Decorou endereços de lugares onde nunca havia morado, memorizou o rosto de irmãos que não existiam e criou uma história de amor em tempos de guerra que incluía a perda de um marido que ela nunca teve. (Viver um romance na vida real nunca foi prioridade para ela. Uma vez, aos 17 anos, um artista a pediu em casamento, mas sua mãe não autorizou porque ela ainda não tinha 21. Nos anos seguintes, outros homens pediram sua mão, mas Lise nunca aceitou. "Eu não queria me casar. Não sei por quê. Fico muito feliz de não ter feito isso", disse ela.[25] "Durante a guerra, eu teria sido apenas [...] mãe e esposa de alguém.") Como diria outra agente em relação aos textos e às lições de sala de aula: "De certo modo, a sua vida é destruída e reconstruída do zero, entende?"[26]

A identidade falsa é o disfarce que você adota para que o trabalho subversivo seja possível.[27]

(a) Pense bastante na profissão que você vai assumir.
(b) Em sua história.
(c) Em seu nome.

Conheça cada detalhe de trás para a frente. Lembre-se de que cinco minutos após o pouso em seu destino você poderá ser interrogado por algum oficial hostil. Sua liberdade e, mais ainda, o sucesso da missão podem depender de sua habilidade em contar a história de maneira articulada.

Lise tinha os cabelos prematuramente grisalhos e era muito inteligente. Forjar uma identidade francesa convincente não era algo que a preocupava. Com olhos claros e cabelos bem louros, ela podia se passar por francesa, holandesa, russa ou inglesa, tanto fazia; podia se misturar com todo o norte da Europa. "Eu posso ser qualquer coisa."[28] No entanto, sua "atitude" sempre foi gaulesa. "Ninguém nunca me perguntou se sou francesa."
Lise recebeu um nome falso para treinamento, a fim de que pudesse se acostumar a viver como aquele novo personagem.[29] Os alunos e professores de Beaulieu não deveriam saber a identidade real uns dos outros, por razões de segurança. Lise ainda tinha família na França e sua mãe permanecera em Paris; os pseudônimos os protegeriam também, caso Lise fosse presa. As lições de Beaulieu foram planejadas para ajudar Lise não apenas a engambelar os alemães – que eram facilmente enganados, já que a França estava cheia de estrangeiros após a ascensão de Hitler –, mas também os franceses, sitiados e desconfiados. Ela precisava se passar por uma local, inocente e convincentemente.
A infância de Lise, vivida sob a bandeira de uma nação enquanto era fluente no idioma e nos costumes de outra, foi uma excelente preparação para navegar por duas histórias de vida concorrentes. Ser agente secreto é habitar dois mundos ao mesmo tempo: em campo, sob uma identidade

falsa, e como soldado, respondendo ao quartel-general, comprometendo os objetivos e metas de um adversário estrangeiro. É comum muitos bilíngues relatarem que "se sentem pessoas diferentes"[30] quando falam línguas diferentes; a missão na França exigia que Lise fosse duas pessoas simultaneamente e ela transitava com facilidade entre elas.

Lise passou a gostar de suas colegas de classe, por mais que o anonimato dos estudos secretos exigisse que ela mantivesse certa distância. Havia uma intelectual irlandesa perspicaz, Mary Herbert, de quase 40 anos, uma grande pensadora que falava seis idiomas e havia trabalhado para a embaixada britânica em Varsóvia. Outra colega era uma corajosa judia recém-chegada, Hélène Aron – tão parisiense quanto qualquer judeu poderia ser em 1942. Havia também uma terceira aluna, muito mais jovem, bonita como uma estrela de cinema, mas insegura em relação a si mesma naquela atmosfera totalmente masculina e formal, chamada Jacqueline Nearne. Contudo, no diminuto grupo de mulheres do curso, Lise nunca simpatizou com a mãe temperamental, Odette Sansom, que precisava ser sempre o centro das atenções e não parava nunca de se comparar a Joana d'Arc. "Não gosto de pessoas assim", afirmou Lise.[31]

Depois de três semanas intensas, Lise foi a única garota de Beaulieu a ser aprovada. Seus comandantes escreveram em sua ficha:

> Inteligente, extremamente cautelosa, confiável e sensata em todos os sentidos. É inabalável e seria capaz de permanecer indiferente e calma em qualquer situação. Tanto em exercícios práticos quanto em problemas teóricos, demonstrou capacidade de sintetizar uma situação, tomar uma decisão e cumpri-la sem se atrapalhar. Uma considerável experiência de mundo fez com que ela desenvolvesse um alto grau de autoconfiança. Uma personalidade agradável e tranquila. Estava muito à frente de suas colegas e, se tivesse convivido com outras pessoas tão intelectualmente maduras quanto ela, teria se mostrado ainda mais capaz. Certamente a recomendamos para o trabalho de campo.[32]

A LUA CHEIA BRILHAVA através da copa das árvores, lançando sombras treliçadas contra as janelas da sala de reuniões. Uma nuvem de fumaça pairava pouco acima da mesa. Vera tragava o cigarro com sofreguidão; antes que um acabasse, outro se acendia.³³ Todos estavam exaustos. Os argumentos circularam por horas, depois ricochetearam de volta.

Woolrych se irritava com a mera existência das alunas. As mulheres não deveriam pousar atrás das linhas, disse ele, e agora cinco mulheres inexperientes e pouco competentes tinham informações secretas suficientes para colocar em perigo as operações dos Aliados na Europa.

A preparação para o pouso do Dia D era o maior segredo do mundo. Não apenas a hora e a data da ofensiva, mas a mecânica de cada elemento havia sido compartimentada, de modo que apenas os oficiais mais graduados tinham pleno conhecimento de todo o esquema. No ano seguinte, oficiais do exército secreto treinariam milhares de franceses para atacar os nazistas em sincronia, em um mesmo dia, no exato momento do ataque dos Aliados. A França teria que parar tudo de uma só vez, em uma única noite: os telefones, os trens, as principais estradas e pontes. O desfecho de anos de preparação estaria resumido a uma estreita janela e os primeiros dias seriam decisivos. Se os guerrilheiros pudessem manter os reforços de Hitler longe da costa do canal da Mancha enquanto as tropas anglo-americanas estivessem tomando as praias francesas, pouca coisa seria capaz de impedir uma marcha continental em direção a Berlim.³⁴

A democracia e a paz estavam sob grave ameaça. Colocar em campo mulheres que poderiam pôr em risco a invasão em virtude da inépcia ou da inferioridade física era uma aposta muito alta, disse Woolrych.

Os argumentos a favor e contra o envio daquelas cinco mulheres para uma zona de guerra foram expostos até o amanhecer. Representando Baker Street, Buck e Vera defenderam fervorosamente seus *corps féminins*. Era necessário o envio imediato de tropas para operações dentro da França; com a invasão iminente, era preciso iniciar e cultivar novas redes de contatos. O trabalho de Beaulieu era treinar candidatos qualificados para atender às crescentes demandas da guerra – até mesmo mulheres.

Woolrych insistiu que havia critérios objetivos que as mulheres não conseguiram atingir. Aceitar soldados do sexo feminino era reduzir demais o padrão de qualidade. Buck não se deixou dissuadir e a Seção F competia a ele. "Eu estaria fracassando em meu dever para com o esforço de guerra se tivesse me recusado a empregá-las", disse ele mais tarde.³⁵ "Teria sido injusto com suas capacidades se as tivesse considerado inaptas para os deveres que lhes foram impostos."

Não que Buck tivesse qualquer qualificação formal que o transformasse na melhor pessoa para chefiar uma agência militar secreta; quando sua família ficou sem dinheiro, ele foi para a França como jornalista no período entreguerras e chegou a um cargo executivo em relações públicas na Ford Motor Company. Sua qualificação para o comando das operações francesas do Escritório era apenas falar francês fluentemente. Como ele diria: "Não adiantava tentar fazer as coisas conforme as regras; não havia regras."[36]

Para Buck e Vera, a interpretação mais gentil que se podia fazer da dispensa de uma turma inteira de mulheres por parte do comandante era que "um cavalheirismo antiquado impedia que ele e seus instrutores aceitassem que garotas corressem riscos daquela natureza".[37] Aquilo não ia funcionar na guerra.

Gostassem eles ou não, as mulheres estavam a caminho da França, avisaram Buck e Vera, então era melhor que estivessem preparadas. O primeiro-ministro estava de acordo. Melhor levar as mulheres para lá imediatamente, pois havia trabalho a fazer: o êxito de um movimento clandestino levantaria o ânimo nacional e possivelmente encorajaria as colônias francesas a se inclinarem na mesma direção dos Aliados em um momento em que a guerra parecia completamente perdida.

O tempo estava passando e os Aliados não podiam proclamar vitória em nenhum lugar do planeta. Fazia apenas um ano desde o fim da Blitz; milhares de londrinos haviam morrido na Batalha da Grã-Bretanha.[38] Nove meses depois daquele dia em Pearl Harbor quando 2.335 militares foram mortos, Stálin e Hitler estavam num arranca-rabo, disputando o controle de Stalingrado rua a rua.[39] Os britânicos haviam abandonado seu império do Extremo Oriente – Singapura e Hong Kong – em um piscar de olhos e a Índia estava se preparando para a independência. Quando Tobruk, na Líbia, caiu nas mãos de Rommel, parecia que tudo que a Inglaterra fazia era recuar.

Em um momento de moral baixo, não havia tempo para idealizar esperando por futuros soldados perfeitos, disseram Buck e Vera.

Pouco antes do amanhecer, no meio de uma floresta densa e escondida, Woolrych cedeu. O Destacamento nº 27.OB foi graduado a contragosto pela Escola de Treinamento Especial 31.

Lise de Baissac foi a única aprovada por unanimidade. Ela seria enviada imediatamente para um treinamento de paraquedismo. "Fiquei sabendo que você é a rainha dessa organização", diriam a ela.[40] Isso a deixou "muito orgulhosa".

O Escritório suspendeu a discussão acerca das outras mulheres, pelo menos por aquela noite: a Seção F admitiria a intelectual Mary e a bela Jacqueline pela manhã; elas seriam alojadas em Londres, onde ficariam aguardando ordens. Uma candidata seria investigada: Hélène Aron. E o major Buckmaster convocaria a dramática Odette para uma conversa.[41]

O Escritório estava com pressa. A guerra aconteceria no 28º dia do ciclo lunar: luz e escuridão, visibilidade e sombra. Os agentes saltariam de paraquedas na lua cheia, quando os pilotos tivessem visibilidade. Faltavam apenas três semanas até a lua cheia seguinte na França.

CAPÍTULO 5

Merde alors!
Tempsford, Inglaterra

A noite de outono estava excepcionalmente clara em 23 de setembro de 1942, de Bedfordshire até o canal da Mancha. Era lua cheia.

Vestindo seus macacões, Andrée Borrel e Lise de Baissac estavam em um abrigo Nissen na base da Força Aérea Real em Tempsford para se despedir. De Vera. De Buck. Da Inglaterra. Era hora de voltar para casa, para a França. Era hora da Operação Whitebeam/Artist/Monkeypuzzle.

Andrée estava pronta. Estava pronta desde julho, quando Maurice apareceu em sua porta, mas não pôde partir naquela lua cheia. Em agosto, a segunda metade da primeira turma feminina foi treinada em Beaulieu – a turma de Lise – e a lua cheia daquele mês também foi perdida.

Era irritante esperar pela lua cheia de setembro – de acordo com o código da agência, a lua se chamava Charlotte.[1] Andrée esperou que Charlotte ficasse grávida no outono para iluminar o caminho até a França em meio à escuridão.[2]

Foi na noite de sua partida que Andrée esteve com Lise, sua companheira de salto, pela primeira vez.

"Chegou a hora", disse Vera.[3]

A luz dos refletores incindia nas paredes de aço recurvadas do abrigo Nissen, lançando um brilho fantasmagórico sobre o tenso ritual de decolagem. Andrée e Lise foram selecionadas para pular juntas. Cada uma era a melhor de seu grupo. Andrée, do primeiro grupo de amazonas de Beaulieu, era uma aluna habilidosa que havia inventado maneiras de matar alemães – segundo ela, um lápis afiado enfiado na orelha de um nazista durante o sono não seria um destino muito cruel. Lise, do grupo seguinte, era a "rainha" que preferia governar sozinha. As duas mulheres estavam preparadas e em silêncio, blindadas contra qualquer hesitação. Como Lise disse: "Se você tem medo, não consegue fazer nada."[4]

Lise e Andrée se deram bem logo de cara. Andrée não era sofisticada, mas era ágil, uma "garotinha muito charmosa e muito simples", pensou Lise.[5] Suas vidas pregressas ligavam os polos econômicos opostos de Paris: Lise comprava sua baguete diária na chique Avenue Kléber, onde Andrée fora balconista antes da Ocupação. Elas provavelmente se encontraram centenas de vezes. A guerra as tornou iguais.

O pouso deveria ocorrer em um campo bem no centro do interior da França, mas Andrée pularia no coração da batalha: ela havia sido designada para Paris. A joia da civilização europeia, centro de comunicação e comércio da França ocupada pelos nazistas, Paris também era a cidade natal de Andrée. Ela estabeleceria uma base ali, trabalhando e vivendo constantemente à vista da Gestapo, o serviço de contraespionagem mecanicista de Hitler. Criar redes apoiadas pelos britânicos ao norte da capital seria essencial para a ofensiva dos Aliados pelo canal da Mancha. Dispersando-se pela zona ocupada, Andrée seria emissária e intermediária, de acordo com seus chefes, "com a missão de expandir nossas várias organizações o máximo possível de modo horizontalizado e distribuir pelo menos 700 quilos de equipamento imediatamente".[6]

Quando o Dia D chegasse, na primavera seguinte – talvez dali a apenas seis meses –, a coordenação e o comando da Resistência viriam de Paris.

PARTICIPANDO DA DESPEDIDA ESTAVA o capitão Francis Suttill, um advogado de 32 anos alto, ponderado e bem-apessoado, que seria o comandante e supervisor de Andrée em Paris. Andrée e Francis tinham passado o verão juntos, recebendo as orientações necessárias. Ela chegaria primeiro, para facilitar a entrada dele na França. Por dias antes da partida dela, os dois agentes não fizeram nada além de participar de reuniões: recontando, relembrando, recitando, reencenando, planejando a estratégia. Eles ficaram o tempo todo "ouvindo sem parar",[7] até o ponto em que Francis mal conseguia raciocinar.

Francis era um vencedor nato: com raciocínio rápido, era politicamente habilidoso, fisicamente capaz e estava sempre voltado para soluções. Ele tinha as características necessárias para reunir comunistas, gaullistas, estudantes, professores, judeus e compatriotas adolescentes de forma coesa, como uma força de combate clandestina. Mas seria necessária uma mulher como Andrée para conectar aquelas diversas partes, pois, além da coragem de Andrée, para amparar aquela missão Francis dependia também de seu conhecimento local e do francês parisiense nativo dela. As habilidades linguísticas de Francis eram imperfeitas: sua mãe era francesa, mas ele tinha sido criado na Inglaterra, então falava com uma cadência infantil, quase como uma criança. Ou um belga. Ele conseguia entender tudo, mas, quando falava, soava forçado, suspeito. A título de explicação, ele poderia dizer que tinha sido educado no exterior, no Canadá. Ao seu lado, Andrée iria normalizar Francis, lhe daria a cobertura necessária, iria afrancesá-lo.

Francis estava ansioso para ver Andrée partir, mas por motivos próprios. Ele estava irritado com a escolha de uma emissária (aquela mulher em especial) e discretamente deixou claro para seus chefes que preferiria outra pessoa. Para um homem com dois filhos pequenos e uma esposa atarefada, uma companheira de trabalho atraente era uma tentação. Andrée era bonita demais, interessante demais. Ele era um homem feliz no casamento e queria continuar assim.

Buck foi inflexível: Andrée trabalharia com Francis. Ela era a melhor e a única agente para a missão. Buck acreditou, em seu íntimo, que a dupla poderia viajar como irmãos – embora seus sotaques fossem diferentes –, assim a história desfaria qualquer possível tensão sexual, pelo menos na cabeça dele.

Para o bem de seus colegas, Francis parecia tranquilo; ele "se exibia"[8] com um sorriso e uma expressão serena. Era difícil ver uma mulher partir em uma tarefa tão perigosa; seria mais simples, pensou, quando fosse a vez dele. Em momentos difíceis, Francis, como um bom estudante britânico, se acalmava com poesia. Ele estava exausto, porém mais tarde se sentaria e se esforçaria para copiar as palavras de Rupert Brooke para sua esposa enquanto narrava a partida de Andrée:

Então, agradeçamos a Deus por nos ter trazido à Sua hora,
E tomado nossa juventude, e nos tirado do sono!

Com mãos firmes, olhos atentos e poder aguçado,
Para nos trazer alegria, como nadadores em um salto límpido,
Diante de um mundo envelhecido, frio e cansado.[9]

O HANGAR ESTAVA VAZIO; os aviões já tinham ido para a pista iluminada pela luz azul do luar. A despedida foi formal, completamente diferente do adeus apaixonado entre Andrée e Maurice.

Andrée tinha certeza de que seu amante estaria seguro. Ela não o via desde julho. Era um risco à segurança que eles se encontrassem após a fuga de Maurice, mas o MI5 havia prometido que ele não seria abandonado aos caprichos dos "vilões" do França Livre. Ela deixou as lamentações para trás. Havia trabalho a fazer. Buck observou suas duas agentes, Andrée e Lise, seguro de que estava enviando as mais competentes, as mais capazes. Ambas eram o tipo de garota que mantinha a calma mesmo quando todo mundo ao redor já a perdera, como Kipling poderia ter dito.[10]

Embora duas mulheres já estivessem em campo na França – Yvonne Rudellat e Virginia Hall –, Andrée e Lise seriam as primeiras mulheres a chegar de paraquedas. Os Esquadrões de Missões Especiais da RAF normalmente chamavam seus passageiros clandestinos de "Joes". Aquelas eram "Janes".

Buck tirou um pequeno embrulho do bolso e o mostrou a Lise. Os agentes homens ganhavam abotoaduras de ouro, isqueiros de ouro, relógios, canetas. Já as mulheres ganhavam presentes de despedida mais delicados: maquiagem em estojos de ouro, um colar, um lápis de ouro. Lise ganhou uma cigarreira de ouro.[11] Buck entregava cada um dos embrulhos com o mesmo sentimento sombrio de esperança e pragmatismo: era algo para "lembrar a elas que, em Londres, sempre haveria alguém pronto para tentar ajudá-las em suas dificuldades".[12] Também era algo que poderia ser penhorado no mercado clandestino, disse ele, se elas estivessem em um aperto. A entrega dos presentes de ouro da agência era um ritual que Buck realizaria pelo menos 39 vezes com as mulheres durante a guerra.[13] Nem todas elas voltariam para casa. A cada despedida, seu estoico comedimento britânico se desfazia um pouco.

Vera, rígida e formal, executou sua rotina de despedida esvaziando os bolsos de Andrée e Lise, vistoriando suas pequenas malas em busca de moedas, um ingresso de cinema, uma caixa de fósforos, uma etiqueta de roupa em inglês – ou uma foto de Maurice Dufour –, qualquer coisa que pudesse entregá-las.

Se havia um poder por trás do *pater familias* da Seção F, era Vera, cuja missão informal se expandiu com o avanço da guerra. "Ela era a alma da SOE, mais do que Buckmaster", disse Lise.[14] Os deveres diários de Vera como oficial de inteligência incluíam reunir manchetes de jornal e relatórios de campo de dentro da França e reuni-los sob os títulos "Comic Cuts" e "Tid Bits".[15] Suas responsabilidades noturnas incluíam enviar agentes às bases aéreas e recebê-los de volta. Vera declarou que seu título, F-INT, na prática significava "F-Interferência". Onde houvesse uma necessidade humana na organização, Vera estaria pronta para atendê-la: adiantar o pagamento de agentes que aguardavam designação, servir de testemunha em testamentos, encaminhar bilhetes tranquilizadores para mães preocupadas, fazer amizade com esposas grávidas de agentes em missão e enviar mensagens secretas para a França via BBC quando o bebê nascia. ("Josephine *ressemble sa grand-mère*",[16] para uma menina; "Joseph se parece com seu avô",[17] para um menino.)[18] Vera era a "fada madrinha"[19] da Seção F, de acordo com Buck, lidando com o "lado social" dos sabotadores. Durante todo aquele tempo, ela própria tivera uma vida dupla. Poucos no Escritório sabiam que era imigrante; ninguém imaginava que era judia.

Depois de uma análise minuciosa dos itens mais pessoais de Andrée e Lise, Vera não conseguiu encontrar nenhuma partícula perdida da Inglaterra que pudesse estragar seus disfarces. O conteúdo de seus kits era funcional até nos detalhes. As agentes recebiam medicamentos, quatro remédios muito específicos: um comprimido para dormir que, misturado ao café ou ao conhaque, tornava qualquer pessoa insensível por pelo menos seis horas; benzedrina, uma anfetamina, para o caso de precisarem ficar alertas por dias a fio; outra pílula causaria cólicas e diarreia, para o caso de uma desculpa ser necessária; e a última pílula que alguém tomaria, que, por ser letal, foi apelidada de pílula L – revestida de borracha, costurada no forro de uma manga, ela estava cheia de cianureto. Se engolida, era inofensiva. Se mordida, era fatal.

A equipe de solo ajudou Andrée e Lise a colocar os arreios, alças em cada ombro, afivelando no peito. Por baixo do macacão de voo Lise estava com um vestido da moda, ajustado na cintura e com um pouco de volume na saia, um pequeno pedaço extra de tecido que era uma extravagância numa época em que a lã era rigidamente racionada. Os botões e o acabamento eram precisos: alfaiates qualificados reconstruíram o corte a partir das roupas usadas por refugiados franceses, até mesmo as etiquetas. Isso revelava que o Escritório não poupava despesas e prestava muita atenção nos detalhes. Assim que Lise tirasse o macacão, chegaria *à la mode*.

Os detalhes da saída eram rigorosamente respeitados, cheios de redundâncias, à prova de falhas, e contavam com planos B. As agentes pulavam com um revólver, para o caso de a recepção não ser acolhedora. Elas podiam se desfazer da arma depois de pousar, como foi a opção de muitas; era algo terrível de ser encontrado em uma revista policial numa época em que todas as armas de fogo na França eram confiscadas. No bolso da manga havia um canivete dobrável, caso precisassem se soltar das cordas. Os bolsos das pernas tinham espaço para uma lanterna e provisões para sobreviver a uma noite na floresta. Elas estavam preparadas.

Andrée havia fugido da França sem seu passaporte e agora carregava uma *carte d'identité* com o nome Monique Urbain. Pela equipe da Baker Street, ela era conhecida por seu codinome: Whitebeam. (Winston Churchill achava intolerável dar apelidos idiotas a agentes, imaginando a pobre mãe que tomasse conhecimento da morte de seu filho "Ballyhoo" ou "Bunnyhug".[20] Nesse aspecto, ele era frequentemente desobedecido.)

Em Londres, Lise era conhecida como "Artist". Ela estava a caminho da minúscula Poitiers, uma cidade em uma colina no centro da França com "um ar eclesiástico",[21] onde trabalharia sozinha, administrando um esconderijo e recebendo agentes. As ordens que recebera subestimavam a importância de seu papel, dizendo que, para quaisquer outros propósitos, ela não era considerada "operacional de nenhuma outra forma". Mas na verdade ela seria a pessoa que receberia muitos dos agentes da Baker Street. Não ser "operacional de nenhuma outra forma" significava viver em um país hostil sob uma identidade falsa enquanto prestava ajuda e proteção a homens que os nazistas chamavam de "terroristas".

Os documentos de Andrée e Lise haviam sido forjados em Roydon, onde o Escritório tinha uma oficina de falsificações; eles falsificavam qualquer coisa que um agente viesse a precisar: cupons de racionamento, documentos de viagem, certidões de casamento, certificados de dispensa, atestados médicos. Os totalitaristas se pautavam nesses documentos para manter a população sob controle; era fundamental que eles estivessem em ordem. Cartazes de propaganda espalhados por toda a França indagavam: *Êtes-vous en règle*? "Você está regularizado?"

Num pacote colocado em uma almofada entre suas costas e os paraquedas, elas carregavam maços de dinheiro. Andrée tinha cerca de 250 mil francos em notas novinhas em folha, quase cinco anos de salário, equivalentes a cerca de 1.400 libras na época ou cerca de 250 mil dólares hoje.[22] Era uma quantia exorbitante para uma mulher de origem modesta, mas mais do que suficiente para sobreviver até seu *rendez-vous* com os contatos em Paris. Se tudo corresse conforme planejado, o dinheiro financiaria seu circuito. Se a recepção fosse desastrosa, garantiria sua segurança.

Em relação aos fatores que podiam ser controlados, Andrée e Lise tinham tudo em ordem: sabiam as instruções da missão, os planos alternativos, as caixas postais. As chaves criptográficas tinham sido memorizadas. Não havia nada por escrito. Elas eram aptas e ambiciosas, seguras de si mesmas, de suas atribuições e da França. "É tudo tão emocionante", pensou Lise. "O que será que vai acontecer?"

A reunião de "dispersão" chegou a seu desfecho natural. Houve apertos de mão, beijos nas faces. Adeus. Boa sorte. *Merde alors!*[23]

Era o lema não oficial da agência: "Então, merda para você!"

Na proximidade do equinócio, o dia era tão longo quanto a noite. Ao pôr do sol de 23 de setembro de 1943, a alferes Yvonne Rudellat se encontrava em um esconderijo na França, ouvindo a transmissão da BBC em francês. Era ilegal ouvir rádios estrangeiras,[24] mas quase todo mundo na França o fazia – mais ou menos metade da população.[25] Às 19h15, o país inteiro, tanto na zona ocupada quanto na zona livre, se inclinava na direção de rádios de madeira polida para ouvir o conhecido toque de clarim do noticiário mundial em francês.

A transmissão começava com tímpanos marcando o código Morse para a letra V, de "vitória".

Ponto. Ponto. Ponto. Traço.

Era também o compasso de abertura da *Quinta Sinfonia* de Beethoven – Ponto. Ponto. Ponto. Traço –, um pequeno ritual de propaganda antinazista, uma lembrança triunfal de tempos mais agradáveis e civilizados que um dia retornariam à Europa. Ouvir rádio era um ato de insubordinação e poderia levar um cidadão à morte.

Yvonne ouviu o roteiro diário do locutor, gravado na Bush House, em Londres:

Ici Londres! Les Français parlent aux Français.
Diretamente de Londres! Franceses falando aos franceses.

A transmissão da BBC em francês durava 45 minutos; começava todas as noites com cinco minutos de notícias internacionais, seguidos por cinco minutos dedicados a Charles de Gaulle. Os 30 minutos seguintes eram dedicados a uma variedade de poemas, canções, slogans, peças cômicas, ensaios políticos, comentários sobre a guerra e apelos para resistir às demandas do governo de Vichy, para desacelerar as fábricas e enfraquecer a produção. No início do conflito o serviço francês fazia duas transmissões por dia, mas o sucesso foi tão grande – a transmissão noturna de terras democráticas – que a BBC aumentou a programação até chegar a cinco horas diárias conforme o Dia D se aproximava.

O noticiário inevitavelmente abordava o avanço da guerra. Quando se tratava de reportar acontecimentos internacionais, não havia exageros, apenas fatos: o governo de Vichy estava instituindo ordens de trabalho para homens com idades entre 18 e 50 anos, trocando trabalhadores franceses por prisioneiros de guerra capturados. A frente russa se mantinha em Stalingrado, onde as forças de Hitler haviam sido contidas na base da bomba e da baioneta.

Os últimos cinco minutos do programa noturno eram os mais importantes para a crescente Resistência francesa: era transmitida uma lista contínua de mensagens pessoais, uma *mélange* de baboseiras, charadas, rimas, contos de fadas e dísticos. As *messages personnels* eram códigos:

Jean a des cors aux pieds.[26]
Jean tem chifres nos pés.

L'arc en ciel fait naître l'espoir.[27]
O arco-íris dá à luz a esperança.

Algumas frases eram apenas brincadeiras, distrações para divertir, bagunçar e confundir a maioria dos ouvintes – principalmente os alemães. Em meio ao amontoado de absurdos, no entanto, outras sentenças eram mensagens codificadas para agentes em campo. Por meio de um telegrama criptografado, Baker Street acertava os detalhes de lançamentos aéreos e planos de batalha. Por código Morse, as frases de sinalização para as transmissões da BBC eram definidas e confirmadas.[28] Algumas mensagens de rádio eram destinadas aos franceses em campo: uma canção infantil podia garantir a um banqueiro que o dinheiro que ele emprestou para um circuito da Resistência seria avalizado por um título do Departamento de Guerra; um aforismo podia dizer ao dono de uma fábrica que se prontificar para sabotar o próprio maquinário garantiria que sua usina não fosse vítima de um bombardeio aéreo da RAF no futuro. Outras *messages personnels* eram para os agentes, confirmando a recepção do lançamento aéreo e informações de voo.

Nos cinco minutos finais da transmissão Yvonne ouviu a frase endereçada a ela, anunciando que Andrée e Lise estavam a caminho. O programa *Les Français parlent aux Français* foi transmitido duas vezes, às 19h15 e às 21h15; a primeira mensagem indicaria que o voo de Andrée e Lise estava se preparando para decolar.

Por volta das 20h, Yvonne ouviu:

Les singes ne posent pas de questions.
Macacos não fazem perguntas.

A Operação Whitebeam/Artist/Monkeypuzzle estava em andamento.
Yvonne sabia que Lise e Andrée já estavam atadas a seus arreios e paraquedas. Tudo dependia da segunda transmissão: se a mesma mensagem se repetisse, a decolagem estava confirmada.
Na noite de 23 de setembro de 1942 a frase foi reproduzida de Londres para os campos vazios de Loir-et-Cher.

Macacos não fazem perguntas.

Os rebeldes se lembrariam sempre "da alegria de ouvir a mensagem em meio à estática, aquela prova tangível de que o contato existia",[29] de que os Aliados estavam trabalhando para libertar a França.

CHARLOTTE TINHA FEITO UM arco cruzando mais da metade do firmamento quando o piloto avistou a costa francesa. A lua era como um relógio no céu.

Entre nuvens baixas e partidas, o piloto avistou a Pointe de la Percée; seu ponto de referência ficava no meio do caminho entre as praias que um dia seriam conhecidas como Omaha e Utah. Ele verificou a posição da aeronave, apontou para a cidade de Orléans e só no último minuto desceu abaixo da base da nuvem, tornando-se tão visível para o inimigo quanto as águas do rio Loire salpicadas pela luz da lua eram para o navegador.

Como confetes, uma nuvem de panfletos flutuou sobre as ruas silenciosas de uma minúscula cidade francesa sob toque de recolher. Os panfletos continham slogans, desenhos e lembretes patrióticos: "Uma luta por uma nação. *Vive la France*. Charles de Gaulle." As notas serviam a dois propósitos dos Aliados: de propaganda, para dizer à França que a nação historicamente chamada de "Pérfida Albion"[30] não a havia esquecido; e de cobertura à aeronave,[31] para que pela manhã os alemães supusessem que o inimigo havia sobrevoado a região em uma missão de reconhecimento ou de relações públicas, não para infiltrar agentes ou lançar suprimentos. Os pilotos da RAF chamavam a carga de "*Mein Pampf*", mistura de *Mein Kampf*, a autobiografia de Hitler, com "panfleto".

Ao avistar Orléans, o Whitley desceu a pouco mais de 150 metros. Entre o campanário e a copa das árvores, a aeronave se aproximou de um campo escuro e vazio nos arredores de Blois.

O piloto baixou os flaps e fez uma manobra a baixa altitude, pouco acima da velocidade de estol, um momento de alta vulnerabilidade, pronto para se tornar visível e entrar na mira do inimigo. Ele tinha pouco espaço para manobrar a uma altitude e uma velocidade tão baixas, completamente focado em seus alvos.

"Estações de ação!", gritou o operador para sobrepor sua voz ao barulho dos motores.

Andrée estava agachada, abraçando os joelhos, enfiada na fuselagem apertada do Whitley. Ela se levantou e foi até o buraco no chão do bombardeiro, verificando seus arreios e o gancho que prendia sua linha estática à aeronave. Mantinha os olhos fixos em uma luz vermelha à sua frente, os pés no vento, esperando receber o sinal verde para o salto.

Era bom ser a primeira. Lise teria preferido isso também. Ela achou que seria mais fácil escolher o momento em que gostaria de pular, mas tiraram na sorte e Andrée recebeu a honra. Os saltos seriam rápidos, um logo após o outro, caso contrário elas pousariam a quilômetros de distância.

Passando pela zona de lançamento, o navegador tentou encontrar a pista de pouso, três luzes vermelhas em um triângulo com uma luz branca piscante na direção do vento. O piloto fez varreduras sobre o alvo, procurando pelos feixes, em busca de um sinal de confirmação em Morse: a letra F.

Nada aconteceu.

"Não podemos deixar você pular porque as luzes não estão certas!", gritou o navegador.[32]

O sinal estava errado. Parecia não haver ninguém à espera de Andrée e Lise.

No rio Loire existe um local onde 500 anos atrás uma garota chamada Jehanne Romée, filha do camponês Jacques d'Arc, comandou um exército que daria à luz a França como nação. Não muito longe dali, em um pasto escuro, Yvonne Rudellat se sentou e aguardou o avião. A terra estava úmida e fresca. Os dias ainda estavam quentes, mas fazia frio à noite. A colheita estava chegando ao fim e as uvas, as batatas e as maçãs haviam sido colocadas nos porões para o inverno; haveria uma geada a qualquer momento pela manhã. Fazia dois anos desde que a caça tinha sido proibida pelos nazistas na região de Sologne; agora a noite parecia viva, repleta de animais.

Yvonne ficou imóvel, ouvindo os motores dos aviões. Suas *culottes* estavam enroladas em volta da cintura, exibindo as meias e as coxas nuas. Ela não percebeu nem se importou; não era uma mulher de "se preocupar com coisas não essenciais".[33]

Yvonne tinha um comitê de recepção totalmente masculino; eles exibiam um ar tão britânico quanto um lugar frequentado por homens de colete e *boutonnières* brancas, mas operavam à noite em um clima de intimidação implacável. Três homens estavam do lado de fora, dispostos a 100 metros um do outro, o orvalho da noite ensopando as barras de suas calças, as boinas puxadas para baixo. Se fossem pegos, pareceriam caçadores comuns. Com tantos produtos desviados para a Alemanha, a França estava desnutrida, e 1942 foi a primeira temporada de caça aberta da guerra.[34] A pena por portar um fuzil de caçar coelhos não era mais tão rígida. Não era um revólver. Abater um tetraz não era como matar um nazista.

Yvonne olhou para cima e inclinou a cabeça em direção ao rugido dos motores que se aproximavam. Além do barulho, ela esperava que duas mulheres caíssem do céu como folhas de outono, os paraquedas bloqueando o luar durante a queda. O Whitley sobrevoou as terras agrícolas vazias. Por

15 minutos, o avião voou baixo até que os homens apontassem suas luzes em direção ao céu. Um homem não o fez. Talvez sua lâmpada estivesse queimada. Talvez um interruptor estivesse com mau contato ou houvesse um fio solto. Talvez suas luzes estivessem muito perto da copa das árvores, obscurecidas da visão do navegador. Um homem era surdo de um ouvido, então talvez não tivesse ouvido o estrondo da aeronave.

Quando o avião de Andrée e Lise chegou, havia apenas luzes brancas, não vermelhas.

Andrée e Lise não pularam.

Contra a lua cheia, a silhueta do bombardeiro ergueu o nariz e se afastou. Depois de um imenso e crescente estrondo, os motores voltaram a ser zumbidos fracos.

Então a noite ficou silenciosa. Tão silenciosa que Yvonne era capaz de ouvir o tique-taque de um relógio de pulso.

No dia seguinte, tudo estava calmo na pequena aldeia de Avaray, próximo ao Loire. A vida no povoado seguia como sempre, sem pressa, como se não houvesse nada errado, como se a linha de demarcação não existisse.

As luzes de pouso estavam prontas novamente à uma da manhã. O comitê esperou, em um longo silêncio cheio de incertezas, e a distância, quase imperceptível, o latejar de motores se aproximou.

Uma grande sombra apareceu sobre o campo iluminado pela lua enquanto o avião, pela segunda noite consecutiva, manobrava em direção à zona de lançamento. O código Morse correto piscou em direção às estrelas:

Ponto. Ponto. Traço. Ponto.

Era a letra F. O Whitley soltou Andrée, depois Lise, na hora certa.

Un, deux, trois, quatre... o comitê contou os paraquedas abrindo como flores. Andrée, Lise, suas malas e 12 Colts com munição, 10 quilos de explosivo plástico, 800 espoletas, detonadores e outros dispositivos pousaram em sequência na França sob uma grande lua alaranjada, a menos de 50 metros uns dos outros.[35]

No diário de bordo, o piloto registrou:

Tudo certo.[36]

Soltando os paraquedas e os arreios, Andrée e Lise foram recebidas pelo comitê, que correu para recolher a seda e as malas.

Mal conseguindo falar, as mulheres foram levadas a um galpão na floresta para esperar até o amanhecer, quando o toque de recolher seria suspenso.

"Bem, agora estou morando em solo francês", pensou Lise.[37]

Ao primeiro raio de sol, um cavalo e uma carroça levaram as agentes à pequena casa de um casal de refugiados idosos e patrióticos, os Bossards, comerciantes de peixe que fugiram do bombardeio na costa do vale do Loire. Yvonne estava lá para cumprimentar suas colegas. Ela era amiga de Andrée desde a primeira turma feminina de treinamento de verão em Beaulieu.

Não era fácil encontrar franceses simpáticos a uma resistência apoiada pelos britânicos em 1942. A anglofobia nunca esteve distante da mentalidade francesa, e a nação ainda se ressentia da *débâcle* em Dunquerque, que era vista como a abdicação britânica da guerra. Mesmo após dois anos de ocupação, os franceses cuspiam ao ouvir o nome de Churchill. Afinal, a primeira coisa que ele fez na Ocupação foi ameaçar a França: enviem todos os navios de guerra franceses para um porto neutro, ordenou o primeiro-ministro, ou afundem sua frota, para que ela não seja entregue à Marinha nazista. Quando o almirante de Vichy se recusou a fazer isso, os britânicos bombardearam o porto de Orã, na Argélia, em 3 de julho de 1940; 1.297 marinheiros morreram. Foi um golpe de *agitprop* para Hitler e Pétain.

Os franceses mais velhos provavelmente eram mais propensos a perdoar os britânicos, lembrando-se das amizades forjadas no Somme e em Verdun. Os Bossards viviam perto da linha de demarcação, onde o campo era fortemente vigiado e as rotinas haviam sido interrompidas. "Não era totalmente gratuito", disse Lise.[38]

Yvonne enviou uma mensagem de rádio para Londres: Monique e Odile chegaram sãs e salvas.[39]

Andrée e Lise descansaram por algumas noites no pequeno vilarejo, conversando com o casal, aclimatando-se "para nos sentirmos mais felizes com tudo aquilo antes de sermos enviadas". As primeiras soldados do sexo feminino a saltar de paraquedas dentro das linhas inimigas iniciaram suas missões com omeletes e vinho.

Lise comprou uma passagem para Poitiers.

Andrée voltou para casa em Paris.

CAPÍTULO 6

Até o último homem

Sark, Ilhas do Canal

No canal da Mancha, uma ilha em formato de inseto achatado repousava quieta e imóvel, um elo dormente na Muralha do Atlântico de Hitler, a vasta cadeia de proteção feita de aço, concreto e minas terrestres se estendendo por 3.200 quilômetros desde o norte, acima do Círculo Polar Ártico na Noruega, até o sul, por todo o caminho descendo pela França até a Península Ibérica.

Até a guerra, a ilha de Sark era britânica. Agora ela pertencia ao Reich. Abraçando a costa da França, com apenas pouco mais de 3 quilômetros quadrados, localizava-se entre Guernsey e Jersey, próximo à península do Cotentin, um lugar perdido no tempo: os moradores ainda viajavam a pé ou de burro e liam livros à luz de lampiões a gás. Mas, depois da queda de Dunquerque, a guerra chegou ao golfo de Saint-Malo e às praias de Sark. As Ilhas do Canal eram indefensáveis, declarou Churchill, próximas demais da Normandia e estrategicamente sem importância para a segurança da Inglaterra. Os britânicos retiraram suas tropas de lá.

Os nazistas tomaram as ilhas. As agradáveis pastagens foram perdidas sem conflito.[1] Hitler fez então das Ilhas do Canal parte de sua estratégia contra a iminente invasão dos Aliados.

Quebrando o silêncio da noite de outono do dia 3 de outubro de 1942, um barco a motor chamado *Little Pisser* chegou às falésias de Sark. Doze homens desceram e escalaram a parede de rocha íngreme até a espinha dorsal da ilha. Rostos enegrecidos, armas carregadas, facas em punho, a equipe correu em direção a um quartel nazista. A missão fora chamada de Operação Basalt.

Seis soldados de elite alcançaram o bastião alemão. Alinhados em um longo corredor em frente às portas de seis quartos, assim que foi dado o sinal os invasores entraram nos aposentos onde os nazistas roncavam sobre suas camas de ferro. Os ocupantes acordaram cara a cara com seus inimigos.

A invasão foi rápida e conforme o planejado: soldados britânicos amarraram as mãos de seus prisioneiros com lençóis, arrastaram-nos pelo corredor e, em seguida, pegaram livros, jornais e tudo que era impresso.

Com os prisioneiros a reboque, os invasores se reagruparam para uma longa corrida de volta ao barco. De repente, quando os soldados nazistas perceberam o que estava acontecendo, toda a preparação e todo o planejamento dos invasores foram por água abaixo. Reféns, os alemães começaram a gritar, reclamando do tratamento que estavam recebendo, exigindo que pudessem usar seus uniformes em vez de pijamas, acordando os moradores do local. Os soldados reagiram: "Com a ajuda de alguns socos, eles ficaram mais silenciosos, ou pelo menos foi o que a gente pensou."[2]

No meio da confusão, um alemão conseguiu se soltar e correu por um campo aberto. Foi capturado imediatamente, mas, sem se intimidar, saiu correndo novamente, gritando e lutando. Levou um tiro nas costas. Diante da confusão, três outros prisioneiros nazistas fugiram. Dois foram alvejados à queima-roupa. O terceiro, ainda amarrado, gritou, na esperança de que alguém o resgatasse.

Um jovem soldado britânico foi na direção do alemão para tentar silenciá-lo com uma coronhada, o dedo ainda no gatilho do revólver. Acabou explodindo a cabeça do prisioneiro "acidentalmente".[3] Na confusão, dois nazistas fugiram: um ferido, outro nu. Eles soaram o alarme.

Um prisioneiro alemão remanescente se rendeu, contestando a força bruta dos soldados britânicos. Melhor viver como prisioneiro dos ingleses do que morrer como herói do Reich.

A cidade e a guarnição foram alertadas sobre a operação. Sob tiros, os invasores e seu refém fugiram para o *Little Pisser*, saindo de Sark e adentrando águas mais escuras.

Todos os soldados britânicos voltaram com vida. Levavam com eles um prisioneiro nazista, engenheiro na Muralha do Atlântico. Ele tinha informações sobre a construção de barreiras antitanque de concreto, cercas de arame duplo, campos minados, casamatas e artilharia pesada em todo o Canal. Conseguiram obter outras informações: anotações, ordens, planos e registros de inventário. A Operação Basalt foi classificada como A-1-0, um grande sucesso.

Para os nazistas, aquilo foi uma execução: soldados alemães haviam sido baleados à queima-roupa enquanto estavam amarrados e vestindo pijamas.

Em resposta, Hitler emitiu uma ordem de comando, *Kommandobefehl*, em 18 de outubro de 1942, com instruções para os oficiais superiores do Reich. Estava marcada como "Confidencial". Apenas 12 cópias foram feitas.

"Esta ordem é apenas para comandantes e em nenhuma hipótese pode cair nas mãos do inimigo", advertia a missiva:

> De agora em diante, todas as tropas de sabotagem serão aniquiladas, sem exceção, até o último homem. Quer sejam soldados uniformizados, sabotadores, armados ou não; quer estejam lutando ou tentando escapar; não importa se agem de navios ou aeronaves ou se pousam de paraquedas. Mesmo que se entreguem como prisioneiros, não serão perdoados. Nenhum perdão será concedido. Isso significa que suas chances de escapar com vida são nulas. Sob nenhuma hipótese devem esperar ser tratados de acordo com as regras das Convenções de Genebra.[4]

A implementação da ordem ilegal de Hitler tomou um rumo poético, embora sombrio: os nazistas amavam documentar seus atos e mantinham registros detalhados, então, quando foram ordenados a cometer crimes contra a humanidade, mas sem deixar evidências disso, os prisioneiros passaram a ser designados pelo código N+N. Significava *Nacht und Nebel*, da letra da ópera *O ouro do Reno*, de Wagner, adorado por Hitler:

Nacht und Nebel – niemand gleich![5]
Noite e nevoeiro – como se não houvesse ninguém![6]

A designação N+N era uma forma de identificar o não identificável, de dar nome àqueles que seriam eliminados. Os carcereiros alemães foram instruídos a punir os prisioneiros N+N com dor, tortura e sofrimento, sem direito a compaixão ou a convenções internacionais. Em segredo, Hitler concedeu perdão preventivo a seus comandantes por quaisquer crimes de guerra passados, atuais ou futuros.

Se capturadas, Lise, Andrée e Odette seriam condenadas ao tratamento mais violento do Reich. Isolamento. Tortura. Escravidão. Execução sumária. Erradicação total de qualquer lembrança. Noite e nevoeiro.

Parte II

CAPÍTULO 7

Milhares de ameaças
Paris

A Avenue Foch é a avenida mais rica da Europa, o endereço mais exclusivo de Paris. Ela se estende do Arco do Triunfo ao Bois de Boulogne, com amplos jardins flanqueando os dois lados do bulevar, repleto de antigos olmos indianos e enormes castanheiros bem anteriores a Napoleão Bonaparte. Durante a Ocupação, a Avenue Foch não deixou de ser um passeio elegante e nobre, com trilhas errantes que serpenteavam por entre os bosques floridos e os monumentos de pedra. (As esculturas de metal de Paris, no entanto, haviam sido retiradas e derretidas para servir de matéria-prima para munição.)

Na guerra, os administradores de Hitler transformaram a Avenue Foch no lar da burocracia.

No lado norte da avenida, já bem próximo à Porte Dauphine, o número 84 era ocupado por uma construção de seis andares com altas janelas na frente, encasuladas por elaboradas grades de ferro fundido.[1] O prédio foi designado para ser o quartel-general da força de segurança, que, em Paris, era coloquialmente conhecida como Gestapo: juntos, o Sicherheitsdienst (SD) e a Sicherheitspolizei (SD-SIPO) formavam o serviço secreto do Partido Nazista, composto por leais seguidores do Führer, cujo trabalho era erradicar, capturar e executar todos os inimigos do Reich.

À tarde, o sol de Paris iluminava um escritório estilo Beaux-Arts tão grande e imponente quanto o homem que o comandava. A sala era organizada em torno de uma grande escrivaninha Luís XV que emanava liderança, ordem, opulência e força; pertencia ao *SS-Sturmbannführer* Karl Bömelburg, que se mudou para lá na virada de 1942 para 1943. O principal oficial da contraespionagem em Paris era um retrato fiel do partido, um robusto veterano da Primeira Guerra que estava prestes a se aposentar. Ele era alto, tinha cabelos grisalhos, um semblante ariano e a postura de um cavaleiro experiente. Bömelburg costumava ser visto cavalgando pelo Bois de Boulogne até uma *villa* onde criava galinhas, seu sonho de vida. Ele decorou seus apartamentos pessoais e sua casa com luxuosos presentes dados por colaboradores da máfia de Paris, com prata roubada e jovens garotos de programa.[2]

O major Bömelburg seguiu Adolf Hitler com convicção e crueldade desde seus primeiros dias em Berlim. Na década de 1930, antes da guerra, ele instalara o quartel-general da Gestapo em Paris, mas, por ter provocado a extrema-direita francesa, teve que se exilar na Tchecoslováquia em 1939, como conselheiro de polícia da Gestapo. Lá ele obteve um lucro considerável trocando crianças judias por dinheiro, poupando a vida de 669 inocentes ao mesmo tempo que enriquecia.

Agora, em uma Paris ocupada, nos últimos dias de sua carreira militar, Bömelburg caçava a Resistência e os judeus franceses com igual fervor. Na Avenue Foch, ambos eram muitas vezes vistos como uma coisa só.

A AVENUE FOCH ESTAVA silenciosa, como se tivesse voltado ao século XVIII. Eram poucos os carros em Paris; não havia gasolina. Em vez disso, ouvia-se o sino das bicicletas e *pedicabs* e o sincopado "pocotó" das carroças puxadas por cavalos. Uma vez por dia, o passo de ganso dos soldados em desfile ecoava desde o Arco do Triunfo, acompanhado pelo estrondo das trombetas soprando o "Horst Wessel Lied", o hino do Partido Nazista: "Milhões de pessoas olham para a suástica cheias de esperança./ Raiou o dia da liberdade e do pão."[3]

À semelhança de toda a cidade durante a guerra, a fachada do número 84 tinha um tom cinza-escuro por causa das manchas de carvão. Ali dentro Bömelburg comandava uma força policial profissionalizada e punitiva.

Para além dos portões, uma estreita entrada de automóveis se estendia até um pátio, onde os motoristas poliam até brilhar uma frota de carros luxuosos confiscados de parisienses fugitivos e de ex-residentes judeus. No pátio havia também um galpão, onde cidadãos relutantes eram estimulados a revelar informações particulares de uma forma que provocava náuseas até mesmo em homens experientes.

No coração do prédio, uma escadaria central dava nos elegantes apartamentos habitados por uma variedade de integrantes da polícia secreta nazista: militares de alta patente, escrivães, soldados, motoristas e capangas. O segundo andar era o quartel-general das investigações de contraespionagem, usado para prisões e interrogatórios dentro da França ocupada; estava lotado de escrivaninhas, arquivos, fotocopiadoras e secretárias louras e rechonchudas de uniforme.[4] Um belíssimo banheiro num dos cantos da casa ostentava uma banheira de ferro bem funda, útil para interrogatórios.

No sótão, onde antes costumavam ficar os aposentos dos empregados, havia celas para os espiões inimigos. No porão, uma adega com ótimos vinhos de safra.

O MAJOR BÖMELBURG TINHA um interesse particular pelo terceiro andar, que veria chegar uma nova equipe de experientes caçadores de espiões durante o terceiro inverno da guerra na França: um grupo de especialistas em rádio e em idiomas. O tráfego e os sinais do telégrafo preenchiam o ar; o rádio podia ser ouvido por qualquer pessoa que tivesse um aparelho. Transmissores eram ilegais, mas continuaram a existir como armas de resistência. Montá-los e escondê-los era algo fácil; sinais de rádio eram o meio mais rápido de comunicação. A Gestapo estava sempre à escuta.

No terceiro andar, qualquer mensagem codificada suspeita era datilografada em mais de uma via de papel-carbono e arquivada. A maioria das mensagens secretas era uma coleção aparentemente aleatória de letras em código Morse, que não fazia sentido sem a cifra. Os especialistas em rádio, no entanto, examinavam cada nova missiva de perto. A equipe de Bömelburg ainda não conseguia decifrar as mensagens que os clandestinos enviavam para Londres, mas era apenas uma questão de tempo. Os decodificadores procuravam por padrões e aplicavam análise estatística. Por exemplo, *e* é a letra que ocorre com mais frequência no idioma inglês, usada cerca de 10% das vezes. As letras *j*, *k*, *q*, *x* e *z* ocorrem com mais raridade; existem apenas duas palavras com uma letra, "a" (um/uma) e "I" (eu).[5] Portanto, com uma contagem simples e um pouco de dedução, qualquer mensagem pode ser criptoanalisada. A equipe de Bömelburg aprendeu a sintonizar frequências de rádio suspeitas e reconhecer a "mão" dos operadores de código Morse via rádio, os *pianistes*, como eram chamados; os nazistas conheciam os radioamadores através de suas impressões digitais singulares. Os próprios Aliados, a contragosto, colaboraram para a busca da Avenue Foch: durante a guerra, a Gestapo prendia agentes rebeldes e então usava de coerção psicológica e tortura física para persuadi-los a revelar suas cifras.

Na espionagem por rádio, Hitler saiu na frente. Por mais de um ano os rádios e os códigos britânicos capturados enganaram a seção holandesa da Baker Street. Os aparelhos capturados eram operados por falsos agentes britânicos e os Aliados, inadvertidamente, colocaram agentes e armas nas mãos do Reich. A propensão alemã para inventar substantivos entrou em cena e a farsa foi apelidada de *Das Funkspiel*, "o jogo do rádio". Ou, com mais frequência e maior precisão, *Das Englandspiel*, "o jogo da Inglaterra".

Para Bömelburg, foi um jogo de paciência. Se, por um lado, Hitler se preocupava com o fato de que "uma cidade grande como Paris pode esconder milhares de ameaças", nenhuma rede de espionagem amadora seria capaz de se esconder para sempre.[6] Chegaria o dia em que um rebelde seria capturado em Paris e então as cifras de suas mensagens codificadas seriam encontradas com ele e os bem-ordenados arquivos de Bömelburg, repletos de comunicações em segundo plano, seriam decifrados. Quem sabe até um aparelho sem fio sintonizado na largura de banda de Londres pudesse cair nas mãos dele. Nesse dia seria possível compreender as mensagens anteriores e os sinais de comando para os Aliados no futuro. A Gestapo seria então capaz de enviar desinformação para o inimigo sobre zonas de pouso e as condições em geral. Bömelburg acreditava que poderia ouvir os avisos sobre a invasão da França.

De seu opulento apartamento, o *Sturmbannführer* Bömelburg trabalhava em um esquema para capturar também a correspondência por escrito entre a crescente Resistência francesa e o comando aliado, como se desejasse compor os acordes finais de sua gloriosa carreira.

Algumas mensagens dos rebeldes eram transmitidas via rádio; outras viajavam fisicamente, levadas por mensageiros. Os *partisans* cruzavam a Suíça ou a Espanha, onde havia missões diplomáticas britânicas, carregando despachos que depois chegariam à Inglaterra por meio do malote diplomático. Ou então, quando uma importante liderança francesa ou um rebelde britânico tinham que ser retirados da França de avião, uma mala postal podia ser incluída no voo, geralmente carregando cartas em texto simples, *en clair*, ou mensagens breves usando códigos simples de substituição de palavras que continham referências veladas a operações atrás das linhas inimigas.[7]

Bömelburg estava ciente dessa correspondência e desenvolveu um plano para interceptá-la: mantinha-se em contato com um francês, um piloto de acrobacias que havia fugido para a Grã-Bretanha via Pirineus e tinha sido treinado pela SOE.[8] O piloto francês comandaria as próprias zonas de pouso e supervisionaria as recolhas e os pousos dos aviões nas proximidades de Paris. Ele era jovem, esperto, ganancioso e maleável.

Seu preço era de 4 milhões de francos.[9]

A PRÓPRIA AVENUE FOCH refletia a história da inimizade entre franceses e alemães. Era conhecida originalmente como Avenue du Bois – avenida do bosque –, mas depois da Primeira Guerra Mundial foi rebatizada em homenagem ao heroico general francês Ferdinand Foch. Foi no vagão particular do general Foch que as forças do Kaiser se renderam, visando ao cessar das hostilidades cujo início estava marcado para as 11 horas da manhã do dia 11 de novembro de 1918. O general Foch desconsiderou o Tratado de Versalhes por causa de sua leniência com os *Krauts* derrotados. "Isto não é uma paz. É um armistício de 20 anos", vociferou quando o documento foi ratificado, em 28 de junho de 1919.[10] A guerra de Hitler na Europa começou quase exatamente 20 anos depois, em 1º de setembro de 1939. Foch errou o palpite por meros 65 dias.

Quando as mansões da *belle époque* ao longo da avenida foram confiscadas pelo Reich, o comando nazista sentiu um enorme prazer. O que antes era um bulevar habitado pela nobreza, os Renaults, os Rothschilds e o Aga Khan tornou-se na guerra a sede de uma potência ocupante. A avenida ganhou um apelido que circulava discretamente entre os parisienses: "Avenue Boche" – expressão desdenhosa para se referir aos alemães.

O major Bömelburg rastreou todos os rumores e movimentos rebeldes. Nos primeiros anos da Ocupação, manteve uma ampla estratégia: em vez de interceptar, monitorava os "terroristas". Seus oficiais de contraespionagem eram experientes caçadores de espiões, enquanto a maioria dos sabotadores era de novatos e inábeis. A Gestapo não montou campanhas vigorosas contra os ataques rebeldes porque, para Bömelburg, a espera era útil. Ataques-surpresa contra soldados ou alvos alemães eram raros e constituíam bom material de propaganda; foram espalhados cartazes criticando os violentos "bolcheviques judeus" que estavam invadindo e aviltando a França. Para além da propaganda antissemita, entretanto, os *partisans* eram fontes úteis de inteligência militar; eles poderiam ser seguidos, listados e descritos, além de atrair mais companheiros. Bömelburg fez um cálculo frio: cada vez que os *partisans* tinham êxito em uma sabotagem, a rede clandestina se tornava mais visível e as ligações entre os grupos rebeldes ficavam mais evidentes. A cada novo ataque, a Resistência deixava de ser uma coleção de árvores para se tornar uma floresta.

Com uma oposição pequena, fragmentada e incompetente, havia pouca desvantagem na estratégia de Bömelburg de observar e aguardar. Paris era uma ratoeira: quando, e se, a clandestinidade recebesse armas dos Aliados, seria fácil pegar os ratos na hora certa. Até lá, os *partisans* deixariam um rastro de dados aproveitáveis: esconderijos, ajudantes, comércio conivente e caixas postais secretas. Se o movimento clandestino crescesse e se organizasse, e se os rebeldes conseguissem suprimentos dos Aliados de maneira consistente e confiável, seria o sinal de um iminente ataque marítimo à França. A Gestapo monitoraria a crescente oposição, mas dificilmente interferiria nela.

Havia sido dada a largada: Bömelburg precisava saber a data do desembarque antes que a Resistência se tornasse poderosa demais. Oficiais do Eixo e dos Aliados acreditavam que um desembarque na França poderia acontecer assim que as águas do canal da Mancha se acalmassem, na primavera de 1943. Rumores abundavam: a invasão ocorreria "a partir de 21 de março", segundo boatos ouvidos pelos rebeldes.[11] As datas podiam ser fofocas fabricadas para enganar os nazistas ou desinformação, era impossível saber. Ainda assim, a notícia de um desembarque em 1943 se espalhou por toda Paris "como um rastilho de pólvora".

Para a Gestapo, o verdadeiro prêmio era prever o dia e a hora do retorno dos Aliados à Europa Ocidental.

CAPÍTULO 8

Os Anos Sombrios
França

Aninhado na estreita Rue de Caumartin havia um pequeno café parisiense que Andrée Borrel conhecia de tempos mais felizes e dias mais fáceis. Sentada a uma pequena mesa redonda, não muito longe do apartamento de sua irmã, ela esperava dar meio-dia. Era o terceiro ano do que seria uma longa ocupação da Europa. O árduo trabalho da rebelião organizada começou em um café.

As mulheres do exército secreto operavam sob a névoa da guerra. Apesar de todo o planejamento de Baker Street e da formação em Beaulieu, a vida clandestina era improvisada. Os agentes viviam a guerra em campo, no dia a dia, e formavam circuitos a partir das vicissitudes da Ocupação. Para Andrée, a primeira missão era ativar uma rede parisiense apoiada pelos Aliados. Qualquer outro movimento seria decidido mais tarde.

No café, o burburinho suave era interrompido ocasionalmente pelo som de passos de um sapato com sola de madeira no piso gasto de ladrilho. Espelhos antigos e turvos ofereciam linhas de visão ao redor do salão. O ar cheirava a fumaça de carvão, cigarros velhos e café amargo falsificado, feito de bolotas de carvalho e chicória moídas; o sabor se aproximava do da cafeína, mas não o estímulo. Assim como *Diktat* e *Blitz*, *Ersatz* era a novidade no vocabulário francês, uma palavra feia adotada dos invasores brutais.

Andrée estava em campo havia duas semanas. Ao aterrissar na França, ela começou o trabalho atrás das linhas inimigas tendo uma única liderança:

uma mulher chamada Germaine Tambour. O apartamento da família Tambour, na Avenue de Suffren, em Paris, era um ponto central de contato para agentes recém-contratados, uma "caixa postal ao vivo" ou agência dos correios usada para a troca de mensagens em pessoa. Germaine era uma peça central – quase um soldado – da Resistência apoiada pelos britânicos. "Ela era antimilitarista e ficou pálida ao ver uma arma."[1] Era uma administradora rebelde, um depósito de conhecimento secreto desde os primeiros dias do armistício. Andrée anunciou aos Tambours que era amiga de Charlotte, a lua – essa era sua senha, inventada a partir de "*de la part de Charlot*".[2] A partir daí, foi aceita no círculo, recebendo contatos, endereços e garantias.

Andrée ouvia todas as noites as transmissões da BBC em francês enquanto a lua de outubro minguava. Longos discursos aconselhavam a nação em um momento de luto. Às mulheres da França, o locutor Jacques Duchesne exortou: "Contamos com vocês, nossas mães, nossas mulheres, nossas irmãs, para permanecer firmes e continuar a dar aos homens a força em que se apoiar."[3] Andrée esperou até o fim do programa pelos alertas pessoais específicos da BBC indicando que Francis estava a caminho.

Cada dia de outono ficava um pouco mais curto, sinalizando a aproximação do inverno. A partir de 1º de outubro, Andrée voltou a frequentar o café. As manhãs começavam tarde e os dias duravam até o toque de recolher. Um dos primeiros atos de Hitler na Ocupação foi colocar a França no horário de Berlim, tornando-a uma espécie de subúrbio do Reich. A escuridão durava até de manhã, lançando uma mortalha sobre cada dia tomado pela guerra; por essa razão, os anos de Ocupação passaram a ser conhecidos como "os Anos Sombrios", *les années noires*. Andrée aproveitava um pouco da luz do dia tomando um drinque na Rue de Caumartin. À espera. Ela aguardava um sinal.

No bar, homens de mangas arregaçadas limpavam os vidros por dentro. O barman era potencialmente o maior aliado de Andrée. Ou inimigo. Os bartenders sabiam de segredos e tinham poder sobre seus clientes. A única forma de se fazer uma boa refeição na Paris de 1942 era no mercado clandestino. Pouquíssimos parisienses podiam pagar; logo, aqueles que o faziam participavam de algum esquema para conseguir comer além de suas parcas rações diárias à medida que o inverno se aproximava. Porém, no casulo da Rue de Caumartin, a grande tradição de privacidade, típica dos cafés, resistia ao jugo nazista. Andrée confiava nisso.

À medida que o meio-dia se aproximava, o tempo ia ficando mais pesado. O ponteiro dos segundos passou do seis e começou sua subida final. As instruções que ela recebera haviam sido claras: espere cinco minutos. Era a janela mais curta possível para contato. Andrée tinha um intervalo de exposição limitado para o encontro, mas, depois disso, a ordem era que fosse embora. A reunião teria que ser precisa ou não aconteceria em absoluto. Se o encontro falhasse naquele dia, ela faria a mesma coisa no dia seguinte.

A porta se abriu e um raio de luz se espalhou pelo piso. Francis Suttill entrou mancando no bar. Ele era sempre pontual.[4] Com um sorriso corajoso estampado entre duas orelhas grandes, seus olhos azuis esquadrinharam a sala em busca de sua parceira. Ele parecia bastante francês, o cabelo bem repartido, calças de cintura alta e um paletó não mais desalinhado ou gasto do que o de qualquer outro parisiense após três anos de guerra. Mas sua perna dolorida chamava uma atenção que ele não desejava. Havia muitos feridos de guerra circulando pela França; na maioria dos casos, os ferimentos eram antigos, sofridos em batalhas anteriores ao armistício. Francis estremeceu ao sentir uma pontada de dor.

Ele se sentou diante de Andrée.

– Onde é possível achar gasolina? – perguntou ela em tom sério.[5]

Na Paris de 1942, era um pedido sem sentido; a gasolina havia sido confiscada pelas forças da Ocupação. A maioria dos carros havia sido adaptada para gasogênio, para poderem funcionar à base de carvão. Onde conseguir gasolina no mercado clandestino?

– Combustível, você quer dizer? – respondeu Francis.

Confirmada pelo código, a rede parisiense já estava em operação. O agente Prosper chegara poucos dias antes, embora não em segurança. Nem com sua bagagem. Francis tinha pulado às cegas, ou seja, sem comitê para recebê-lo. Saltando em meio à névoa, ele caiu com força, deslocando o joelho da cavidade e rompendo a cartilagem. Não tinha sido um começo promissor. A dor era um sofrimento, mas algo a que ele estava acostumado; tinha conseguido se livrar da debilidade infantil imposta pela poliomielite com um autoimposto programa de ginástica; conseguiria fazer o mesmo mais uma vez. Após a aterrissagem forçada, ele se valeu de todos os alívios contidos no kit médico de seu macacão de voo e escondeu o gigantesco paraquedas de seda que o largara na França não suavemente, como pretendido, mas, em vez disso, com um solavanco e um gemido. Ele se arrastou para longe do campo carregando o que acreditava ser sua valise. Não era. Em vez disso, tinha colocado no ombro uma mala de couro que escondia um transceptor sem fio de rádio. Ele não fazia ideia de quem era o agente ao qual aquilo se destinava. Nem Andrée. Ela iria enviar uma mensagem à Baker Street para perguntar sobre o equipamento.

A liderança de Paris pôs mãos à obra. Francis redigiu uma nota, uma "lista de compras" de necessidades – incluindo sua mala perdida –, inserindo coordenadas de um campo vazio perto do rio Loire. Andrée repassou a carta pessoalmente, às escondidas, para um operador de rádio, que codificou e transmitiu a missiva a Londres, junto com pedidos de outros organizadores. Londres logo enviou uma mensagem de volta: "Parabéns, Prosper. Além disso, fique com o rádio. Londres disse que o circuito de Paris pode precisar dele."

Na resposta de Baker Street foram definidas as coordenadas para uma operação de codinome Monkeypuzzle III. Londres atribuiu uma mensagem à BBC para confirmar o salto – "O lagostim anda de lado"[6] – e definiu a localização da zona de pouso.

Quanto à bagagem perdida, Francis recebeu a mesma resposta que os passageiros das companhias aéreas do mundo inteiro recebem nos dias de hoje: "Houve uma confusão."

Sua mala – mais ou menos como o desembarque dos Aliados na Europa – estava a caminho.

Por toda a França houve pequenos atos de rebelião. Crianças em idade escolar se recusavam a encarar os soldados nazistas. Estudantes marchavam em protestos silenciosos. Ataques súbitos de tosse irrompiam nas salas de cinema quando passavam os cinejornais alemães. O ocasional "V de vitória" ou o "K de *Kollaboration*" eram pintados nas paredes e marcados a giz nas portas como atos ousados de desafio e denúncia. Os operários das fábricas cometiam erros propositais de cálculo no tamanho dos rolamentos. Jornais secretos eram passados por debaixo das portas. A propaganda de Vichy era arrancada das paredes do metrô. Vez ou outra, padres ofereciam assistência aos judeus detidos. Era uma oposição atomizada, dispersa. Os Aliados tinham que se contentar com aquela atividade fragmentada e furtiva.

No outono de 1942, os comandantes e estrategistas de guerra em Londres estavam um pouco descontentes. Não havia uma forma evidente de coordenar a ação dos *partisans* por toda a França, fosse na zona ocupada ou na livre. Não havia uma liderança dos rebeldes, nenhum candidato a comandar as diversas e obscuras facções antigermânicas. Assim como Vichy fracassara no papel de órgão único e eficaz para governar as duas Franças, também os *partisans* careciam de um órgão que estabelecesse diretrizes, organizasse a hierarquia e planejasse ataques. Isso não tinha como partir do general De Gaulle, uma voz distante no rádio, que estava no exílio havia anos sem saber direito o que acontecia em casa. Ele não tinha controle algum dentro da França.

Alguém tinha que organizar soldados secretos em campo, pensaram os britânicos, mas quem, e como? A missão de Andrée era colocar a organização e as armas nas mãos dos guerrilheiros no Norte, onde os cidadãos estavam diariamente em contato com os soldados alemães e a atividade subversiva era mais arriscada e precisava obrigatoriamente ser menor e mais discreta. Baker Street autorizou Bangs na zona ocupada – atos precisos de sabotagem em pequena escala. Outras agentes, como Odette Sansom, acabariam na zona de Vichy, ao sul da linha de demarcação, onde havia uma política de proibição dos Bangs. Em vez disso, os agentes deveriam se concentrar em recrutamento, propaganda, reconhecimento, distribuição de armamento e de pessoal e na fuga de pilotos abatidos e de aliados que fossem politicamente úteis.

Agente por agente, salto por salto, os líderes das redes rebeldes começavam a chegar à França no outono de 1942. As armas também se acumulavam. Elas caíam dos céus a cada lua cheia. Era como um rufar de tambores sinalizando a iminência da invasão. Andrée tinha como atribuição receber armas e treinar soldados secretos e, durante todo o mês, conforme o brilho da lua se intensificava, a ação crescia. Tão logo ela atingia o seu ápice, Andrée passava os dias em trens rumo ao interior e as noites sem dormir em campos gelados, rolando latas de metal cheias de armas, explosivos e chá em direção aos palheiros de camponeses simpáticos e apreensivos. Mas havia poucas redes estabelecidas ou contatos confiáveis e nenhum plano-mestre para mobilizar os elementos dispersos da clandestinidade visando ao desembarque dos Aliados na primavera.

Nos primeiros anos após a Blitzkrieg ainda não havia franceses suficientes dispostos a morrer pelo sonho de uma França livre e nenhuma esperança de que as coisas fossem mudar. Após quase três anos da Ocupação, no entanto, o ajuntamento cada vez maior de furiosos antagonistas atingiu uma massa crítica: operários, intelectuais, ex-soldados, ferroviários, sindicalistas, judeus, maçons, fazendeiros, socialistas, comunistas, nobres e burgueses. Essa massa se tornou *la Résistance*, que passou a ser armada pelos britânicos.

Para a rede clandestina de Paris, os anos de frustração com a Ocupação tinham convergido rumo à esperança. A presença de Andrée e Francis havia encorajado os dissidentes locais que tinham vontade de se rebelar, mas que ou não faziam ideia de como agir, ou não tinham nenhuma fé de que os Aliados iriam em seu auxílio. "Com a chegada de PROSPER, sentimos que finalmente poderíamos ter alguma utilidade, e isso foi muito emocionante", lembrou um parisiense muito tempo depois da guerra.[7] "Não trabalhávamos apenas pela Resistência; agora trabalhávamos visando a um propósito, uma data, uma razão, um objetivo militar: a invasão."

EM 1º DE NOVEMBRO, Dia de Todos os Santos, a lua cheia começou a minguar. O período lunar de outubro tinha sido o primeiro de Andrée em ação. Em pouco tempo não haveria luz suficiente para distribuir cargas ou agentes. Às vésperas de um novembro gelado e escuro, havia restolho no campo, o trigo de inverno estava semeado e o ar cheirava a esterco.

Nos campos espalhados por toda a França, os presentes já tinham vindo do céu: armas, explosivos, pneus de bicicleta, rádios e operadores, bagagens extraviadas.

Duas grandes redes estavam se formando na zona ocupada: o circuito de Paris, a rede PHYSICIAN (Médico) de Francis, e, em Bordeaux, a rede SCIENTIST (Cientista) do irmão de Lise de Baissac, Claude. (A política era que os codinomes dos circuitos franceses homenageassem profissões, como pedreiro, desratizador, pugilista.)

Cada circuito e cada agente eram direcionados a agir de forma independente, isolada, para que não houvesse comunicação lateral ou contaminação cruzada. Porém, devido à limitação de recursos, a tarefa de acolher novos agentes exigia cooperação entre as redes.

Na alta madrugada que precedeu o alvorecer do dia 31 de outubro de 1942, um alegre grupo de agentes britânicos se reuniu no vale do Loire, em Avaray, para saudar os agentes e comemorar suas conquistas com garrafas do vinho local. "Éramos todos jovens e estávamos reunidos em uma aventura com um toque de perigo", relembrou um operador de rádio recém-chegado.[8]

Participaram da festa três das primeiras mulheres que o Escritório tinha designado para a operação na França: Andrée, Lise e a agente que as recebeu, Yvonne Rudellat, a primeira integrante do *corps féminins* a ser destacada para combate. Quase um mês depois de seus saltos ao luar, Andrée e Lise eram operativas talentosas dando as boas-vindas a agentes novatos. "A experiência como agente era adquirida com muita velocidade" no trabalho clandestino, como lembrou um tenente da rede.[9]

Dois agentes tinham acabado de saltar e Andrée foi atraída por um em particular: Gilbert Norman, um radialista espetacular. De olhos cinza-escuros e bigode, Gilbert era bonito e talentoso, o exemplo vivo do recruta ideal do Escritório; aos 27 anos, era, segundo seus treinadores, "perfeito em todos os sentidos, com grandes atributos de liderança e de resistência física".[10] Não era alto, mas era um atleta nato – no hóquei, no tênis, no futebol – "extremamente em forma, extremamente ativo". Era o tipo de camarada de que a França precisava no momento em que o desembarque dos Aliados se aproximava, um sujeito "popular com todo mundo". As mulheres não se cansavam dele e ele parecia saber disso; Andrée notou sua educação refinada e seu *savoir-faire* por conta dos verões em Biarritz. Ele tinha crescido nos arredores de Paris; seu pai era vice-presidente da Câmara Britânica de Comércio antes da guerra. Conseguia encarnar de forma realista a fachada de que era rico demais para trabalhar e fisicamente incapaz de servir no Exército francês; possuía documentos médicos atestando que tinha sífilis desde 1936, mas que estava em remissão e que seu fundo fiduciário era suficiente para sustentar uma convalescença principesca. Com a autoconfiança de uma criança rica que nunca passou por necessidades, Gilbert enxergava o sucesso como um direito nato. Fazia um contraste nítido, mas cativante, com a astuta e "mundana" Andrée.

O grupo ficaria junto por apenas alguns dias. Lise deveria conduzir o segundo operador de rádio até Bordeaux, para integrar a rede de Claude. Gilbert diria adeus a Andrée e cruzaria a linha de demarcação, viajando para o sul rumo à Córsega, para atuar como operador de rádio das redes da Riviera, na zona livre. Ficaria muito distante de Paris.

Os acolhedores e entusiasmados madame e monsieur Bossard, o casal que recebera Andrée e Lise no desembarque, saudaram mais uma vez os agentes, generosos com a comida e com o conforto da região agrícola.[11] Por toda a França, casais como aquele eram excelentes anfitriões dos rebeldes que chegavam. "Eles sentiam que aquela era a melhor forma de dar a contribuição deles", lembrou um agente.[12] "Todos ficavam muito satisfeitos por poder fazer algo."

Foi uma festa de grandes personalidades curtindo uma noite agitada em uma nação sitiada. Não demorou muito para todos ficarem mais próximos em meio ao anonimato da rebelião. Os relacionamentos das mulheres foram cimentados com rapidez e elas faziam amizade rápido. O *corps féminins* nunca estava apenas a trabalho; elas mantinham uma identidade como mães, irmãs, namoradas, esposas – ou ex-esposas – mesmo atrás das linhas inimigas.

O Escritório havia reconhecido essas características "femininas" como vantagens na arte clandestina em 1942: se empatia não é uma característica que vem de imediato à cabeça quando se pensa em agentes especiais treinados para matar, os primeiros deles em campo relataram que foram cordiais com os *partisans* que alistaram e que ouviam as necessidades dos rebeldes[13] em troca de cooperação.[14] Era uma parte importante da atribuição. Os rebeldes eram recrutados dentre uma população insatisfeita nas periferias da França. O cuidado se tornaria essencial ao trabalho da Resistência.

"Todos eram muito amigáveis e suponho que tivessem um forte senso de camaradagem", lembrou Roger Landes, o segundo operador de rádio que chegou naquela noite.[15] Era um ambiente descontraído, mas aconchegante demais, muito aberto em relação às informações, muito inseguro. Isso o deixou incomodado.

A CASA DA FAZENDA era acolhedora, a conversa, animada, o vinho, farto, e no centro do palco estava Yvonne Rudellat, que dirigia o comitê de recepção daquela noite. A célula rebelde de Yvonne no país operava como um circuito-satélite da rede PHYSICIAN de Francis em Paris. Era o primeiro salto de paraquedas que ela recebia como líder; não fora apenas a primeira de sua turma a ser enviada para a França, mas também a primeira mulher a comandar uma recepção aérea secreta.

Mais velha, mais impulsiva e mais franzina do que seus camaradas, Yvonne havia renascido por completo na zona rural; sua posição de autoridade tinha raízes em seu talento cada vez maior como agente. Francis disse:

"Ela anda de bicicleta à noite com seus [explosivos] plásticos e é extremamente competente quando se trata de mandar coisas pelos ares."[16]

– Um brinde ao rei da Inglaterra – dizia Yvonne com uma risadinha nas noites com os *partisans*, erguendo sua taça de vinho. – Ele é que está pagando por tudo isso.[17]

A relação entre agentes dentro da França era impossível de ser prevista pelo comando de Londres. O tipo de frisson ocorrido entre Andrée e Gilbert preocupava Baker Street. ("Tivemos que ter muito cuidado ao selecionar nossos grupos, a fim de que eles se dessem bem", disse Buck, "mas não bem demais, [para] que os organizadores não quisessem ir para a cama com os mensageiros o tempo todo.")[18] Nesse sentido, o alto escalão tinha suspirado de alívio pelo fato de Yvonne, com o dobro da idade de Andrée, já ter passado bastante da fase das paixonites adolescentes.

Yvonne tinha uma "aparência de donzela velha":[19] seus 44 anos de uma vida difícil "provocaram rugas em sua testa e ombros curvados de cansaço". Mas ela era uma francesa nativa, e a necessidade de falantes do francês superava as objeções instintivas contra idade e sexo. A missão de Yvonne lhe devolvera o ânimo, disseram seus professores em Beaulieu:

> A primeira impressão de fofura é totalmente enganosa. Seu ar de inocência e de ânsia por agradar pode ser um valioso disfarce. Ela é extremamente meticulosa e sincera em tudo que faz, e isso, somado a suas qualidades preservadoras e tenazes, a faz levar qualquer tarefa que seja até o fim.

As mulheres vão se tornando invisíveis à medida que envelhecem, mas para Yvonne isso era uma vantagem do ponto de vista profissional. Com um grande volume de cabelos brancos e olhos profundos se projetando acima de maçãs do rosto salientes, ela nunca tinha sido bonita. Com um queixo proeminente e um nariz que era, na melhor das hipóteses, bonito, seu rosto assumiu uma suave obscuridade na meia-idade. A qualidade mais notável de Yvonne era sua trivialidade: quanto mais ela a cultivava, melhor se tornava em seu trabalho. Seu manual de treinamento enfatizava o mundano e o familiar: "O segredo para ser secreto é ser natural. Aja com naturalidade."[20]

Se, por um lado, Yvonne não era mais considerada fértil, por outro, nem por isso deixava de usar sua feminilidade como disfarce. Ela trabalhava em dupla com um *partisan* recrutado localmente chamado Pierre Culioli e assumiu o papel de "esposa" dele. O casamento era uma excelente fachada para a clandestinidade. "Ela mora *en ménage* com Culioli em um pequeno chalé – muito apreciado por toda a vizinhança, para a qual eles são um casal de refugiados de uma área bombardeada", escreveu Francis.[21]

Tanto Yvonne quanto Pierre eram brincalhões e propensos a falar bobagens; a dupla funcionava bem em termos físicos, psicológicos e práticos. Pierre mais tarde batizaria o grupo dissidente de ADOLPHE, uma alfinetada no próprio Führer. (Ele deixou crescer um bigode escovinha para completar a caricatura.) "Era muito mais fácil viajar acompanhado", disse Pierre.[22] "Agindo como um casal e vivendo como marido e mulher, ninguém prestava atenção em nós."

Yvonne tinha sido da mesma turma que Andrée em Beaulieu, mas estava pronta para entrar em ação em julho, ao passo que Andrée foi retardada pela inesperada fuga de Maurice Dufour. Yvonne, considerada velha demais para treinar saltos de paraquedas, chegou à França em um navio que partira de Gibraltar.

Como primeira mulher do *corps féminins* a se infiltrar, a partida de Yvonne representou um novo dilema administrativo para Baker Street: poucos dos colegas do capitão Jepson se sentiam confortáveis com o pesado fardo de ter que enviar ordens para uma senhora atrás das linhas inimigas – mas não havia como voltar atrás. Seguindo a tradição dos governos em todos os lugares, os homens se esquivavam da responsabilidade de experimentar algo novo. Treinar mulheres era um grande passo e ninguém queria ser o responsável pelo envio de Yvonne para campo. A decisão foi passada para funcionários mais graduados e importantes.

No verão de 1942, o primeiro lorde do Almirantado, o chefe do Estado--Maior do Império e o chefe do Estado-Maior da Aeronáutica ponderaram se deviam mandar ou não Yvonne para a França. Em torno de uma mesa de madeira escura em Whitehall, os comandantes das Forças Armadas e o Ministério das Relações Exteriores se reuniam regularmente para compartilhar charutos, segredos e estratégias. Os oficiais nos postos mais altos das Forças Armadas britânicas estavam travando uma guerra de proporções globais com grandes potências e havia muito a ser debatido: Hitler estava em Stalingrado, Gandhi estava preso na Índia, os nazistas tinham deportado cerca de 300 mil judeus de Varsóvia e os generais Rommel e Auchinleck se encontravam em um impasse no deserto.

Por um breve período, aqueles homens importantes fizeram uma pausa para avaliar as questões práticas impostas pela adoção da ideia radical do capitão Jepson. "Seria a primeira vez que enviaríamos uma mulher, mas, de qualquer maneira, que empecilho havia além da sua idade e, possivelmente, de seu físico?", sugeriu Buck.[23]

A questão não era o fato de Yvonne ser mulher; o primeiro-ministro Winston Churchill já havia aprovado a contratação de recrutas do sexo feminino. O que mais preocupava os comandantes era que Yvonne tinha idade suficiente para ser avó. Será que ela seria levada a sério ao explicar os pormenores mais delicados do uso de explosivos plásticos e metralhadoras para adolescentes? "Ficamos imaginando como os combatentes da Resistência iriam reagir ao tê-la como tutora", disse o representante político da SOE.[24] Yvonne, na meia-idade, não inspirava força. Ela poderia ser ridicularizada na França. Será que os franceses veriam a missão "como algum tipo de piada e diriam 'Os britânicos devem estar em péssimas condições para nos enviar uma senhora tão frágil!'".

Yvonne serviu de cobaia para todas as candidatas a agente do sexo feminino. "Se tudo corresse bem, como esperávamos, as outras poderiam ir depois."

Dois meses mais tarde, Andrée e Lise estavam pulando dos céus.

As luas cheias eram reservadas às recepções de paraquedas. As luas novas – quando o céu inteiro escurecia, exceto pelas estrelas – pertenciam à sabotagem.

Quando o outono se transformou em inverno, Yvonne e um pequeno grupo viajaram para a pequena vila de Montrichard, junto ao rio Cher.[25] Pequenina, com pouco mais de 1,60 metro na ponta dos pés, ela era estudante de ioga e vegetariana, e tinha cerca de 35 quilos. Era a única pessoa capaz de executar o trabalho que os Aliados precisavam que fosse feito naquela noite.

Suspensa pelo arnês de um paraquedas, os cabos do cordame quadruplicados para aumentar a resistência, Yvonne balançava sobre os trilhos da ferrovia enquanto vasculhava o solo. O feixe de sua lanterna atravessava a condensação que saía de sua boca. Além de sua luz, não havia nada além do breu profundo de um túnel ferroviário na França à noite. Nenhuma sugestão de luz despontava das extremidades da passagem subterrânea; também não havia ruídos, exceto por um gotejar constante em algum lugar.

Suas mãos estavam geladas e pegajosas e cheiravam a amêndoas, devido aos resíduos químicos dos explosivos plásticos. Suas roupas estavam esfarrapadas: culotes e uma calcinha que ela lavava e torcia todas as noites. Estava enlameada, esquelética, mas também de alguma forma muito mais jovem do que no ano anterior. No melhor sentido possível, a guerra tirou anos da vida de Yvonne, disse Francis. "Ela parece 15 anos mais jovem e sem dúvida alguma encontrou sua vocação."[26]

A luz de sua lanterna inundou os trilhos abaixo dela, iluminando um zíper sombrio que corria sobre a linha que dividia a França em duas.

Cair dali seria um desastre. Não havia nenhum anteparo que detivesse um conjunto de explosivos caso eles despencassem do alto. O caminho até os trilhos era um espaço vazio e comprido.

Montrichard era um lugar sonolento: uma catedral, um castelo em ruínas, a sede da prefeitura, padeiro e açougueiro um em frente ao outro, ruas estreitas de paralelepípedos. Os moradores se conheciam bem, mas se viam com pouca frequência, reunindo-se de vez em quando para uma dança, um batizado, um funeral; na maior parte do tempo, porém, suas vidas privadas estavam separadas por vinhedos, florestas e pomares. Era um lugar onde os fazendeiros conduziam o gado com uma resignação fleumática – a eterna França.

Oscilando para a frente e para trás, um pêndulo humano marcando o tempo em meio à noite sem luar, Yvonne balançava sob uma colina que corria bem acima da pequena vila. O túnel ferroviário ficava no meio de um triângulo de cidades maiores – Blois, Vierzon e Tours –, na margem norte do Cher, uma fronteira física arbitrária que formava a linha divisória com a qual Hitler separava as zonas de ocupação. O inverno havia chegado; Yvonne estava pendurada por um fio bem no meio da tempestade europeia.

Na guerra, a cidade ribeirinha encerrava suas atividades noturnas sob toque de recolher. Por quase três anos havia sido uma encruzilhada silenciosa para a violência humana e a catástrofe internacional: tropas nazistas, armas, carga e alimentos eram transportados; o vilarejo era um nó na rede ferroviária que ligava Berlim ao seu vasto continente subjugado e à Batalha do Atlântico. Era a linha de abastecimento direta entre a Alemanha e os submarinos e navios de guerra da Kriegsmarine, que eram como matilhas de lobos caçando os comboios de navios aliados.

As ferrovias eram as veias pelas quais o Reich sangrava a França. Quando Hitler invadiu o país, em 1940, tomou posse de uma rede de economia local quase tão grande quanto a que havia na Alemanha e exigiu mais da metade da produção da França como um imposto de ocupação. Os valiosos produtos franceses cruzaram toda a Europa para alimentar os soldados alemães no front oriental, que enfrentavam uma batalha fria e sangrenta contra o Exército Vermelho de Stálin. As indenizações reivindicaram 50% do minério de ferro da França, 99% de seu cimento, 92% dos caminhões fabricados e 76% dos trens.[27] No total, cerca de 55% da receita nacional iam para as mãos dos ocupantes em forma de tributo.[28] Hermann Göring disse a seus colegas: "Deixe-os entregar tudo que puderem, até que não possam entregar mais nada."[29] Foi o que a França fez.

Os trens funcionavam pontualmente na França durante a guerra, embora em menor quantidade. Os ferroviários patriotas tomavam nota das viagens militares para enviar informações para todos os lados. Yvonne poderia tatear no escuro em seu balanço, segura de que nenhuma locomotiva passaria por ela. Tudo estava certo.

Yvonne sinalizou para o homem que a segurava que ela tinha o que precisava: uma vista do centro do túnel, a profundidade e o nível dos trilhos sob a encosta da colina. Ela fora içada ao alto com rápida precisão: em virtude de sua delicada estatura e flexibilidade, era a única pessoa que conseguia se esgueirar pelo duto de ventilação. Era também a única capaz de realizar a inspeção com conhecimento e autoridade e de liderar a missão dos *partisans* franceses para explodir o túnel. "Afinal de contas", disse ela, "sou a única que foi especialmente treinada para isso."[30]

A equipe de sabotadores já estava longe quando a explosão começou. Houve um breve clarão, como um raio. As faíscas se transformaram em chamas e uma fumaça negra tomou o túnel. A explosão pulsava e respirava como um animal, alternando entre a luz branca e brilhante de uma estrela e o amarelo quente de uma fogueira. As chamas cresceram até consumirem todo o oxigênio da passagem. Ondas de impacto ricochetearam contra os arcos e estilhaçaram as paredes. Pedregulhos, tijolos e escombros despencaram, cobrindo os trilhos.

Yvonne não precisava estar perto da vila para acompanhar a coreografia da explosão de Montrichard: as chamas, as concussões, a sinfonia familiar do caos elementar rugiu como o som de mil latas sendo esmagadas de uma só vez e se estendeu por muito mais tempo com assobios e estalos. Ela conhecia aquilo tudo muito bem. Estava em casa na noite de 16 de abril de 1941, em Londres, quando Hermann Göring teve uma de suas melhores noites na Blitz.[31] Na primavera de 1941, seus alvos haviam passado de pontos militares estratégicos, como portos e fábricas, para uma campanha contra o moral britânico – ataques terroristas, *Terrorangriffen*. Na Blitz, Londres seria atingida por 50 mil toneladas de bombas altamente explosivas e 110 mil toneladas de bombas incendiárias, projetadas especialmente para espalhar o fogo por cidades.[32]

Naquela noite de bombardeio de precisão, a Luftwaffe danificou a Catedral de St. Paul, o Parlamento, a sede do Almirantado, os tribunais de justiça e a National Gallery. O comando nazista chamou isso de "Bombardeio Baedeker" ao declarar: "Devemos ir até lá e bombardear todos os edifícios britânicos marcados com três estrelas no Guia Baedeker."[33] Eles também destruíram a casa de Yvonne Rudellat na área operária de Pimlico.

Próximo à Victoria Station, na Warwick Way, duas minas de paraquedas e três bombas explodiram de uma só vez, destruindo um bloco inteiro de casas geminadas. O último andar da casa de Yvonne foi parar no nível do solo. Era onde ela criara uma filha até a idade adulta e vira um casamento desmoronar; onde estudara filosofia confucionista e praticara meditação; onde fizera o papel de "mãe de pensão" para um grupo aleatório de boêmios, excêntricos e malucos; e, de uma hora para outra, tudo havia desaparecido. Os tetos desabaram, deixando apenas as chaminés de pé, separadas de seus entornos, dutos de gás explodiram, o esgoto vazava pelas tubulações, as chamas arderam até o amanhecer. Quando o sol nasceu, o bairro cheirava a madeira carbonizada, poeira de construção e decomposição. Sua espaçosa casa eduardiana foi declarada inabitável.

Todo mundo sobreviveu, exceto o gato da família, Bones.

"Foi isso", disse Yvonne sobre a morte prematura de seu gato, "mais do que qualquer outra coisa, que me deixou determinada a lutar de qualquer forma que fosse."

CAPÍTULO 9

Sozinha no mundo
Poitiers

Poitiers ficava numa colina, com igrejas românicas e universidades medievais. Quando 1942 se tornou 1943, foi tomada por um frio terrível e uma paranoia crescente. A cidade de ruas íngremes, praças de paralelepípedos, aquedutos e contrafortes voltava no tempo até Carlos Magno, as Cruzadas e o Sacro Império Romano; suas muralhas haviam resistido às guerras dos visigodos e dos césares.

Reunindo um punhado de refugiados oriundos da costa e do centro da França, Lise de Baissac achou que Poitiers era um lugar em que seria fácil se misturar, o que evitaria ter que se hospedar em um hotel, visto que muitos gerentes noturnos enviavam registros ao comando nazista local. Na antiga cidade acadêmica, era comum os estudantes alugarem quartos e apartamentos particulares. Para o público, ela era uma viúva, madame Irène Brisée, que estava lá para aprender sobre Leonor da Aquitânia e Ricardo Coração de Leão.[1] Para o Escritório, ela era uma "agente de ligação", encarregada de receber os agentes que chegavam aos campos vazios, obter contatos e casas seguras, além de providenciar guias na fronteira militarizada que separava a França em duas.

Lise precisava de um apartamento só para ela para poder operar. Tinha apenas um nome a quem recorrer, um leiloeiro, amigo dos Bossards, e ele conhecia o lugar perfeito: um apartamento térreo pertencente a uma mulher que estava indo para o norte da África para escapar da guerra.

O prédio, todo de pedra, ficava em uma rua movimentada e inclinada no caminho para a estação de trem, sem nenhum porteiro para bisbilhotar; espaçoso e acolhedor, até mesmo luxuoso, era ótimo para recepções. Lise por fim se acomodou, segundo ela, "como se eu fosse viver o resto da minha vida [em Poitiers]".[2]

A casa de Lise ficava a apenas uma porta de distância da sede da Gestapo. Seu endereço era um excelente disfarce: nenhum agente britânico seria tão imprudente a ponto de morar ao lado da maior força nazista e ninguém jamais suspeitaria da viúva da vizinhança. "Eu era apenas uma pessoa comum; eles não davam a mínima para a minha presença ali."[3] Perto do inimigo, Lise estava sempre alerta, mas indiferente. "Você dava 'bom dia' se eles dessem 'bom dia', então eu dava 'bom dia' e isso era tudo."[4] Ela estudou o comportamento dos homens que desejariam matá-la. "As tropas alemãs receberam ordens estritas de ser educadas com a população e, no geral, se comportavam com grande deferência. Eles nunca são vistos bêbados nas ruas. Se se comportarem mal, deve ser na cidade, [e] às vezes são baleados na manhã seguinte."[5] (Lise avisou Baker Street que, quando as tropas britânicas chegassem para a invasão, também deveriam ter cuidado com os modos, da mesma forma que os bem-compostos e marchadores nazistas eretos, caso contrário os franceses "estariam prontos para se atirar" em cima dos ingleses.)

Os moradores eram xenófobos e anglófobos, tão potencialmente ameaçadores para Lise quanto qualquer vizinho da SS. Eles celebravam as fantasias revanchistas de Philippe Pétain e a pastoral católica de uma França pura. Mas nenhum deles aprovava as circunstâncias que haviam colocado Vichy no poder em primeiro lugar: a derrota devastadora da França para Hitler. Os nazistas estacionados em Poitiers estavam "com medo de ser mortos nas ruas. Eles nunca andavam sós".[6]

A região se tornou insensível, até mesmo impiedosa, à medida que a guerra se arrastava. Não se podia contar com que os camponeses franceses tomassem partido de Lise ou de qualquer exilado oriundo da costa. Eles eram cautelosos com estranhos, muitas vezes denunciando-os à Gestapo em troca de recompensas ou até mesmo por ressentimento. A obsessão dos habitantes era conseguir o suficiente para comer, sem escolher outro lado que não fosse o de suas barrigas vazias.[7] As delações eram cada vez mais frequentes. Jornais colaboracionistas davam o passo a passo sobre como e a quais autoridades recorrer para fazer uma denúncia apropriada, apontar qualquer pessoa suspeita de ser anti-Vichy ou, pior, judia. Esses relatos eram, em geral, anônimos, frequentemente assinados como "Um francês leal" ou "Vida longa a Pétain". Os tempos eram difíceis, e entregar nomes às autoridades em troca de dinheiro era uma compensação indolor. Alemães e franceses pagavam preços inflacionados no mercado clandestino por produtos básicos. "A principal preocupação das pessoas é com o próprio bem-estar", disse Lise, "e elas vão apoiar qualquer coisa se isso resultar em algum ganho pessoal."[8]

Ainda havia caridade na pequena cidade no topo da colina, mas era, por hábito, silenciosa. A grande rede de igrejas e conventos significava que havia muitos padres e freiras. Embora apoiasse o catolicismo de Vichy, boa parte do clero francês enxergava a Ocupação através da estreita fenda da compaixão. (O próprio Vaticano permaneceu neutro durante a guerra e não interveio em nome dos perseguidos.)[9] Mas, na região em torno de Poitiers, alguns membros da Igreja agiam em um silêncio determinado e intrépido: prelados vagavam pelo campo à procura de órfãos judeus, escondiam-nos nas abadias, matriculavam-nos em escolas, encontravam famílias adotivas, ofereciam alimentos e dinheiro. Outros emitiam certificados falsos de batismo, dando novas identidades aos judeus. Um padre jesuíta ia diariamente a um campo de prisioneiros não muito longe de Poitiers – chegava com notícias, saía com crianças libertadas.[10] Em coordenação com um rabino, ele entrou no campo pelo menos 200 vezes. Quando o rabino foi preso, o padre se tornou o principal conselheiro da comunidade judaica, salvando pelo menos uma centena de judeus e provendo assistência a mais alguns milhares.

Isso também acontecia bem debaixo do nariz dos nazistas.

A DIVISÃO QUE EXISTIA na França em relação à questão dos *juifs* era anterior a Hitler, mas a queda da Terceira República foi uma oportunidade valiosa para os antissemitas. Entre os primeiros atos de Pétain no poder estava a decisão "espontânea e autônoma"[11] de redigir leis que replicavam os éditos racistas dos nazistas contra os judeus. Vichy pediu a erradicação total da cultura judaica, a expulsão dos judeus estrangeiros, a desnaturalização dos judeus nascidos no estrangeiro e o isolamento e a exclusão dos judeus nascidos na França, ao mesmo tempo que orientava os judeus "mestiços" a se integrarem à cultura francesa. Tanto na França ocupada quanto na França livre, Pétain implementou a Solução Final com entusiasmo. No Norte, ele se ofereceu para atacar os judeus como uma forma de afirmar a soberania francesa nas regiões administradas pelo Reich. No Sul, Vichy fez parceria com a Gestapo para criar a chamada zona *Judenfrei*, "livre de judeus", prometendo enviar 10 mil deles a Hitler.

A erradicação dos judeus franceses foi abrupta. Em outubro de 1940, o "Primeiro Estatuto Judaico" retirou os direitos de cidadania dos judeus usando critérios ainda mais rígidos que as leis do Reich em Nuremberg. Vários estatutos se seguiram. Os judeus foram expulsos do Exército e de cargos públicos e proibidos de se desfazer de seus negócios, de advogar ou de praticar a medicina. Rádios, telefones, bicicletas e carros foram confiscados; as crianças foram proibidas de frequentar a escola. Houve toque de recolher, detenção e deportação. Como se o antissemitismo local na França já não fosse virulento o suficiente, os nazistas o alimentaram ainda mais: em outubro de 1941, seis sinagogas foram bombardeadas em Paris; um sétimo dispositivo falhou e, embora o ataque parecesse um ato de terrorismo, fora orquestrado por um comandante alemão em busca de uma versão parisiense da Kristallnacht. Em 1º de janeiro de 1942 teve início a primeira captura de judeus em Paris: médicos, advogados, banqueiros, acadêmicos, comerciantes e cientistas foram enviados para um campo de detenção em Drancy. As deportações da França para a Alemanha começaram em março daquele ano. Em maio, foi editado o Oitavo Estatuto: todos os judeus eram obrigados a usar a estrela amarela. Pouco depois do Dia da Bastilha, em julho de 1942, cerca de 13 mil judeus foram presos em Paris e mantidos em um estádio esportivo por dias, incluindo pelo menos 4 mil crianças. A tragédia no Vélodrome d'Hiver foi condenada no mundo todo; detalhes horríveis foram transmitidos pela BBC para toda a França. Bebês com menos de 2 anos de idade eram mantidos em cativeiro sem comida ou água e depois enviados para Auschwitz em vagões de gado, separados dos pais.

A SEÇÃO F, DIVISÃO francesa da Baker Street, estava passando por sua questão judaica, na forma de Hélène Aron, a parisiense franzina formada em direito que frequentou a Escola de Treinamento Especial 31, Destacamento nº 27.OB.

As mulheres representavam cerca de 2 mil dos cerca de 13 mil funcionários da SOE. Enquanto Londres alternava entre obsessão e depressão, pompa e resignação, tradição e pragmatismo, essas mulheres faturavam em cima dos contrastes, ganhando terreno em um mundo masculino. Elas eram tradutoras, operadoras de rádio, secretárias, motoristas e espiãs. Apenas oito[12] haviam sido enviadas como agentes especiais no outono de 1942, quando a primeira turma da SOE foi destacada para a França, entre elas Andrée, que estava em Paris com Francis Suttill; Lise, que estava em Poitiers; e a "velhinha" Yvonne Rudellat, que estava no vale do Loire. Navegando em direção à Riviera francesa estavam Odette Sansom, mãe de três, e Mary Herbert, a erudita especialista em línguas. Hélène Aron, por sua vez, ainda aguardava ordens.

Para uma recém-criada agência de espionagem fazendo experiências com mulheres pela primeira vez, Hélène representava um desafio. Ela havia concluído o curso de treinamento em Beaulieu no verão.[13] Agora sabia codificar mensagens com tinta invisível, colocar explosivos debaixo do vagão de um trem e derrubar um homem adulto com um só golpe, depois matá-lo sem fazer barulho. Ela recebera as mesmas lições que suas colegas, compartilhava das mesmas expectativas e tivera avaliações finais igualmente sombrias,[14] fora informada dos planos de acabar com o exército clandestino atrás das linhas inimigas durante a invasão aliada que se aproximava e possuía informações operacionais do mais alto grau de confidencialidade. Como muitas em sua turma, ela "queria matar o maior número possível de alemães de qualquer forma que fosse possível".[15] Mas, em contraste com suas colegas, a liderança da Seção F e os professores de Beaulieu achavam que Hélène poderia ser uma espiã inimiga. Em virtude de sua raça e de sua religião, ela era tida como suspeita.

EM UM ATO DE PROJEÇÃO psicológica de proporções nacionais, os britânicos passaram a temer espiões de um modo irracional. A nação insular sempre tivera um senso de inviolabilidade maior do que o de outros países europeus, que viram guerras territoriais ocorrerem a cada geração. No entanto, quando Rudolf Hess, melhor amigo de Hitler e coautor de *Minha luta*, saltou de paraquedas na Escócia em 1941 para negociar a paz sozinho, a Grã-Bretanha ficou assustada. Aquilo gerou uma torrente de rumores de espionagem: uma centena de outros paraquedistas alemães estariam prontos para saltar, disfarçados de clérigos, com bicicletas dobráveis escondidas debaixo de suas batinas. Seis vacas saíram em disparada na minúscula ilha de Eilean Mòr, nas Hébridas escocesas, e isso foi atribuído a manobras clandestinas do inimigo. A imprensa enchia as páginas dos jornais com histórias de agentes do Eixo infiltrados: "Vice-cônsul é espião nazista", "Espião alemão atingido no centro de Londres" e "Meu marido não é um espião".[16]

Na hora do chá, os judeus eram os alvos mais fáceis da paranoia de espiões e das neuroses de quinta-coluna. Dizia-se que os comerciantes judeus em Londres atuavam no mercado clandestino e haviam faturado milhões em cima dos prejuízos da Blitz. E, quando não eram enviados ao continente para lutar contra os próprios nazistas que os estavam encarcerando, os judeus eram acusados de burlar o alistamento.

O Escritório era tão antissemita quanto a média do país. Hélène recebeu o mesmo tratamento que a maioria dos refugiados judeus e que muitos judeus britânicos receberam em tempos de antissemitismo: ceticismo beirando o racismo escancarado. A Seção F tinha uma sensação geral de desconforto em relação a Hélène. Os agentes frequentemente reclamavam dos chamados "israelitas" em seu meio. "Na minha opinião, não é sensato enviar tantos judeus, pois eles não são apreciados pelo povo francês", disse um agente.[17] As alunas também comentavam sobre o recrutamento de "meninas que eram obviamente judias, e eu não conseguia entender por que a organização fazia isso".[18] A herança judaica nem sempre era uma mancha na reputação de um candidato: Baker Street empregava alguns agentes judeus[19] e estava organizando uma rede inteiramente judaica em Paris.[20] Alguns recrutas judeus fizeram cirurgia plástica para corrigir feições tidas como marcas étnicas, como nariz grande, para que pudessem chegar até atrás das linhas inimigas com a aparência menos semita possível.[21]

Para operações secretas em território inimigo, o governo precisava ficar alerta. O chefe da Seção F, Maurice Buckmaster, encomendou ao MI5 uma revisão das credenciais de Hélène. "Sem ir tão longe a ponto de sugerir que ela é uma espiã de Vichy, a opinião geral é de que as circunstâncias de sua chegada são um tanto peculiares."[22]

As circunstâncias de Hélène eram como as de qualquer outro emigrado dos países ocupados da Europa. Ao chegar, ela foi investigada pela Royal Victoria Patriotic School. Recebeu a chancela NT, de *No Trace*, ou seja, sem traços de lealdade a um governo inimigo. Mas, segundo Buck, aquela investigação tinha sido muito superficial. Não era o suficiente. Ela era legalmente tão britânica quanto suas colegas em Beaulieu – filha de pai britânico e mãe francesa –, mas ele desconfiava de sua fidelidade. Para seus empregadores em potencial, a fuga de Hélène para a Inglaterra era questionável.

A França não era tão ruim para Hélène, relataram os investigadores. Ela fora protegida do antissemitismo francês por ser filha de um homem rico; seu pai, britânico, era atacadista de produtos de luxo. Mas, por mais burguesa e integrada que fosse, sob o regime de Pétain ela poderia não "passar"; seu sobrenome, Aron, sempre foi um indicador, pois significava que sua linhagem patriarcal descendia do irmão de Moisés, Aarão, e que as origens de seu pai podiam ser rastreadas até um antigo sacerdócio de elite levítico. Ela era marcada. No entanto, o Escritório descartou qualquer ameaça a Hélène. "Ela não foi molestada pelos nazistas, apenas teve que se registrar como judia" no censo de Paris. Em outubro de 1940, Hélène reivindicou o passaporte britânico, que era seu por direito por parte do pai, mas não havia seriamente considerado usá-lo até que a guerra tornasse isso necessário. "É provável que, sendo uma mulher francesa prática, ela estivesse começando a ver qual dos lados traria mais vantagens." (Ela era "ardilosa", como é parte do estereótipo dos judeus, sugeriram os investigadores.) Em Paris, demorou um ano até que a papelada de Hélène fosse processada. Ela havia se programado para viajar para a Inglaterra em 1942, mas, dias antes de sua partida, em abril, enquanto visitava uma amiga no interior, próximo à linha de demarcação, as mulheres foram abordadas por um soldado nazista que as levou à sala da guarda para passar a noite. Pela manhã, ele cobrou uma "multa" para libertar Hélène. Questionando o que aconteceu com a taxa, o investigador observou: "O dinheiro evidentemente foi para o bolso dele."[23] Os registros não falam sobre o assunto, mas sugerem que Hélène pode ter sido acusada de sua violação. Ela cruzou a linha de demarcação, obteve os documentos de saída de emergência em Lyon, deu um beijo de despedida na mãe em Marselha e fugiu para a Inglaterra via Portugal.

A religião manchou as avaliações de Hélène no Escritório. O capitão Jepson acreditava que ela era uma excelente candidata, mas observou que "a única coisa que ele conseguiu descobrir contra ela era o fato de ser judia". Para os professores em Beaulieu, a princípio ela "parecia inteligente, dona de uma mente bem organizada", com diplomas em letras e em ciências políticas, mas, no decorrer do curso, os professores chegaram à conclusão de que era "lenta e burra". Quando chegou a New Forest, ela estava "um fiapo" e, depois de semanas de refeições generosas destinadas a fortalecer os soldados secretos em treinamento físico, ganhou massa, compensando as privações da Paris durante a guerra. "Ela disse que agora está aproveitando suas três refeições regulares por dia!", observaram os investigadores.[24]

Buck não conseguia se livrar de sua inquietação com relação a Hélène:

– Entendo que não seja razoável da minha parte agir puramente por instinto neste assunto, mas meu instinto é corroborado por outras pessoas e não me darei por satisfeito até estar convencido de que ela tem uma ficha limpa.

Nem mesmo a "mãezona" da Seção F, Vera Atkins, que sofreu na pele para esconder a própria herança judaica, apresentou nenhuma defesa relevante para Hélène.

O judaísmo, a feminilidade e as incapacidades inatas de Hélène como agente eram, somados, um fator de desqualificação. O Escritório decidiu que ela não iria para a França: "É improvável que ela tenha qualquer utilidade para o esforço de guerra deste país."[25] Além disso, os oficiais declararam Hélène inadequada não só para o destacamento, mas até mesmo para a Inglaterra. "Na minha opinião, a Srta. Aron nunca deveria ter tido permissão para vir para cá e deveria ser repatriada para a França, que é o lugar dela", disse um dos investigadores.[26] "Espero sinceramente que alguém tenha a força de espírito e a energia para levar esse caso adiante."

Baker Street se deparou com uma pergunta: agora que Hélène havia sido treinada, se não fosse para o campo, o que aconteceria com ela? O Escritório mantinha um local para os recrutas reprovados nos cursos de conclusão de Beaulieu. Embora nem todos passassem por treinamento especial, se chegavam a New Forest era porque tinham sido considerados aptos para o trabalho de campo. Beaulieu era o teste final: os agentes que eram imperfeitos, indiscretos, perdulários, libidinosos, instáveis, beberrões ou de qualquer outra forma inúteis e que haviam cursado o treinamento seriam necessariamente mandados para a Escola de Curso Intensivo Especial 6, na Escócia, também conhecida como "Geladeira" ou "Escola do Esquecimento".[27]

Inverlair Lodge, nas frias e longínquas Terras Altas da Escócia, era o reduto dos incompetentes. Os alunos reprovados eram aboletados em uma propriedade de caça bem distante da guerra até que os segredos que conheciam se tornassem ultrapassados e não fossem mais considerados um risco à segurança. A mansão para agentes sem utilidade era a quarentena dos ressentidos, o gueto dos entediados.

Ir para a Geladeira era o procedimento-padrão para reprovados. No entanto, as políticas eram frequentemente reescritas para as mulheres da Seção F. O caso de Hélène merecia uma segunda análise? Seria apropriado mandá-la para a Geladeira quando seria a única mulher lá? O acampamento não fora projetado para mulheres; não havia planejamento no que dizia respeito a instalações, quartos, tarefas ou atividades para elas. Alguns na Baker Street questionaram a moralidade do governo britânico ao exilar uma dama no interior da Escócia pelo simples azar de ter nascido judia.

A burocracia optou pela inatividade. Hélène poderia não ser um grande risco para a segurança, concluíram; afinal, ela era apenas uma mulher. A primeira turma de mulheres não fora treinada com o mesmo rigor que os recrutas do sexo masculino, que estudavam a fundo assuntos militares em várias outras escolas secretas. Esperava-se menos das mulheres.

Beaulieu recusou. "O fato de ter sido a única escola que ela frequentou não torna o conhecimento adquirido menos perigoso", argumentou o responsável pelo treinamento.

O governo tinha o dever de encontrar um local adequado para Hélène, considerando que a Geladeira não era uma opção. Assim, Baker Street se transformou numa agência de empregos para Hélène Aron; seria a única forma de ficar de olho em seus movimentos. Se fosse uma estrangeira inimiga, o governo teria o direito de vigiá-la, mas ela era britânica – sua cidadania foi apenas questionada, jamais revogada –, e, sob a lógica de uma sociedade civil e livre, um governo não espiona seu povo.[28] Foi aventada a possibilidade de o movimento França Livre, de De Gaulle, encontrar utilidade para Hélène, porque ela havia recebido treinamento especial.[29] Os gaullistas que lidassem com suas raízes judaicas.

Hélène, assim como Andrée antes dela, fez uma entrevista com o serviço secreto de De Gaulle, o qual tentou extrair dela informações sobre sua formação em Beaulieu. Ela não respondeu. Seria ilegal falar sobre o que ela havia aprendido, uma vez que assinara um termo de confidencialidade, em cumprimento da Official Secrets Act:

> Declaro que jamais revelarei a ninguém qualquer informação que tenha adquirido ou que em qualquer momento futuro adquira como resultado de minhas conexões com este Departamento, a menos que tal divulgação seja necessária para o meu trabalho para o Departamento.

Se Hélène revelasse algo aos franceses, seria passível de até dois anos de prisão, "com ou sem trabalhos forçados".

– Ela se recusa a divulgar o que fez lá – afirmou o investigador. – Ela se recusa a colaborar.

Charles de Gaulle não aceitou oferecer um cargo a Hélène.

O fracasso na entrevista de emprego animou os mentores britânicos de Hélène. Ela era confiável, por mais que fosse judia. Uma nova solução foi apresentada: ela deveria renunciar à sua posição no FANY (Corpo de Enfermeiras de Primeiros Socorros) em troca de um cargo na WAAF, a Força Aérea Auxiliar Feminina. As WAAFs davam apoio administrativo à Força Aérea Real, cumprindo funções como escriturárias, cozinheiras e motoristas. Havia alguns trabalhos emocionantes relacionados à RAF também, como o ATA (Auxiliares do Transporte Aéreo), que treinava pilotos do sexo feminino para entregar aviões de combate nos campos de aviação.

Hélène preferia o FANY à WAAF, agradecida. O FANY era um corpo voluntário de senhoras de classe alta que compunha a maior parte da equipe de apoio da SOE. (Toda auxiliar tinha um apelido no diminutivo e elas foram apelidadas de "First ANYwhere's" – as primeiras em qualquer lugar –, com todas as insinuações imagináveis.)

Depois que o capitão Jepson decidiu contratar mulheres como agentes, ele se reuniu com o comandante do FANY em busca de integrantes para seu *corps féminins* de elite. As "amazonas"[30] tinham uniformes – de cor cáqui, acinturados, com uma saia reta, tão práticos a ponto de serem feios – e o cargo servia de fachada para as agentes da SOE: seus entes queridos jamais precisariam ficar sabendo sobre os cursos de arrombamento de cofres e de leitura de mapas; eles podiam presumir que as garotas estavam aprendendo a dirigir, recebendo ordens e datilografando. As outras auxiliares – do ATS (Serviço Territorial Auxiliar), do WRNS (Serviço Naval Real Feminino) – estavam vinculadas aos militares, portanto uma função de combate seria uma violação mais óbvia das convenções internacionais.[31] As FANYs, como corpo civil independente e voluntário – e não formalmente alinhado com as Forças Armadas –, conseguiram burlar as confusas proibições internacionais em relação à presença de mulheres combatentes em zonas de guerra.

Hélène, uma livre-pensadora, estava descontente com a arregimentação da WAAF. Para as FANYs do Escritório, as saudações não eram obrigatórias.

A sugestão de transferência de um serviço auxiliar para outro ofendia seu "*amour-propre*".[32]

– Me pregaram uma peça – disse Hélène.

Nesse caso, respondeu o governo britânico, ela que fosse ser feliz como civil.

A papelada para sua demissão foi preparada. Um oficial de segurança comentou, com um suspiro:

– Suspeito que ela ache que sua rejeição se deu apenas por causa de sua origem judaica, e não porque sua origem judaica poderia tê-la colocado em perigo no campo.

Ainda que Hélène tivesse sido a melhor de sua turma, era improvável que tivesse desembarcado na França no fim de 1942. Nessa época, o destino dos judeus europeus era conhecido mundialmente. Em Berlim, Göring declarou: "Esta guerra não é a Segunda Guerra Mundial, é a guerra das raças."[33] E Hitler vociferou, em um discurso célebre: "Não serão os povos arianos, e sim os judeus, que serão exterminados."[34] No futuro surgiram os guetos, os campos de concentração, a experimentação médica e o extermínio em massa. Enquanto o Escritório ponderava o futuro de Hélène, um membro da Resistência polonesa entrou furtivamente no Gueto de Varsóvia e forneceu a Londres detalhes do que acontecia por trás dos muros e nos campos de trânsito. "Os detalhes da ocupação alemã na Polônia: tortura e morte", publicou o *Times*.[35] Mais de 2,5 milhões de pessoas tinham desaparecido desde a invasão de Hitler, em 1939, a maioria delas de origem judaica, com pelo menos 550 mil já assassinadas – números assombrosos, quase incompreensíveis para os britânicos, que somavam meros 45 milhões de cidadãos.

No alto escalão do comando dos Aliados, sabia-se do massacre institucionalizado de judeus desde 1941.[36] Na Operação Ultra, as mulheres de Bletchley Park[37] haviam decifrado comunicações secretas detalhando a monstruosidade da Europa de Hitler: as execuções públicas e os assassinatos sistemáticos dos chamados "subumanos", *die Untermenschen*: os judeus.

No caso de Hélène Aron, o genocídio judeu na Europa deu ao Escritório uma justificativa moral que não era inteiramente apropriada. O genocídio era um pretexto para expulsá-la da agência, mas seu judaísmo havia incomodado os burocratas por outras razões. Seria para o próprio bem dela. Ela foi devolvida à vida cotidiana, aceitando um emprego na loja de departamentos Peter Robinson, em Oxford Circus. A posição de vendedora estava abaixo de suas qualificações, uma acadêmica exercendo o trabalho que uma adolescente analfabeta podia fazer, mas ela estava viva, em um país democrático e livre, enquanto a tempestade se abatia sobre os judeus da Europa.

Depois que a Solução Final de Hitler se tornou publicamente conhecida, os Aliados redigiram um discurso de censura à Alemanha. Em 17 de dezembro de 1942, o pronunciamento foi lido em voz alta em Washington, D.C., Moscou e Londres:

> Judeus estão sendo transportados, de todas as nações ocupadas e em condições chocantes de horror e brutalidade, para a Europa Oriental. Na Polônia, que se tornou o principal matadouro nazista, os guetos estabelecidos pelos invasores alemães estão sendo sistematicamente esvaziados de todos os judeus, exceto alguns trabalhadores altamente qualificados necessários para as indústrias de guerra. Nunca se ouviu falar de nenhum dos que foram levados. Os saudáveis trabalham lentamente até a morte nos campos de trabalho forçado. Os enfermos morrem de frio e de fome ou são deliberadamente massacrados em execuções em massa. O número de vítimas dessa crueldade se encontra na casa de centenas de milhares de homens, mulheres e crianças totalmente inocentes.[38]

A Câmara dos Comuns fez um minuto de silêncio, um momento simbólico, embora inútil. A única forma de parar com o assassinato de judeus era vencendo a guerra.

No fim de 1942, Hélène tinha um novo emprego: o movimento França Combatente do general De Gaulle finalmente concordou em contratá-la, apesar de sua incômoda ascendência.[39] A natureza da nova função de Hélène não foi registrada nas notas da SOE. O Escritório simplesmente arquivou a ficha de Hélène. A amazona judia passou a ser problema de De Gaulle.

A Seção F precisava se concentrar em suas agentes femininas atrás das linhas inimigas.

LISE DE BAISSAC TINHA sido enviada ao centro da França para ajudar o exército das sombras, não para formar um próprio. Poitiers não era um centro de resistência. No início da guerra, houve alguma oposição a Hitler e Pétain por lá, mas os *partisans* foram "explodidos" meses antes de Lise chegar; "alguns dos membros foram fuzilados, outros, presos".[40]

A calmaria incomodava Lise. As mensagens de Londres chegavam com intervalos de dias e, depois, de semanas. Ser bem-sucedida em sua missão significava não ser pega, não chamar atenção para si; pelo contrário, era realizar tarefas rotineiras e banais para um Estado adversário, transportando material, mensagens e homens enquanto a Gestapo a caçava, bem como a todas as pessoas com quem ela falava. Ou pelo menos era o que Lise havia esperado. Mas, em vez disso, só havia tédio.

Ela poderia vigiar seus vizinhos nazistas o dia todo, mas isso não bastava para manter Lise ocupada. Ela fazia aulas de espanhol e de datilografia; precisaria de um emprego depois da guerra e estava pensando no futuro. Os cursos universitários e os horários de lazer de uma viúva de guerra dificilmente eram empolgantes. Ela pretendia fazer o maior número de amigos possível, organizando jantares com frequência. O "objetivo era ter muita gente indo e vindo, para que os agentes que a visitassem não fossem notados pelos vizinhos nem pelos transeuntes", registrou Londres.[41] (Além disso, ela não conseguia descobrir bons restaurantes em Poitiers.) Com o tempo, Lise se aproximou de seu professor de espanhol, que jamais soube que ela era outra coisa além de uma animada estudante de meia-idade. "Eu precisava me interessar por algo", comentou ela.[42] "O tempo demora muito a passar, sabe?"

Acima de tudo, o trabalho de um agente secreto era solitário. "Você tem documentos falsos; você nunca fala ao telefone; nunca recebe uma carta", lamentou Lise.[43] "Eu cheguei [a Poitiers] e não conhecia uma única alma!"[44] Sem rádio próprio, tinha que viajar a Paris para se encontrar com Andrée quando precisava enviar ou coletar informações. Outras vezes ia a Bordeaux, no litoral, encontrar o irmão Claude (conhecido como agente David). Essas visitas remontavam a um período em que as coisas ainda eram acolhedoras e seguras, quando ela tinha companhia. "E, bem, foi bom saber que eu tinha alguém em algum lugar. Porque, caso contrário, estaria sozinha no mundo."

Claude estava formando um exército rebelde de 15 mil *partisans*, apesar do ressentimento popular contra os ingleses.[45] Mary Herbert, a especialista em línguas que havia sido colega de turma de Lise, foi designada a Claude como mensageira. Ele disse que gostava de trabalhar com mulheres: "Ao contrário de sua expectativa, as mulheres eram melhores do que os homens na função de mensageiras e para levar aparelhos de telégrafo sem fio e materiais de um lugar para outro. Elas eram bastante motivadas, não falavam tanto quanto os homens e passavam pelas barreiras com mais facilidade", dizia um relatório.[46]

Mary organizava as reuniões de Claude, pois ele só falava cara a cara com os membros de seu circuito, jamais deixava mensagens escritas, não usava "correios" – fossem caixas postais ou pessoas –, não enviava relatórios em códigos cifrados de substituição de palavras, nem mesmo usava telefone ou telegrama o mínimo que fosse. Ele seguia os protocolos de segurança mais rígidos, muito mais rigorosos do que as normas de segurança de Beaulieu. Mudava de casa com tanta frequência que Lise nunca sabia onde encontrá-lo, exceto no Café Bertrand, na mesma hora do dia, onde bastava a ela apenas esperar. Às vezes ele não aparecia. Quando ela voltava a vê-lo, era sempre acompanhado. "Dois amigos se encontrando, e só. Apenas a vida normal!"[47]

O Escritório considerava Claude "extremamente francês e volátil",[48] mas ele rapidamente se tornou um dos melhores organizadores em campo. O coração de Claude, assim como o da irmã, era tropical, de temperamento quente. "Ele era um homem cheio de vida e muito sensual", relembra sua família.[49] A guerra era boa para pessoas obstinadas como os irmãos Baissac; os resignados recebem ordens, ficam em posição segura nas fileiras. Lise e Claude eram brilhantes, divertidos e determinados; tinham uma bússola interna apontando para um norte que só eles podiam ver. A respeito de Claude, os professores escreveram: "Ele é meticuloso e trabalha duro, mas tende a se preocupar com as dificuldades que existem apenas em sua imaginação."[50] Tal precaução, fosse real ou imaginária, poderia manter Lise e Claude vivos.

– Acho que, na família, somos todos desse jeito. Ficamos felizes em fazer o que temos vontade – comentou Lise. – Fomos criados assim.[51]

Lise tinha mais conhecimento da França durante a guerra do que seus coordenadores em Londres. Em uma época de capitulação e terror, ela acreditava que os franceses da zona ocupada poderiam ser melhores parceiros na própria luta pela liberdade. Unilateralmente, ela ampliou o escopo original de sua missão. "Achei que não bastava receber agentes do céu e colocá-los em marcha", disse.[52] "Então comecei a tomar mais algumas atitudes."

Lise começou a explorar a região rural, disfarçada de uma simples mulher andando de bicicleta, mas, na verdade, estava em busca de zonas de pouso. Ela procurou por áreas planas no meio do nada, essencialmente escondidas por árvores, afastadas das estradas principais, com um fazendeiro simpático ou um proprietário ausente. E enviou as coordenadas para Londres, mas ter que esperar para ouvir notícias sobre suas escolhas rurais e cartográficas e aguardar a aprovação chegar pelo rádio por meio de seus canais longos e lentos ainda não era suficiente: "Eles ou concordavam ou discordavam."[53]

Naquele inverno monótono de Poitiers do meio da guerra, Lise se tornou ambiciosa, se aproximando mais do perigo e se expondo a maior escrutínio do inimigo. Ela começou a formar uma rede própria de rebeldes, recrutando um agente funerário, um médico e uma jovem família com uma filha adolescente, que se tornaria companheira de viagem de Lise. Sondou os indivíduos que, por razões íntimas, escolhiam o risco e a desobediência civil, opondo-se tanto ao Estado quanto à maior parte da sociedade francesa. Eles adquiriam cupons de racionamento, passagens de trem e roupas e forneciam um porto seguro para os agentes que chegavam ou para pessoas que cruzavam a linha de demarcação, com a plena consciência de que mesmo as tarefas mais banais poderiam levar à morte.

"Eles sabiam o que estavam fazendo", disse Lise.[54] Eles eram "ativos", e ela os chamava de "ajudantes".

Sempre na linha de visão direta dos nazistas, Lise não achava que suas aspirações cada vez maiores fossem sinal de coragem, apenas de sensatez. "Tudo vai dar certo", dizia. "Não sou pessimista."[55]

CAPÍTULO 10

Robert est arrivé

França livre

Em um dia frio e ensolarado de novembro, um trem de Marselha com destino a Paris balançava por entre choupos finos e vinhedos queimados pelo sol. Faixas ondulantes de videiras se estendiam em longos corredores, podadas para o inverno depois de encerrada a colheita.

No trem superlotado havia um sujeito alto e magro em uma missão. O mensageiro estava viajando da zona livre para a ocupada em nome de uma das maiores redes de *partisans* da França. O emissário não podia usar o correio (censurado) nem o telefone (polícia na escuta), tampouco enviar um telegrama (cópias de todos eles iam direto para a Gestapo). Em vez disso, carregava consigo uma agenda que continha uma lista de parceiros de confiança, seus endereços residenciais, senhas, esconderijos e caixas de correio,[1] contatos por toda a França. Era o tesouro dos rebeldes, um catálogo não cifrado de 200 membros, uma lista de chamada da Resistência.

O mensageiro deu sorte de conseguir assento em um compartimento de segunda classe. Com uma pasta a seus pés, teve um raro e necessário momento de descanso. Era nervoso por natureza e apavorado por hábito, um dissidente dedicado. Não tinha dinheiro nem sustento, então trabalhava para a clandestinidade, participando de reuniões nas sombras, misturando-se à multidão durante o dia para evitar verificações de identidade por parte da polícia francesa. Depois que o armistício de Pétain emparelhou o futuro da França com os tanques de Hitler, o mensageiro cruzou seu país na esperança de um dia libertá-lo. Os trens eram tanto sua casa quanto sua cama.

NA NOITE DE LUA nova de outono, em 3 de novembro de 1942, um barco de pesca de 40 pés contornou a ponta do Cap Câble, manobrando em direção à boca de uma baía estreita encravada na costa do Mediterrâneo, entre Marselha e Cassis. Um baque surdo foi o único ruído a quebrar a escuridão silenciosa quando os motores foram desligados, a corrente foi solta e a âncora, baixada. O veleiro parecia estar voltando de uma pesca de sardinhas, se houvesse cardumes por perto. Não havia. Era um barco típico, com bicos em ambas as extremidades, casco em forma de "v", mastro curto e vela latina, guiado por um leme, mas o *Seadog* fora equipado com um novo motor, capaz de atingir velocidades mais altas do que as canhoneiras nazistas. Da mesma forma que a carga que transportava, o *Seadog* trabalhava disfarçado: exibia as cores francesas em seu arco – vermelho, branco e azul –, pintadas nos últimos dois dias, depois de ter passado por Ibiza e Maiorca, onde exibia a bandeira da Espanha de Franco, em amarelo e vermelho.

Odette Sansom chegou à França numa maré de descontentamento; nenhuma parte de seu treinamento a havia preparado para a indignidade do retorno ao lar.[2] Com cinco outros agentes, ela passou do *Seadog* para um bote que cheirava a sardinhas e maresia. Eles estavam viajando havia um mês, não dormiam havia quatro noites e não comiam nada além de comida enlatada fazia dias; não havia banheiro a bordo.[3] O desbocado capitão polonês do *Seadog* mantinha uma coisa macia e mole afixada na antepara, que ele dizia aos passageiros ser uma "dúzia de prepúcios alemães".[4]

Junto à costa, um inglês em roupas francesas amparou as agentes que desembarcavam, Odette e sua colega de turma Mary Herbert. Depois delas, desceram uma mulher matronal e três homens. Quando o último agente agarrou o pulso do homem e alcançou a plataforma, olhava nos olhos do próprio irmão: um estava voltando para casa, em Londres, sua primeira missão já concluída; o outro estava prestes a começar. Foi um choque. Os irmãos não se demoraram, embora talvez não tivessem a chance de se encontrar novamente. Eles não tinham como saber o que aconteceria nos dias e anos que estavam por vir. Ao fim da guerra, um seria acusado de tortura; o outro, de traição.

Odette estava vestida de maneira funcional, em um saco de lixo de lona com buracos para os braços, sem tempo para se preocupar com moda.[5] (O kit-padrão contra ataques de gás venenoso também era à prova d'água.) Não era como Odette imaginara voltar à França: depois de colocar suas filhas em uma escola de freiras para serem cuidadas por uma tia, ela estava programada para saltar na lua de setembro, mais ou menos na mesma época em que Andrée e Lise. Mas bateu com a cabeça durante o treinamento de paraquedas e sofreu uma concussão. Ficou então acertado que iria de avião, num Westland Lysander, e desceria diretamente na zona ocupada, porém em todas as noites para as quais seu voo foi programado algo dava errado: mau tempo, falha do motor, colisão. Odette e Mary Herbert foram então mandadas para Gibraltar num destróier, abrindo caminho em meio a um mar de submarinos alemães.[6] Por fim, as duas chegaram à Riviera, entrando como fantasmas em meio à maré alta, a fim de que suas pegadas fossem apagadas conforme a água baixasse.

No sul da França, o Escritório procurava uma liderança. O general De Gaulle ainda não contava com a simpatia de Churchill nem com a confiança de Roosevelt, então Baker Street acreditava que alternativas para o comando dos rebeldes eram uma necessidade política. De modo ideal, o líder seria um homem que tivesse a vantagem de estar em solo francês e fosse menos grosseiro que De Gaulle.

Em meio às redes da Resistência na Riviera despontara um candidato atraente, um artista dinâmico que se autoproclamava chefe, André Girard. Alguns homens nascem para liderar; Girard sabia atiçar as pessoas, engajá-las. Agraciado com carisma e imaginação abundantes, ele acumulou supostamente 300 mil seguidores que compartilhavam dos seus sonhos. Era um visionário, tão dramático e temperamental quanto seus desenhos; em pinceladas rápidas, dava vida a ideias usando cores ultrajantes, contrastes explosivos e redemoinhos oníricos de confusão. "Em todo o poderoso exército alemão, há um ódio invisível e paciente em cada casa; no solo, ele espera", declarou Girard, "pelo terrível despertar que um dia será possível."[7]

A cena artística francesa se recolheu às sombras durante a Ocupação; exibir em uma galeria ao mesmo tempo que *châteaux* franceses eram revirados em busca de velhos mestres e que oficiais nazistas roubavam tesouros *fin de siècle* de negociantes judeus soava como colaboracionismo. Antes da guerra, um artista podia ganhar a vida fazendo cartuns políticos, mas esse trabalho fora proibido por Hitler e Pétain. Na escuridão do fascismo, a França não era um bom lar para a arte. Se a guerra não tivesse irrompido, Girard teria sido o herdeiro estético do expressionismo; havia sido aluno de Georges Rouault e Pierre Bonnard. Em vez disso, ele canalizou sua criatividade para a animosidade, para planos de uma nova estação de rádio de propaganda, a Rádio Patrie, com o objetivo de rivalizar com as transmissões em francês da BBC e da norte-americana NBC, mas como um produto do próprio povo, uma voz orgânica daqueles que realmente viviam e sofriam sob o jugo de Hitler. Ele pretendia competir diretamente com o blá-blá-blá nazista divulgado pela Rádio Paris controlada pelos alemães.

A inteligência militar de Churchill foi seduzida por Girard e deu apoio à Rádio Patrie. Girard garantiu a Baker Street que estava associado a vozes da oposição na França e no norte da África. Ele disse que tinha contatos com membros de alto escalão do exército de armistício de Vichy, que poderiam trabalhar com os Aliados para minar Hitler.

Girard "está empenhado na organização de todos os estratos da sociedade, independentemente das opiniões. [Sua rede] é bem informada e forte", dizia um memorando interno de Baker Street.[8] Ele recrutou pessoas de toda a França: era um ímã para militares franceses aposentados e guerrilheiros exilados da Guerra Civil espanhola, que formavam o núcleo de suas tropas secretas. Mas os amigos de Girard – artistas, poetas, jazzistas e intelectuais – eram sofisticados e cosmopolitas. Eles entendiam como o espírito era esmagado pelo totalitarismo. Os comunistas se opuseram à ocupação alemã assim que Hitler se voltou contra Stálin; os camponeses se juntaram depois que jovens saudáveis foram recrutados para o trabalho escravo na Alemanha. Os judeus assinaram desde o início, pois seus dias estavam contados. O mensageiro dormindo no trem era apenas um homem em meio a um grande exército de patriotas pronto para seguir Girard. O simples escopo de sua filiação furtiva parecia ser uma extensão automática dos planos da SOE, chegando até o coração da França.

Odette e Mary desembarcaram na Riviera dois anos depois do início da guerra na França, no auge da carreira de André Girard como líder dos rebeldes. Enquanto a maioria das redes clandestinas estava sedenta por armas e munições, recebendo apenas o mínimo possível de Londres, os circuitos de Girard tinham barcos carregados de equipamentos e milhões de francos para abastecer seu exército invisível. Ele estava "no auge de seu poder; poder que ele exercia como se tivesse nascido para aquilo. E, ao contrário de Hitler, era um homem de considerável charme e seus poderes de persuasão não eram os de um maníaco delirante, mas de um homem que convencia as pessoas de uma forma inteligente", contou um organizador britânico, um dos primeiros admiradores da habilidade de Girard.[9]

"Ela não vai morrer jamais!", diria Girard de sua amada França.[10] Ele pagava seus homens com refeições e incentivava a Resistência com dinheiro. A comida é a eterna obsessão dos franceses, e entre as vítimas da guerra estavam o queijo, os ovos, a manteiga, a carne, o azeite e as batatas. Na Riviera, onde o sol brilhava o dia todo, o solo era pobre, ocupado por monoculturas de cítricos, oliveiras e videiras. Não era o suficiente para sustentar uma população em tempos de guerra, menos ainda sendo uma região inundada de refugiados e profundamente endividada com a Alemanha. Para os rebeldes de Girard, os britânicos distribuíam por via aérea comidas enlatadas com rótulos ingleses, para lembrar aos franceses quem os apoiava a distância enquanto os nazistas os matavam de fome; cada detalhe era uma oportunidade para a propaganda britânica em um país inclinado a não confiar nos ingleses. ("Agora sinto o poder ancestral dos braços do Império", escreveu um líder britânico ao QG em gratidão pelo chá e pelos biscoitos.)[11] Para os *partisans* que arriscavam o pescoço na distribuição do contrabando, havia guloseimas especiais, como chocolate, chicletes e cigarros. "Isso é progresso, é a mão divina, e nos deixa muito orgulhosos do Departamento."

A liderança de Londres cobiçava o exército secreto de Girard, mas seus *partisans* eram incompetentes. Ao receber o apoio britânico, o movimento de Girard entrou em uma espiral de tropeços risíveis e erros catastróficos. No outono de 1942, por exemplo, em um porto clandestino na costa francesa, uma tripulação de cinco jovens rebeldes carregou um bote com "500 quilos de perigo"[12] – explosivos – e um transmissor de rádio e remou até mar aberto, com o equipamento escondido debaixo d'água, pendurado por uma boia; era poder de fogo suficiente para explodir um porto ou afundar um navio de guerra. Com peso de mais e equilíbrio de menos, o barco dos rebeldes emborcou no meio do oceano. Foi perda total. Os *résistants* adolescentes gritaram e uivaram "como uma multidão de torcedores a caminho do estádio em dia de feriado",[13] acordando uma vila portuária inteira. Após o acidente, os Chantiers de Jeunesse – a versão de Pétain da Jungsturm, a Juventude Hitlerista – dragaram o canal em busca dos explosivos e marcaram o local. (Esta era a tragédia da França: garotos ficavam cara a cara com o perigo em um jogo onde as armas eram de verdade.)[14]

Assim que a polícia de Vichy recuperou a munição submersa, as casas ao longo da costa foram revistadas e uma preciosa praia de desembarque, onde os rebeldes podiam chegar e partir sem serem vistos, foi revelada ao inimigo. O capitão do porto reclamou: "Eu faço vista grossa para o que os britânicos fazem bem debaixo do meu nariz, mas, em nome de Nossa Senhora, por que é que eles não ajudam a mim e a si mesmos?"[15]

Uma rede de amadores incompetentes não sobreviveria a uma guerra contra experientes nazistas caçadores de espiões. O codinome de Girard era Carte; como os grupos rebeldes costumavam adotar o nome de seus líderes, seu amplo circuito também se chamava CARTE. A palavra pode significar "cartão de visita", "mapa", "gráfico" ou "cardápio". E Girard sentia um prazer quase infantil em fazer listas de nomes e anotações em mapas.

Depois de um desembarque um tanto molhado, Odette e Mary passaram a noite em um esconderijo em Cassis, em seguida pegaram um trem até Cannes, onde foram recebidas com biscoitos e vinho pelo organizador britânico local, o capitão Peter Churchill.

– Vocês devem estar exaustas e morrendo de fome – disse ele com um sorriso, dando as boas-vindas às agentes em um apartamento secreto perto de um jardim de palmeiras. – E provavelmente desejando um bom banho.

Odette o observou. Através de seus cílios longos e seus olhos cansados do mar, ela viu o rosto bonito de um homem tão alto, esguio e ágil que parecia um "ponto de interrogação com bigode".[16] Ele parecia estar rindo da própria piada, embora ainda não a tivesse feito.

Peter era o modelo inglês de agente secreto moderno. Um popular ex-jogador de hóquei no gelo de Cambridge de nariz aquilino, era um contador de histórias nato, extravagante, desleixado e presunçoso como qualquer atleta da classe alta em seu auge. Era o tipo de homem que mantinha as taças de vinho cheias. Homens como Peter estavam vivendo uma "boa guerra". Antes daquela missão, sua presunção o fez fracassar em tudo que tentou. Pulava de emprego em emprego – "publicidade, metalurgia, criação de raposas, serviço consular britânico"[17] – sem concretizar muitas coisas ou se esforçar muito, mas sempre se divertindo. Ele construiu uma sensação superficial de bem-estar em um mundo assustador, mantendo um caso de amor existencial com a literatura de Damon Runyon e Raymond Chandler, que se tornaria um trunfo diante dos absurdos da guerra. Escrevia suas mensagens em código "runyonesco". Peter possuía o conjunto de habilidades essenciais para o Escritório: fluência em francês e inglês, com boas noções de espanhol, italiano e alemão. A guerra, de algum modo, fazia homens como Peter adquirirem foco; a urgência transformava libertinos em líderes. Pela primeira vez ele conseguia se concentrar em qualquer que fosse o idioma. Sua postura de espertinho soava como profissional dentro da excêntrica estrutura *ad hoc* do Escritório, e se, por um lado, a arrogância de Peter era irritante para os franceses – e de fato era –, por outro, ele acreditava que era um magnífico cartão de visita para pelo menos duas das três mulheres recém-saídas de um barco pesqueiro: as mais jovens, Mary e Odette.

Entre as muitas funções de Peter no sul da França – comunicação com Londres, coordenação com a CARTE, recepção de lançamentos aéreos e ajuda a prisioneiros de guerra fora do país –, ele estava encarregado de dar as boas-vindas aos que chegavam e colocá-los na tarefa mais difícil de suas vidas: garantir que não comprometessem nenhum dos outros agentes. Os primeiros dias no campo podem ter "um aspecto de estranheza e incerteza, com todos trabalhando em meio à névoa".[18] O almoço aconteceu em um café frequentado por estrangeiros, policiais franceses, judeus que haviam fugido para o sul após a invasão, desafortunados ex-cidadãos do Reich dotados de dinheiro suficiente para comprar carne de cavalo no mercado clandestino, mas carentes de sorte que permitisse comprar salvos-condutos para sair da França. A Riviera era o lugar mais faminto de uma nação faminta. ("Vendemos turismo, o resto importamos", era o lema local.)[19] Havia uma cota apertada de consumo de alimentos, mas Peter tinha um suprimento infinito de cupons de racionamento, "recém-saídos das rotativas".[20]

Sem tirar o sorriso do rosto, o veterano organizador avaliou as mulheres sob sua responsabilidade: elas eram inexperientes e estavam nervosas. Durante meses Peter vinha trabalhando com a agente norte-americana do Escritório, Virginia Hall, que não tinha uma perna e era competente, calorosa e assertiva. Em contraste, todas aquelas mulheres pareciam delicadas e carentes.

Mary Herbert era inteligente, articulada e aparentava ser mais jovem do que seus 40 anos. Filha de um general de brigada, era interessada pelo seu entorno e reservada. Peter duvidava que ela fosse render grandes coisas como agente, embora já tivesse se surpreendido antes com "profundezas ocultas".[21]

Odette o cativou. Ele simplesmente não conseguia parar de olhar para ela, com sua vasta cabeleira castanha e seus olhos brilhantes como madeira polida. Ela estava acostumada a chamar a atenção dos homens e cultivava isso, ciente de quanto lhe era útil. Peter ficou olhando enquanto ela erguia o copo e tomava um gole, seu primeiro gostinho do *terroir* francês depois de quase três anos de bloqueio. Uma vida inteira havia se passado desde o último almoço francês de Odette, com pão na mesa, vinho na jarra e luz do sol entrando pelos amplos janelões de vidro. Para ela, a ausência de pressa e o excesso pareciam estranhos e inconvenientes naquele momento. A Côte d'Azur ficava a um universo de distância da névoa londrina e da comida inglesa, dos pãezinhos cinzentos e da fome provocada pelo racionamento.

Peter legou a Odette uma personalidade que ela ainda não tinha desenvolvido: destemida, perspicaz, desafiadora. Durante a refeição, ele ficou obcecado. Apaixonou-se pelas mãos dela. "Observei uma extensão reveladora entre o polegar e o indicador que denotava extravagância, generosidade, impetuosidade", disse ele, fixando-se como se fosse um quiromante numa feira.[22] Ou um amante. Peter não encontrou menos erotismo nas articulações de Odette do que os vitorianos encontravam em um tornozelo à mostra. "A ambição nos indicadores; a lacuna incomumente larga entre eles e os dedos do meio, revelando tal independência de pensamento que só achava paralelo com a independência de ação que praticamente gritava dos vales escancarados que ficavam entre o anular e o mínimo." Ele procurou por uma aliança de casamento ou a lembrança fantasmagórica de uma. Peter tinha um olho de agente para os detalhes: a aliança de casamento de Odette havia sido confiscada em Londres. Fora substituída por outra cuja inscrição correspondia à sua nova história de fachada: adolescente órfã de pai, ela havia se casado com um francês idoso que morreu subitamente de bronquite. O casamento sem amor não gerou filhos.

– Esta recepção é muito agradável e condizente com o que eu esperava – disse Odette a Peter, entediada –, mas estou ansiosa para dar andamento ao trabalho.[23]

Sua tarefa era semelhante à de Lise de Baissac: estabelecer esconderijos para receber agentes. Odette ficaria por conta própria, não seria mensageira de um circuito; deveria viver na França, ser francesa até segunda ordem, quando então passaria a atuar como governanta e quartel-mestre britânica. Ficaria alojada em Auxerre, no centro do país. Mas Peter recebeu uma notícia decepcionante: Auxerre, na Borgonha, havia sido isolada de Cannes pela linha de demarcação, a fronteira onipotente entre as duas Franças. Viajar entre as zonas era potencialmente arriscado e ele não teria como enviá-la para o outro lado. Ainda que não fosse culpa dela, Odette havia desembarcado na França errada.

Segundo ele, Odette precisava de ajuda, um contrabandista, alguém que conhecesse bem os postos de controle militarizados que dividiam a França em duas. Ela também precisaria de um salvo-conduto falsificado, um *Ausweis*, para explicar por que estava se mudando para tão longe de casa. Todos os detalhes podiam ser organizados por meio da rede CARTE, mas André Girard, o líder francês, e Peter Churchill, o comandante britânico, estavam disputando o controle dos rebeldes da Riviera.

Peter tinha uma dor de cabeça para resolver, e servir de anfitrião àquela nova mulher – por mais deliciosos que fossem seus dedos – teve que ficar em segundo plano para que ele pudesse lidar com o artista tempestuoso. A parceria do Escritório com a rede CARTE estava se desintegrando rapidamente. Em pouco menos de dois anos, eles contabilizavam poucos êxitos: André Girard nunca chegou a fazer as apresentações entre os agentes britânicos e o alto escalão do Exército de Vichy. A Rádio Patrie era um sonho. Londres exigiu progressos e clamou por resultados mensuráveis, mas isso feriu o ego de Girard; ele se tornou autocrático e abusivo.

No dia da chegada de Odette, Girard e Peter eram inimigos declarados. Em vez de lutar contra os alemães, eles lançavam ataques um contra o outro. "Não existe absolutamente nenhum sigilo aqui", rugia Peter, frustrado diante de lambanças como a dos equipamentos afundados.[24] Ele chamava Girard de "senhor feudal" e classificava seus subordinados como incompetentes, "figurões chamativos e espalhafatosos".[25] Os encontros da CARTE se pareciam com as rodas da alta sociedade, "animadas reuniões em bancos de parque com [...] cerca de meia dúzia dos principais homens da Resistência local presentes rabiscando suas ordens e instruções sob o olhar do público".[26] Em um relatório enviado a Londres, Peter finalmente recomendou que a conexão entre o Escritório e a CARTE fosse encerrada, apesar das enormes expectativas e dos pesados investimentos. Em relação aos resultados positivos da parceria, Peter escreveu: "Desafio todos vocês, mesmo sob efeito de anfetamina, a apontar qualquer triunfo maior do que o tamanho de um mosquito."[27]

Pouco depois o Escritório emitiu ordens via rádio convocando Girard a Londres para prestar contas.

A MISSÃO DE ODETTE era uma causa perdida. Ela pediu ajuda a Girard para encontrar um guia que a levasse até Auxerre; ele se recusou. Ele obedecia a ordens de Londres, não de agentes britânicos na França; até que recebesse uma mensagem de rádio de Baker Street, ele estava em greve quando o assunto era ajudar os amigos de Peter Churchill. "Ele foi bastante grosseiro comigo", relatou ela, frustrada.[28]

– Eu sugiro que você comece com um bom descanso – foi o que Peter recomendou.

– Eu não preciso de descanso, obrigada.[29]

Odette não conseguiu cruzar a fronteira. Mary tinha um contato em Tarbes que providenciaria sua passagem para a zona ocupada. Ela logo partiria para se juntar a Claude de Baissac e sua rede SCIENTIST em Bordeaux. Odette, entretanto, teve que continuar com Peter. Mas não gostava de ficar ociosa. Exigiu ser incluída em alguma missão, então Peter deu a ela uma bicicleta e a enviou a Cannes com uma mensagem.

Em questão de minutos ele ouviu um grito, um barulho de metal se chocando contra os paralelepípedos, seguido pela voz estridente de uma mulher praguejando por causa dos joelhos sangrando e das meias rasgadas.

Ela achou que fosse aprender a andar de bicicleta de improviso, tentando se equilibrar enquanto pedalava.

– Por que você não falou que não sabia andar de bicicleta? – perguntou Peter.

– Porque você agiu como se fosse algo óbvio, como se todo mundo fosse tão competente quanto você. Isso é muito irritante. Por que eu deveria dar a você a satisfação de admitir minha ignorância? – retrucou Odette.[30]

Peter chegou à conclusão de que Odette era uma "dinamite".[31]

EM 8 DE NOVEMBRO de 1942, a transmissão noturna da BBC para a França começou, como sempre, com a *Quinta Sinfonia* de Beethoven: *Tã-tã-tã-tããã*.

No esconderijo, Odette e Peter estavam junto ao rádio para ouvir o noticiário em francês: no Egito, as forças do Eixo estavam em fuga, a ofensiva de El Alamein fora considerada uma "vitória completa e absoluta".[32] Nos Estados Unidos, os democratas do presidente Roosevelt mantiveram uma estreita maioria no Congresso depois da eleição intercalar. A União Soviética estava às vésperas de comemorar seu vigésimo quinto aniversário quando os soldados soviéticos travaram o avanço da Wehrmacht pelas ruas de Stalingrado. Na Inglaterra, cerca de 40 milhões de papoulas estavam à venda para o Dia da Lembrança.

Ao fim do programa, quando tiveram início as mensagens pessoais, houve um anúncio persistente e repetido:

Attention, Robert est arrivé! Attention, Robert est arrivé!

Aquela frase simples ressoou por toda a França e pelo Mediterrâneo até chegar a Gibraltar e ecoou fundo nos oásis do deserto do Marrocos e nas dunas da Argélia. Toda a Europa francófona e o norte da África ouviram.

As forças aliadas reconheceram aquilo como um alerta de ação.[33] Naquela noite, os exércitos anglo-americanos invadiram o norte da África. Na esteira da vitória britânica no Egito, as colônias da França estavam em cena. Era a primeira grande ofensiva dos Aliados e o primeiro desembarque de tropas norte-americanas no estrangeiro. Apenas um ano após o ataque japonês a Pearl Harbor, os Estados Unidos participavam de uma guerra mundial e suas tropas lutavam contra os nazistas no deserto: a Operação Tocha.

A disputa pelo norte da África implicava uma disputa pelo Mediterrâneo. O controle de suas águas plácidas faria recuar o domínio de Hitler no sul da Europa. E, tão importante quanto, era uma batalha indireta em nome dos corações e das mentes dos franceses.

A luta para recuperar a Europa começou em 8 de novembro de 1942, apenas cinco dias depois de Odette e Mary terem chegado à costa sul da França. Cerca de 33 mil soldados se preparavam para desembarcar em Casablanca, outros 39 mil se dirigiam para Argel e 35 mil foram enviados para Orã. Eles cruzaram o Atlântico em 350 navios de guerra e 500 cargueiros.[34]

As forças norte-americanas estavam debutando. Os generais alemães eram impiedosos e calculistas. A liderança militar francesa estava em crise. Mas seria uma batalha que poderia virar o jogo: se os Aliados conseguissem separar as colônias do norte da África do governo de Vichy, isso enviaria um sinal ao povo francês de que o casamento com o Reich não estava predestinado a durar. (Como disse um jornalista francês: "As Valquírias vão voltar para a toca e morrer, como acontece nas óperas de Wagner.")³⁵

– Não é o fim ainda – advertiu o primeiro-ministro Winston Churchill em um discurso. – Não é nem mesmo o começo do fim. Mas é, talvez, o fim do começo.³⁶

Robert est arrivé!

Robert chegou e Hitler retaliou.

Em 11 de novembro de 1942, Dia da Lembrança,³⁷ enquanto a Europa e os Estados Unidos homenageavam os mortos da Primeira Guerra, Adolf Hitler invadia a França. De novo. A Wehrmacht rompeu a linha de demarcação, entrando na zona livre, no Sul do país, e ocupando as cidades de Lyon, Limoges, Agen, Marselha e a própria Vichy. O Reich engoliu o que restava da França livre, pondo fim à farsa do governo vassalo de Pétain. O acordo de armistício foi anulado e o exército de armistício, desmobilizado.

As duas Franças voltaram a ser uma só, agora um território totalmente dominado pelo Reich, embora a linha de demarcação tivesse sido mantida como forma de controlar o deslocamento da população. Hitler disse ao marechal Pétain que a tomada havia sido para o próprio bem dele; era para defender a França contra o ataque que viria pelo sul, dos Aliados que estavam combatendo no norte da África.

Na Rádio Paris controlada pelos alemães, o Führer falou ao povo francês, para que soubessem que ele "tomara tal atitude por amizade".³⁸ Não haveria nenhum mal, garantiu; as ordens dadas eram para que houvesse "o mínimo de perturbação possível".³⁹

Os Aliados entupiram as ondas de rádio com rimas provocantes:

*Radio Paris ment, Radio Paris est allemande.*⁴⁰
A Rádio Paris engana, a Rádio Paris é germana.

*Depuis Strasbourg jusqu'a Biarritz
La radio est aux mains des Fritz.*
De Estrasburgo a Biarritz,
a rádio está nas mãos dos Fritz.

A SEGUNDA INVASÃO NAZISTA da França agitou o mundo; o tabuleiro de xadrez da Europa foi mais uma vez reorganizado. A vergonhosa paz da França estava em frangalhos. Quando os tanques de Hitler cruzaram a linha de demarcação, ele aumentou as cobranças pela Ocupação de incapacitantes 300 milhões de francos por dia para 500 milhões, em mais um ato de saque legalizado com o qual Pétain concordou, entorpecido.[41] Conforme aumentavam os custos da pilhagem alemã, crescia o desejo francês de liberdade.

Winston Churchill viu ali uma oportunidade para a SOE. As brasas da rebelião, até então adormecidas na zona livre, deveriam ser inflamadas de uma vez por todas. "Parece muito importante intensificar as operações nas regiões recentemente ocupadas da França, a fim de tornar as relações entre os entorpecidos franceses e os invasores alemães o mais desagradáveis possível."[42]

Os Bangs iam voltar.

NO DIA DO AVANÇO de Hitler, agentes britânicos na Riviera olharam pelas janelas e viram nuvens de poeira sendo levantadas por caminhões militares enquanto as tropas de Mussolini chegavam da Itália, tomando posse da faixa cintilante à beira-mar.[43] Cannes foi anexada por Il Duce e se tornou território italiano.

A política de Londres em relação ao que antes era a zona livre mudava diariamente. Sem o exército de armistício, os supostos contatos de Girard no alto escalão mostraram-se tão inúteis quanto suas demais promessas. Odette estava atuando como agente havia pouco mais de uma semana e não conseguia chegar ao destino que lhe fora designado. Ligada à rede de Peter Churchill por protocolo, ela se tornou sua mensageira.

Peter ficou em um apartamento térreo com jardim no Promenade de la Croisette, de frente para a praia ensolarada. ("Uma linda casa, com camas e tudo que era necessário", disse Peter.)[44] Odette se juntou a ele no espaço.

Depois de poucos dias em campo, em sua nova cama no seu velho país, Odette adormeceu observando as finas cortinas ondularem diante de uma janela aberta. Ela contemplou seu novo eu, sua nova identidade: na última vez que vivera na França, ela era mademoiselle Odette Brailly, uma menina. Na Inglaterra, ela havia se tornado a Sra. Odette Sansom, uma esposa insatisfeita, a mãe sobrecarregada de três filhos. Na guerra, como agente, ela vivia sob o nome de madame Odette Metayer: viúva, sem filhos, atraente.

Odette não sabia, mas Peter a observava enquanto ela dormia, com a mesma intensidade com que estudara suas mãos. "Ela sorriu", disse ele, "com uma expressão de paz infantil no rosto."[45]

Por volta da décima primeira hora do décimo primeiro dia do décimo primeiro mês do ano de 1942, quando a Europa e os Estados Unidos fizeram silêncio para homenagear os mortos da Grande Guerra, Hitler tinha terminado de subjugar tudo que restava da França, e naquele momento Odette e Peter já viviam juntos como "marido e mulher".[46]

O MENSAGEIRO DA REDE CARTE, André Marsac, estava afundado em seu assento enquanto a locomotiva a carvão subia pela França em uma nuvem de fumaça. Os vagões balançavam como berços. Ele estava cansado. Estava acostumado a se deslocar incessantemente, era uma pilha, um homem vivido que ainda estava aprendendo em sua carreira de soldado secreto.

O trem era hipnótico para Marsac. Estava magro, só ossos, joelhos e cotovelos. Os olhos pesados, o queixo caído no peito, a respiração lenta e uniforme, sincopada com as engrenagens do motor, Marsac pegou no sono.

Quando acordou, sua pasta com os nomes da CARTE havia desaparecido.

CAPÍTULO 11

A Paris do Saara

Marrocos

Winston Churchill era um pintor amador apaixonado, pelo menos até a Inglaterra dar de cara com Hitler e ele ser nomeado chefe de governo. A pintura a óleo o ajudava a vencer o que ele chamava de *black dog*, sua depressão. Após o fim da guerra, sir Winston teria tempo para se sentar novamente diante de seu cavalete, mas, durante seu mandato como primeiro-ministro e ministro da Defesa, ele completou uma única tela, em janeiro de 1943, em Marrakesh, Marrocos. "Simplesmente o lugar mais agradável do mundo para se passar uma tarde."

O Marrocos, recém-libertado, estava fresco em janeiro e era um lugar muito bom para o que Churchill decidiu chamar de "cúpula", uma reunião dos chefes militares anglo-americanos.[1] Havia se passado pouco mais de um ano desde o ataque a Pearl Harbor; era hora de planejar a guerra para o ano de 1943.

Churchill nutria um amor profundo pelo Marrocos, com seus "videntes, encantadores de serpentes, grande quantidade de comida e bebida e, em geral, dono dos maiores e mais bem organizados bordéis do continente africano".[2]

Os bordéis podem reivindicar a autoria de um feito extraordinário: por 10 dias em um hotel *art déco* em Casablanca, generais e diplomatas se sentaram ao redor de mesas de reuniões e mapas, com correntes de ouro pendendo pesadas de seus punhos e pescoços, fumando seus cachimbos enquanto discutiam o futuro do conflito e, por extensão, do planeta. Duas nações estabeleceriam uma estratégia militar global comum, na condição de parceiras. No Marrocos, o Reino Unido e os Estados Unidos escreveram os planos para o Dia D.

"Eu preciso estar do seu lado quando você vir o pôr do sol na cordilheira do Atlas", implorou o primeiro-ministro inglês ao presidente norte-americano. Ele também quis registrar o momento numa tela.

É uma pintura otimista: os minaretes brilhantes cor-de-rosa da mesquita Cutubia estão em primeiro plano contra as montanhas roxo-escuras e o céu azul-turquesa. As sombras se derramam em longos triângulos sobre os fiéis vestidos de cafetãs que chegam para a oração do fim do dia. Churchill pintou enquanto o sol ficava alaranjado, enquanto os pardais esvoaçantes, os picos recobertos de neve e os devotos ouviam o chamado do muezim. Se seu humor durante a guerra era marcado por melancolia e mania, seus dias na colônia francesa foram doces, saturados de cores, brilhantes, com longos períodos de tranquilidade.

– Você não pode vir até o norte da África sem conhecer Marrakesh, disse Churchill a Roosevelt.[3]

Ele chamava a cidade de "a Paris do Saara". Os ianques haviam, de fato, percorrido um longo caminho: fazia apenas um ano desde que os japoneses tinham bombardeado a Frota do Pacífico da Marinha norte-americana. Os soldados eram jovens, matar ainda era um conceito novo para eles, algo que acontecia em terras distantes. A máquina de guerra estava apenas começando a girar, despachando B-17s e navios de guerra com tais vigor e dedicação que acabariam por transformar a nação na maior potência bélica que o mundo já vira.

No oásis, após a cúpula dos Aliados, Churchill pintou a cordilheira do Atlas. Ele estava no topo de uma montanha e carregava o destino do mundo nos ombros.

Em mapas que ocupavam paredes inteiras, conforme os generais moviam os alfinetes que representavam seus exércitos e frotas, traçavam também o rumo que os Aliados tomariam. O desembarque no norte da África, a Operação Tocha, havia sido um sucesso. Os Aliados passaram a controlar a entrada do Mediterrâneo; britânicos e norte-americanos, Churchill e Roosevelt, contaram com uma vitória sólida contra a Alemanha – a primeira de todas.

Todos estavam certos de que o ano de 1943 veria nascer um segundo front de batalha na Europa Ocidental. A Campanha do Deserto foi um triunfo importante, em termos estratégicos e morais. As forças norte-americanas adquiriram a experiência de combate necessária. Com os portos do Oriente Médio sob controle, poderia ser estabelecida uma rota marítima ao sul para abastecer o Exército Vermelho. O acesso seguro ao canal de Suez forneceria um atalho para a guerra na Ásia, onde o Japão estava ameaçando a Índia britânica. Se os Aliados conseguissem controlar o Mediterrâneo, travariam o movimento global que viu Hitler e Tojo apertando as mãos no Oriente Médio.[4] Caso as potências do Eixo capturassem os poços de petróleo da Península Arábica, a guerra poderia se estender por anos.

A Operação Tocha também tinha sido uma vitória para a França, a primeira em três anos. As colônias do norte da África foram devolvidas ao povo francês como um contra-argumento à capitulação do regime de Vichy.[5] "A África francesa é o único lugar no mundo onde nossa bandeira flutua livremente, onde o Exército carrega suas armas, onde a Marinha hasteia sua bandeira e onde nossa Força Aérea pode usar suas asas", anunciou um almirante francês após o desembarque dos Aliados no Mediterrâneo.[6]

As tropas dos Aliados, agora comprometidas com a África, em breve estariam livres para lançar uma grande ofensiva. A questão em torno da mesa era para onde levar o combate: Pacífico? Sul da Europa? França? Os estrategistas conseguiram recuperar bastante fôlego em janeiro. Estavam em uma posição sólida, que permitia fazer um inventário de homens, armas e navios, estudar mapas, fases da lua e marés, bem como traçar um plano para derrotar o Reich.

Mas outro massacre de inverno estava por vir, com Stálin gritando por ajuda aos parceiros aliados; ele exigia um segundo front na Europa. Imediatamente.

Entre os comandantes aliados reunidos em Casablanca, as divergências punham em risco a concretização da estratégia. Para os britânicos, a guerra estava entrando no quarto ano. Eles haviam escapado de Dunquerque, sobrevivido à Blitz, garantido a vitória no Egito e no norte da África, mas perdido Singapura, Hong Kong e Birmânia. Suas forças estavam calejadas e exaustas; seus soldados estavam em uma posição diferente das tropas norte-americanas, ainda descansadas; seus generais eram veteranos, experientes e conservadores.

O alto escalão norte-americano se mobilizou para enfrentar Hitler diretamente no ano seguinte. O general Dwight D. Eisenhower clamou pelo retorno imediato à Europa via França, seguido por um empurrão rumo ao Reno. Seu plano, a Operação Roundup, exigia um grande ataque decisivo no continente o mais rápido possível, assim que as condições climáticas permitissem. Se os Aliados não invadissem logo a França, o Führer teria a seu favor mais um ano de trabalho escravo para fortalecer as defesas do Atlântico. Uma invasão avassaladora desviaria a atenção do Reich dos soviéticos e, se tudo corresse como esperado, a democracia teria de volta o seu lugar assegurado na Europa.

Os detalhes da ofensiva através do canal da Mancha assombravam os membros da cúpula. Ela exigiria um aumento maciço de tropas na Inglaterra; os Aliados teriam que acabar com as frotas de submarinos alemães no Atlântico para abrir espaço à chegada dos navios norte-americanos; uma campanha aérea seria lançada contra a Alemanha, com o objetivo de paralisar sua indústria bélica e desmoralizar seus cidadãos. Tudo isso culminaria em um ataque às praias europeias, que Churchill chamaria de "sem dúvida a melhor coisa que já fizemos".[7]

Os norte-americanos debatiam sobre onde atingir primeiro a França: Pas de Calais? A península do Cotentin? Ao longo da costa atlântica, abaixo de Brest, no golfo da Biscaia? Ou o Sul, pelo Mediterrâneo?

Os comandantes britânicos não estavam animados com a ideia de invadir a França em 1943 e insistiram que não era um ano bom para uma guerra continental total. A aliança ainda não era a ideal em termos de liderança, planejamento, treinamento, mão de obra e equipamento. A coordenação dos suprimentos com os comandos era um desafio que nenhum militar moderno jamais havia encarado. Rommel insistia em recursos para o deserto, que seriam necessários em um ataque através do Canal. Diante de norte-americanos pouco experientes e de britânicos sobrecarregados, os estrategistas de Churchill decidiram explorar uma espécie de meio-termo, uma incursão mais branda do que a invasão completa da Europa.

O primeiro-ministro estava preocupado. Ele não queria perder a atenção de Roosevelt na Europa. Se os norte-americanos não estivessem engajados na luta contra Hitler em 1943, seria muito natural que se voltassem para o teatro do Pacífico. Roosevelt poderia abandonar a estratégia "Alemanha Primeiro" e ter sua atenção desviada para a guerra global.

O presidente, por sua vez, estava ansioso para que os britânicos, exaustos, pudessem abandonar a guerra assim que Hitler fosse derrotado, permitindo assim que os Estados Unidos recuperassem sozinhos o Pacífico. Os comandantes norte-americanos achavam que qualquer invasão que não fosse um ataque completo ao noroeste da Europa seria um "espetáculo menor".

Enquanto isso, Stálin poderia simplesmente acabar com a Alemanha antes de todos – e para o bem de todos. As tropas russas eram infatigáveis por hábito e treinamento; soldados soviéticos feridos eram instruídos a "se recompor, se preparar para lutar e, ainda que estivessem meio mortos, se houvesse apenas um braço bom, usá-lo para atirar no inimigo".[8] Eles tinham paralisado a Wehrmacht no front oriental por quase dois anos.

– Alguém realmente acredita que os russos vão ficar contentes em nos ver parados assim durante todo o ano de 1943, enquanto Hitler tenta invadi-los pela terceira vez? – gritou Churchill para seus conselheiros.[9]

O ano de 1943 não poderia passar sem um grande desembarque na Europa, afirmou ele. O primeiro-ministro apontou até mesmo a data ideal para o Dia D, uma lua cheia de verão: o dia 12 de julho.[10]

Os comandantes do alto escalão fizeram uma avaliação. A balança pendia para o lado de Churchill: os Estados Unidos tinham 150 mil homens ativos no Mediterrâneo, contra 450 mil das forças britânicas.[11] Para uma invasão em 1943, os Aliados poderiam contar com quatro divisões francesas, nove divisões norte-americanas e espantosas 27 divisões britânicas. A menos que Hitler desabasse sob o peso dos próprios ódio e exagero, perdendo a Europa por conta própria, 1943 seria um espetáculo britânico: moderado e comedido.

– Viemos, ouvimos e fomos conquistados – disse um general norte-americano sobre os planos traçados em Casablanca.[12]

O SOL BRILHAVA NA pintura de Churchill, mas estava prestes a se pôr no Império Britânico. O primeiro-ministro ficou surpreso quando o presidente Roosevelt proferiu de improviso, em uma entrevista coletiva, um conceito que definiu a estratégia final para a guerra, embora não tivesse sido previamente acordado. A guerra, avisou Roosevelt, não terminaria sem a "rendição incondicional".[13] Qualquer tipo de cessar-fogo negociado – como o que

Eisenhower estabeleceu com o almirante da Marinha de Vichy semanas antes – estava fora de cogitação. De Casablanca em diante, não poderia haver bons termos com Hitler, nenhum armistício com a Alemanha, apenas submissão completa e total.

Duas palavras: "rendição incondicional". A expressão entregava também uma verdade maior da conferência em Casablanca: à medida que o poderio militar norte-americano crescesse, o britânico seria eclipsado. Nos primeiros anos da guerra, o Reino Unido lutou sozinho em nome da Europa, uma história que serviu ao ego nacional; foi o último grande florescer de uma superpotência colonial. Então, em um dia infame em Honolulu, os Estados Unidos entraram na guerra e a balança do mundo passou a pesar mais para o lado oeste.

Casablanca marcaria a última vez que os britânicos se sentaram a uma mesa e ditaram o futuro de continentes inteiros. Na longa história do Império Britânico, representava o fim do domínio hegemônico global da Inglaterra. Eles seriam parceiros minoritários dali em diante. A estratégia geopolítica passaria a ser um espetáculo comandado pelos Estados Unidos.

Mas 1943 ainda pertencia aos britânicos. E, por alguns dias no Marrocos, tudo era belo.

CAPÍTULO 12

Nossas possibilidades
Paris

Andrée Borrel morava em uma cidade que ela não conhecia mais. A Paris da época da guerra estava rebaixada, abatida. O inverno de 1943 foi ainda mais frio; o carvão era escasso. As mulheres estavam mais magras; a comida era racionada. As pessoas ficaram estúpidas: rasgavam seus livros para fazer fogo e os jornais estavam cheios de lixo colaboracionista. Paris jamais havia passado necessidade. Agora era uma cidade saqueada.

Postes de luz, placas de cabaré e marquises de cinema eram desligados bem antes do toque de recolher. Estava tão escuro que Andrée mal conseguia enxergar enquanto contornava as instalações antiaéreas nas praças. As ruas ecoavam de tão vazias, seus "sapatos de armistício" de madeira ressoando nos paralelepípedos. Num dos dias mais sombrios do inverno, Andrée entregou uma mensagem a um operador de rádio. Havia sido escrita por Francis, o agente Prosper,[1] em conjunto com Claude de Baissac, irmão de Lise, o agente David, em Bordeaux.

1º de fevereiro de 1943

DE DAVID E PROSPER PT OPINIÃO UNÂNIME DOS ÚNICOS DOIS RECRUTAS ATIVOS DE SUA SEÇÃO DE QUE ABRE ASPAS NOS POSSIBILITIES PRATIQUEMENT ILLIMITES SONT EN FONCTION DE L'AIDE QUE VOUS NOUS APPORTEZ FECHA ASPAS PT

"Com a sua ajuda, nossas possibilidades são praticamente ilimitadas."[2]

A carta foi cifrada e convertida em pontos e traços elétricos que pulsaram pela atmosfera até a Inglaterra, onde foram recebidos por uma antena aérea gigante no terreno de uma mansão. Anteriormente conhecida como Grendon Hall, A Estação 53,[3] em Buckinghamshire, era o coração das comunicações entre a Europa ocupada e Londres.

Em uma sala que cheirava a "pó de talco e podridão seca",[4] cerca de 20 FANYs em saias cáqui, com cortes de cabelo práticos, estavam debruçadas sobre uma fileira de transceptores sem fio "ouvindo" mensagens vindas da Europa. Na parede havia quadros-negros com nomes de agentes como Broccoli, Cloak e Butcher (literalmente, Brócolis, Capote e Carniceiro). A giz, ao lado dos nomes, havia o cronograma com os horários em que as transmissões eram esperadas, bem como o comprimento de onda em que seriam transmitidas. As mensagens chegavam como um aglomerado de letras aparentemente aleatórias, um texto criptografado. Outro grupo de FANYs num aposento contíguo tinha a tarefa de desembaralhar as transmissões: a cifra era bem elaborada, com dois códigos distintos em camadas, um processo chamado dupla transposição. Quando as letras eram passadas duas vezes pelo algoritmo, o sentido e a sintaxe emergiam.

As FANYs da Estação 53 eram o elo fundamental entre os movimentos de resistência da Europa e os espiões de Baker Street.[5] Todos os dias elas recebiam centenas de mensagens cifradas dos agentes em campo – na Noruega, Holanda, Polônia, Iugoslávia, Itália e França. As mulheres sabiam de tudo em primeira mão. A maioria jamais viu os correspondentes estrangeiros com os quais mantinham contato diário. Até que a guerra acabasse, aquelas garotas de grampos nos cabelos e sapatilhas nos pés não saberiam, por exemplo, que "Butcher" era o belo Gilbert Norman, de 27 anos, naquele momento escondido em Paris.

Gilbert nunca iniciara sua missão original na Córsega. Os parâmetros desapareceram antes de ele chegar lá. Logo depois de ter saltado na França, Hitler invadiu a zona livre, Mussolini reivindicou a Riviera e a Córsega para a Itália, e a rede CARTE passou por mudanças, vítima da própria exuberância. O ex-líder André Girard foi chamado de volta a Londres e seus milhares de patriotas imaginários voltaram para suas vidinhas. Gilbert acabou sendo enviado a Paris, junto com Andrée e Francis, para se tornar operador de rádio.

As operadoras FANY sentiam ternura por Gilbert, assim como por todos os seus amigos secretos distantes. Elas o conheciam por completo, incluindo as pausas entre os traços e a cadência de seus pontos. Cada operador de rádio tinha um estilo único de envio, uma "grafia" tão individual quanto uma impressão digital. As mulheres com fones de ouvido ao redor das mesas reconheciam um agente pelo simples ritmo de suas comunicações. Era a intimidade em código Morse.

O rádio era a missão mais mortal. Como Paris era o centro da Resistência no Norte, todas as comunicações da rede clandestina convergiam para lá. Gilbert era um dos poucos operadores da região; ele transmitia para seu grupo, para outros subcircuitos, para as redes da Seção RF de De Gaulle e para as linhas de fuga. Havia momentos em que ele ficava no ar praticamente o dia inteiro, dando tempo suficiente para que as caminhonetes de localização triangulassem seus sinais. "Cada transmissão é como uma transfusão de sangue", disseram os oficiais de comunicação às FANYs.[6] A expectativa de vida de um operador de rádio atrás das linhas inimigas era de menos de seis semanas. Gilbert mantinha os aparelhos escondidos em 11 lugares diferentes e se deslocava de um para outro, alterando as frequências diariamente, mudando seus horários, para manter os alemães confusos. Ele estava à altura da tarefa, de acordo com Baker Street, "um daqueles raros agentes que funcionavam ainda melhor no campo do que nos treinamentos".[7]

Em meio ao barulho de máquinas de teletipo, receptores sem fio e decodificadores, o clima na Estação 53 era jovial e vertiginoso. As FANYs eram lembradas de "sempre se comportarem como mulheres",[8] mas provavelmente estavam mais para "garotas".[9] Elas geralmente tinham cerca de 20 anos e eram solteiras, e, em 1943, compunham-se na maioria de novas recrutas, voluntárias civis que podiam deixar seus empregos a qualquer momento.[10] Não haviam sido contratadas por causa da aparência ou da sofisticação; as mais competentes eram especialistas em enigmas, música e línguas estrangeiras. Suas conversas beiravam a blasfêmia e às vezes iam além, mas seu trabalho era muito sério. Elas mantinham vivos os agentes.

As FANYs ficariam surpresas ao descobrir que alguns dos agentes trabalhando atrás das linhas inimigas também eram mulheres. As primeiras formandas do Destacamento nº 27.OB estavam em campo no inverno de 1943, e Andrée, Lise, Odette, Yvonne e Mary faziam parte desse grupo. As agentes atrás das linhas vivenciavam uma guerra mais emocionante do que aquelas que digitavam os telégrafos na Estação 53, mas não eram mais importantes para o resultado. Enquanto algumas trabalhavam em Bletchley Park tentando decifrar as mensagens interceptadas da Enigma alemã, as FANYs da SOE estavam decodificando mensagens recebidas dos agentes e criando as bases para novos códigos que burlassem os nazistas. Conforme os códigos se tornavam cada vez mais sofisticados, foi solicitado às FANYs que escrevessem poemas originais para servirem de base às cifras dos agentes; os versos se tornavam as plataformas dos quebra-cabeças para criptografar as mensagens.

Uma das canções compostas pelas FANYs dizia:

> *Is De Gaulle's prick*
> *twelve inches thick?*
> *Can it rise*
> *to the size*
> *of a proud flag-pole?*
> *And does the sun shine*
> *from his arse-hole?** [11]

O tráfego de sinais entre Londres e a França aumentou exponencialmente no inverno de 1943. Como a safra de novos agentes na França estava mais ambientada, Baker Street esperava que as luas cheias de fevereiro e março fossem as mais ativas desde o começo da guerra, com mais agentes programados para saltar e toneladas de armas, explosivos, munições e rações para serem despachadas.

Os ALIADOS ESTAVAM INTENSIFICANDO a guerra contra Hitler. A Seção F corria para recrutar, armar e treinar os franceses.[12] Mas a rede PHYSICIAN em Paris caminhava a passos lentos no inverno de 1943. Frequentemente chamada de rede PROSPER, devido ao codinome de Francis, ela não estava prosperando como deveria. Os lançamentos aéreos não saíram como o planejado, o quartel-general não conseguia implantar operadores de rádio suficientes e os subcircuitos tinham sido prejudicados pela falta de armas para perturbar os nazistas. Era uma fonte crescente de frustração para os

---

* Tradução livre: "Será que o pau do De Gaulle / Tem 12 polegadas de espessura? / Será que ele cresce / Até a altura / De um mastro orgulhoso / E que o sol reluz / Do cu dele?"

agentes locais: todos os meses, clandestinamente, Andrée recrutava e treinava jovens rebeldes em sabotagem e recepções; então, na lua cheia, eles se espalhavam pelas províncias, por campos congelados, olhavam para o céu, esperavam pelo ronco dos motores e o inflar dos paraquedas, mas voltavam para casa desanimados porque nada aparecia. Apenas duas entre 15 operações de lançamento aéreo seriam bem-sucedidas no início de 1943.[13] Elas totalizaram sete recipientes, cada um do tamanho de um caixão. Não era armamento suficiente para abastecer um exército secreto.

21 de fevereiro de 1943

SENDO ESTE UM GRUPO NOVO E MUITO IMPORTANTE UMA ENTREGA NESTA LUA SE POSSÍVEL SERIA DE GRANDE AJUDA PT[14]

O ano de 1943 se tornaria o divisor de águas para a Resistência francesa. Na Avenue Foch, o major Bömelburg e seus colegas notaram uma repentina e surpreendente "germanofobia até então desconhecida na França".[15]

A meio caminho entre a colaboração e a resistência estava a acomodação: era a categoria em que se enquadrava a maioria dos franceses. Poucos achavam que a resistência violenta era sensata; havia um grande medo nacional de que os jovens fossem viver nas florestas, sem emprego e sem família, clamando por armas e vingança. Que pessoa razoável apoiaria adolescentes rebeldes com bombas nas mãos?

Enquanto os primeiros três anos da Ocupação testemunharam atos de oposição descoordenados em pequena escala, os chamados ataques terroristas de 1943 atingiram o Reich. Embora Andrée e Francis achassem que não fossem conseguir armas suficientes, as que tinham foram colocadas em uso imediatamente. "Alemães são mortos diariamente nas ruas de Paris", informava um relatório ultrassecreto da França para Londres naquela primavera, "e 90% desses ataques são feitos com armas fornecidas por nós, por exemplo, para os comunistas."[16]

Após a queda da França, os ataques aos nazistas haviam sido desordenados e rudimentares; os alvos da raiva e da sabotagem costumavam ser os soldados, e não as instalações costeiras estratégicas ou as fábricas de munição. O assassinato de soldados desencadeou reações em cadeia, provocando um verdadeiro inferno de retaliações e represálias: quando um soldado da Wehrmacht foi morto nas ruas de Paris em 1941, os alemães responderam executando três reféns franceses. De Berlim, Hitler repreendeu seus comandantes franceses, argumentando que a quantidade de corpos deveria ser maior; uma proporção de três para um não era alta o suficiente: uma vida alemã valia muito mais do que a de três terroristas franceses. Hitler insistia na política das "medidas mais drásticas": pelo menos mais 50 reféns franceses teriam que ser executados e mais 300 franceses capturados e presos por cada morte alemã. As retribuições deveriam aumentar em progressão geométrica. O ataque seguinte contra qualquer soldado resultaria em mais 100 execuções, determinou Hitler, e assim por diante, até que os franceses entendessem toda a força da fúria do Führer. Em uma tentativa de exercer alguma soberania, Vichy fez questão de elaborar uma lista dos prisioneiros. As vítimas eram em sua maioria inocentes.

Histórias sobre os pelotões de fuzilamento ricochetearam pela França.

Em Paris, pôsteres amarelos de propaganda nazista com grossas bordas pretas listavam os nomes dos terroristas recém-fuzilados. Em parques públicos e no metrô, outdoors e cartazes anunciavam:

> *Qualquer pessoa que cometa atos de violência contra o Exército alemão será executada.*
> *Todos os parentes próximos do sexo masculino e com mais de 18 anos serão executados.*
> *Todos os parentes do sexo feminino serão condenados a trabalhos forçados.*
> *Todas as crianças menores de 17 anos, do sexo masculino e feminino, ficarão sob a custódia do Estado.*[17]

A culpa seria coletiva para cada soldado alemão morto; mães, esposas e filhos franceses deveriam responder pelos perpetradores.

Essas execuções fizeram a Resistência ganhar força na França. As normas de retaliação do Reich impulsionavam a oposição, de modo que mais ataques aconteciam, seguidos de mais retaliações alemãs, de mais resistência, mais raiva nazista, em um banho de sangue *ad infinitum*. Foi uma espiral de morte que mesmo alguns dos membros menos sentimentais do Partido Nazista não desejavam supervisionar. Um comandante militar na França, Otto von Stülpnagel, renunciou após chefiar a execução de 95 reféns franceses.

O aumento exponencial das mortes era um incômodo para os comandantes de Hitler na França. A paixão de Berlim pela vingança mantinha os caçadores de espiões de Bömelburg ocupados enquanto, ao mesmo tempo, minava a capacidade de governança do Reich. A política de retaliação prejudicou as relações com Vichy, derrubando a "colaboração funcional" e a *détente* entre os dois regimes, tornando quase impossível encontrar operários dispostos a trabalhar nas fábricas de guerra alemãs.

O sentimento nacional, que jamais havia sido caloroso em relação à Ocupação, esfriou ainda mais diante do desproporcional derramamento de sangue. As ordens de represália serviram como uma excelente ferramenta de recrutamento para o exército clandestino de Andrée, como Winston Churchill destacou para seus conselheiros: "O sangue dos mártires é a semente da Igreja."[18]

Por fim, Vichy e o Reich encontraram uma resposta política para a obsessiva sede de sangue do Führer: a execução sistemática de "bolcheviques judeus". Muitos judeus não eram mais cidadãos franceses em 1943; Vichy havia retirado seus passaportes. Como esses judeus estavam predestinados a ser presos e deportados de qualquer forma, a resposta inovadora à política de contraterrorismo insana de Hitler se tornou parte da Solução Final da França.

Os longos invernos da guerra também minaram a fé nacional no regime de Vichy. Quanto mais tempo durava a Ocupação, mais incomodados ficavam os trabalhadores franceses, a gente simples, *les petits gens*. As consequências do domínio nazista eram insuportáveis; a inflação havia subido 50% desde a chegada dos alemães.[19] As mulheres protestavam contra a escassez de alimentos, ficando horas em filas para comprar apenas o básico. Paris tinha as menores rações de toda a Europa.[20] Hortas começaram a brotar nos Jardins das Tulherias; os parisienses recebiam 100 mililitros de óleo por mês, 50 gramas de margarina[21] e tão pouca carne que se dizia que as porções podiam ser embrulhadas em um bilhete de metrô – exceto, claro, se já tivesse sido perfurado, pois então o jantar poderia sair pelo buraco.[22] A fome encolheu a França; um terço das crianças nascidas durante a guerra tinha problemas de crescimento,[23] recém-nascidos de 1,5 quilo eram comuns e apenas um em cada cinco bebês nascia com peso normal.[24] As mulheres emagreceram e passaram a menstruar com menos frequência ou pararam completamente; se a menstruação descia, as mulheres brincavam dizendo que era como se os ingleses tivessem finalmente chegado – os "casacas vermelhas" haviam pousado.[25]

Hitler quebrou a França não de uma só vez, mas ao longo dos anos. Em 1942

Vichy instituiu o recrutamento de mão de obra "voluntária" para a Alemanha – "o alívio", como se chamava, *la relève* –, uma promessa não cumprida de repatriar um prisioneiro de guerra francês ferido em troca de três jovens trabalhadores robustos. A *relève* foi seguida pelo recrutamento obrigatório, o Service du Travail Obligatoire (STO), que cimentou as bases para uma oposição nacional ao levar 650 mil homens da França para as fábricas alemãs.[26] No momento em que um filho estava exposto ao risco da expatriação e do trabalho escravo, a atividade rebelde deixava de ser apenas um pequeno exercício intelectual e urbano para se tornar um movimento de massa. O STO levou a guerra para todas as paróquias e para a sala de estar de cada família.[27] Se os oficiais tinham esperanças de que o recrutamento esvaziasse as fileiras de terroristas em potencial ao enviar meninos ociosos para a Alemanha, estavam fatalmente enganados: o resultado foi o oposto disso.

Os acontecimentos ao redor do mundo também incendiaram os franceses. Depois que a Alemanha invadiu a União Soviética em 1941, os comunistas franceses receberam ordens de Stálin para vingar a Rússia e se voltar contra os nazistas com uma veemência que traía a própria ideologia revolucionária. Em 1943, depois que os Aliados retomaram o norte da África francês, o armistício de Pétain foi violado e seu exército, dissolvido. Não havia mais pretexto para a soberania nacional francesa. O marechal parecia cada vez mais um servo obediente esvaziando os bolsos da França para entregar a Hitler. Então, em fevereiro de 1943, chegaram notícias da Rússia de que as forças de Hitler haviam sido derrotadas em Stalingrado.

Três anos após o início da Ocupação, o pêndulo da guerra inclinava-se para o lado dos Aliados. Em Paris, a expectativa de vitória se consolidou.

Caso as armas chegassem.

2 de março de 1943

PESSOAS DECEPCIONADAS ELAS PERDERAM TEMPO E GASOLINA E CORRERAM RISCO POR NADA POR QUE REPITO POR QUE NÃO TENTARAM ISSO ANTES ISSO É PROPAGANDA E DIPLOMACIA RUIM PT[28]

DO PONTO DE VISTA de Londres, a rede de Paris (Denise, Prosper e Archambaud – Andrée, Francis e Gilbert) formava uma boa equipe. Os membros da trindade gostavam uns dos outros – "amigos inseparáveis"[29] –, algo raro para uma associação militar e de trabalho. "Como regra geral, os três estavam sempre juntos", lembrou um agente de Paris.[30] "Suttill era como um pai para Gilbert, que o admirava como líder e estava pronto para obedecer a qualquer ordem dele", disse um colega.[31] "Naquela situação perigosa e difícil que cada um vivia, nasceram fortes amizades e admiração pelo trabalho um do outro."

Sem poder de fogo para sabotagem, o circuito passava as noites sem lua no Hot Club, uma sociedade secreta de jazz conhecida pela influência da música cigana – era o lar do grande Django Reinhardt.[32] Quando Andrée e Francis chegavam ao clube para as reuniões de recrutamento, "eram como verdadeiros deuses para o povo, deuses de carne e osso".[33] Ao som de clarinetes e saxofones, os agentes de Londres ensinavam os parisienses a montar metralhadoras e carregar uma pistola, que então guardavam no vão de uma estante de livros. Algum dia, quando os equipamentos dos Aliados chegassem com a mesma regularidade da lua, aquelas lições seriam colocadas em prática em nome da pátria. O regime de Vichy considerava, corretamente, o jazz uma ameaça à ordem; as companheiras de clube de Andrée, *les petites swings*, planejavam causar grandes problemas para o Reich.

Francis disse que Andrée "tinha uma noção perfeita de discrição e uma calma imperturbável".[34] Ela puxava o chapéu até quase cobrir os olhos, ajustava a echarpe no pescoço, fechava bem o casaco de pele e desaparecia por Paris. Em teatros de guerra tradicionais, um oponente é identificável: ele está uniformizado, é o inimigo, há uma dinâmica de "nós" e "eles". Em uma cidade ocupada, no entanto, a população se mistura aos conquistadores; os cidadãos fazem amizade, apoiam, trabalham ao lado e às vezes até se transformam naqueles que desprezavam. Para uma mulher envolvida em operações secretas, o inimigo pode ser qualquer um. "Você não podia confiar abertamente na primeira pessoa que via", disse uma agente.[35]

No inverno de 1943, Andrée tinha poder e, de certo modo, beleza. Disfarçada e clandestina, seu cabelo estava mais louro do que nunca e mais comprido; ela o enrolava por trás das orelhas e o empilhava sobre a testa, como se a gravidade e os grampos pudessem desafiar o olhar severo nazista. As casas de alta-costura Chanel e Dior lucravam com as *Fräuleins* e os colaboradores, mas Andrée, assim como muitas outras *parisiennes*, desempenhava o papel de uma *zazou* charmosa e perigosa.[36]

A moda parisiense testemunhou o nascimento de um movimento juvenil durante a guerra, os *zazous*, inspirados na rebeldia do jazz. As roupas eram escassas, os Aliados bloqueavam o litoral, os tecidos fabricados na França eram usados para a confecção de paraquedas e uniformes da Wehrmacht; a lã doméstica era fiada com 30% de fibra de madeira e dizia-se que voavam cupins dos suéteres tricotados à mão toda vez que chovia. No entanto, para as mulheres parisienses, manter a elegância durante as privações da guerra era uma questão de honra. A indumentária continuava a ser usada para marcar seus posicionamentos: sedutores vestidos decotados iam contra o catolicismo de Pétain, zombando de seus apelos nacionais por austeridade, e blusas mais justas ajudaram a equacionar a escassez de tecidos. Nos invernos mais frios que a Europa já vira, as mulheres usavam enormes casacos de pele de coelho, feitos com peles de animais domesticados que também viravam carne. (Os porquinhos-da-índia também eram fonte de alimento e de pele.)[37] Para ficar mais fácil andar de bicicleta, elas vestiam as calças dos namorados e costuravam bainhas cada vez mais altas. Os homens, tão espertos e sofisticados antes da guerra, também abraçaram a bandeira *zazou*, vestindo ternos desleixados com ombros quadrados, e penteavam os cabelos compridos para trás – manifestações de rebeldia social e oposição conscienciosa.

Andrée evitava os alemães por motivos óbvios, mas também porque odiava vê-los: embrulhados em gabardinas de couro preto, botas de cano alto, capacetes pontiagudos, casacas de lã cinza-esverdeadas e insígnias penduradas em correntes, aqueles homens louros de olhos fundos pareciam muito aquecidos e bem alimentados. Os nazistas falavam um francês horrível e gutural, como o latido de um cachorro – isso quando se esforçavam. A maioria dos soldados era da região rural da Alemanha, caipiras que nunca tinham saído da fazenda da família.

Paris reluzia de sofisticação e beleza. A cidade era uma recompensa de guerra, um playground repleto de prêmios e delícias – ópera, restaurantes, prostitutas. Os alemães se empolgaram, cientes de que a qualquer momento poderiam receber ordens que os enviariam para se juntar a seus irmãos arianos que estavam morrendo no front russo. Alguns soldados convalescentes foram enviados a Paris, recompensa por terem sobrevivido aos invernos de Stálin. A cidade era barata para os *boches*: eles ganhavam em marcos e gastavam em francos, moeda que fora oficialmente desvalorizada. Quase não havia soldado nazista que saísse de Paris de volta para casa sem carregar uma mala cheia de luxos: chocolates, perfumes, conhaques. A guerra era uma máquina de exportação. Tudo isso provocava asco em Andrée, lembrou um colega. "Ela sentia completo desprezo pelo inimigo."[38]

Outras mulheres encontraram conforto com os alemães. Paris preza sua cultura, seu amor pela música e pela literatura, mapeando um ideal teutônico da Europa como centro de aprendizagem; havia semelhanças entre ocupantes e súditos, pontos de interseção e de orgulho. Num momento em que os oficiais da Wehrmacht tinham acesso irrestrito a café de verdade e roupas quentes – e os cidadãos franceses não –, aconchegar-se aos soldados parecia uma decisão razoável. De qualquer modo, restavam muito poucos franceses em idade de casar em Paris. Casais assim eram chamados de "colaboração horizontal". Em 1943, cerca de 80 mil francesas tiveram filhos de soldados alemães.[39] Quando as mulheres colaboravam, diziam que era pelo sexo; quando os homens colaboravam, era pela política. Havia dois pesos e duas medidas, mas o inimigo era o mesmo.

Se "ocupar" significa, literalmente, tomar um lugar, isso era dolorosamente verdadeiro em Paris no inverno de 1943: a sinalização das ruas era em alemão; a bandeira da suástica tremulava aos ventos amargos; apartamentos esvaziados tinham sido tomados por tropas alemãs. Os franceses tinham uma nova palavra para seu sentimento de deslocamento, de não se sentir em casa: *dépaysement*. Eles haviam sido "despatriados".

Andrée queria a França de volta. Ela não cedia; seu espírito não hesitava. Francis dizia: "Ela é a melhor de todos nós."[40]

ANDRÉE CHEGOU EM CASA tarde no dia 8 de março de 1943. Quando entrou em seu prédio no número 51 da Rue des Petites Écuries, o concierge lhe deu más notícias. Em uma cidade cética, era prática-padrão pagar os encarregados do edifício antecipadamente, recompensando-os muito antes de serem necessários, para que avisassem sobre interações suspeitas ou investigações oficiais no futuro. Um agente secreto não teria negligenciado essa tarefa.

Andrée subiu as escadas em direção ao seu apartamento com uma informação recente de tirar o fôlego: a polícia tinha bisbilhotado seu quarto naquela tarde, enquanto ela estava fora, por volta das cinco da tarde.

O 10º *arrondissement* era uma vizinhança onde era fácil se esconder, onde era difícil ser rastreado; uma área suja, famosa pelos proprietários que não exigiam documentação, a preferida dos homens que fugiam dos trabalhos forçados. Os moradores estavam ociosos; as mulheres se vendiam. A região atraía a escória da sociedade, mas Andrée sabia se virar em qualquer beco escuro muito antes de ter sido treinada para matar.

No térreo de seu prédio havia um pequeno café, um cubículo, enfiado em uma rua que fora aberta para o trânsito de carruagens, mas onde naquela época só havia bicicletas. Bem debaixo de seu quarto, os clientes do café bebiam bom vinho e fumavam tabaco genuíno durante a noite.

A Carlingue, conhecida também como gangue Bonny-Lafont, procurou o café.[41] Era formada por um grupo de ex-policiais corruptos que colaboravam com os nazistas, sendo por isso chamados de "Gestapo francesa". A turba semioficial recrutava em peso no submundo do crime, vasculhando a prisão de Fresnes em busca de assassinos e contrabandistas. O grupo tinha sede na Rue Lauriston, no refinado 16º *arrondissement*, onde os membros invadiam casas, sequestravam famílias e torturavam todo mundo até que entregassem suas joias, pinturas, antiguidades e o dinheiro. A gangue exercia suas atividades no 10º *arrondissement* pelo mesmo motivo que Andrée morava lá: era fácil desaparecer ali. A área era famosa pelas transações clandestinas de mercadorias e ouro roubados. As negociações ilícitas eram combinadas e, quando eles chegavam ao ponto de encontro, se apresentavam como policiais, confiscavam tudo e entregavam os vendedores aos nazistas por uma comissão considerável. Era um golpe lucrativo.

Quando Andrée chegava em casa, fosse depois das noites no Hot Club ou das tão esperadas recepções aéreas no campo, seu apartamento estava a um tiro de distância de homens bebendo conhaque que teriam ficado muito contentes em capturá-la ou matá-la – as duas opções estavam no cardápio.

Andrée entrou em seu quarto; seus pertences estavam lá; suas roupas, intocadas. Seu apartamento era um ponto de encontro para outras agentes femininas: Mary Herbert tinha uma chave; Lise entrava em contato com ela para receber e enviar mensagens; e Yvonne estava regularmente na cidade. Andrée vasculhou o pequeno apartamento em busca de qualquer pista que pudesse dar informações sobre os rebeldes a um inspetor de polícia competente. Havia bilhetes de trem usados? Mapas, cupons de racionamento falsos, pequenos resquícios da vida na clandestinidade? Tinha sido por pouco.

Andrée se manteve impávida diante do perigo. Contou para Francis sobre a visita dos policiais e disse a ele que estava preparada para "blefar" com os inspetores quando eles retornassem, caso tentassem importuná-la. O quase incidente apenas redobrou a determinação de Andrée de livrar Paris dos nazistas. "Nada a desviaria daquilo que ela sentia ser o dever dela."[42]

Para alívio de Andrée, a polícia não voltou naquela noite. Mas a gangue continuou a frequentar o café no térreo e a circular sem rédeas por Paris, matando pessoas inocentes, invadindo casas, manipulando o mercado clandestino, importunando os judeus que restavam, agindo em perfeita sintonia com as condições de segurança bárbaras criadas por Hitler.

Pelo protocolo de Baker Street, a visita-surpresa deveria indicar que era hora de Andrée passar algum tempo escondida, até que seu rastro desaparecesse. Estava tudo muito arriscado; ela poderia voltar mais tarde. Mas não havia descanso para Andrée, não havia tempo: Londres pressionava os agentes de Paris para se prepararem para a invasão, para desenvolver redes com o máximo de rapidez – mesmo antes da chegada das armas.

Para manter o ritmo, Andrée achou melhor começar a dormir em outro lugar que não fosse o próprio apartamento. Uma opção atraente era ficar com Gilbert, o operador de rádio. No inverno de 1943, Andrée passou os dias enviando mensagens, armas e dinheiro; e as noites, com Gilbert.

9 de março de 1943

```
CARTA DE PROSPER, EN CLAIR, VIA MENSAGEIRO PT
   ATACANDO CHAINGY EM 10 DE MARÇO E CHEVILLY QUATRO OU CINCO
DIAS DEPOIS PT ENVIAREI RELATÓRIO SOBRE O CASO DOS MEUS HO-
MENS PT
   [...] QUERO REPETIR MAIS UMA VEZ ARCHAMBAUD [GILBERT] E MO-
NIQUE [ANDRÉE] FAZEM UM TRABALHO REALMENTE NOTÁVEL PT CORRAM
COM SUAS ATERRISSAGENS PORQUE PRECISAMOS DE UM FERIADO PT[43]
```

12 de março de 1943

```
ALEMÃES EM FRENESI PARA LIMPAR TODA A FRANÇA ANTES DA INVASÃO
PT ADIANTEM TODAS AS SUAS OPS ESTA LUA PT[44]
```

19 de março de 1943

```
PELO AMOR DE DEUS ADIANTEM TODAS AS OPS POR QUE TANTA DEMORA PT[45]
```

21 de março de 1943

NOITE DE SÁBADO AINDA SEM MENSAGENS SEM OPS O QUE HOUVE TEMPO ESTÁ BOM TODOS NÓS ESTAMOS MUITO IMPACIENTES RISCOS SÃO GRANDES NÃO PERCAM TEMPO LA FORTUNE EST AUX AUDACIEUX PT[46]

"A sorte está do lado dos corajosos."

APESAR DA ESCASSEZ DE armas, a rebelião crescia em força e tamanho. Com o trabalho forçado e um excesso de adolescentes ansiosos para se juntar aos *partisans*, era urgente que houvesse uma coordenação central. Para organizar facções individuais em torno de uma única causa, o general Charles de Gaulle enviou à França um emissário pessoal por meio da Seção RF, a agência paralela dentro da SOE. (Andrée e Francis estavam em Paris para lançar e armar uma resistência, independentemente de questões políticas, mas a Seção RF trabalhava para criar uma força rebelde sob a liderança de De Gaulle.)

A missão de Jean Moulin era unir grupos de insurgentes – estudantes, operários, socialistas, comunistas, ex-militares, policiais, judeus, jornais clandestinos e rotas de fuga – sob uma única bandeira gaullista.

Moulin era o único qualificado para a tarefa. Era político em Vichy, prefeito de um *département*, quando foi capturado e torturado pelos nazistas. Desesperado em sua cela, com medo de ceder diante da pressão, ele recitou o solilóquio de Hamlet – *Être ou ne pas être?* – e tentou o suicídio cortando a própria garganta. Um guarda o deteve bem a tempo. O gesto exasperado garantiu sua libertação. Ele ficou conhecido desde então por sua voz rouca e por sempre usar um lenço, marcado para o resto da vida por suas credenciais anti-Hitler.

Quando Moulin voou para a França em nome de De Gaulle, em 1943, ele uniu a Resistência – os líderes rebeldes rivais, em sua maioria, ficaram de lado. Naquele inverno, cerca de 80 mil membros paramilitares coordenavam, mobilizavam e organizavam sabotagens, ajudando pilotos aliados a viajar de volta para a Inglaterra, escoltando judeus até a fronteira com a Espanha, forjando documentos falsos, distribuindo jornais clandestinos, libertando prisioneiros de guerra, escondendo armamentos e treinando adolescentes para matar nazistas ou explodir trens.[47]

No que dizia respeito às Seções F e RF, comando, coordenação e estratégia na França viriam de uma mesma fonte naquele inverno. Os *partisans* estavam entusiasmados com a iminência da ação e os organizadores continuavam a insistir por mais do que simples recrutamento; eles precisavam de armas. No entanto, não havia regularidade no envio de chocolate e granadas; os aviões da RAF não conseguiam lançar agentes nem contêineres suficientes para satisfazer um exército secreto em expansão.

A rebelião mal tinha começado a crescer e já estava perdendo força. Quando os *partisans* se reuniram e não houve combate, a tarefa de libertação soou inútil e parecia não haver esperanças diante da guerra, como se a ocupação da França pelo Reich fosse durar 10 vezes mais do que o milênio prometido por Hitler.

A Resistência precisava de algo com que se ocupar.

22 de março de 1943

ESTOU FICANDO CADA VEZ MAIS IMPOPULAR DEVIDO À APARENTE INAÇÃO E INCAPACIDADE BRITÂNICAS PARA AJUDÁ-LOS MAIS QUE LA RELÈVE PT PERCEBO QUE O MORAL ESTÁ BAIXO HOMENS RELUTANTES FAZEM GRAVES SABOTAGENS PT POSSO COMEÇAR A GUERRILHA COM HOMENS QUE NÃO DESEJAM IR PARA LA RELÈVE SE FOREM FORNECIDOS ALIMENTOS E DINHEIRO PARA ARMAS CONTINUAMENTE PT POR FAVOR RESPONDAM PT[48]

23 de março de 1943

QUANTO ÀS OPS NESTA LUA NÃO ESTAMOS IMPACIENTES ESTAMOS DESESPERADOS PT[49]

24 de março de 1943

FALTAM ARMAS E BANGS DEVIDO A OPS NÃO EXECUTADAS DISSEMOS ÀS PESSOAS QUE A CULPA FOI DO TEMPO MAS NÃO ME ATREVO A SUPOR O VERDADEIRO MOTIVO PT[50]

28 de março de 1943

CORRAM COM TODOS OS PEDIDOS PRECISAMOS DE EQUIPAMENTOS COM URGÊNCIA PT PROSPER PT[51]

28 de março de 1943

SEM RECEPÇÕES FEV MARÇO SEGURANÇA E MORAL DAS EQUIPES BAIXANDO RAPIDAMENTE PT OS AGENTES NA NORMANDIA PODEM NÃO SER MAIS ÚTEIS EM ABRIL DEVIDO AO QUARTEL-GENERAL ALEMÃO PT FUTURAS OPS DEPENDEM DAS RECEPÇÕES DE MARÇO PT NÃO PODEMOS DE NOVO CONFIAR NA PARALISIA ALEMÃ PT CONFIEM NA SUA COOPERAÇÃO DE UMA VEZ POR TODAS PT DECEPCIONADO PT PROSPER PT[52]

CAPÍTULO 13

As detonações nunca podem dar errado

Chaingy

No começo da primavera de 1943, Andrée Borrel estava pedalando pelo campo.[1] O ar cheirava a terra fresca e lenha queimando. As lavouras ainda não tinham vicejado; o restolho da última estação havia sido arado, formando fileiras de sementes bem organizadas, como que penteadas. Logo abaixo do solo, a vida estava começando a brotar e aguardava pelos longos dias de verão.

As colinas não eram íngremes e aquela zona rural era convidativa. Nas luas novas, quando não havia luz no céu noturno, nenhuma missão aérea tinha como voar: era o momento de combater. Andrée ansiava por dias fisicamente ativos, como os feriados antes da guerra, quando costumava passear pelos arredores de Paris.

Chaingy era um alvo estratégico. Em uma série de bombardeios, a RAF tentou explodir as linhas de transmissão de eletricidade da região, com o objetivo de paralisar as ferrovias. Do ar, os bombardeiros dos Aliados conseguiram cortar algumas linhas de energia, mas "perderam três ou quatro aviões" no ataque. Então, em um tipo de justiça popular pouco visto no país desde a Revolução Francesa, os nazistas encontraram as aeronaves abatidas e "deixaram os corpos dos aviadores [na praça] por quatro dias, o que provocou intensa revolta entre os habitantes".[2]

Gilbert Norman coordenou uma resposta precisa e ensaiada. Se os transformadores de energia de Chaingy caíssem, as consequências indiretas seriam colossais. Enquanto motores a carvão ainda eram utilizados na ferrovia nacional norte-sul, as rotas que cortavam o país da costa do Atlântico aos Alpes eram eletrificadas e, portanto, vulneráveis. Os mais de 3 quilômetros de linhas de alta-tensão eram um alvo perfeito para as operações de sabotagem do Escritório.[3] O plano era cortar a energia na fonte, nas usinas, com uma série de explosões.

O corte das linhas de energia era um ato de vandalismo que durava pouco – a eletricidade raramente caía por mais de um dia antes de ser restaurada –, mas interrompia o coreografado movimento leste-oeste de mão de obra e equipamento pesado entre Paris e a costa do Atlântico para a Europa de Hitler. A guerra dos nazistas dependia de suprimentos do norte industrial da França: aviões, motores e caminhões. As antigas locomotivas fumacentas movidas a carvão continuariam a fazer a distribuição de alimentos pelo país, faminto, no sentido norte-sul; era importante não colocar os cidadãos contra o movimento de resistência num estágio ainda incipiente. Gilbert mapeou as entradas e as saídas e calculou as taxas de detonação. Ele "botou a mão na massa e fez um modelo em escala reduzida, usando cargas explosivas para treino".[4] Por fim, quando veio a primeira lua nova da primavera, era hora de colocar o plano de Gilbert em ação.

Andrée pedalava ao longo de pequenas fazendas com graça e tranquilidade. Sua mochila estava abarrotada de "tijolos" de explosivos. "Ela a carregava nas costas como se fosse uma pluma", disse a irmã.[5] Três tijolos de explosivo plástico eram suficientes para explodir um caminhão; a mochila de Andrée poderia mandar três caminhões pelos ares ou pelo menos algumas torres de eletricidade. "Ela não pensou duas vezes na hora de transportar aquilo para fora de Paris, nem pelo peso, nem pelo perigo que representava. Ela amava o trabalho que fazia […], tinha encontrado seu *métier*."

Andrée pedalava por estradas arborizadas em plena luz do dia. Ela era "uma tenente perfeita", disse Francis, "uma excelente organizadora, que compartilhava de todos os riscos."[6]

Ao lado de Andrée estava um colega, um homem baixinho e tagarela com quem formava um casal em nome da história de fachada.[7] Seu namorado era Gilbert, não mais Maurice Dufour, mas em um país católico e conservador era útil ter motivos plausíveis para se estar a sós com um homem, de modo que ela arranjou outro amante, ainda que fosse da porta para fora.

Como Andrée tinha aprendido no treinamento, "naquele tipo de atividade era preciso recorrer ao improviso".[8]

O companheiro de pedalada de Andrée era Jean Worms, que havia trabalhado com a rede sul da CARTE antes de o Escritório recrutá-lo e treiná-lo no Reino Unido. Worms tinha sido infiltrado na França com uma nova identidade depois de receber uma sentença de morte pelo fato de ser "100% judeu".[9] Jean apenas parecia judeu – baixo, moreno e de óculos –, mas sua carteira de identidade forjada não revelava nada disso. Ele liderava uma rede totalmente judaica em Paris que operava em paralelo ao circuito PROSPER, de Francis. A política do Escritório em relação ao treinamento de judeus continuava inconsistente: judeus podiam ser recrutados para a luta contra Hitler, mas também eram um peso se mandados a campo – como acontecera com Hélène Aron. O Escritório chegou à conclusão de que Jean valia o risco. Ele parecia conhecer todo mundo e tinha conexões profundas em bancos e casas de câmbio. Como um gato de rua, tinha sobrevivido a muitas fugas por um triz. Juntos, Andrée e Jean iriam colocar a sorte à prova mais uma vez.

Em um campo aberto, longe da cidade, Andrée largou a bicicleta na grama alta. O agente judeu não era naturalmente um homem forte nem um atleta, tampouco fazia o tipo que comandava, não como Francis e Gilbert, mas Andrée e Jean tinham muito em comum: um ódio mortal aos *boches*. Os professores de Jean registraram: "Ele parece ter um objetivo na vida: vingança."[10] Eles caminharam como amantes, sem pressa, aparentemente descuidados, em direção a três torres de eletricidade em meio ao campo. As enormes estruturas de metal transportavam uma corrente de alta voltagem.

Andrée tirou a mochila das costas junto à base de uma das torres e retirou blocos de explosivos marcados com o aviso: "Não manuseie por muito tempo com as mãos nuas ou terá uma forte dor de cabeça."[11] Somados aos que Jean carregava, havia "20 e poucos" explosivos ao todo.[12] A carga-padrão era um bloco de 700 gramas de um explosivo flexível como borracha, contendo um tubo de explosivo extra. Os blocos, voláteis, estavam embrulhados em tecido emborrachado e, em seguida, enrolados com um longo pedaço de *cordtex* – um estopim de alta velocidade –, que juntos formariam um gigantesco colar salpicado de miçangas de destruição. Andrée fixou cargas na base de cada uma das pernas das torres, abraçando-as por completo, a fim de que fossem inteiramente decepadas. O ar ficou perfumado com o forte fedor químico de amêndoas e graxa de motor.

Nas aulas sobre atos de sabotagem, os agentes eram repetidamente alertados pelos livros didáticos e pelos professores em sala:

AS DETONAÇÕES NUNCA PODEM DAR ERRADO.[13]

Em toda a região, outras sete equipes, incluindo Francis e Gilbert, estavam naquele momento realizando a mesma ação em 24 outras torres que transportavam 300 mil volts cada.[14] Os *partisans* também espalhavam explosivos ao longo de uma ferrovia nas proximidades.[15]

Depois de prender os explosivos nas torres, Andrée retirou um alicate de sua mochila e, com ele, enfiou nas cargas um cilindro de metal fino e oco, do tamanho de um lápis. Ela havia ensaiado o passo a passo em seu treinamento: esmagar o cilindro de cobre e depois agitar; em seguida, fazer o mesmo com um segundo cilindro. Eram detonadores retardados, que dariam início à reação explosiva. Quando a extremidade do tubo era esmagada, um pequeno frasco de vidro com ácido se quebrava dentro dele; com o tempo, o líquido corroeria uma mola de chumbo retraída com um pino de impacto na ponta. Assim que Andrée removeu a tira de segurança que protegia a espoleta, o tempo começou a correr. Se o primeiro dispositivo não funcionasse, o segundo funcionaria.

Começara a contagem regressiva.

Enquanto o ácido fazia seu trabalho no fio de chumbo, corroendo a tensão da mola, o "casal apaixonado"[16] pegou suas bicicletas e voltou para a estrada.

Andrée estava a menos de 3 quilômetros de distância e ainda conseguia ver as torres quando os detonadores estalaram. O pino foi liberado, atingiu as espoletas e começaram os Bangs.

O rugido ecoou pelo campo. Faíscas brancas voaram das torres em direção ao céu, como relâmpagos em sentido inverso. Era mais rápido do que o olho humano conseguia processar – explosões podiam acontecer a uma velocidade de 6 quilômetros por segundo. Moléculas contendo nitrogênio se quebram, separando-se do resto, deixando para trás vapor d'água, que se expande em uma nuvem de vapor. O dióxido e o monóxido de carbono passam a ficar aparentemente fora de proporção; o excesso de moléculas de oxigênio é liberado.[17] O que até pouco antes eram blocos pegajosos de energia potencial se tornava um incêndio 15 mil vezes maior do que a mochila de Andrée. Uma fumaça preta envolvia a base dos pilares e brilhava por dentro como as chamas em uma chaminé obstruída. Então a expansão gasosa se retraiu em torno de si mesma em direção ao centro da explosão e teve início uma segunda série de explosões.

Andrée pedalou para longe dali mantendo o ouvido atento às explosões e olhando para trás de vez em quando, tão calma quanto uma menina fazendo um piquenique. A primeira torre tombou e caiu, derrubando os fios com ela. A segunda veio abaixo logo em seguida, arrebentando os cabos de alta-tensão e lançando-os no chão com uma "labareda azul faiscante"[18] que serpenteou até que a transmissão de energia fosse interrompida.

Mas e a terceira explosão? Andrée e Jean haviam colocado cargas nas três torres, mas aconteceram apenas duas explosões, duas bolas de gás, duas nuvens de fumaça preta. Eles haviam sido avisados: "Detonação incompleta significa destruição incompleta."[19]

As detonações nunca podem dar errado.

Não houve terceira explosão. Algo tinha dado errado. Mas, quando se trata de ações terroristas, não se pode voltar para conferir o que aconteceu.

Andrée continuou pedalando, sua mochila agora leve e vazia. Na estrada do outro lado do campo ela viu um Citroën em alta velocidade indo em direção à cena de seu suposto crime.

Ela pedalou em direção à segurança e seu álibi, sempre rumo às pequenas e típicas aldeias francesas, onde "havia padres andando de bicicleta, crianças de macacão preto e cheiro de pão".[20]

FOI RELATADO QUE A terceira explosão ocorreu algum tempo depois, quando Andrée já havia chegado ao esconderijo.[21]

Três homens da SS desceram do Citroën para inspecionar a base retorcida das torres. Enquanto estavam junto aos destroços ainda quentes, a bomba atrasada explodiu. O oficial no comando foi reduzido a "migalhas".[22] Os dois outros alemães ficaram feridos.

A quantidade de mortos costumava ser aumentada, para alimentar a simpatia popular pela Resistência antigermânica. A história da explosão de Andrée foi repetida e recontada, aumentada por tenentes que queriam ter estado lá.[23] Mas havia uma verdade central: um padrão claro e gradativo de ataques estratégicos coordenados na França na primavera de 1943.

Para os franceses, o período de espera – *attentisme* – estava chegando ao fim. Pela primeira vez, Andrée e Francis sentiram que a Europa caminhava lentamente rumo à liberdade, desde que os *partisans* recebessem um suprimento constante de armas e explosivos. A carência era tão grande que os carregamentos lançados já estavam distribuídos quase que segundos depois de chegarem ao solo. "O histórico de êxitos e de possibilidades é enorme, mas o histórico de assistência desta parte [Londres] – principalmente na questão do fornecimento – é mínimo. Está claro que há muita coisa em jogo e espera-se que o esforço nos próximos meses seja suficiente para compensar o déficit antes que seja tarde demais", dizia um memorando interno.[24] O único fator limitante era a disponibilidade de Bangs.

Baker Street deu ordem para que os organizadores reservassem pelo menos algumas armas para a invasão do verão que se aproximava.

NA AVENUE FOCH, o *Sturmbannführer* Bömelburg ficou sabendo do ocorrido.

A estratégia nazista de monitorar em vez de interceptar os "terroristas" fora desde sempre um cálculo delicado. No início da guerra havia poucas desvantagens na estratégia da Gestapo de vigiar e esperar. Quando a resistência era pequena, fragmentada e incompetente, o impacto era pontual e restrito, mas 1943 foi o ano em que a escala dos danos se multiplicou por toda a França, de norte a sul. E, naquela primavera, havia cerca de 400 rebeldes ligados às redes PROSPER, com cerca de 20 mil membros paramilitares prontos para se rebelar.[25]

ENTRE DEZEMBRO DE 1942 e janeiro de 1943, cerca de 282 militares alemães foram mortos em ações dos *partisans*, 14 trens descarrilados, 94 locomotivas, 436 vagões e 26 caminhões destruídos, quatro pontes derrubadas, 12 grandes incêndios estratégicos provocados e mil toneladas de alimentos e combustível inutilizadas.[26]

A Resistência finalmente tinha conquistado grandes vitórias no tabuleiro. "Um trem que levava alimentos (trigo, feno etc.) para a Alemanha foi incendiado e destruído ao sair de Paris", relataram os organizadores.[27] Dez "informantes" de nacionalidade francesa haviam sido "neutralizados".

As notícias chegaram aos jornais estrangeiros. O *Times* publicou que um trem transportando soldados para o leste em alta velocidade na linha de Châlons foi "arrancado dos trilhos"[28] em Chaingy – a mesma região das explosões de Andrée –, matando mais de 250 soldados alemães. Os Aliados alardearam para o mundo que havia uma oposição bem-sucedida a Hitler dentro da França e que ela estava se unindo em torno de De Gaulle.

Assim que a primavera chegou, Andrée, a RAF e Baker Street avançaram em sincronia. Os bombardeiros realizaram ataques noturnos, despejando milhares de toneladas de explosivos em fábricas francesas que trabalhavam para os nazistas em Rennes, Rouen e Boulogne-Billancourt. Esquadrões especiais da RAF desovaram agentes e equipamentos na França com uma eficiência inédita; havia armas para serem distribuídas e um exército secreto se unindo sob a liderança de De Gaulle, que finalmente havia sido munido pelos Aliados. "A decisão tomada foi a de ordenar atos de sabotagem imediatamente e na maior escala possível."[29]

Em abril, as redes ligadas a Paris executariam 63 atos de sabotagem. Em Blois, onde atuavam Yvonne Rudellat e Pierre Culioli, equipes de detonação descarrilaram três transportes de soldados, matando 43 alemães e ferindo 110.[30] De acordo com um relatório de Baker Street, "a 'densidade' dos atos de sabotagem aumentou enormemente e agora estamos recebendo relatórios quase que diários de pelo menos algum setor".[31]

Finalmente Andrée e seus colegas estavam tendo algum sucesso na luta pela França.

O front ocidental poderia ser rompido em questão de semanas.

Mas, conforme os ataques coordenados começaram a provocar danos cada vez maiores, o major Bömelburg passou a prestar mais atenção em Andrée e na rede PROSPER.

CAPÍTULO 14

Uma mulher obstinada[1]

Paris

André Marsac era um homem magro; seus dias na prisão de Fresnes giravam em torno do som dos carrinhos com rodas de metal barulhentas: chegava um pela manhã com café e pão, entregues através de uma fenda na porta apelidada de "Judas"; o segundo passava à noite com um caldo ralo que nenhum francês chamaria de sopa. Era o suficiente para manter um homem vivo, mas por pouco tempo.[2]

Atrás das paredes de tijolos amarelos da prisão, na rede de estreitas celas empilhadas umas sobre as outras, Marsac era um dos 2 mil presos políticos na primavera de 1943 – membros da Resistência que haviam sido encarcerados.

O relógio da História estava parado para os habitantes das galerias gradeadas daquelas torres escuras. Eles eram mantidos na miséria, esperando ser convocados para um interrogatório ou transportados para a Alemanha pelo indefinido tempo que durasse a guerra.

O mensageiro que tinha perdido a pasta enquanto dormia no trem, Marsac, tenente da CARTE, fora traído em um café quando tentava restaurar as linhas de comunicação entre Marselha e Paris, remendando um exército rebelde a partir dos escombros da rede da Riviera.

Em Fresnes, os guardas o escoltaram escada abaixo por túneis até chegar a uma sala de interrogatório, onde ele se sentou de frente para o oficial que o deteve, o sargento Hugo Bleicher, agente do Abwehr, o serviço de inteligência do Exército alemão.

O sargento Bleicher vivia para acabar com a Resistência. Ele era um dândi.[3] Calvo e franzino, adorava a moda parisiense, usava ternos sob medida, sapatos feitos à mão e óculos redondos de aro de casco de tartaruga. Falava francês fluentemente e, na sala de interrogatório, recitou sua lista de perguntas: qual era o papel de Marsac na organização britânica conhecida como CARTE? Quais eram suas funções? Quem eram seus colegas? Seus codinomes? Onde ficava a sede das operações clandestinas da Riviera?

Por três dias após sua prisão, Marsac se recusou a responder.

Na terceira visita de Bleicher, no entanto, o jovem e "imprudente" Marsac começou a falar, apenas um ligeiro blá-blá-blá, repetindo uma história pessoal que presumia que o Abwehr já soubesse: ele havia combatido no exército francês contra a Blitzkrieg.

Bleicher aproveitou a informação – de que Marsac era um ex-soldado – e fez a pergunta mais óbvia naquelas circunstâncias: como a humilhação da França havia inspirado seu compromisso com a clandestinidade?

A boca de Marsac "se fechou como um cofre".[4] Ele tinha o destino de outros agentes em suas mãos e não queria revelar nada que pudesse comprometê-los. A rede tinha acabado de se transferir da costa para as montanhas perto de Annecy; Marsac havia trabalhado com Odette e Peter.

Bleicher se deslocava diariamente de seus escritórios no Hôtel Lutetia para Fresnes, enchendo o prisioneiro de presentes, cortejando-o com sua excelente gramática francesa, bom tabaco e comida farta, gordurosa e opulenta vinda do mercado clandestino. Como parte daquela dança, Bleicher descreveu as próprias experiências de guerra. Fora prisioneiro durante a Primeira Guerra, capturado ao cruzar as linhas inimigas vestindo um uniforme britânico e preso "não apenas com algemas nos pulsos, mas também nos tornozelos";[5] era um insulto, segundo ele. Depois da guerra, Bleicher trabalhou em uma companhia química na rica cidade portuária de Hamburgo, até que a crise e a guerra na Espanha acabaram com o negócio. Ele se inscreveu para um cargo público de censor e disse ter ficado chocado ao descobrir que, na verdade, havia se alistado na Wehrmacht. Quando Hitler lançou a invasão da Polônia no verão de 1939, ele foi convocado como agente de contraespionagem do Abwehr.

Bleicher foi alocado num cargo burocrático insignificante, registrando denúncias, encurralando meninos em idade produtiva que se escondiam nas casas das avós, gerando papelada para satisfazer à necessidade teutônica de documentação. Mas, para surpresa de todos, exceto dele próprio, alcançou o estrelato ao capturar mais de 60 *partisans* afiliados aos britânicos e recompensando-se com um apartamento "disputado" no elegante 16º *arrondissement*.

Bleicher usava a bajulação como instrumento. Empregava sua afabilidade para ganhar a confiança dos prisioneiros e fazia o mesmo discurso para todas as suas vítimas: ele se opunha ao Führer, que era um megalomaníaco; a derrota em Stalingrado provava que era hora de a Alemanha se render. Ele era um patriota, mas isso não significava que apoiasse a guerra de Hitler.

Aquilo fisgou Marsac. Ele visitara a Alemanha uma vez, contou, e saiu para beber com um bando de pequenos dirigentes locais do Partido Nazista; eles eram rudes e barulhentos. "Não consigo acreditar que os alemães estejam felizes sob um regime tão degradado."[6]

Bastava um ligeiro pacto entre prisioneiro e captor para que todos os movimentos rebeldes caíssem. Bleicher arrancava um pouco de seu prisioneiro a cada dia. Marsac era uma bela presa – sabia onde estavam os cardumes rebeldes –, mas havia peixes maiores, líderes treinados em espionagem na Inglaterra, que respondiam diretamente aos comandantes aliados e que conheciam detalhes da iminente invasão da França.

À medida que Marsac se sentia à vontade com seu carcereiro alemão, passou a acreditar ser capaz de seduzir Bleicher. "Não podemos resolver isso só entre nós?", implorou Marsac.[7] Ele tinha acesso aos fundos da rede e sabia como o poder da riqueza podia mudar a mente de um homem. Será que Bleicher poderia ser comprado por 1 milhão de francos? Havia um hotel no Quartier Latin, o alemão deveria dizer ao concierge que estava lá para recolher os pertences de Marsac, do quarto 13, e lá encontraria uma mala com 1 milhão de francos, além de quatro rádios de galena sintonizados em frequências de Londres. Bleicher poderia pegar o dinheiro, jogar os rádios no Sena e libertar Marsac.

Bleicher barganhou: 1 milhão de francos era muito bom, mas tirar um prisioneiro das catacumbas de Fresnes era quase impossível sob um regime que fetichizava a papelada. Seria o fim da esplêndida carreira de Bleicher trocar Marsac por dinheiro apenas.

Então Marsac adoçou o negócio. O valor bruto dos nomes não era novo para ele: no outono anterior, ao dormir em um trem, havia perdido todo o catálogo da CARTE. Ele sabia de mais detalhes agora, nomes verdadeiros, bem como *noms de guerre*, locais onde as armas eram despachadas, coordenadas para aterrissagens, a localização de pontes a serem explodidas e os sinais da BBC para realização dos ataques.

Mais do que o dinheiro e os endereços dos rebeldes, a joia para Bleicher era a conexão de Marsac com a Inglaterra.

– Eu estaria em posição de levá-lo a Londres a qualquer momento – ofereceu Marsac.[8]

O ego de Bleicher ditou os termos. Ele exigiu um voo para Londres. Queria que um avião fosse buscá-lo no papel de um agente da paz fantasiando que poderia conseguir uma reunião com o primeiro-ministro Churchill. O vice-Führer, Rudolf Hess, propôs algo semelhante quando saltou de paraquedas na Escócia em 1941. Mas, se Hess ocupava uma posição elevada na hierarquia nazista e supostamente buscava um cessar-fogo antes da invasão soviética, Bleicher era um recruta; seu plano era usar a oferta de Marsac para trair os Aliados, entregar um material de inteligência de valor inestimável para seus comandantes da Wehrmacht e se tornar um herói nacional alemão.

– Mas preciso agir com cautela – disse Bleicher. – Quem garante que nada vai acontecer comigo em Londres?[9]

Marsac prometeu que ele seria bem tratado.

A negociação era uma piada: Marsac estava blefando do início ao fim. Ele não tinha como cumprir o combinado sem a aprovação de Baker Street e, na prisão, não tinha nem como consegui-la.

– Você acredita mesmo, Marsac, que seu povo pode ficar longe das nossas garras por muito tempo? Se já conseguimos pegar você, será fácil pegar os peixes menores, um por um – ameaçou Bleicher. – Já ocupamos toda a França. A maioria de seus camaradas está sob vigilância [...], e provavelmente não é segredo para você que muitos deles são agentes duplos.[10]

Numa sala de interrogatório escura de uma prisão da qual não havia como escapar, foi feito um acordo: 1 milhão de francos. Entrada segura na Inglaterra. Um rádio e um conjunto de cifras dos Aliados. E uma lista de esconderijos de armas, pistas de pouso e oficiais britânicos.

– Dou minha palavra de que eles não serão tratados como espiões – assegurou Bleicher. – Serão considerados prisioneiros de guerra.[11]

André Marsac escreveu duas cartas: uma para sua esposa, outra para as redes britânicas. Ele apresentou o sargento Bleicher, a quem chamou de coronel Henri, um velho amigo seu. O sargento se deleitou com a ideia de uma possível viagem a Londres:

– Meu êxito me surpreendeu.[12]

Pela segunda vez em seis meses, Marsac entregava seus segredos a Hitler – entre eles, a localização de um novo esconderijo dos rebeldes nos Alpes, onde Odette estava vivendo com Peter.

A PRIMAVERA TINHA CHEGADO às margens do lago de Annecy. A região de Ródano-Alpes era um caleidoscópio de magnólias, azaleias e flores de pereira. Annecy era uma cidade turística de canais sinuosos e construções medievais de telhados vermelhos, uma Veneza alpina. Em tempos de paz, a região era ao mesmo tempo um parque e um playground, um refúgio estiloso para esquiadores no inverno, um resort de praia no verão. Mas os turistas burgueses eram escassos na primavera de 1943.

Chalés pontilhavam o sopé. Os Alpes erguiam-se de um espelho de águas glaciais cobertas de neve e assomavam como uma força de ocupação, gloriosos ao sol da primavera.

Da mesma forma que guerrilheiros no mundo todo, Odette estava escondida nas montanhas. Logo após a dispersão da CARTE, sua missão foi impor estrutura e segurança às redes sulistas, que não estavam muito firmes. Ela saiu de Cannes rumo às colinas quase um mês depois de chegar e trabalhou como mensageira para Peter o tempo todo. Juntos, eles obtiveram parcos êxitos – houve poucos lançamentos aéreos e nenhuma sabotagem digna de nota –, mas estavam vivos, e isso não era pouca coisa. Peter foi chamado de volta a Londres para passar a limpo seu desentendimento com André Girard, ex-líder da CARTE, convocado por Baker Street, em um esforço para negociar uma trégua entre seus soldados secretos.

Odette morava na estrada que levava a Annecy, no Hôtel de la Poste, uma das inúmeras construções de estuque e madeira espalhadas pelas estradas da montanha. O minúsculo vilarejo de Saint-Jorioz ficava a apenas 10 minutos de bicicleta do lago; ali ela podia se esconder à vista de todos. Estava alojada próximo à ferrovia – crucial para as viagens de ida e volta até a costa –, perto das colinas e da praia, com oportunidades de sobra para se misturar ou fugir, caso necessário. O hotel estava fechado para a temporada, mas os proprietários, um doce casal, permitiram que ela ficasse, cientes do que Odette estava fazendo e dos riscos que aquilo representava.

O Hôtel de la Poste era o núcleo tranquilo de um circuito que havia descambado para o caos. As redes da Riviera tinham se fragmentado depois que a liderança da CARTE entrou em guerra consigo mesma.[13] Se, por um lado, tropas regulares são obrigadas a respeitar uma cadeia de comando, de outro, dissidentes e guerrilheiros não são uma força organizada; acrescente-se a isso a tendência francesa de resistir à autoridade de maneira geral – e aos ingleses em particular. O resultado é um barril de pólvora. Quando as discussões começaram, Odette recebeu ordens para suspender tudo que estivesse relacionado à rede e aguardar uma nova atribuição.

Ela ficaria ali até a lua de abril, quando estava marcado o retorno para a França de Peter, que partira havia um mês. Conforme ele informou Baker Street, Odette contava os dias para sua apaixonada volta ao lar.

Odette vivia reclusa, longe dos empedernidos invasores alemães de Marselha, mas, enquanto pedalava pelas montanhas – agora uma expert –, as evidências de uma guerra de três anos estavam por toda parte: com os maridos, irmãos e filhos distantes, as fazendas eram administradas por mães, crianças e velhos. As vacas que sobraram marchavam sozinhas dos celeiros de feno para os altos prados alpinos. Com o racionamento, os milhares de francos que ela carregava muitas vezes eram inúteis em comparação com itens de troca, como tabaco e açúcar – que caíam do céu em contêineres quando estava com sorte.

Os sinais da BBC de Londres ainda chegavam às montanhas todas as noites com notícias de esperança, triunfo e tragédia: o general nazista Rommel fez um papel quixotesco contra os generais Patton e Montgomery no deserto; em Varsóvia, o extermínio nos guetos havia começado. Às vésperas do equinócio, havia um delicado equilíbrio entre forças, a escuridão e a luz.

CERTA MANHÃ, NO INÍCIO de abril, após um compromisso em Annecy, Odette viu "um homem de aparência muito estranha"[14] enquanto voltava de ônibus para Saint-Jorioz. Ele estava abatido, com "as veias saltadas",[15] o "rosto inchado e vermelho", tinha o cabelo preto ralo e estava vestido como um novo-rico.

O forasteiro também reparou em Odette: descreveu os olhos dela como "escuros e brilhantes".[16] Ele já sabia quem ela era; havia aprendido tudo com seu prisioneiro André Marsac, em Fresnes.

Odette desceu do ônibus e o estranho também. Ele caminhou até um casarão alguns metros adiante na estrada, onde vários membros da CARTE viviam como uma grande e feliz – e chamativa – família, "10 ou 15 jovens que não se pareciam em nada com a gente do campo".[17] Os moradores acreditavam que eram refugiados judeus, o que era um pouco melhor do que um grupo de rebeldes armando a região.

Os Alpes eram o lar ideal para os *partisans*. As encostas íngremes e as cavernas escuras proporcionavam bons esconderijos. Os jovens fugiam para lá para escapar do trabalho forçado. Os funcionários da cidade de Annecy às vezes davam aos rebeldes e aos judeus novos documentos de viagem e carteiras de identidade. Com trilhas que davam na Suíça, os viajantes furtivos podiam escalar os altos desfiladeiros em direção à liberdade, caso os suíços não os rejeitassem, como já haviam feito com muitos judeus.

Os rebeldes chamavam a si mesmos de *maquis* – termo do corso que designa um matagal teimoso e seco, nativo da costa mediterrânea da França. Os *partisans* podiam ser igualmente espinhosos, resistentes e perigosos. Um panfleto de recrutamento dizia:

> Os homens que vêm para lutar vivem mal, de forma precária, com dificuldade de encontrar comida. Ficarão absolutamente separados de suas famílias pelo tempo necessário; o inimigo não aplica as regras de guerra a eles; não há nenhuma garantia de pagamento; qualquer tipo de correspondência é proibido.[18]

Os *maquis* perseveravam nos picos de calcário, ansiosos por cada lançamento de armas por parte dos Aliados, impacientes pela chegada da flotilha da invasão, para que pudessem combater pela França.

Odette observava o elegante estranho a partir dos jardins suspensos do Hôtel de la Poste, onde brotavam, otimistas, bulbos de narcisos e tulipas plantados antes da invasão. Embora o hotel estivesse tecnicamente fechado, o restaurante servia comida típica para os locais. O homem pediu uma omelete doce com açúcar e geleia; gostou tanto que quis repetir enquanto conversava com os colegas rebeldes de Odette.[19]

O peculiar alemão parecia ter feito amizade com os *maquis* de Odette. Um agente britânico[20] juntou-se ao grupo, "falando de forma muito estúpida e em voz alta sobre seu trabalho".[21] Era uma violação de segurança terrível.

Odette tinha assumido o comando da rede quando Peter partiu para a Inglaterra. Ao ver a conversa entre o agente e o estranho, ela fez uma expressão de censura para o britânico, que respondeu revirando os olhos e dando de ombros. Os membros do circuito não apoiavam Odette; achavam que ela era apenas uma mensageira sedutora que estava dormindo com todo mundo para chegar ao topo da organização. O pequeno alemão permaneceu quieto e imóvel; ele encarou Odette "intensamente e sorriu".[22]

Ele era "bastante tranquilo",[23] disse o agente britânico a Odette. Era da Gestapo, mas era amigo, não um maníaco nazista. Tinha mostrado uma carta de André Marsac, da prisão em Paris, que apresentava o homem como coronel Henri.

"Minha prisão terá sido uma bênção caso minhas ambições se concretizem", escreveu Marsac.[24] Se Odette fizesse a gentileza de entrar em contato com Baker Street por rádio pedindo uma recolha por avião, o coronel Henri providenciaria a alforria de Marsac. O coronel contaria ao Gabinete de Guerra detalhes secretos da Muralha do Atlântico de Hitler antes dos iminentes desembarques. Ele estabeleceria um governo alemão no exílio – muito parecido com o de De Gaulle – e negociaria uma paz duradoura com Winston Churchill, desde que não fosse detido como criminoso de guerra, como acontecera a Rudolf Hess. Será que Odette poderia transmitir esse acordo ao Ministério da Guerra?, perguntaram os *maquis*. O coronel Henri, sozinho, levaria a paz à Europa.

O universo clandestino de Odette estava cheio de traidores amadores, fantasistas, excêntricos e desajustados, todos com histórias bastante plausíveis, então por que não um coronel alemão desertor? A palavra dele poderia ter algum valor, mas qualquer carta da prisão é uma carta escrita sob coação e era por si própria coercitiva; graças a seu treinamento em Beaulieu, ela sabia que Marsac provavelmente tinha passado para o outro lado.

Odette avisou que não estava em condições de fazer tal pedido. O plano era estúpido, traiçoeiro ou as duas coisas juntas.[25] O circuito queria libertar Marsac, mas ela insistiu para que desistissem daquele plano. O coronel Henri era justamente o único nazista em toda a Europa em quem se podia confiar? Era absurdo. Que tipo de idiota se oferece para trabalhar lado a lado com um oficial do Abwehr?

Os rebeldes, mais leais a Marsac que a Odette, ameaçaram partir para Paris no trem seguinte. Foi um motim.

ANDANDO DE BICICLETA PELAS montanhas que davam vista para o lago de Annecy, Odette via sua respiração se condensar em pequenas nuvens.

Ela pedalava em direção a um esconderijo onde seu operador de rádio, Adolphe Rabinovitch, estava hospedado. Um judeu russo-egípcio mal-humorado, Rabinovitch cuspiu marimbondos quando Odette explicou seu encontro casual com o suposto amigo de Marsac, o coronel Henri. Ela trouxe um relatório detalhado para ser enviado a Londres, que Adolphe cifrou com desgosto por conter várias violações de segurança. Ele se esforçou para transpor os detalhes do coronel, da prisão de Marsac, da carta dele, a proposta de recolha por avião, as negociações com o primeiro-ministro, o plano de paz. Rabinovitch enviou a notícia de que, pelas palavras do próprio coronel Henri, assim que um bombardeiro britânico fosse designado para buscá-lo nos Alpes, a guerra estaria praticamente ganha.

O operador de rádio russo tinha um temperamento mais expansivo do que seu repertório de palavrões. Quando Rabinovitch soube que os rebeldes estavam indo a Paris para ver Marsac na prisão, ele pegou uma pistola e disse que mataria os homens em Annecy se eles embarcassem no trem.[26]

Odette pedalou de volta a Saint-Jorioz sozinha, na esperança de acalmar a insurreição. Ela informou aos *maquis* insubordinados que o pedido do coronel Henri fora transmitido a Baker Street e que o alemão poderia esperar o voo que chegaria na lua cheia de abril, por volta do dia 18, dali a poucos dias.

Era mentira. A resposta do Escritório não incluía nenhuma oferta de recolha:

> HENRI É ALTAMENTE PERIGOSO PT VOCÊ DEVE SE ESCONDER DO OUTRO LADO DO LAGO E CORTAR CONTATO COM TODOS EXCETO ARNAUD [RABINOVITCH] QUE DEVE SAIR DE FAVERGES E SE MUDAR COM RÁDIO PARA AS MONTANHAS PT[27]

Londres avisara que era uma armadilha:[28] vá para a toca, desapareça. Ela estava exposta. Com o coronel Henri em cena, Baker Street exigiu que Odette cortasse relações com toda a Operação Saint-Jorioz, exceto com o operador de rádio. Que embrulhasse seus pertences todos, encontrasse um esconderijo isolado e aguardasse instruções.

Mas Odette se recusou a deixar a área até que Peter estivesse de volta à França. Por teimosia, ela continuou no Hôtel de la Poste, desafiando ordens diretas de Londres.

Em 14 de abril de 1943 a transmissão noturna da BBC em francês terminou, como de costume, com uma torrente de bobagens e criptogramas:[29]

"O inseto de ouro deve fazer sua limpeza de primavera."[30]

Era a frase combinada de antemão entre Rabinovitch e Baker Street, uma referência indireta a uma história de Edgar Allan Poe sobre códigos secretos, sinal de uma recepção iminente: Peter estava a caminho.[31]

Peter foi instruído a evitar Odette a todo custo em seu retorno. Baker Street lhe informou que Marsac estava preso e o coronel Henri estava no encalço dela. Qualquer contato colocaria a vida de Peter em risco, bem como o que restava das redes da Riviera. Odette estava contaminada. Peter não fazia ideia de que ela iria ignorar as instruções explícitas de Baker Street.

Em um platô iluminado pela lua acima do lago de Annecy, a 1.800 metros de altitude, passados 10 minutos da meia-noite, um bombardeiro da RAF zumbiu sobre o maciço de Semnoz. As portas do compartimento se abriram e o paraquedas de Peter se transformou em um balão preto contra o céu prateado.

Odette o aguardava. Ela estava em um campo nevado, o rosto voltado para as estrelas. Enquanto Peter flutuava rumo à clareira que rescendia a pinheiro, sua aterrissagem foi retardada por uma rajada de vento. Pairando um pouco acima do solo, ele falou com Odette pela primeira vez em um mês:

– Dê um passo para trás, senão eu vou cair em cima de você.[32]

Odette ergueu os braços, como se fosse segurá-lo.

O dia seguinte foi frenético: Saint-Jorioz era um alvo. Odette e Peter precisavam fugir. Descendo a montanha por volta das oito da manhã, eles exploraram um novo esconderijo do outro lado do lago. Juntos, pedalaram pelas colinas para coletar mensagens de Rabinovitch, despachando-o também. Seria a última noite de Peter e Odette no Hôtel de la Poste; eles sairiam ao alvorecer.

Às 11 da noite, exaurida pela operação de chegada do paraquedas e depois de um dia se deslocando a pé, de barco e de bicicleta, Odette se despia no quarto que dividia com Peter.

Alguém bateu à porta; eram o proprietário do hotel e sua esposa.[33]

– Há um homem estranho lá embaixo que diz que Henri está falando em Paris.[34]

Peter achou que era uma péssima ideia ir investigar, mas Odette discordou. O proprietário era amigo dos *maquis*. "Minha reação naquele momento foi fazer absolutamente nada", lembrou Peter.[35]

Ele colocou a cabeça no travesseiro e dormiu.

Ao terminar de descer a escada, Odette viu o coronel Henri. Ele deu um passo à frente, flanqueado por soldados italianos e oficiais da contraespionagem à paisana. Um alemão era alto, magro e louro, muito agitado, o outro era baixo, moreno e lento, com um sotaque belga, um chapéu desleixado enterrado na cabeça e um lenço enrolado no rosto. Não havia como escapar, afirmou Henri, estendendo a mão a Odette, que recusou.

Ele se ofendeu diante da reação dela.

– Tenho muito respeito por você – disse.[36]

Odette não se importava com o respeito dele.

No saguão do hotel, o coronel se mostrou solícito.

– Você fez um trabalho muito bom… e quase ganhou o jogo – comentou ele –, mas os amigos de Marsac falavam demais. Não é sua culpa você ter perdido.[37]

Odette parou por um instante: quais eram suas alternativas? Onde ficavam as portas? O que aconteceria se ela gritasse?

O oficial alto deu um passo à frente e encostou uma pistola nas costas dela. Não havia o que fazer. Se ela tivesse dado o alarme, Peter teria pulado pela janela e caído sobre um cordão de soldados italianos em torno da propriedade.

Ela marchou escada acima.

– A Gestapo está aqui – anunciou.[38]

O coronel Henri e seus companheiros acenderam as luzes.

Peter acordou com o cano de um revólver. Quando perguntaram seu nome, ele instintivamente respondeu o de fachada: Chambrun.

– Seus outros nomes são Raoul e capitão Churchill, e você não passa de um sabotador – disse o coronel Henri. – De qualquer maneira, consigo perceber seu sotaque inglês.[39]

Odette xingou o coronel com todos os palavrões que conhecia – como se trabalhasse lado a lado com Adolphe Rabinovitch. Peter pediu a ela que parasse de falar.

Ambos foram instruídos a se vestir.

Enquanto o homem alto vasculhava o quarto, Odette tirou o sobretudo de inverno de Peter de cima da cama e pôs um paletó no lugar onde o sobretudo estava. Ele era longo e quadrado, com gola de pele e um bolso interno no lado do peito no qual Peter guardava a carteira. Abraçando o sobretudo junto ao corpo, dobrado sobre os braços, ela deslizou a carteira de Peter para fora e a enfiou na manga do próprio casaco. A carteira continha a identidade falsa dele, 70 mil francos[40] e cinco mensagens incriminatórias[41] decodificadas por Rabinovitch. Os textos eram instruções para os *maquis* nas montanhas. Peter viu a engenhosa substituição e vestiu o paletó em vez do sobretudo.

– Você quer ir com os alemães ou com os italianos? – perguntou o coronel Henri.[42]

Peter respondeu que preferia ser preso pelos italianos.

Odette andou de um lado para outro do quarto recolhendo coisas de que um homem poderia precisar na prisão – camisas, meias, sabonete... e o sobretudo. Mais tarde Peter se lembraria de que ela "agiu como se tivesse ensaiado aquela cena a vida inteira".[43]

Entretanto, os soldados encontraram o diário de Peter, repleto de nomes e números de outros membros da rede, incluindo o da agente Virginia Hall. Peter usava pseudônimos, *noms de guerre*,[44] mas a lição que tinha recebido era a de nunca anotar absolutamente nada. No entanto, ele tinha dificuldade em memorizar os longos códigos telefônicos da França; não havia deixado de ser indolente, mesmo na guerra. Poderia ter sido pior: depois de pousar, Peter deixou sua mala com o proprietário do hotel para mantê-la segura; continha seu revólver, mais 1 milhão de francos, seu equipamento de paraquedismo e o texto decodificado de mais de 30 mensagens trocadas entre sua rede e Londres durante sua ausência.[45] O diário bastava para o coronel Henri; as conexões nele contidas expunham células rebeldes espalhadas por toda a França.

Ao entrar no banco de trás de um carro verde, Odette prendeu a meia na porta do carro. Tinha sido de propósito. Ao se esticar para desenganchá-la, ela tirou a carteira de Peter de sua manga e a enfiou entre as almofadas do assento.

– Cuidem bem desses dois – ordenou o sargento aos soldados italianos. – Não podemos nos dar ao luxo de perdê-los.[46]

CAPÍTULO 15

Calvário infinito
França

O dette e Peter foram transferidos juntos, de cela em cela, jurisdição em jurisdição, desde os Alpes até prisões cada vez maiores e mais seguras – Grenoble, Turim, Vichy, Nice –, a caminho de Paris e Fresnes. Eles eram prisioneiros, vivendo e dormindo sozinhos sobre colchões de palha em celas empoeiradas, mas se viam nos momentos de transição e viagens. Cada ponto de transferência era uma oportunidade; qualquer descuido poderia representar uma fuga, uma jogada pela liberdade, a diferença entre a vida e a morte. Se Peter tivesse sido capturado sozinho, imaginava que teria conseguido fugir; ele era o agente mais experiente e outros homens haviam escapado dos nazistas em circunstâncias semelhantes. Mas não tinha a mesma certeza em relação às chances de Odette. Em vez disso, o casal continuou junto, trocando suspiros e se contentando com breves olhares. De vez em quando os guardas permitiam que eles trocassem bilhetes. Peter mandava mensagens "como as que um homem enviaria à mulher que amava";[1] os carcereiros italianos tinham simpatia pelo romance. Aqueles encontros furtivos foram suficientes para alimentá-los durante os longos dias de preocupação.

Depois de três semanas, em 7 de maio de 1943, em um trem de Marselha para Paris, os dois se sentaram lado a lado, com tempo para conversar em particular, "quanto quiséssemos", lembrou Peter.[2] Seu rosto estava machucado por ter lutado contra a polícia italiana: uma noite, por estupidez, apesar de suas intenções cavalheirescas para com Odette, ele tentou abrir caminho para a liberdade quando lhe foi oferecido um cigarro. Quando os Alpini revidaram, não o chamaram por seu codinome, Raoul, nem usaram sua identidade falsa, Pierre, mas gritaram seu verdadeiro nome de batismo ao desferir os golpes: Peter Churchill. Com uma fúria alimentada pelo álcool, eles o espancaram com as coronhas de seus fuzis até ele ficar irreconhecível, desferindo golpes que diziam serem dirigidos ao homem que acreditavam ser seu tio, o primeiro-ministro Winston Churchill. Quebraram seu nariz, suas costelas e dois dedos; seu rosto estava cortado e seus olhos, inchados e fechados. Eles não o interrogaram.

Peter estava algemado nos pulsos e nos tornozelos. Depois daquela tentativa de fuga, era considerado uma ameaça. Seus óculos e sapatos tinham sido confiscados. Ele disse a Odette que era melhor morrer do que ser preso; desejava ter sido morto quando foi pego.

Odette ficou indignada.

– Enquanto houver vida, haverá esperança – disse ela.[3]

Desanimado, Peter comentou que era ridículo ter alguma esperança; aquele era o fim da linha. Ela encheu os bolsos dele com pontas de cigarros meio fumados pelos guardas da prisão que havia coletado; colocou ovos cozidos na bolsa dele, como uma mãe preparando uma lancheira.

– Fui eu quem contou a eles seu nome verdadeiro – sussurrou ela para Peter imediatamente após a surra.[4]

Odette entregou a identidade dele na noite em que haviam sido presos. Sua inclinação para o dramalhão e para o louvor próprio era uma vantagem para um agente encurralado. Ela inventou uma história na qual esperava que os nazistas acreditassem: que Peter era sobrinho de Winston Churchill e que ela era a esposa de Peter, Odette Churchill. A jogada parecia estar funcionando, se os italianos tinham de fato desferido golpes destinados ao primeiro-ministro.[5] Aquilo deu coragem a Odette; talvez a mentira se sustentasse quando fossem transferidos para o comando da Gestapo, pois, como ela disse sobre as convicções nazistas em relação a serem uma raça superior, "os alemães são terrivelmente esnobes".[6]

– Sempre achei um nome bastante perigoso para se usar hoje em dia – respondeu Peter.[7]

No fundo, ele acreditava que seu parentesco com Winston Churchill era como "primo de 62º grau".[8]

– Psicologia totalmente equivocada – disse Odette.[9]

Pelo raciocínio dela, era melhor ser um prisioneiro diplomático de alto valor, que possivelmente poderia chamar a atenção dos líderes mundiais e da imprensa internacional, do que um soldado irregular sem nenhuma proteção das leis de guerra. Ela havia apostado as vidas deles nisso.

Depois que a mentira sobre Churchill foi contada, ela precisava ser verossímil. Eles não tinham sido minuciosamente interrogados durante a transferência de custódia da polícia italiana para a francesa e até a alemã. Era preciso consolidar uma história: decidiram dizer que tinham se casado em 24 de dezembro de 1941, véspera de Natal, em um cartório na Baker Street. As testemunhas haviam sido a tia de Odette e o irmão mais novo de Peter, Oliver, de uniforme, também a caminho da guerra. Em seu breve tempo juntos antes que os guardas os separassem, eles compartilharam nomes e endereços dos parentes um do outro, questionaram e ensaiaram as histórias de fachada um do outro, trocaram os prosaicos detalhes da vida de casados. Fizeram um juramento, um tipo de voto matrimonial, de manter aquela parceria fictícia até o amargo fim, qualquer que fosse a forma que ele tomasse.

– Se algum dia eu tiver a chance, vou perguntar se você se importa em fazer isso para o resto da vida – disse Peter a ela.[10]

Odette já era casada com Roy Sansom, pai de suas três filhas. Mas estava apaixonada por Peter.

Ela prometeu que todos os dias, às seis da tarde, ela pensaria em Peter; seria uma espécie de oração.

Em 8 de maio de 1943, Odette e Peter chegaram à prisão de Fresnes, em Paris, o lar de inimigos políticos do Reich e de outros elementos indesejáveis. Eles agora estavam na jurisdição do coronel Henri – ou melhor, do sargento Bleicher.

Em Fresnes, Odette e Peter passaram fome, foram mantidos afastados e com medo, e Odette adoeceu rapidamente. Os dias se estendiam em terror agonizante, disse Peter, "um calvário infinito".[11]

Não havia relógio em Fresnes. Nenhum sino de igreja era ouvido no pátio da prisão. Por uma única janela em suas celas, eles assistiam ao arco das sombras deslizar pelas paredes e, no que parecia ser seis da tarde de cada dia, faziam uma pausa para pensar no outro.

No NÚMERO 84 DA Avenue Foch, o sargento Hugo Bleicher subiu[12] uma escada em espiral[13] em elegantes trajes civis, *au courant* em uma cidade onde ninguém, exceto nazistas e colaboradores, possuía nada novo. Proferiu o *Sieg Heil* obrigatório ao entrar no escritório do chefe da Gestapo em Paris, o *SS-Sturmbannführer* Karl Bömelburg.

O major Bömelburg ergueu a mão direita e segurou o cotovelo para fazer o *Hitlergruss*; um diamante preto em sua manga ostentava uma insígnia bordada com a sigla SD, de Sicherheitsdienst.

Os dois homens não poderiam ser mais diferentes um do outro. Bleicher era um intelectual mediano, mas pretensioso, que servia como recruta em sua segunda guerra, um funcionário diligente que ansiava por superar a patente de sargento. Bömelburg era conhecido por todos como um leão do Reich, oficial de carreira e nazista devoto cuja sorte na profissão aumentou em consonância com a grandeza do Führer. Ostentando o símbolo da caveira com dois ossos cruzados – *der Totenkopf* – em seu quepe, ele era imponente e bonito, vestindo seu dólmã cintado, calças de montaria e botas de couro de cano alto. Quando o major se deparou com o oficial mais jovem à paisana, houve certa inquietação.

O fato de estar havendo um encontro entre os dois era um atestado da seriedade das preocupações de Bömelburg em relação ao barril de pólvora que Paris tinha se tornado em 1943. O sargento estava em ascensão; apesar de sua posição modesta, tivera uma sequência de êxitos em sua conta, incluindo a mais nova estrela em seu peito, a captura do tenente da CARTE André Marsac, que tinha sido "convertido" na prisão de Fresnes. O arrastão que se seguiu resultou na prisão de um prisioneiro valioso – uma moeda de troca, que chamaria a atenção dos líderes políticos dos Aliados: o sobrinho do primeiro-ministro e sua bela jovem esposa. Em Berlim sugeriu-se que o casal poderia valer a troca pelo prisioneiro mais estimado das Ilhas Britânicas, Rudolf Hess, o braço direito de Hitler. O sucesso de Bleicher tivera uma consequência inesperada: ele chamou a atenção da liderança alemã em Paris.

O oficial sênior avaliou o júnior e deu uma ordem direta: interrompa o trabalho com a Resistência britânica. Abandone por completo o jogo duplo. Suspenda qualquer prisão planejada. Imediatamente.

O encontro entre o major Bömelburg e o sargento Bleicher foi, na verdade, um confronto entre o partido e o país, entre os leais a Hitler e os patriotas alemães. Acabar com a Resistência na França era o objetivo comum dos dois homens, mas eles não respondiam à mesma organização. Embora ambos servissem na inteligência[14] e procurassem extinguir a rebelião em todas as suas formas, o oficial mais velho era chefe da Gestapo de Paris[15] e pertencia a uma organização militar e econômica independente do Partido Nazista, subordinada por sua vez a uma outra organização, conhecida como SS, a Schutzstaffel.

O sargento Bleicher, por outro lado, trabalhava para o Exército alemão. Era um subalterno no Abwehr, o serviço militar de contraespionagem. O Abwehr era um braço da Wehrmacht, datando do tempo do Kaiser. Ele se enxergava de forma idealizada como um soldado do século XIX, porém servia a um psicopata. Bleicher era leal ao Exército, à Alemanha, mas não necessariamente a Adolf Hitler.

A Gestapo e o Abwehr eram rivais ferozes. Enquanto o Abwehr era frio e militarista, a Gestapo era desumana. Paris testemunhou um emaranhado administrativo de atrocidades sancionadas pelo governo e, com tantos caçadores profissionais atuando contra a espionagem e a sabotagem, os diversos serviços de inteligência atrapalhavam uns aos outros.[16] "A natureza exata da organização do partido [nazista] que estava lutando contra a SOE era tão complicada que seria capaz de deixar até mesmo um teólogo confuso", disse o historiador oficial da Seção Francesa.[17]

Bömelburg esperava obediência. Ele admitia que a recente prisão de Marsac fora uma boa jogada, a consequente captura do sobrinho de Churchill um incidente glorioso, mas Bleicher precisava parar de recrutar agentes duplos. O plano dele para o Exército desviava mão de obra e recursos da SS e dos estratagemas mais ambiciosos de Bömelburg: descobrir o dia da invasão.

Bleicher pensava pequeno e era pequeno, ao passo que Bömelburg era um mestre estrategista que contava com um agente só para si, chamado BOE48, o 48º agente secreto da Gestapo de Paris.[18] As informações coletadas por BOE48 eram vitais para o esforço de guerra, mantidas a sete chaves em um cofre na Avenue Foch. Por meio dessa única fonte, seria possível assimilar informações críticas sobre o ataque dos Aliados à França muitas semanas – se não meses – antes do desembarque. De acordo com diversos relatórios, Bömelburg estava oferecendo 4 milhões de francos pela localização e a hora exatas da invasão. Ele estava atrás da peça mais crítica da inteligência militar na guerra. Os joguinhos banais de espionagem de Bleicher e as prisões incidentais continuaram a se chocar com os movimentos de BOE48, profundamente infiltrado na Resistência de Paris. Nada deveria interferir no objetivo de mil anos do Reich.

A ordem era clara – e também uma ameaça. Não passou despercebido que o sargento Bleicher se apresentava falsamente aos rebeldes como um coronel, patente superior; que dizia a eles que se opunha a Hitler, a quem chamava de tirano; que achava que a Alemanha deveria ganhar a guerra sem o Partido Nazista e que deveria haver uma paz amena entre as potências em vez de uma guerra persistente baseada nos delírios de um líder reverenciado.

Aquelas declarações configuravam traição. Bleicher poderia dizer que tudo tinha sido um golpe, uma encenação, uma forma de ludibriar o inimigo passando uma falsa sensação de confiança. Mas ele não tinha como escapar do fato de que o Abwehr representava uma ameaça legítima ao Partido Nazista. (O discurso de Bleicher espelhava uma posição institucional: o comandante do Abwehr, o almirante Wilhelm Canaris, estava naquele momento sondando em segredo os Aliados em busca de uma paz e, dali a pouco mais de um ano, oficiais do Abwehr tentariam assassinar Adolf Hitler usando armas confiscadas dos lançamentos britânicos de paraquedas.)[19]

Seria tolice da parte de qualquer soldado desobedecer a um oficial nazista sênior com a trajetória partidária e a autoridade corporativa do *SS-Sturmbannführer* Karl Bömelburg, chefe da Gestapo de Paris. No entanto, o oficial mais velho estava perto dos 60 anos, próximo da aposentadoria compulsória. Ele seria substituído. Seu poder estava desvanecendo.

De forma que desobedecer a ele não proporcionaria outra coisa a Hugo Bleicher senão uma enorme sensação de gratificação.

DEPOIS DE DUAS SEMANAS na prisão de Fresnes, Odette foi levada para o número 84 da Avenue Foch, o palácio destinado a cavalheiros e diplomatas, repleto de nazistas e de bons vinhos.[20]

Ela foi conduzida escada acima até um pequeno escritório no último andar. O oficial encarregado parecia alemão, impávido e nórdico; ele não falou com Odette. Estava ali para supervisionar, mas (aparentemente) não para entender, visto que não falava francês.

Um segundo homem entrou no escritório. Usava trajes civis e se sentou a uma mesa. Seria o seu interrogador.

Em um francês educado, com os *cês* e *quês* bem marcados como no sotaque da Lorena, o interrogador deu início ao roteiro bem ensaiado de perguntas e atitudes. Cada vez que falava, as teclas da máquina de escrever respondiam rapidamente para registrar as informações em cinco vias de papel-carbono.[21]

O resumo da história de Odette feito pelos nazistas foi lido em voz alta: ela era casada com Peter Churchill e seu marido era sobrinho do primeiro-ministro. Seu operador de rádio era Adolphe Rabinovitch, disseram, então onde ele estava se escondendo? Os alemães conheciam a organização dela, tinham pilhas de páginas com textos em espaço simples detalhando a operação e as mensagens de Peter Churchill para sua rede. O nome CARTE era mencionado a todo momento, assim como Marsac. Logo ficou claro para Odette a fonte da traição.[22]

Odette foi requisitada a prestar contas de cada momento de sua missão. Em que dia ela chegou à França? O que aconteceu com os outros passageiros do seu veleiro? E onde estava a agente Mary Herbert?

O interrogador se aproveitou dos temores de Odette, os de uma mulher que havia provocado a prisão do amante e que talvez jamais o visse novamente. Eles não sabiam que ela também era mãe e que poderia nunca mais ver as filhas. Odette estava preparada para o confronto. Ela havia encenado sua captura durante o treinamento em Beaulieu e muitas outras vezes em sua cabeça. Sabia que os nazistas não eram seus amigos, que suas gentilezas não eram confiáveis. A lição que havia recebido era, se forçada a falar, responder de forma simples e imediata, fornecer informações tão próximas da verdade quanto pudesse, mas sem entregar nada essencial; mentiras muito elaboradas se desfazem depois de horas de interrogatório. Ela sabia que não devia barganhar, implorar nem ceder qualquer detalhe que pudesse trair outro agente, pois, embora ela e Peter tivessem sido capturados, Rabinovitch estava livre e transmitindo para Londres, uma preciosa e essencial tábua de salvação para os *maquis* com os Aliados já a caminho. A manutenção da segurança dele, não a dela, era o único resultado que Odette poderia esperar.

No meio de seu interrogatório Odette ficou meditativa, recolhendo-se a seus pensamentos. Sua vida inteira de deslocamentos e fingimentos, de desejo de aventura, tinha se transformado em arma naquela guerra psicológica: ela sabia que era capaz de resistir, assim como Joana d'Arc.[23] "Se eles me matarem, será apenas fisicamente, isso não significa nada. Qual o objetivo disso? Vão arrumar um cadáver inútil para eles, mas não vão me controlar, porque não vou deixar que me controlem", pensou ela. Naquele momento, Odette acreditou ter alcançado a "iluminação".

O entrevistador a tratava com desdém: ela era uma mulher, uma terrorista, uma francesa que se submetera e uma inimiga britânica. Ele acompanhou Odette até a janela que dava para o verdejante bulevar parisiense abaixo:

– Dê uma olhada naquelas pessoas felizes lá fora![24]

Era primavera. Paris era uma mistura diária de úmido e seco, frio e quente. Sobre os telhados de alumínio, o sol brilhante irrompia entre nuvens cinzentas, às vezes por um dia inteiro. As mulheres nos jardins da Avenue Foch pareciam alegres em seus casacos e vestidos, caminhando em direção ao Bois de Boulogne. Aquela lacuna entre a liberdade delas e a prisão de Odette tinha o objetivo de lhe causar mal-estar. O alemão parecia lhe fazer uma oferta, propondo uma troca.

– Você está fazendo isso por dinheiro? – perguntou ele.[25]

Era por amor à pátria, respondeu Odette.

– Uma pena – respondeu o interrogador.

Ele parecia entediado, indiferente.

Existem maneiras e meios de fazer uma mulher falar, disse o homem, convocando um subalterno, mais jovem, que era francês, tinha "olhos muito bonitos"[26] e um sotaque parisiense que denotava boa formação e cheirava – Odette lembraria – a sabonete e água-de-colônia.

Pouco mais que um adolescente, o jovem estendeu a mão diante de Odette para desabotoar sua blusa. Ela empurrou a mão dele para o lado e se despiu por conta própria. Um segundo soldado se ajoelhou perto de Odette e amarrou as mãos dela atrás da cadeira.

Ela não conseguia se mexer. O jovem parisiense de olhos bonitos pegou algo quente – um atiçador de lareira, um cigarro, ela não fazia ideia[27] – e o pressionou nas costas dela, bem entre as escápulas.

O fedor de carne queimada subiu até as narinas dela, misturando-se ao cheiro de sabão do jovem torturador.[28]

NA PORTA DA CELA de Odette Sansom em Fresnes havia uma placa que dizia: *Grand Criminal Pas de Privilège*; deveria haver o máximo de discrição em relação a ela e nada de privilégios. "Quem não me conhecesse acharia que eu era a mulher mais perigosa de todos os tempos", pensou ela.[29]

A suposta Sra. Churchill inventou rituais para fazer seus dias de prisão passarem: todas as manhãs ela girava a saia 2 centímetros em torno da cintura, para fazê-la parecer nova, como se estivesse vestindo uma roupa limpa. Quando suas meias começaram a se despedaçar e esfarrapar, ela as usou para enrolar o cabelo à noite. O corpo de Odette, no entanto, traía seus rituais e suas ficções de higiene: ela estava doente e delirante; a queimadura em suas costas não havia cicatrizado; estava com um inchaço doloroso no pescoço que a mantinha acordada e acabava com seu ânimo; a tuberculose estava se espalhando por seus pulmões. Mas ela dizia: "Se for para morrer, quero que meu cabelo esteja bonito."[30]

Em entrevistas com Odette, o sargento Bleicher tentou convencê-la a fazer amizade; ele ofereceu reuniões com Peter como recompensa por cumplicidade, propôs acordos, banhos e pacotes de comida. Ela nunca revelou a localização de seu operador de rádio, Adolphe Rabinovitch. Quando desobedeceu às ordens de Baker Street e foi receber Peter após seu retorno de Londres, tinha colocado a vida dele em risco com sua afeição descuidada; agora ela poderia salvar outros agentes com seu silêncio.

Bleicher disse a Odette que estava negociando uma troca – Peter Churchill por Rudolf Hess – e que Odette não fazia parte do negócio. Peter estava pronto para deixá-la apodrecer, disse Bleicher, jogando sua prisioneira contra o homem que ele acreditava ser marido dela. Odette não vacilou; não respondeu nada.

– Está claro que você não o ama, não é? – perguntou Bleicher.[31] Depois fez uma proposta: Odette ficaria melhor se trabalhasse para ele, seu carcereiro nazista, como sua namorada.

Odette recusou.

Peter era um homem de sorte, disse Bleicher. A prisão não era lugar para ela, e ele faria "qualquer coisinha"[32] que pudesse para agradá-la. Era uma estranha tentativa de sedução: o alemão tinha confessado seu ódio pelo regime nazista. Ao mesmo tempo, era investigativo e pessoal, como "uma consulta ao psiquiatra".

Odette aceitava apenas seus cigarros.

– Você não é o tipo de pessoa que usaria roupas sujas assim – disse ele sobre a roupa que Odette usava quando foi presa, sua blusa fina e sua saia encardida. – Me dê uma de suas blusas e vou lavá-la para você.[33]

Ela ficaria melhor sob a proteção dele, advertiu o sargento, sob a jurisdição do Abwehr. A Gestapo, em contraste, era sádica. Se ela passasse para as mãos do Partido Nazista, ele não poderia mais protegê-la.

Mas a proteção de Bleicher não era muito relevante. Ela estava sendo torturada, de qualquer forma, e o confinamento estava acabando com ela.

Funcionários de Fresnes pediram permissão para Odette ser consultada por um médico, mas os comandantes nazistas negaram: o atendimento médico estava racionado, reservado a prisioneiros "com risco de vida".[34] Quando ela ficou muito fraca, foi transferida para uma cela comunitária, onde outros prisioneiros tiveram pena de sua condição. "A fraqueza dela era extrema: não conseguia mais comer nem aquela mínima quantidade de comida nojenta e repugnante", disse uma colega de cela.[35] O ato de comer era o princípio organizador do tempo dos prisioneiros de Fresnes: a comida, por si só, "uma lata com só um dedo de feijão no fundo",[36] movimentava o calendário; mas, no caso de Odette, o barulho das rodas dos carrinhos de pão não bastava para tirá-la da cama. Ela raramente tinha força para ficar de pé.

Com o tempo, Bleicher desistiu de Odette. Cada vez mais fraca, ela comparecia aos interrogatórios na Avenue Foch e na Rue de Saussaies – outro reduto nazista em Paris –, catorze ao todo.[37]

Para a Gestapo, os prisioneiros ingleses eram considerados mais úteis vivos do que mortos. Nos julgamentos de crimes de guerra, os ocupantes da Avenue Foch listavam três razões: agentes capturados podem identificar novos prisioneiros e exercer pressão nos pares durante interrogatórios; prisioneiros britânicos tinham sotaque inglês, e uma nova tecnologia de rádio permitia que os agentes em terra falassem com os pilotos no ar durante as operações de lançamento aéreo, de modo que as vozes deles eram necessárias para operações de trapaça. Por último, e mais importante, os agentes vivos tinham valor utilitário como reféns, ao passo que cadáveres não. Assim que a invasão ocorresse, trocas de prisioneiros poderiam ser necessárias.

Os funcionários da Avenue Foch se consideravam homens civilizados, embora se comportassem como criminosos de guerra. Eles compartilhavam reminiscências afetuosas sobre "como era bom nos bons velhos tempos, quando costumavam bater nos judeus e maltratá-los".[38] No pátio do prédio havia uma estufa de vidro que servia de base para interrogatórios cruéis. "Ouvi gritos vindo do galpão", relembrou um prisioneiro inglês. Quando as vítimas eram devolvidas às salas de interrogatório do último andar, o propósito do galpão ficava claro; os agentes estavam "em tão más condições com os maus-tratos sofridos que mal conseguiam subir as escadas". Alguns oficiais mantinham chibatas e varas de aveleira para deixar suas marcas no corpo de um prisioneiro; alguns preferiam toalhas molhadas, cassetetes e punhos cerrados; outros usavam o método conhecido como "a banheira", *la baignoire*, hoje comumente conhecido como afogamento simulado.³⁹

A pergunta do interlocutor alemão era sempre a mesma: quando os Aliados chegariam, onde aportaria a flotilha da invasão? Um prisioneiro britânico disse sobre as entrevistas: "Na verdade, tudo que eles queriam saber, indefinidamente, era quando seria a invasão."⁴⁰

Odette recebeu ordem para tirar os sapatos. Ela deslizou os pés para fora deles, desenrolou o que restava de suas meias, frouxas e esfarrapadas depois de meses na prisão e de rituais diários com o cabelo.

Um jovem soldado se ajoelhou, cravou um alicate na unha de um dos dedos do pé dela e puxou. O sangue preencheu todo o espaço onde ficava a unha; a dor era lancinante. Ela não chorou. O soldado então passou para o dedo seguinte.

Odette poderia interromper aquilo a qualquer momento, poupar o dedo seguinte, entregar todas as informações que tivesse e que pudessem ser úteis para Hitler.

O torturador passou de um pé para o outro. As secretárias continuaram digitando.⁴¹

O jovem soldado encarou o comandante com um olhar confuso, como se perguntasse se era para continuar.

– Você gosta do que está fazendo? – perguntou Odette ao torturador. – Porque não há qualquer outro motivo para fazer isso.⁴²

Era um jogo, ela havia percebido. Sempre vivera dentro da própria cabeça, confiando em seu romantismo para fazê-la suportar a dor. Os nazistas confiaram no próprio dogma também; o cânone de Hitler, sua suposta luta, *Kampf*, escusava seus capangas de qualquer vergonha. Aquele não era, pensou ela, um "jogo limpo".⁴³

Odette parecia a própria morte, "em frangalhos, despenteada, os cabelos espalhados por todo lado", disse um piloto capturado sob interrogatório.⁴⁴ Para um agente que contemplava o próprio destino, ver Odette causava uma espécie particular de intimidação. Os nazistas notaram o impacto que ela exercia sobre outros prisioneiros. "Meu queixo deve ter caído", disse ele em referência ao momento que observou Odette sair mancando da sala de interrogatório. "Eu fiquei absolutamente petrificado."

Odette recebeu de presente uma pilha de papéis listando seus pecados. Tanto em francês quanto em alemão, eles diziam que a Sra. Churchill havia sido condenada à morte por duas acusações: a primeira, como espiã britânica; a segunda, como francesa trabalhando contra o Reich.

Ela recebeu ordens para assinar o próprio veredito.

Por qual país Odette morreria? Hitler teria que escolher, pensou ela. "Em toda tragédia há um elemento de comédia, se você for capaz de enxergar."[45]

Uma mulher só pode morrer uma vez.[46]

CAPÍTULO 16

A troca

Paris

O eco de bolas quicando retinia pelas fachadas dos prédios da Square de Clignancourt, enquanto mães tentavam persuadir as crianças a entrar para fazer a sesta. As avós aproveitavam a brisa por alguns instantes e prestavam atenção na bênção de um dia normal do mês de maio, um momento corriqueiro da infância, meninas e meninos correndo no pátio, brincando de pega-pega, como na vida real, a vida de um bairro em paz. Aquelas coisinhas teimosas, relutantes em entrar em casa, foram informadas de que o tempo quente as estaria esperando quando elas acordassem e que permaneceria durante todo o verão.

O parque, não muito distante de Montmartre, ficava na mesma rua da delegacia de polícia local. Tinha um clima de tranquilidade suburbana bem no meio da cidade. Um apartamento no quarto andar do número 10 era um esconderijo usado pela rede PROSPER. Naquele momento, não escondia agentes, não abrigava reuniões secretas. Na sala de estar havia poucos indícios do terror da guerra, dos saltos noturnos de paraquedas ou dos planos de invasão. Na iminência do ataque de verão, Francis tinha sido chamado de volta à Inglaterra para ser interrogado. De modo que, enquanto o chefe estava fora, Andrée e Gilbert jogavam uma partida de pôquer.

O dia foi marcado por risos, como se a guerra não pudesse alcançá-los. Era hora de descontrair, de viver como pessoas normais: um jogo de cartas na Square de Clignancourt era um momento de lazer, não de estratégias de invasões, ofensivas, guerrilheiros ou fuzis. O almoço foi temperado pela amizade; Andrée e Gilbert tinham conseguido sobreviver juntos ao inverno. Eles agora estavam apaixonados e eram inseparáveis. Em uma época de tempo bom e largos sorrisos, formavam um belo casal.

Dois outros casais clandestinos faziam companhia a Andrée e Gilbert: seus anfitriões, os Bussoz, cujo filho tinha idade suficiente para ser convocado para o esquema de trabalho forçado de Vichy, e dois agentes britânicos – um operador de rádio, Jack Agazarian, e sua esposa, Francine.

Gilbert e Jack, como os principais operadores de rádio de Paris, estavam sobrecarregados de trabalho à medida que o Dia D se aproximava.[1] Todo agente que passava pela cidade precisava de ajuda para se comunicar com Londres. À noite, depois do toque de recolher, Gilbert e Jack passavam todo o tempo cifrando mensagens e, durante o dia, se deslocavam de um aparelho de rádio a outro, cumprindo fielmente os horários acordados com as FANYs da Estação 53. Os espiões de Londres sabiam – graças à decifração do código Enigma feita pela Operação Ultra[2] – que a Gestapo estava cada vez melhor na caça aos transmissores ilegais de rádio. "Há bons motivos para acreditar que é muito pouco provável que qualquer transmissor possa ter a esperança de existir, seja pelo tempo que for, […] em território ocupado pelos alemães sem ser detectado, identificado e localizado." Gilbert, em campo já havia seis meses, estava fazendo "hora extra".

A guerra era longa e os agentes se lembrariam mais de momentos de inatividade do que da sabotagem: "Essas eram as coisas importantes – as relações que se tinha com as pessoas durante o período, relações nascidas de uma tensão da qual elas não estavam tão conscientes quanto poderiam ter estado."[3] O clima aconchegante e a união não tinham como durar para sempre à medida que os agentes iam recebendo novas tarefas para a invasão: Francis estava em Londres, ouvindo ordens atualizadas. Aquele tempo com Gilbert era precioso.

Não se podia culpar ninguém por relaxar durante a ausência de Francis. Os Agazarians, em particular, estavam decepcionados com a forma tensa com que Francis liderava; Jack, igualmente, era um estorvo para o chefe de sua rede. "Ele não está sendo muito útil", reclamou Francis em um relatório enviado a Londres.[4] "Ele está iminentemente [sic] inadequado para o nosso trabalho em campo." Jack era conhecido por beber muito e por flertar com desconhecidas; ele implorava por uma promoção, para se tornar organizador da própria rede. Era apaixonado pelo próprio sucesso. Francis recusou: "Ele não tem a menor capacidade de organização." A esposa de Jack, Francine, parecia achar que estava fora do alcance da estrutura de comando da rede, que a autoridade de Francis não a atingia, o que a tornava inútil aos olhos dele. "Ela era incapaz de se ajustar às circunstâncias."

Em meio à tarde preguiçosa, a guerra bateu à porta: a campainha do número 10 tocou e um estranho chegou, pedindo para falar com Hélène Bussoz. Uma das inúmeras pequenas formas com que as mulheres ajudavam diariamente a Resistência era sendo o primeiro ponto de contato em um lar rebelde. Elas abriam as portas e atendiam aos telefones, para que os guerrilheiros, com arma na mão e um "alvo nas costas", pudessem escapar. Hélène atendeu, as senhas corretas foram trocadas – "Sou amiga de Roger Dumont. Não o vejo há mais de um mês"[5] – e o visitante perguntou por Gilbert, que desceu até o parque.

Na rua, dois homens esperavam por Gilbert: um era guia de uma rota de fuga; o outro, um agente da seção holandesa da SOE. O primeiro se apresentou, em um francês com sotaque, como belga. Seu nome era Arnaud. Ele era robusto, forte, de olhos azuis, cabelos louros, com bochechas rosadas e mãos carnudas.[6] O segundo, o agente holandês, tinha um rosto largo e gordo e os gestos tensos e nervosos de um homem que "parece um garçom e se comporta como um".[7] Ele se chamava Adrian e não falava absolutamente nada de francês.

Os homens contaram a história deles: Baker Street telegrafara a Haia convocando Adrian de volta ao quartel-general para prestar contas sobre a ação subversiva na Holanda. Ele recebeu ordens de ir até a França e garantir assento em um voo para Londres. Em Paris, foi instruído a falar com um homem chamado Gilbert.

Visto que cada agente tinha quatro ou mais nomes – operacional, de batismo, pseudônimo, nos documentos e outros –, era comum haver confusão. Gilbert disse que não era ele o homem que procuravam; para Londres, ele era Archambaud. Havia outro agente britânico que controlava as operações aéreas, um agente conhecido pelo codinome Gilbert – o tenente Henri Déricourt.

Jack era o operador de rádio que transmitia todas as informações relacionadas aos voos programados para a pista de pouso de Déricourt, de forma que disse aos holandeses que tomaria as providências necessárias. Mas, como a lua cheia de maio estava se aproximando do fim, não era possível acertar nada de imediato. Todos os assentos rumo a Londres já estavam reservados.

Seria melhor, disse Jack, se os agentes dos Países Baixos voltassem no mês seguinte; os estranhos então foram embora, com a promessa de conseguirem um voo para Londres em junho.

O dia prosseguiu no mesmo clima bom. Havia cigarros para fumar, cartas para jogar, mãos de amantes para segurar. Haveria muito trabalho a fazer quando Francis voltasse para Paris.

O momento decisivo da guerra – a ofensiva de verão na Europa – estava prestes a acontecer.

Em acentuado contraste com o decadente glamour da França durante a guerra, Londres continuava a ser uma cidade cavalheiresca, o lugar ideal para banqueiros, corretores, contadores e políticos – inteligentes, calculistas e experientes. Mesmo depois da Blitz da Luftwaffe, a cidade manteve o seu poder.

Seca, ensolarada e quente, Londres estava o mais otimista possível dentro das circunstâncias – de estar em guerra e de ser inglesa –, por mais que Francis não estivesse. Os navios de guerra estavam ancorados no sinuoso Tâmisa. As ruas estavam atochadas de soldados: britânicos, franceses, poloneses, canadenses, norte-americanos, todos se preparando para a invasão da Europa. Durante o dia, as luzes de Piccadilly Circus ficavam acesas, como sempre. *Bovril. Guinness is good for you.*

A luta parecia pender para o lado dos Aliados. Churchill não estava em Downing Street, mas nos Estados Unidos, reunido com o presidente Roosevelt e o Congresso norte-americano, defendendo uma estratégia de guerra que seria lançada primeiro na Europa e estendida ao Pacífico. "A derrota do Japão não significaria a derrota da Alemanha, mas a derrota da Alemanha significaria infalivelmente a ruína do Japão", insistia o primeiro-ministro, ainda preocupado que os norte-americanos voltassem a atenção deles para Hirohito e se desviassem de Hitler.[8] Para reforçar o argumento que defendia, Churchill enfatizou notícias positivas vindas da Europa: bombardeios generalizados estavam paralisando as fábricas do Reich, enervando os alemães e inspirando as nações ocupadas. A situação na Batalha do Atlântico também tinha virado a favor dos Aliados; o Almirantado raramente anunciava publicamente detalhes sobre as "matilhas" de submarinos alemães, mas em maio de 1943 emitiu o comunicado de que 10 submarinos haviam sido afundados em uma semana.[9] A ajuda que os Aliados obtiveram graças à decifração do código Enigma pela Operação Ultra levaria uma geração para chegar ao conhecimento do mundo, mas os efeitos haviam sido imediatos: Hitler estava perdendo a luta pelos mares. Munições, navios e aeronaves agora podiam alcançar a Europa em volume suficiente para abrir o tão anunciado segundo front.

Toda lua cheia tinha o potencial de mudar o mundo, pois cada uma delas poderia sinalizar o desembarque na Europa. Ninguém diria ao Escritório quando começaria a ofensiva, nem onde; a única coisa certa era que haveria um segundo front no continente em 1943. Para pegar Hitler desprevenido, tudo era confidencial; detalhes não haviam sido compartilhados nem mesmo com a Seção Francesa. Apenas o mais alto escalão do comando aliado sabia dos detalhes.[10] Todos os serviços tinham ordens de ficar de prontidão para o Dia D.

A espera poderia não ser muito grande, alertaram os generais. Em um piscar de olhos, o regime de Hitler poderia entrar em colapso, indo à falência pela própria grandiosidade; se isso acontecesse, a queda do Reich seria rápida e as nações ocupadas se juntariam ao esforço para libertar a Europa num efeito cascata. As redes francesas tinham sido instruídas para ficarem preparadas, para entrar em ação "em junho, julho, agosto, o mais rápido possível, tendo em vista os eventos que podem ocorrer a qualquer momento".[11]

Francis estava hospedado em um hotel no lado sul do Hyde Park. Era uma mudança bem-vinda de suas residências em Paris, onde vivia em meio à ralé e se mudava constantemente. A França era a casa de sua mãe, mas não lhe proporcionava qualquer sensação de conforto; pelo contrário, Paris fedia a suor e medo. Os agentes reparavam na dissonância entre a vida na França ocupada e em Londres, em que se ganhava um benefício secreto do governo.[12]

Francis havia sido chamado de volta a Londres por uma semana – e não foi uma boa semana. A visita ao QG foi tensa. Ele explicou que a Gestapo tinha começado a endurecer: Bömelburg estava agora pagando aos colaboradores 1 milhão de francos pela captura de oficiais britânicos na clandestinidade. A traição era incentivada: "as delações se tornaram mais frequentes", relatou ele, agora que a Gestapo punia as pessoas que deixavam de "'cumprir o dever delas' a respeito daquele assunto".[13] Uma lista crescente de erros e acidentes tinha colocado Francis e seus colegas agentes em perigo. Seus esconderijos tinham sido expostos de forma inexplicável.[14] A "secretária" da organização em Paris, uma mulher que vinha da rede CARTE chamada Germaine Tambour, tinha acabado de ser presa. Agora os nazistas estavam usando durante os interrogatórios drogas injetáveis, "que deixavam a vítima bastante irresponsável e falante", disse Francis. Ele ficou muito "perturbado"[15] com aquele boato e com os efeitos que tal droga poderia causar, caso ele ou sua equipe fossem pegos. O que aquilo havia feito com Germaine? O apartamento dos Tambours tinha sido o primeiro lugar para onde Andrée fora depois de pular de paraquedas e rumar para Paris. Todos os agentes passavam por Germaine em algum momento; ela era o rosto afetuoso e maternal da Resistência na capital.[16]

Enquanto isso, de acordo com os serviços de inteligência britânicos, a Avenue Foch parecia estar planejando uma varredura para antes da prometida invasão. Como resultado da decifração do código Enigma, sabia-se que a polícia de contraespionagem nazista estava agora investigando o circuito PROSPER. Uma ordem direta foi enviada aos homens de Bömelburg na Avenue Foch, dizendo que "a erradicação dos *partisans* em Paris deve ser encarada como prioridade máxima".[17]

Baker Street compreendia a frustração de Francis. Buck – agora promovido a tenente-coronel – e Francis comeram juntos todos os dias durante a visita.[18] Os temas a ser abordados eram vastos: desde cauterizar o sangramento da CARTE até a logística da invasão.

Havia uma crescente desconexão entre os agentes em campo e os supervisores latindo ordens desde Londres. Francis também queria uma promoção a major e Gilbert igualmente merecia uma. Francis argumentou que o Escritório não estava fazendo o suficiente pelas mulheres sob o comando dele: Andrée e Yvonne estavam dando tudo de si e não haviam recebido nem parabéns nem palavras de encorajamento do QG.[19] Elas mereciam tantos elogios quanto os homens, e o silêncio por parte deles era um insulto.

A prisão de André Marsac, tenente da CARTE, teve efeitos de longo alcance nos circuitos da França, muito além da captura de Odette e Peter. Outros membros do movimento clandestino foram identificados, perseguidos, presos e supostamente convertidos. Francis estava tentando isolar os circuitos PROSPER de qualquer pessoa ligada a Marsac. Ele extinguiu endereços, pediu novas caixas postais; todos os detalhes operacionais estavam comprometidos, contaminados, disse a seus comandantes. "Por favor, por favor, evitem qualquer contato.[20] [...] Tenho relatórios confiáveis que me levam a desconfiar [de um membro da CARTE][21] ou pelo menos de seus métodos. Posso, se necessário, explicar os quês e porquês disso." Andrée contou a Francis que achava que poderia haver mais um traidor na rede estendida – sem nenhuma relação com a CARTE. Ela suspeitava que as recepções de paraquedas e as recolhas por via aérea estavam sendo monitoradas pela Gestapo.

Francis insistiu na questão da segurança em campo. Para fazer o que lhe havia sido ordenado, ele estava aumentando suas sub-redes com muita velocidade, lançando circuitos-satélite por todo o Norte para aliviar o fardo nas suas costas já sobrecarregadas. A cada lua cheia ele recebia mais agentes vindos de Londres. "A vida para ele era continuamente tensa e ativa", lembrou um de seus tenentes franceses.[22] Ele era "terrivelmente obstinado e firme, de caráter quase severo. Tinha uma consciência muito clara de suas responsabilidades".[23] Francis comandava um exército que contava com 20 mil membros.[24]

O Escritório admitiu que o gargalo de comunicação em Paris representava um risco: sete redes do norte da França concentravam o envio de mensagens na capital. Era impossível, em termos operacionais, manter os circuitos isolados e independentes quando tanto tráfego era destilado em tão poucos transmissores. Muitos mais operadores precisavam chegar para aliviar a pressão. Do Dia D em diante, eles precisariam de uma conexão permanente, 24 horas por dia, entre os guerrilheiros franceses e o Quartel--General Supremo das Forças Expedicionárias Aliadas, (SHAEF, na sigla em inglês), com sede na Inglaterra. A Seção Francesa estava recrutando operadores para se preparar: em um ano, o número de rádios na França havia aumentado 10 vezes, de três para 30, e deveria chegar a 80, mas, enquanto houvesse mais células rebeldes do que operadores, dificilmente haveria capacidade suficiente para lidar com o tráfego necessário a um ataque avançado no front ocidental.[25] Buck queria que Francis soubesse que novos operadores estavam se preparando para ingressar imediatamente em sua rede estendida. Um iria para o circuito judaico em Paris;[26] a outra – uma indiana,[27] a primeira mulher a ser designada para operadora de sinais em combate – iria para Trie-Château a fim de se juntar a um dos subcircuitos de Francis.

Diante daquelas condições, estava claro que toda a equipe PROSPER precisava de um descanso, então, segundo Francis, quanto mais cedo o Dia D chegasse, melhor. A exaustão era pesada para ele, que assistiu a Andrée e Gilbert se apaixonarem e viu que a codependência tornava suas vidas melhores, e o trabalho, mais fácil.

– Não existem elogios suficientes para eles, e gostaria de deixar registrado que qualquer sucesso que venhamos a obter será, em grande parte, devido aos seus esforços.[28]

Francis, no fim das contas, conseguiu o que um homem mais deseja em sua folga: pôde ver sua esposa, Margaret. Em Baker Street, ele negociou muito para viajar com fotos de seus filhos. As regras de segurança o proibiam, mas Francis era um homem que vivia no limite; a permissão para olhar para seus filhos de vez em quando foi concedida, ainda que com relutância. Ele poderia escrever para a esposa. Ela recebeu autorização para escrever de volta.

O Dia D era o objeto descomunal, denso, em torno do qual todas as conversas orbitavam. Quando "as coisas estivessem em alta" – isto é, imediatamente após a invasão –, a missão de Francis era ir a Gisors para liderar os circuitos do Norte a partir de lá. Gilbert iria para Orléans e assumiria o comando do próprio circuito na região central do vale do Loire.

AÇÃO PARA O DIA "D"

Foi acordado que fornecer uma senha universal, ou mesmo um sinal de reconhecimento universal, é totalmente inútil, uma vez que a comunicação dessa senha ou desse sinal a um grande número de soldados representaria perigos óbvios.

O seguinte procedimento deve, portanto, ser adotado:

Você deve nos enviar uma lista de três ou quatro esconderijos para uso exclusivo no Dia "D" e os deixará de prontidão para [...] você, e no máximo dois ou três de seus principais tenentes irão para esses endereços no momento em que a batalha começar a passar por sua área. Vocês permanecerão nesses esconderijos até serem recolhidos por um de nossos oficiais junto às tropas invasoras.

Sua organização, obviamente, terá uma função crucial de acossamento até o momento em que a batalha chegar à sua área.[29]

As Ilhas Britânicas estavam se tornando o maior repositório de armas e combatentes em todo o mundo. O plano incluiria o envio de 326 mil soldados dos Aliados por meio de 5 mil navios e lanchas de desembarque, 11 mil aeronaves lançando 13 mil paraquedistas e 54 mil embarcações cruzando o canal da Mancha levando 100 mil toneladas de suprimentos para a marcha até Berlim.[30] A concentração de homens e equipamentos pesados no sul da Inglaterra era tão grande que se dizia que a ilha poderia muito bem afundar.

Em meio a tudo isso, Francis e seus tenentes estavam sincronizando os planos para o esforço coordenado visando minar a infraestrutura da França durante o ataque. A zona de combate era necessariamente o ponto de foco. As divisões Panzer tinham feito um estrago no norte da França em 1940. Esses mesmos tanques tinham que ser mantidos longe da costa durante o desembarque dos Aliados; se os Panzers de Hitler chegassem à zona da invasão, seriam poderosos o suficiente para empurrar a ofensiva anglo-americana de volta ao mar. Assim que o ataque chegasse, os *maquis* seriam encarregados de evitar uma nova Blitzkrieg.

Ninguém poderia saber onde a armada iria desembarcar. Apenas que chegaria a uma área sob a influência da PROSPER.

Depois de passar seis dias na Inglaterra, Francis saltou de paraquedas em território inimigo na lua cheia de 20 de maio de 1943, levando uma mensagem de "alerta" para toda a sua rede: "Estejam a postos para a invasão."[31]

Em uma clareira, as árvores pairando acima de Francis pareciam filigranas pretas contra o céu. Ele e seu parceiro de salto enrolaram seus paraquedas, despiram seus macacões de voo, embrulharam tudo e enterraram.

"Querida esposa", Francis escreveria mais tarde a Margaret sobre sua suave aterrissagem.[32] "Minha viagem foi muito agradável e minha perna não me causou nenhum problema – acho que fiz tudo certo desta vez."

Sua saudade de casa tinha sido amenizada por um tempo. "Fico pensando em todas as coisas que devia ter dito a você", escreveu ele em papel quadriculado. "Espero que minha próxima visita não seja com a mesma pressa."

Eles haviam acabado de se despedir; a emoção ainda estava fresca; a delicadeza da face dela quando ele a beijou era uma memória recente. Ele não tinha conseguido ver os filhos em Londres e isso lhe doía.

De qualquer forma, eu tenho as fotos agora, e elas fazem com que eu me sinta muito melhor.

> Adeus, querida
> Com todo o meu amor
> F

FRANCIS ENTREGARIA SUA CARTA a um mensageiro, que encontraria em um café, para passá-la adiante mais uma vez e então a correspondência voaria de volta, para a Inglaterra, para Margaret, sua querida.

Na lua cheia seguinte, duas aeronaves Westland Lysander desceram ao vale onde os rios Loire e Sarthe se encontram para fazer um pouso "de manual". Era sempre assim: o piloto francês responsável pela organização dos aeródromos jamais cometia um erro. Ao longo de toda a guerra, o tenente Henri Déricourt se reuniria com cerca de 67 agentes e líderes rebeldes em campo, incluindo o jovem François Mitterrand.

Déricourt comandava seus aeródromos com uma autoridade perspicaz. Enquanto os passageiros desembarcavam, ele rapidamente embarcava os agentes para a viagem de volta para casa. As bagagens eram retiradas da cabine do piloto e um malote postal, colocado no avião. A carta de Francis para sua esposa de olhos brilhantes e rosto sardento deveria estar dentro dele.

No entanto, nos dias e horas que antecederam a aterrissagem do avião, Déricourt havia levado toda a correspondência com destino à Inglaterra para os homens do número 84 da Avenue Foch.

No Escritório, o codinome de Henri Déricourt era Gilbert.

Para o *SS-Sturmbannführer* Bömelburg, ele era o agente BOE48.

AO RETORNAR DE LONDRES, Francis tinha um encontro clandestino perto de um café de esquina, ao meio-dia, no lado leste de Paris. Esperou sentado, "tomando um aperitivo insípido típico dos tempos de guerra";[33] pétalas de flores se amontoavam formando faixas brancas ao longo do meio-fio. Francis ficou ali, estudando o Château de Vincennes, situado do outro lado da extensão frondosa do parque urbano, uma fortaleza do século XIV que abrigou instalações militares para vários Luíses, três Napoleões e um Adolf.

Ele estava ansioso, na expectativa da libertação de um prisioneiro, de uma troca de pessoas por dinheiro.

Francis esperava a chegada de um Citroën com duas mulheres de meia-idade, a adorada Germaine Tambour e sua irmã, Madeleine, ambas traídas por Marsac. Germaine era originalmente a secretária do líder da CARTE, André Girard, braço direito dele – até o momento em que ela cortou relações quando o ego do artista se tornou um veneno. Ela deixou a Riviera e voltou para sua Paris natal, para as batidas do *bebop* na cena do jazz, a fim de ajudar a formar circuitos na costa do canal da Mancha antes da invasão. Ela trabalhava na Avenue de Suffren, nº 38, a casa de sua família, e foi esse o endereço que Marsac deu ao sargento Hugo Bleicher.

Ao longo da primavera, o Abwehr de Bleicher monitorou o apartamento da Avenue de Suffren. Os inspetores ficavam sentados em um pequeno restaurante no térreo, tomando café à sombra da Torre Eiffel, fotografando todos os que entravam no prédio, observando quando saíam – membros da Resistência, invariavelmente. Quando Bleicher deu o bote, uma crise se instalou na rede PROSPER: se Germaine fosse torturada, ela "sabia demais, e não podíamos arriscar que fosse submetida a qualquer tipo de interrogatório".[34] A prisão de Germaine foi um golpe para os espiões de Baker Street, escreveu Buckmaster em seu diário: "Tarde horrível. Notícias devastadoras. Fomos traídos!"[35]

Então Francis colocou o dinheiro do Escritório onde o seu coração mandou. Havia pouca coisa em Paris que não pudesse ser comprada, desde que se pagasse o preço; era o maior mercado de escambo da Europa. Com o plano em prática, ele telegrafou para Londres pedindo 125 mil francos para dar de sinal pela liberdade das irmãs. ("Você não é o Exército da Salvação!", rebateu Baker Street, reprovando a ideia de pagar pelo resgate.)[36]

Financiar o inimigo diretamente era um esquema de alto risco, que colocava Francis ao alcance de perigosos criminosos de guerra; financiava homens que comandavam esquemas que assassinavam judeus e torturavam crianças. Soldados irregulares atuam sempre no limite da moralidade. ("Não é como críquete, o que a gente faz é explodir gente", disse uma FANY sobre as ações ultrassecretas do Escritório atrás das linhas inimigas.)[37] Francis se aproximava dos tipos de pessoa que ele mais odiava: colaboradores e nazistas. Mas Germaine valia a pena.

Foi combinado que o resgate aconteceria enquanto as irmãs estivessem supostamente sendo transferidas – da prisão em Fresnes para as celas de Vincennes. Autoridades de ambos os lados diriam que o carro tinha sido sequestrado durante o trajeto.

De sua posição no café, Francis observou um Citroën preto se aproximar do ponto de encontro, reduzindo a velocidade até parar. As portas se abriram e dois inspetores franceses desceram escoltando duas prisioneiras. Depois da vida em Fresnes, as mulheres estavam abatidas, mal alimentadas e sem banho; era como se a prisão tivesse tirado anos de vida delas. Elas não se pareciam com os elegantes Tambours.

Germaine e Madeleine, ambas de cabelo escuro, não estavam ali. Em vez disso, os inspetores apareceram com "louras de aparência bastante cansada".[38]

Logo ficou claro que ele havia pagado uma fortuna pela libertação de "moças de Montmartre de reputação duvidosa".[39] O oficial alemão presente no encontro ficou furioso com os oficiais franceses pelo trabalho malfeito. Os inspetores franceses pediram desculpas pelo erro, mas exigiram o pagamento pela mercadoria errada.[40] Não havia como devolver as mulheres à prisão de onde tinham saído; aquilo levantaria ainda mais suspeitas. Os oficiais deveriam ser pagos pelo tempo e pelo risco, não pelos resultados.

Germaine e Madeleine ainda estavam trancafiadas em Fresnes. O adiantamento de 125 mil francos tinha sido perdido. Algum nazista em algum ponto daquele esquema estava dando gargalhadas. A Resistência tinha acabado de comprar as prostitutas mais caras de Paris.

Mas Francis não podia desistir das irmãs Tambour. Ele arquitetou um novo plano, dessa vez com melhores dispositivos de segurança, mas com a mesma péssima ideia: pagar por uma fuga da prisão.

O segundo encontro aconteceria do outro lado da cidade, em um café perto da Porte Maillot. Como garantia contra o tipo de piada sem graça em que mulheres da noite foram trazidas no lugar de soldados da clandestinidade, as notas que totalizavam 1 milhão de francos haviam sido cortadas ao meio e apenas metade entregue antecipadamente. A metade restante seria entregue no momento da confirmação da troca. Para irritar os nazistas, os rebeldes misturaram as notas, embaralhando-as, "como uma tempestade de confetes".[41] Nesse encontro, as identidades seriam conferidas de forma segura. Uma terceira parte, um intermediário, estaria acompanhada de uma pessoa que conhecia Germaine, que poderia atestar a autenticidade das irmãs. Quando as prisioneiras certas fossem apresentadas, a pessoa daria sinal ao intermediário, que então entregaria a mala com as notas cortadas.

Francis e Gilbert monitorariam as trocas.

PARA A SEGUNDA TENTATIVA, Francis escolheu um lugar agitado e alegre, o Café Sport: toldo de lona, cadeiras de vime retorcido, mesinhas de mármore com acabamento em latão, café ruim. Perto de uma estação de metrô, a região era movimentada, ladeada por becos, muitas esquinas e um parque próximo, ou seja, com diversas rotas de fuga caso o plano desse errado.

No dia do resgate, uma caminhonete Citroën de frente achatada desceu pela Place Maillot – a temível van da Gestapo apelidada de Black Maria. Quando ela parou na esquina, cerca de 20 policiais desceram e se encaminharam para o café, prontos para reclamar a segunda metade do milhão de francos e as cabeças de alguns terroristas.

Alguém tinha avisado a Avenue Foch.

Os atendentes do Café Sport não se abalaram, mas o salão estava vigilante. Um tenente da PROSPER chegou a tempo de dar o alarme. Ninguém foi preso. Mas havia infiltrados da Gestapo no local.

A segunda tentativa calamitosa de resgate operada por Francis acelerou a reação em cadeia catalisada pelo colapso da CARTE e a traição de Marsac. Bleicher estava ganhando. Bömelburg também. As irmãs estavam perdidas e as redes parisienses se encontravam firmemente nas mãos de dois braços da polícia secreta alemã: o Abwehr da Wehrmacht e o Sicherheitsdienst da SS do Partido Nazista.[42] Daquele dia em diante, não havia dúvida de que os membros da rede PROSPER eram conhecidos de vista pela Avenue Foch.

Para surpresa dos *partisans*, a mala com as notas cortadas ao meio foi devolvida. Levou três dias para colarem aquele 1 milhão de francos de volta.

AS COISAS ESTAVAM QUENTES em Paris, mas a clandestinidade continuava a acreditar que um café lotado era um lugar seguro. À vista de franceses e alemães, encontros eram arranjados, senhas confirmadas e mensagens trocadas. No verão, a Resistência conduzia seus negócios nas mesinhas colocadas junto à calçada – Café de Flore, Le Colisée, Montholon –, onde homens carregando pastas e mulheres portando lenços finos e óculos escuros fumavam, fofocavam, discutiam e bebiam. Os garçons cumprimentavam os clientes – tanto colaboradores quanto patriotas – com um aceno de cabeça. O *café society* era um ritual francês que resistia às privações da guerra. Era anterior a Hitler e iria sobreviver a ele.

Somente Andrée Borrel reparou quando Jack Agazarian entrou às pressas no Café Napolitain, em 9 de junho de 1943, parecendo ter encarado a morte. Jack detalhou como havia acabado de escapar por pouco: o episódio assustador tinha acontecido minutos antes, disse Jack, no Café Capucines. Ele foi de um café a outro para garantir que não estava sendo seguido.

Mas Jack jurou que era um homem marcado. Ele havia se encontrado com os agentes holandeses – os homens que tinham aparecido na Square de Clignancourt na tarde preguiçosa da partida de pôquer. Um homem precisava de um voo para Londres e o outro era seu guia; nos dias que se seguiram, Jack havia acertado tudo com Henri Déricourt. Precauções haviam sido tomadas; ninguém mais sabia do encontro com ele. Então tudo deu errado. Do nada, o agente holandês foi detido no café.

Jack tinha se comunicado com o guia por meio de um vocabulário taquigráfico usado pelos agentes em trânsito, repleto de redundâncias e termos vagos, como *sévît* (repressão), *plaque tournante* (baldeação). Os dois conversavam fluentemente *en français* enquanto o outro agente permanecia quieto, pois não falava o idioma.

De uma hora para outra, o café pareceu se encher; o salão ficou movimentado em questão de minutos. Dois soldados nazistas chegaram, anunciando uma batida policial. Todos os clientes foram obrigados a apresentar seus documentos.

Naquele momento, o agente holandês alheio à conversa se levantou, enfiou as mãos nos bolsos e andou apressado em direção à porta. A exigência de identificação – algo corriqueiro em Paris – era uma sentença de morte para um homem que não falasse francês e portasse documentos falsos.

Os oficiais alemães apenas observaram o holandês partir enquanto davam sequência à averiguação.

Eles não saíram correndo atrás dele. Por quê?, Jack se perguntou. Percebeu que era porque eles não precisavam. Havia um infiltrado: antes de cruzar a porta, o agente foi detido por um homem de capa de chuva que estava sentado à calçada, sem café e sem conhaque em sua mesa. Só podia ser uma armação.

O atravessador holandês observou enquanto seu pupilo era escoltado até o outro lado da rua pelo homem à paisana. "Eles pegaram Adrian", disse ele em voz alta, e Jack imediatamente o olhou de cara feia; era imperativo agir como se não houvesse nada a esconder. Aos sussurros eles inventaram uma nova história de fachada, algo simples que pudesse explicar por que o terceiro homem havia fugido.

Os nazistas foram de mesa em mesa no café até chegar a Jack. Ele apresentou seus documentos – todos em ordem, assim como os do atravessador. Por alguma razão – fosse o destino ou a habilidade de um bom falsificador –, os dois homens foram poupados. O agente holandês, não.

Depois de liberado, Jack desapareceu. Os alemães uniformizados voltaram ao café de cinco em cinco minutos pelo resto da tarde, conferindo documentos, assediando parisienses, tornando a vida desconfortável e os cafés pouco convidativos.

Uma tempestade se abateu sobre o rosto de Andrée quando ela ouviu a história: o agente holandês de Baker Street tinha sido preso e estava na Avenue Foch. Estaria sendo interrogado naquele exato momento, provavelmente sob tortura. Ou já tinha sido convertido e agora seria uma isca usada para atrair outros agentes? Ele tinha um voo para a Inglaterra agendado. Seria capaz de identificar todos os presentes na partida de pôquer: Jack e a esposa; os anfitriões; Gilbert e Andrée.

Quantos membros da rede PROSPER já tinham sido contaminados?

Jack precisava voltar para Londres. A carga de trabalho de Gilbert estava prestes a aumentar.

Catastrophe. Débâcle. Désastre.

Como era de praxe na Resistência, Andrée e Jack conheciam o agente capturado apenas por seu codinome: Adrian.

O nome verdadeiro dele era Karl Bodens. Seu companheiro era Richard Christmann. Eles não eram funcionários do Escritório.

Eles eram o inimigo. Ambos eram agentes do Abwehr na Holanda, onde um rádio britânico interceptado estava naquele momento no meio de um *Funkspiel*, um "jogo do rádio", que já durava um ano, enganando as FANYs da Estação 53. Rádios britânicos com códigos SOE estavam nas mãos de nazistas em Haia. Quando o rádio holandês enviou mensagens falsas para a Inglaterra, as FANYs acreditaram estar recebendo informações vitais de agentes dos Aliados de verdade. O Abwehr vinha enganando Baker Street havia mais de um ano. Traição por ondas de rádio.

Agora o *Englandspiel* – o "jogo da Inglaterra" – de Hitler estava em curso também em Paris.

CAPÍTULO 17

O cachorro espirrou na cortina

Vale do Loire

No dia 10 de junho de 1943 a lua estava em quarto crescente. Havia otimismo, como sempre acontece às vésperas do verão, e a BBC alimentou as esperanças dos franceses. Em um discurso profético ouvido em todo o mundo, o primeiro-ministro britânico falou de "operações anfíbias de complexidade singular".[1]

Os bombardeios estavam em seu ritmo mais intenso, inutilizando instalações industriais militares – fábricas de munições e aeronaves, refinarias, bases de submarinos – e aumentando o número de mortes de civis. A BBC tentava avisar os franceses antes dos bombardeios para que ficassem longe dos locais visados, mas sem sucesso; o número de mortos chegou a cerca de 60 mil em 1943.[2] Os alemães exploravam essas baixas. O *Paris-Soir* publicava fotos de corpos de bebês.[3] O ataque-surpresa deveria estar próximo, pensavam os franceses. O crescimento da campanha aérea representava um claro indício de que a invasão estava prestes a acontecer.

O discurso de Winston Churchill falava sobre a França, dando pistas de uma mudança iminente: o general De Gaulle acabara de formar um gabinete francês livre em Argel, promulgando uma nova Constituição. Ao longo do espectro dissidente, a reaproximação tinha sido alcançada sob o comando de De Gaulle.[4] Ele era "a única autoridade sobre todos os franceses que buscavam libertar a França do jugo alemão", disse Churchill. A extrema-esquerda e a extrema-direita juntas miravam a "luz da vitória".[5]

Depois do discurso do primeiro-ministro, enquanto a lua se enchia nas duas semanas seguintes, a França tinha todos os motivos para perguntar: seria aquele o dia em que os Aliados voltariam? O céu noturno estava clareando, o tempo estava quente, os ventos estavam suaves e doces. Era uma época excelente para uma armada.

As plantações ao longo do Loire estavam no ponto de colheita; cada dia de sol era como uma dádiva. Rebeldes nas zonas rurais viram operações de paraquedas chegarem quase todas as noites de lua cheia: 300 lançamentos tinham sido programados para junho e muitos mais estavam na fila: 27 missões despachariam cerca de 205 contêineres.[6]

As pistas de pouso de Yvonne Rudellat estavam estabelecidas havia muito tempo e eram utilizadas com frequência; suas equipes de recepção eram experientes e seus sublíderes bem treinados e competentes. Um coronel da SS observou: "Os terroristas da Resistência nessa área eram os mais arrogantes e difíceis de toda a França."[7]

Em 10 de junho de 1943 Yvonne recebeu uma mensagem pessoal:

O cachorro espirrou na cortina.[8]

Ela ouviu a frase, que foi repetida como um mantra, e partiu com Pierre Culioli em sua bicicleta em direção a uma pista de pouso vazia, com um caixote de aspargos preso ao guidão.

Sob o céu refrescante de junho, Yvonne aguardava a chegada de 10 contêineres, um carregamento enorme, mas dentro da capacidade de sua equipe. O comitê da noite era uma congregação de patriotas locais heterogêneos: dois ex-prisioneiros de guerra aleijados, um veterinário especializado em animais de grande porte, uma dupla de eletricistas formada por pai e filho e nobres oriundos de um castelo próximo.

Era uma noite tipicamente bela de junho. "Tínhamos um trabalho feliz a fazer, de forma rápida, metódica, silenciosa, com músculos tensos e braços cheios", lembrou um membro da rede sobre aquelas noites no campo, "para desatar e dobrar os paraquedas, para desaparafusar as abraçadeiras de metal que prendem os contêineres de cinco em cinco, para reagrupá-los e transportá-los até o esconderijo. Duas horas, três, às vezes mais de trabalho cansativo, mas excitante ao extremo. A certeza: armas com as quais combater, uma promessa de vitória. Momentos raros, em que por algum tempo não nos sentimos mais tão sozinhos. Um fôlego."[9] Quando as armas caíam do céu, cada fuzil era um prenúncio do dia em que ele finalmente poderia ser usado contra os alemães.

Luzes de sinalização em posição, solo firme, vento fraco e visibilidade alta. Era a quinta-feira anterior ao dia de Pentecostes. Do horizonte, o som dos motores Halifax superou o zumbido noturno dos grilos.

Quando o piloto avistou as luzes de pouso, 10 contêineres foram lançados do compartimento, um após outro, com os paraquedas abrindo logo em seguida.

Então houve uma explosão.

"Um clarão ofuscante despontou do solo, como se um dos contêineres tivesse sido substituído por uma bomba de fósforo branco", lembram os *partisans*.[10] O céu se iluminou como se fosse dia e o campo parecia um festival de fogos de artifício: deslumbrante, brilhante, devastador. Se a lua era um mero holofote alguns instantes antes, naquele momento o campo brilhava como a manhã, todos os detalhes realçados, desde o bolso do casaco de um dos homens até a bainha suja do culote de Yvonne. As chamas engoliram os paraquedas.

As explosões preencheram a noite, como se todo o firmamento estivesse se despedaçando. A lua ficou coberta por uma densa nuvem de fumaça. Gêiseres de cinzas voaram em direção ao céu, arruinando o que minutos antes era uma noite de verão perfeita para a rebelião. Estavam todos espantados.

A explosão foi ouvida a 10 quilômetros de distância.

Era isso, pensou o grupo, os nazistas tinham armado uma ofensiva contra os *maquis*. Eles estavam sob ataque.

– Fomos traídos! – gritou um homem.[11]

Alguns se jogaram na lama. Outros se esconderam em uma vala. Uma condessa correu para um pântano e se enfiou nele até a cintura. Os membros mais novos do grupo "tinham sido batizados".

– Olhe só para eles! – rugiu a condessa, indignada. – Estão se comportando como em 1940. Fugindo como ratos.

Do ponto de vista da tripulação do avião dos esquadrões especiais da RAF, não parecia haver nada de errado. O artilheiro de cauda viu um breve flash, mas em pouco tempo a aeronave já estava distante demais para que fosse possível observar melhor.

A equipe de Yvonne estava angustiada. Será que haveria mais explosões a caminho? Caças alemães estavam perseguindo o bombardeiro britânico?

Só Yvonne se manteve firme, sem recuar. Iluminada pelas chamas, todos os integrantes de seu comitê a observavam. As explosões lembravam um terremoto, mas não eram novidade para Yvonne. Ela havia sobrevivido à Blitz, vira sua casa ir abaixo, recomeçara a vida a partir das cinzas. Era estudante de meditação oriental. O céu estava em chamas, mas seu papel era claro: diante do ataque, ela mostrou à sua equipe que vacilar era uma escolha, mas desafiar era uma postura moral.

Com as mãos sobre a cabeça e o rosto no chão, os homens do comitê ergueram os olhos e viram Yvonne de pé, firme, cercada pelas chamas. "O que eu pensei é que ela era maravilhosa: uma mulher pequena, mas esplêndida. Fiquei impressionado com sua calma."[12]

Depois que o barulho dos motores desapareceu, os *partisans* entenderam o que havia acontecido: as explosões não tinham sido resultado de manobras antiaéreas alemãs, mas de contêineres de armas que pegaram fogo. Eles tinham se tornado gigantescas bombas cilíndricas, contendo centenas de morteiros, granadas, armas e explosivos. Ao se chocarem contra o solo, a grama seca e as folhas se incendiaram. Uma vez que os explosivos nos recipientes fossem detonados, passariam uma hora inteira queimando. *Le chien éternu dans les drapes* – o cachorro espirrou na cortina.

O ar ficou amargo com o cheiro de fumaça, e os guerrilheiros, inquietos. A polícia certamente estaria atrás deles. As explosões eram como sinais lançados aos céus dizendo a Hitler: *Venham. Estamos aqui.*

– Vamos voltar da mesma forma que chegamos! – gritou a líder da recepção. Eles seguiram em duplas ou trios, em diferentes direções, prestando atenção nos atalhos, mantendo-se fora de vista, evitando as estradas principais.[13]

Yvonne e Pierre pegaram suas bicicletas e pedalaram de volta até a cabana deles na floresta. Ela estava toda cercada de armadilhas britânicas, minada com poder de fogo suficiente para explodir toda a cidade de Blois.[14]

Pouco depois, Yvonne estaria dormindo sob lençóis de seda feitos de paraquedas, em um travesseiro recheado de granadas, com explosivos plásticos guardados debaixo da sua cama.

Na manhã do dia mais longo do ano, 21 de junho de 1943, em meio ao que já vinha sendo uma longa guerra para os rebeldes de Yvonne, o tempo quente das noites passou a ser frio e úmido, lançando uma brisa cinzenta sobre o vale do Loire. Algo havia mudado; ninguém sabia ainda direito explicar o quê. Não eram só o vento e a chuva, mas toda a atmosfera do campo.

Os alemães estavam de volta com toda a força.

Após as explosões na floresta na semana anterior, a Wehrmacht passou a ser novamente avistada na zona rural próxima à linha de demarcação. Um batalhão inteiro, ou assim parecia, tinha chegado à região para arrancar os terroristas da toca.

Barricadas foram erguidas em cada cruzamento, postos de controle instalados em cada ponte. A Luftwaffe sobrevoava a floresta na altura das copas das árvores, circundando clareiras, em busca de marcas que revelassem pistas de pouso improvisadas e zonas de lançamento. Caminhões cobertos estavam estacionados nas praças, tropas foram se reunindo nos pavilhões, e os fazendeiros notavam a luz do sol refletida nos capacetes dos soldados enquanto eles marchavam pelos campos abertos. Os habitantes presumiram que o aumento da presença alemã era uma manobra de treinamento. Os membros do circuito de Yvonne entenderam que estavam sendo caçados.

Os nazistas perseguiam os *partisans* enquanto Londres corria contra o tempo no calendário lunar. A pressão da polícia não impediu Baker Street nem os esquadrões especiais de extrair todas as vantagens da lua minguante de junho. Enquanto o farol da noite ainda era capaz de iluminar o caminho para uma missão, eles continuaram a lançar contêineres e pessoas.

Nas primeiras horas daquela manhã de junho, quatro aviões separados decolaram da Inglaterra rumo aos campos de pouso de Yvonne no Loire. Os contêineres acertaram na mosca; os aviões voltaram para a base aérea considerando as missões noturnas um sucesso.

Enquanto transportava um carregamento de 10 contêineres para a cabana de Yvonne e Pierre na floresta, uma equipe de recepção foi interceptada em um posto de controle alemão.

Todos os cinco *partisans* foram presos. Não foi possível avisar aos outros membros do circuito de Yvonne; não tinha sobrado ninguém para dar a notícia.

Ao amanhecer, Yvonne e Pierre saíram de casa. Estavam a caminho de um esconderijo para recolher dois agentes da Seção F recém-chegados do

Canadá: os tenentes Frank Pickersgill e John Macalister, Pick e Mack. Eles iriam a Paris.

Yvonne e Pierre tinham um carro novo, um Citroën abandonado por refugiados que haviam partido para o sul, do outro lado da linha de demarcação.

O casal chegou às sete horas, conforme previsto, para buscar os canadenses. Yvonne estava radiante em um novo conjunto de roupas elegantes emprestadas. As mulheres de seu circuito estavam cansadas de olhar para o terno surrado, de fabricação britânica, que ela usava constantemente havia quase um ano. A rede incluía mulheres de requinte e bom gosto; o senso estético de Yvonne para se vestir não estava nada bom. Em Blois, ela pegaria um trem para Paris e deveria estar bonita, de modo que a presentearam com um terno de lã de verão em xadrez Glengarry, o tecido preferido do exilado duque de Windsor.[15] (O antigo soberano era simpático a Hitler, portanto havia sido enviado para as Bahamas durante a guerra, por insistência de Winston Churchill.)

Serpenteando por uma rede de estradas arborizadas após a recolha dos agentes canadenses, o Citroën cruzou com tantos soldados alemães, caminhões militares, cavalos e motocicletas que parecia que algum general ou nazista digno de nota estava desfilando com uma guarda de honra.

Aquilo não era normal, Pierre pensou.[16] Percebeu, então, que ele e Yvonne deviam ter conferido os lançamentos da noite anterior, feito contato com as equipes, antes de partirem para buscar os canadenses para a viagem a Paris. Se Yvonne não estivesse tão exausta, ela mesma teria insistido para que o fizessem. Ela estava em campo havia quase um ano, trabalhando sem parar. A vida clandestina que antes a energizava agora a estava esgotando. Em particular, ela confessou que queria largar a vida de espiã. "Aconteça o que acontecer, preciso voltar à Inglaterra", disse.[17] Tinha a sensação de que era hora de voltar para casa antes que os Aliados chegassem. "Estou cansada demais para pensar com clareza, mas tenho certeza de que um desastre está por vir."

Aninhado entre Yvonne e Pierre, no largo banco dianteiro do carro, estava um pacote de papel pardo, atado com barbante, marcado como *Croix Rouge Française*, etiquetado e carimbado para um prisioneiro de guerra fictício. Três anos após a invasão da França, parentes e entidades religiosas ainda reuniam recursos para alimentar os franceses capturados por Hitler. O pequeno pacote bem amarrado não continha tiras de linguiças, maços de cigarros nem cartas de entes queridos. Em vez disso, guardava mensagens não criptografadas de Londres – uma para Francis Suttill, duas para Gilbert Norman, uma para Mary Herbert – e seis cristais de rádio de quartzo sintonizados nas frequências da Estação 53.[18]

Em um cruzamento perto da pequena aldeia de Dhuizon, soldados nazistas espalmaram as mãos à frente e fizeram o Citroën parar, exigindo documentos, passes de viagem, habilitação. Yvonne e Pierre apresentaram seus documentos: marido e mulher – monsieur e madame Culioli. Tudo estava em ordem. Os papéis de Pick e Mack haviam sido cunhados na Inglaterra; seus sotaques franceses, forjados nas escolas do Canadá. Foi um momento tenso, mas o carro passou na inspeção.

– Não tenha medo, não estamos aqui por sua causa – disse o sentinela alemão, acenando para que o carro seguisse em frente. – Estamos procurando uma pessoa.[19]

Deslizando por ruas estreitas, entre prédios de estuque e tijolos, um açougue, uma padaria, uma igreja, com soldados vigiando as vias por toda parte, os carros civis eram parados a cada 10 metros ou mais. A cidade havia se tornado uma enorme guarnição.

No posto de verificação seguinte, o Citroën foi novamente parado e a inspeção, repetida: documentos de identificação, passes, perguntas.

Pick e Mack foram obrigados a sair do veículo. Um jovem soldado alemão com uma metralhadora tomou o lugar deles. O que havia no pacote?, quis saber o soldado. "Charcutaria", foi a resposta.[20]

Os canadenses foram conduzidos a pé até a prefeitura e Pierre foi instruído a dirigir até lá para um interrogatório mais completo.

A *mairie* estava abafada, borbulhando de suspeitos, uma fila de pessoas do campo. Os habitantes eram expostos a uma enxurrada de questionamentos por parte dos alemães: onde estiveram, para onde foram, o que fizeram na noite anterior, na semana anterior? Pick era tão alto e louro que era fácil identificá-lo; tanto ele quanto Mack tinham centenas de milhares de francos enfiados em pochetes por baixo da roupa.

Em meio ao pandemônio, Pierre se agarrou à sua pasta, na esperança de se misturar ao bando de cidadãos descontentes. Como muitos na clandestinidade, ele mantinha relatórios e listas sobre o circuito, violando todas as boas medidas de segurança. Carregava sua pasta consigo por toda parte, como se ele, em especial, fosse inviolável; era egocêntrico o suficiente para acreditar que sim.

Parado ao lado de sua "esposa", ciente das evidências incriminatórias em suas mãos, Pierre deslizou a maleta de couro para trás de uma cadeira quando ninguém estava olhando.

Um inspetor pediu os documentos de Yvonne, depois os de Pierre, e, mais uma vez naquela manhã, recitaram a história de família deles: ele era um funcionário público destacado para a região; tinha sido deslocado devido aos bombardeios britânicos na costa, por isso eles foram parar tão longe de casa.

O alemão olhou para o prefeito de Dhuizon. Ele reconhecia Pierre? Ele era mesmo funcionário do governo?

– Eu sempre o vejo por aí – disse o prefeito, mesmo percebendo que Pierre não ia muito à região.[21]

Eles nunca tinham se visto.

O nazista redigiu um passe oficial de viagem, um *Ausweis*. Yvonne e Pierre estavam livres para ir.

Pick e Mack, não.

Yvonne e Pierre desceram correndo a escadaria, atravessaram o gramado e correram em direção ao Citroën estacionado em uma esquina próxima. Eles se perguntavam se não deveriam ir embora dali, aproveitar o passe e abandonar Pick e Mack. Os canadenses podiam se defender sozinhos, forjar uma saída para aquela confusão, assim como Yvonne e Pierre tinham feito. No entanto, se os rapazes fossem deixados para trás, isso seria suspeito. Se eram todos inocentes, por que seus amigos não teriam esperado por eles? E aquele canadense alto e louro falava um francês terrível.[22] Yvonne e Pierre chegaram à conclusão de que não podiam trocar a vida de dois homens para salvar as suas. Mas também era loucura continuar sob controle nazista. Eles estavam na linha de visão do inimigo, com um pacote incriminador nas mãos; aquilo colocava quatro agentes em risco em vez de dois.

Não havia resposta óbvia: Yvonne e Pierre concordaram em um meio-termo: ficar e partir ao mesmo tempo. Pierre girou a chave na ignição, o Citroën roncou e ganhou vida, mas eles não foram embora. Ficaram parados na esquina, olhando para os soldados, os caminhões militares e toda aquela instalação. Não tiravam os olhos da porta da sede da prefeitura.

Eles esperariam um tempo razoável. Havia um relógio no frontão curvo acima da entrada que parecia desafiá-los com a questão: quanto tempo seria tempo demais?

Alguns inquietantes minutos depois, soldados alemães saíram correndo do edifício.

– Voltem! – gritaram. *Revenez!*

A pasta de Pierre fora encontrada.

Ele soltou a embreagem, pisou forte no acelerador e deu meia-volta pela cidade, enquanto os soldados erguiam e apontavam as armas.

Três carros militares os seguiram rumo aos limites de Dhuizon. O Citroën passou disparado por tropas amontoadas em ambos os lados da estrada, tentando fugir da perseguição, voando ao cruzar com postos de controle. As estreitas ruas do vilarejo deram lugar a fazendas, a maioria em declive em direção ao rio.

O tempo se dobrava e se esticava, como a estrada. Pareceu parar por um instante quando o carro começou a ganhar vantagem sobre os veículos nazistas, o motor rugindo. Por estradas sinuosas, passando por campos ladeados de choupos, o sol da manhã piscava através das sempre-vivas escuras. Yvonne e Pierre faziam os pneus cantarem a cada curva, seguidos por carros cheios de alemães com metralhadoras a postos.

Se comparados os quilômetros rodados, os soldados estavam em vantagem. O motor do carro de Yvonne fora abandonado em um campo perto da linha de demarcação, sob os efeitos do clima e da negligência, até ser trazido de volta à vida por um velho mecânico que dava sua pequena contribuição para a libertação. Sobreviver era uma questão de potência: os Fords da Wehrmacht rodavam com gasolina não adulterada pelos comerciantes do mercado clandestino.

Já próximo da cidade vizinha de Bracieux, os nazistas se projetaram pelas janelas, com Yvonne e Pierre em sua mira, e cobriram o carro de balas.

O para-brisa foi atingido, formando teias afiadas ao se estilhaçar e obliterando os contornos da estrada à frente. Yvonne caiu sobre o ombro de Pierre. Sangue escorria de seu pescoço, manchando seu novo terno de xadrez Glengarry.

Já nas imediações da cidade, Pierre fez uma curva e, sem conseguir enxergar direito, perdeu o controle do carro, saiu da estrada e bateu na lateral de uma pequena pousada. O Citroën deu um gemido e parou.

Os soldados se aproximaram do veículo, armas em punho. Eles abriram a porta e arrastaram Pierre para fora. Ele deu um soco em um de seus captores, que o derrubaram no chão. Cair lutando era o único caminho possível, pensava Pierre.

Afastando-se da confusão, um soldado mirou e atirou na perna de Pierre. Ele agora era prisioneiro da Gestapo, a ser transferido para Paris e lá para a Avenue Foch.

No sedã amassado, Yvonne não se mexia. A bala estava alojada em sua cabeça, mas não havia atravessado o crânio. Ela não estava morta.

CAPÍTULO 18

Caçada

Paris

Como de costume, no dia 23 de junho de 1943, Andrée e Gilbert sentaram-se juntos diante de uma pilha de papelada até tarde da noite. Em uma casa elegante com janelas sobre o *bois* arborizado, eles estavam confortáveis, à vontade, o ar preenchido pelo perfume das rosas de um jardim abaixo. Paris estava escura, não havia luar entrando através da janela aberta. No céu de lua nova, os pousos e paraquedas ficavam suspensos. Era um momento em que os amantes podiam dar atenção às questões administrativas e um ao outro.

Andrée ainda vestia as roupas com que havia comparecido ao jantar com sua rede. Desafiando a guerra, a alegria estava em voga em Paris naquele verão; vestidos com estampa floral se agarravam aos quadris das mulheres e balançavam com a brisa. Andrée nunca tinha dinheiro antes da Resistência, mas agora morava em uma casa chique, com um namorado elegante.

Andrée e Gilbert sussurravam; ele a chamava de Denise. Os cigarros formavam uma espiral de fumaça à luz do lampião. Espalhados diante do casal estavam cartões em branco de papel grosso e uma série de fotografias em preto e branco do tamanho de selos, fotos de seus colegas de perfil.

O quarto era confortável; a noite transcorria sem pressa. Eles estavam no escritório de Nicolas Laurent, amigo de infância de Gilbert, cuja casa dava vista para o Bois de Boulogne. A amizade entre Nicolas e o operador de rádio era profunda e de confiança; Gilbert conhecia a rica família Laurent, de Saint-Cloud, havia muito tempo. Embora Nicolas e sua esposa tivessem uma vida burguesa fácil que lhes permitia esperar a guerra acabar, fizeram questão de oferecer o espaço para Gilbert. Era o trabalho mais importante do mundo.

Mas a rebelião estava sendo desgastante para os anfitriões de Andrée e Gilbert. Noites como aquela incomodavam a esposa de Nicolas, a britânica Maude, que achava um abuso de hospitalidade tratarem sua casa como se fosse um hotel. As casas do século XVI são generosas, elegantes e reservadas, com piso de tábua corrida, pé-direito alto, portas em arco, espelhos, cristais, obras de arte e outros luxos. A rede PROSPER "ia e vinha como queria"[1] da casa de Laurent; Francis, que muitas vezes segurava vela para Andrée e Gilbert, era um convidado frequente, assim como Yvonne e Pierre, que iam até lá para discutir sobre o trabalho, organizar detalhes sobre recepções de paraquedas e armazenamento de armas e ponderar os itens de ação designados para o Dia D. Os membros da rede não guardavam segredo sobre suas atividades e seus planos, mas raramente entravam em detalhes com o casal Laurent – para a segurança de todos –, de forma que Nicolas dava pouca atenção àquilo. (Gilbert jamais transmitia mensagens da casa da família, pois isso colocaria seus amigos diretamente na linha de fogo da Gestapo.)[2]

A tarefa de Andrée para a noite era atípica, mas não totalmente incomum na clandestinidade parisiense: ela e Gilbert estavam forjando novas identidades para toda a rede. Ao longo da guerra, as autoridades alteravam a extensa lista de documentos exigidos pelas forças de repressão – carteiras de trabalho, identidades, dados do recenseamento, certificados de dispensa do Exército, cupons de racionamento, atestados de saúde, salvos-condutos – e cada um deles exigia carimbos e assinaturas, e uma visita à *mairie*, a sede da prefeitura. Para os alemães, era uma forma de usar a burocracia para manter a população sob controle, sob constante vigilância policial. Para a clandestinidade, era um estorvo. "É impossível estimar o número de ateliês de falsificação que estavam atuando na França", lembrou um líder de circuito.[3]

O mercado de identidades falsas crescia à medida que mais parisienses escapavam da rede nazista: fossem desertores do trabalho forçado ou judeus. No verão de 1943, o regulamento revisado das *cartes d'identité*[4] ditava que as fotos não podiam mais ser feitas de frente para a câmera, mas de perfil, e não podiam ser grampeadas no papelão grosso, mas, em vez disso, afixadas com rebites de metal. Repetidas visitas a delegacias não eram riscos que qualquer agente poderia correr com segurança, então Andrée estava fabricando as novas carteiras.

Havia três níveis de documentos falsos: "os falsamente falsos",[5] fornecidos por Londres; os "legitimamente falsos",[6] adquiridos na França e falsificados ilegalmente; e "os falsamente legítimos", emitidos por prefeituras em nome de algum francês que realmente tinha existido. As redes parisienses tinham dinheiro para gastar nos legitimamente falsos, *les vrais faux*. Eles iam atrás de joalheiros especialistas em gravação, que entalhavam placas de metal imitando as letras blocadas dos documentos oficiais, ou enviavam cópias para Londres para que fossem reproduzidas. A polícia de Paris confiscava todos os dias negativos de fotógrafos profissionais; estava custando cada vez mais caro ter uma foto tirada por um retratista profissional.[7] (A clandestinidade parisiense era auxiliada nas falsificações por um dramaturgo irlandês exilado, Samuel Beckett, que gostava de receber da rede PROSPER "armas e dinheiro, mas não... ordens".[8] Como impressor e editor, Beckett fabricou uma "enorme quantidade de falsos documentos, vistos, cartões de circulação etc."[9] para o grupo de Andrée antes de fugir de Paris.) Nenhum cupom de racionamento poderia ser utilizado sem a devida identificação. Era um trabalho administrativo atordoante forjar identidades para várias centenas de membros da rede. A vida dos rebeldes dependia disso.

Andrée tinha energia para a tarefa; conseguia virar a noite alerta como se fosse de manhã. "Ela nunca se cansava."[10] Era quase meia-noite, bem depois do toque de recolher. Andrée e Gilbert tinham canetas, fotos e tesouras nas mãos e preenchiam as identidades de fachada dos agentes: sobrenome, nome, ocupação, nacionalidade, local de nascimento, endereço, um por um da lista de nomes da rede.[11] Espalhados pela mesa estavam os selos oficiais da repartição alemã, o *Kommandantur*, de cada um dos departamentos.

Nicolas e Maude Laurent voltaram do passeio e de um café com amigos e encontraram Andrée e Gilbert no escritório. De vez em quando Maude ajudava nas falsificações, mas, naquela noite, estava muito cansada. Os casais trocaram um boa-noite simpático e Nicolas e Maude se retiraram para o quarto.

Enquanto Maude se preparava para dormir – retirando as joias, passando um pente no cabelo grosso e encaracolado, limpando a maquiagem, as abluções noturnas de uma mulher –, a campainha tocou no andar de baixo. Maude foi chamar o marido, que já estava dormindo.

Aborrecido pelo adiantado da hora, Nicolas desceu a escada dos fundos, atravessou o jardim e falou com o visitante sem abrir o portão. O jovem estava bem-vestido, tinha cerca de 25 anos e falava um francês refinado e erudito. Ele pediu para falar com Gilbert.

O pedido surpreendeu Nicolas. Eles não esperavam ninguém e Paris estava sob toque de recolher. Ser acordado tão tarde era incomum, embora nem tanto para uma casa generosamente cedida à clandestinidade. Ele voltou para dentro a fim de buscar o líder, seu querido amigo.

Andrée estava profundamente concentrada diante das listas de nomes, selos, fotos, rebites, alicates e resquícios das falsificações quando Gilbert saiu. Ela ficou ali, em meio ao luxo dos móveis polidos e dos tapetes ornamentados, diante de uma pilha de papelada ainda inacabada. Foi uma despedida breve e casual.

Na escuridão da cidade, Gilbert e Nicolas foram conversar com o jovem. Ele disse que tinha os cristais de rádio, aqueles que Pierre Culioli tinha ficado de levar para Paris. Gilbert abriu o portão para pegá-los e o estranho pulou para dentro do jardim, atrás dele.

Quando o operador se virou, reparou que o jovem segurava uma pistola. Imediatamente cerca de 20 homens em trajes civis emergiram das sombras e cruzaram o portão gritando:

– Gestapo!

Nicolas gritou em direção ao segundo andar:

– Maude, vista-se!

Um marido não gostaria que sua esposa fosse presa praticamente nua.

– Abra, polícia alemã! – ordenaram eles, entrando pela cozinha e correndo escada acima em direção ao quarto dos Laurents.[12]

Doze homens invadiram o cômodo e se depararam com Maude em sua camisola leve e transparente, os primeiros portando revólveres e os seguintes, metralhadoras.

– Mãos ao alto!

Maude obedeceu, furiosa por aquela intromissão e temendo por sua vida.

Ao perceber a agitação dentro da casa, Andrée parou imediatamente o que estava fazendo. Havia duas escadarias, uma que conduzia ao jardim, outra que levava à rua. O barulho vinha dos fundos, da cozinha. Ela ainda tinha como escapar pelo outro lado da casa, o lado voltado para a rua. A noite estava tão escura que ela podia correr direto para o *bois* e desaparecer por lá, escondida em meio ao breu e aos arbustos. Andrée era rápida e ágil, atlética e jovem.

Ela pegou a lista mestra da organização PROSPER e a enfiou na boca. Na mesma hora, um nazista ameaçou atirar se ela a engolisse.

Na Avenue Foch, a apenas uma curta caminhada da casa dos Laurents, Andrée foi conduzida a uma sala no piso superior e interrogada por toda a noite, até o amanhecer.

Havia uma regra de segurança para os agentes, repetida nas salas de treinamento de Beaulieu: diante de uma provável captura, não diga nada por 48 horas. Aguente a surra, resista a qualquer tortura, dois dias não são uma vida inteira. Não são o fim do mundo.

Mas dois dias eram tempo suficiente para a notícia circular pela rede, para os membros implicados e conectados desaparecerem, evidências serem destruídas, armas serem escondidas, esconderijos serem desocupados, senhas serem alteradas, novos alojamentos serem encontrados, para que mensagens fossem enviadas a Londres, para salvar outras vidas, impedindo que o árduo trabalho da Resistência fosse desperdiçado.

Os interrogadores alemães olharam para Andrée. Eles zombaram dos codinomes dela – Monique, Denise – e exigiram saber sua verdadeira identidade. A irmã de Andrée morava em Paris; elas se viam com frequência. Leone estava grávida e correria perigo imediato se Andrée dissesse uma única palavra. Ela deu apenas um nome falso.

Os nazistas sabiam de bastante coisa: foram mostradas a Andrée e Gilbert fotos de seus colegas. Poucas horas antes, eles estavam sentados diante das mesmas fotos, forjando carteiras de identidade. Agora aquela informação estava nas mãos dos nazistas.

Andrée não revelou nada além de desprezo.

Trabalhando em turnos, os alemães a encheram de perguntas: onde os aparelhos de rádio de Gilbert estavam escondidos e quantos eram? Onde as armas estavam armazenadas? Ela foi questionada sobre Buck e Vera, sobre seu treinamento em Beaulieu. Os interrogadores até pronunciaram o nome corretamente: *Bô-li-ê*.

Enquanto secretárias tomavam nota de cada resposta, Andrée era acusada de cometer "atos premeditados, perversos e bestiais que resultaram em muitas baixas [alemãs]".[13] Um relógio de mesa contava as horas do interrogatório de Andrée: ela saberia a data da invasão dos Aliados?

Na adega, o champanhe estava gelando.

Depois de uma longa noite de espera por um lançamento aéreo que jamais apareceu, Francis chegou a Paris vindo da Normandia no primeiro trem do dia 24 de junho. Era a última noite de lua cheia do mês, não haveria mais entregas por duas semanas e, então, a pressão seria ainda mais intensa. Uma lua de verão já havia se passado. O desembarque dos Aliados estava uma lua mais perto da costa da Europa.

Com a postura de quem carrega o peso da guerra nas costas, ele andou da estação de metrô até o hotel, por ruas que iam ficando cada vez mais estreitas. Os edifícios eram espremidos como livros em uma estante apertada; os pombos voavam baixo entre eles. Era provavelmente o bairro mais feio de Paris, um labirinto de tinta descascada e sombras, pôsteres de propaganda desbotados, *coiffeurs* e *tabacs*. O lixo se encaixava entre os paralelepípedos; as bicicletas enferrujavam junto aos batentes das portas; as roupas ficavam penduradas em fios de arame esticados entre os prédios, mesmo nos dias de chuva.

Francis subiu a escadaria decadente do Hôtel Mazagran, cada passo o deixando mais perto da cama mais do que necessária. Fora uma viagem curta para a zona rural e, antes disso, ele tivera uma longa semana em que nada dera certo: estava programado que Pierre e Yvonne iriam à cidade, mas não haviam chegado. Dois novos agentes, Pick e Mack, também nunca tinham aparecido. Depois de três dias sem ninguém comparecer aos encontros agendados em Paris, sem receber nenhuma notícia, a única conclusão a que Francis pôde chegar era a de que seus tenentes tinham sido presos.

Uma nuvem escura se instalou sobre a rede. "Não é a minha saúde", disse ele a um colega ao embarcar no trem de volta a Paris.[14] "É muito pior. Mas quero poupá-los do problema que pesa sobre meus ombros."

No hotel, sua chegada não chamou a atenção de madame Fevre, a prestativa proprietária; ninguém o conhecia, ninguém o notava. Não havia mensagens para ele.

Quando Francis abriu a pesada porta do quarto 15, uma chusma de homens em trajes civis estava à sua espera. Os delinquentes pularam para cima dele. Uma cascata de coturnos descia com estrondo pela escadaria acima deles, pulando três ou quatro degraus por vez. Mais homens vieram de baixo. Francis tinha sido emboscado, pego, derrocado, *abattu*. Ele foi espancado, esmurrado, chutado. Seu quarto foi revirado, assim como seu rosto.[15] Seu braço sofrera fraturas. Na escadaria do hotel, os sádicos colaboradores parisienses[16] deixaram Francis quebrado e ensanguentado.

EM DOZE HORAS A Avenue Foch decapitou a Resistência apoiada pelos britânicos no norte da França.

Era o auge do verão em Paris e os comandantes da Gestapo na Avenue Foch – assim como o alto escalão de Baker Street – estavam confiantes de que a invasão da Europa era iminente. Aos olhos dos que sobreviveram, era um fenômeno que a liderança da PROSPER não tivesse sido cercada por Herr Bömelburg antes. De acordo com seus captores, Andrée, Francis e Gilbert estavam no radar havia muito tempo.

A rede PROSPER tomara a infeliz decisão de se rebelar cedo, de se organizar com rapidez e pousar atrás das linhas inimigas antes que houvesse um grande exército de *partisans* para protegê-los da vista. Baker Street agora profissionalizava a força de candidatos a agente com vistas ao iminente ataque. Seria melhor evitar catástrofes daquela magnitude no futuro. Nada disso importava para Francis naquele momento. A verdadeira razão de sua queda jamais seria conhecida, só era possível fazer conjecturas, mas havia motivos por todos os lados: uma rede clandestina amadora armada estava correndo contra o tempo com os preparativos para o Dia D e sofria com as transgressões; a própria natureza da rede rebelde era insegura.[17] Eles estavam sendo caçados por profissionais.

DO OUTRO LADO DE Paris, onde as ruas eram largas e os galhos das árvores se estendiam em direção ao céu em um abraço generoso de luz e ar, nos andares superiores do número 84 da Avenue Foch, Andrée, Gilbert e Francis resistiram a dias de interrogatório orquestrado pelo braço de contraespionagem da Gestapo.

Os interrogadores fizeram uma oferta: se os líderes confessassem, ninguém que fosse preso em consequência daquilo seria torturado ou morto, nem mesmo tratado como espião. Os prisioneiros seriam vistos como soldados, com deferência, encarcerados de acordo com as leis internacionais.

Os nazistas suspenderiam as políticas criminosas de *Nacht und Nebel* – noite e nevoeiro –, as execuções secretas, em troca de transparência, cooperação total e uma pequena chance de verem a luz do sol novamente.

Francis foi interrogado continuamente por três dias, sem permissão para comer, beber e dormir. Naquele pequeno escritório no quarto andar do número 84, o conteúdo do cofre mais valioso do edifício foi revelado: fotos de materiais coletados nos malotes de correspondência nos meses anteriores foram "de grande valia no interrogatório da rede Prosper".[18]

Foi quando Francis Suttill viu uma cópia de sua carta para Margaret, sua "Querida esposa".

CAPÍTULO 19

É chegada a hora da ação

Franca e Londres

Chegou um comunicado urgente à sala 52 da Norgeby House, na Baker Street, vindo da Estação 53: Monique, Prosper e Archambaud tinham desaparecido.

Ao final da lua minguante de junho, os carros pretos da Gestapo estavam espalhados pelos subúrbios e pelas áreas rurais ao redor de Paris, pela costa do Atlântico e do canal da Mancha, pela região da Normandia e da Touraine e pelas florestas ao longo da fronteira com a Bélgica. Grupos de 10 a 20 soldados alemães invadiam celeiros, porões, casas, *châteaux*, galpões, hotéis, lojas, escolas e igrejas. Andando em bandos, estavam à caça de armas; voltaram a Paris com combatentes pela liberdade. De acordo com o coronel Buckmaster, da noite para o dia "homem após homem foi apanhado, as prisões habilmente sincronizadas pelos alemães, para que ninguém pudesse soar o alarme".[1]

A primeira lua nova após a prisão de Andrée, Gilbert e Francis foi um banho de sangue para a Resistência no norte da França – em particular, para as redes estabelecidas ao longo da costa do canal da Mancha. Uma prisão levou a outra, até que pelo menos 240 *partisans* dos subcircuitos da rede PROSPER tivessem sido detidos.[2] Com uma invasão de verão a caminho, o exército rebelde fora dizimado justamente na região em que seria mais necessário.

Buck acreditava que o movimento mais responsável era retirar os agentes de campo. Ele se comunicou via rádio com o que havia restado das redes do Norte. Os agentes expostos deveriam retornar à Inglaterra. Permanecer em Paris era um risco. Muitos agentes, não apenas da Seção F, mas também da Seção RF, estavam desaparecidos. O representante do general De Gaulle na França, Jean Moulin, havia sido capturado junto com líderes locais da Resistência francesa na mesma noite em que Yvonne e Pierre foram presos. Todos os tenentes que tiveram contato com as organizações estavam contaminados. Todos os endereços eram suspeitos, todos os cafés e todas as senhas estavam comprometidos; provavelmente todos estavam sendo seguidos.

Lise, que enviava mensagens por meio de Andrée, foi chamada de volta a Londres. Em Bordeaux, seu irmão Claude e sua mensageira, Mary Herbert, também receberam ordens de retornar. Um avião os levaria de volta à Inglaterra nas luas cheias seguintes.

Os *partisans* recrutados no local que tinham sobrevivido às batidas não iriam; nem tinham como. Eram franceses. Paris era a casa deles. Eles esperavam um dia se reagrupar e reconstruir tudo. "Nenhum de nós pensou em parar ou fugir: se quiséssemos salvar nossas peles, não teríamos continuado a trabalhar; pelo contrário, quando Suttill e os outros desapareceram, isso nos incentivou a redobrar nossas atividades", disse um tenente da PROSPER.[3] Precisava haver um exército rebelde à espera quando os Aliados retornassem à França.

"Mas, conforme o tempo passava, todos nós sabíamos que seria um milagre se não fôssemos presos."[4]

Lise não fazia ideia dos motivos por trás daquela ordem, apenas que precisava deixar Poitiers o mais rápido possível. Ela abandonou seu lindo apartamento mobiliado, com o aluguel mensal já pago, largou um maço de dinheiro em uma estante – era um valor tão alto que o simples fato de andar com ele seria incriminador – e aproveitou a oportunidade para vagar pelo interior como uma turista casual. Fazia longas caminhadas a esmo e "levou uma vida diferente",[5] até que o avião a levou para casa.

A Londres do fim de junho estava bonita, seca e amena, mas o clima em Baker Street era pura melancolia. "Pensar nos agentes capturados era uma preocupação constante", disse um jovem sargento.[6]

Por fim, as FANYs da Estação 53 decodificaram uma mensagem da França com alívio e alegria. O melhor operador da Seção F, Gilbert Norman, estava de volta às transmissões. Seu rádio estava funcionando.

Ele estava vivo.

Gilbert disse que estava escondido. Confirmou que Andrée e Francis estavam presos.

Vera Atkins recebeu o comunicado urgente na sala 52. Naqueles dias sombrios, cheios de más notícias, ela ficou nas nuvens; mal havia lua no céu, apenas um leve contorno. Gilbert era um operador de rádio sensacional, como lembraria um oficial de comunicações, pois ele "inseria confirmações secretas e também despistava o inimigo em todas as suas mensagens".[7] Durante todo o tempo que passou na França, Gilbert nunca deixou de informar às FANYs, por meio de duas confirmações de identidade previamente combinadas, que não estava transmitindo sob coação, ameaçado pelos inimigos. Ele jamais se esquecia de informar isso a elas.

Quando a tão esperada mensagem de Gilbert chegou, parecia ser uma transmissão legítima, mas faltava uma de suas confirmações de identidade. Pela primeira vez em oito meses ele sinalizava algo estranho. Uma das FANYs que recebeu a mensagem levantou diante de seus superiores a hipótese de que Gilbert poderia ter sido capturado. Ela conhecia a "grafia" dele, sua marca particular em código Morse, e disse que a mensagem era "inusitada, hesitante – muito provavelmente o trabalho de um homem pressionado, fazendo a transmissão de forma contrariada".[8]

Buck desconsiderou as preocupações dela. Ele confiava em Gilbert, dizendo que "ele preferia dar um tiro em si mesmo" a trair o Escritório.[9] Ficou indignado com o fato de Gilbert ter esquecido sua confirmação de identidade e disse isso em sua resposta:

GRAVE VIOLAÇÃO DE SEGURANÇA QUE NÃO DEVE SE REPETIR NÃO PODE ACONTECER NOVAMENTE PT[10]

A partir daquele momento, os especialistas em rádio do terceiro andar do número 84 da Avenue Foch se certificariam de sempre incluir as confirmações de identidade de Gilbert ao se comunicarem com Londres nas frequências e nos horários particulares dele, usando seus códigos exclusivos.

Na Avenue Foch, mostraram a Gilbert a resposta de Buck e ele não acreditou. Deixara de fora o sinal de segurança deliberadamente, para alertar

Londres. Qual era o sentido de ter dispositivos de proteção se o QG os ignorava? No momento mais crítico, as confirmações de identidade de Gilbert não significaram nada para o Escritório. Sem qualquer apoio aparente de seus comandantes em Baker Street, ele se rendeu.

Gilbert concordou em trabalhar para os nazistas da Avenue Foch.[11]

A REDE PROSPER ESTAVA acabada. Andrée foi transferida para a prisão de Fresnes. Gilbert ficou detido no sótão da Avenue Foch, para enviar mensagens de rádio em seus horários preestabelecidos. Francis seria enviado a Berlim para passar por mais uma bateria de interrogatórios. Ele era o mentor da importante rede parisiense, acreditavam os nazistas, então certamente saberia a data da invasão.

Gilbert ficou cada vez mais à vontade no sótão. Os homens de Bömelburg mantinham agentes britânicos[12] nos andares superiores da Avenue Foch como se fossem animais de estimação, a fim de provocar psicologicamente novos prisioneiros durante os interrogatórios, responder a confirmações de identidade no jogo do rádio e servir como talismãs, prova do poder alemão em uma guerra perdida. Para Gilbert, a vida na Avenue Foch era muito mais fácil do que a vida em Fresnes: sua comida era igual à dos oficiais do alto escalão e no quartel-general da Gestapo de Paris havia manteiga, ovos, bifes, chocolate, café de verdade. Também havia recompensas pela colaboração ativa: bolos, conhaque, charutos e bom tratamento. Os prisioneiros favoritos eram levados a restaurantes e tratados como amigos, recebendo flores e presentes em seus aniversários.[13] Ao cooperar, Gilbert acreditava que estava poupando seus ajudantes clandestinos do destino cruel que seria encarar um tribunal militar, "que condenaria centenas deles à morte".[14] Gilbert revelou detalhes de quase todas as redes apoiadas pelos britânicos que se estendiam pelas costas do Atlântico e do canal da Mancha, passando pela fronteira com a Bélgica e chegando ao vale do Loire. Pistas de pouso foram identificadas e destruídas; esconderijos de armas, revelados. Gilbert ajudou a elaborar organogramas dos líderes do Escritório, dos circuitos e dos subcircuitos, que seriam todos repassados a Berlim.

Assim que Gilbert indicou onde a Avenue Foch deveria procurar, os moradores que ainda não haviam se escondido foram presos. Ou mortos.

Nos dias que se seguiram, quando os membros do circuito eram levados às salas de interrogatório na Avenue Foch, Gilbert ficava ali assistindo. Ele sempre demonstrava "entusiasmo", "bastante ímpeto".[15] Agora exortava os *partisans* a falar o máximo possível com o inimigo, a entregar cada minúsculo fragmento de informação até o último detalhe. "Não adianta negar a verdade", dizia ele.[16] "Eles sabem de absolutamente tudo, nos mínimos detalhes. Se você teimar, isso só vai piorar a situação e outras pessoas vão ser acusadas também; mas, se falar a verdade, os peixes pequenos não serão implicados." Ele contava a cada novo prisioneiro sobre seu acordo com a Gestapo, dizia que em troca de informação estava salvando as vidas deles, que os nazistas tinham dado sua palavra de honra como oficiais.[17] Ele previu um fim rápido para a Ocupação. "Nos veremos depois da guerra, se não antes."[18]

Apesar das dúvidas iniciais das FANYs em relação à captura de Gilbert, Baker Street continuou a transmitir para o rádio dele. A estratégia do Escritório era manter a conversa mesmo quando havia alguma suspeita, sempre agir como se o operador estivesse livre, na esperança de que ele pudesse ser uma fonte contínua de informações úteis para os nazistas, de que cada dia em que o jogo do rádio continuasse seria mais um dia em que o operador se manteria vivo. Por mais que o jogo estivesse perdido, aquilo podia ser a diferença entre a vida e a morte para um agente preso – tempo suficiente para organizar uma fuga.

"Não sei ao certo", disse um chefe da espionagem alemã quando Gilbert revelou a extensão e a profundidade das operações secretas de sabotagem no norte da França, "quem vamos enforcar primeiro quando chegarmos a Londres: Winston Churchill ou o coronel Buckmaster."[19]

SEMANAS DEPOIS, UM SINAL telegráfico viajou por entre os raios de sol em uma floresta da Baviera.[20] Foi captado por uma antena; a seguir, o impulso viajou terra abaixo, em direção a um bunker.

Em Obersalzberg, Alemanha, cercado por três cinturões de arame farpado e por campos minados, em seu casulo de concreto e aço, Adolf Hitler recebeu uma injeção de ânimo graças às informações sobre o progresso da guerra na França.

O relatório criptografado vinha do serviço secreto de Paris na Avenue Foch, contendo detalhes sobre a prisão de Jean Moulin, embaixador do general De Gaulle na França. Também fornecia informações atualizadas sobre o status da operação terrorista britânica em Paris, que indicavam uma vitória quase completa do Reich.

No verão de 1943, recém-derrotado em Stalingrado, o Führer se mantinha confiante de que seu Reich duraria mil anos ou mais. Os alemães estavam se preparando para a maior batalha de tanques da história contra os soviéticos, em Kursk. Hitler deu pouca atenção aos ataques aéreos dos Aliados contra alvos alemães: um bombardeio em Hamburgo matou mais de 40 mil pessoas em uma noite, um número de civis igual ao de britânicos mortos na Blitz. "Uma catástrofe de tal proporção que simplesmente confunde a imaginação", escreveu Goebbels em seu diário, sem aparente ironia.[21]

O Führer saboreou a notícia do triunfo da Gestapo de Paris:

FOI DESCOBERTA TAMBÉM UMA IMPORTANTE ORGANIZAÇÃO TERRORISTA BRITÂNICA ENVOLVIDA NO ARMAZENAMENTO DE MATERIAL DE SABOTAGEM E DE ARMAS AUTOMÁTICAS NAS PROXIMIDADES DE CENTROS DE COMUNICAÇÃO VISANDO À INTERRUPÇÃO DO TRÁFEGO DE INFORMAÇÕES NA FRANÇA OCIDENTAL NO ADVENTO DE UM DESEMBARQUE E O ISOLAMENTO DA BRETANHA E DA NORMANDIA PT[22]

Em seu bunker, Herr Hitler continuou a leitura. Era um relatório encantador:

ESTAS ARMAS FORAM ENTREGUES POR VIA AÉREA E EM DETERMINADO MOMENTO FORAM DISTRIBUÍDAS À POPULAÇÃO CIVIL QUE APOIADA PELAS TROPAS PARAQUEDISTAS BRITÂNICAS DARIA ENTÃO PROCEDIMENTO À DESORGANIZAÇÃO DAS COMUNICAÇÕES ALEMÃS PT

O serviço de segurança alemão tinha compreendido a estratégia da clandestinidade para o Dia D – cortar os telefones e isolar a Normandia e a Bretanha – e a Gestapo tinha acabado de desvendar a maior organização de espionagem da França. Além das prisões, eles capturaram rádios e códigos que podiam ser utilizados para entrar em contato com Londres de acordo com as ordens de Berlim. Fora um triunfo para o Reich.

UM DOS CHEFES DA ORGANIZAÇÃO ERA UM MAJOR DO EXÉRCITO BRITÂNICO NASCIDO NA FRANÇA QUE FALA UM FRANCÊS PERFEITO PT

OS CHEFES DOS SETORES NORTE E NOROESTE TAMBÉM FORAM PRESOS
SENDO QUE UM DELES É SOBRINHO DE CHURCHILL PT

Hitler não sabia o nome do major britânico nascido na França, Francis Suttill, nem que seu codinome era Prosper, mas entendia a utilidade de um prisioneiro que era próximo da família Churchill.

A frase seguinte era inebriante:

ESPERA-SE QUE MAIS PRISÕES SEJAM FEITAS PT

O telegrama revigorava a confiança de Hitler no inevitável domínio dos nazistas sobre a Europa Continental:

ESTA ORGANIZAÇÃO QUE FOI ESTABELECIDA BEM RECENTEMENTE RE-
PRESENTOU UM GRAVE PERIGO EM CASO DE DESEMBARQUE PT NUMA
ÚNICA BATIDA FORAM ENCONTRADAS 240 SUBMETRALHADORAS E A COR-
RESPONDENTE MUNIÇÃO PT[23]

Era o crepúsculo dos deuses, o *Götterdämmerung*.

Dizia-se que Hitler jamais sorria. Mas ele sabia que sua guerra poderia ser vencida e sua confiança era contagiante. O Reich ainda possuía 2 milhões de quilômetros quadrados de "sala de estar" ariana – o *Lebensraum* – e, com ela, um continente inteiro de trabalho escravo. E estava construindo uma muralha impenetrável ao longo de sua costa atlântica.

Hitler afirmou a seus generais que as prisões em Paris atrasariam a invasão da França pelos Aliados em pelo menos um ano.[24]

OS SINOS DA CATEDRAL repicaram as horas em todo o Loire.[25] Andorinhas saíram dos contrafortes de uma torre gótica em Blois. No hospital ao lado, instalado em uma antiga abadia e administrado por freiras, Yvonne Rudellat estava internada com uma bala alojada na cabeça.

Ela estava pálida e com as faces encovadas. Yvonne acreditava na medicina oriental e depositava mais fé em alimentos crus e na meditação transcendental do que no Santo Padre; agora estava sendo ressuscitada por freiras, em uma sala com vista para o caminho dos peregrinos. Estava afundada nos lençóis de sua cama, mas seu coração continuava a bater e suas pálpebras tremiam.

Um dia depois de Yvonne ser baleada, ela recuperou a consciência. A 2.700 quilômetros por hora, a bala havia rasgado seu cabelo, perfurado o couro cabeludo, atingido seu crânio e parado ali, alojada em uma sólida caixa de osso.[26] O projétil não perfurou sua cabeça nem saiu dela, não penetrou no cérebro macio e semilíquido nem danificou a medula espinhal; apenas rompeu fibras nervosas e dilacerou vasos sanguíneos.[27] Ela perdeu sangue, depois a consciência. A bala foi como uma marretada na cabeça e seu pequeno corpo absorveu as ondas de choque que dissiparam a energia do ataque.

A cirurgia poderia esperar, decidiu o hospital. O dr. Maurice Luzuy optou por deixar a bala na cabeça de Yvonne; a carne e os tendões em torno dela iriam cicatrizar e, em algum momento no futuro, poderia ser feita uma cirurgia para remover os estilhaços. Foi feito um curativo e a ferida era limpa a cada poucas horas; o maior risco à vida dela era uma septicemia. Dentro da realidade do cativeiro nazista, pensou o médico, uma bala na cabeça "poderia ser uma vantagem para ela".[28]

A recuperação de um ferimento a bala e de um traumatismo craniano é lenta, agonizante e incerta. O prognóstico do médico era de que Yvonne poderia esperar uma série de sintomas: convulsões, distúrbios mentais, paralisia e perda da fala; seus sentidos seriam alterados, ela teria alucinações – estrelas e escuridão, flashes de luz –, seus ouvidos zumbiriam, ela poderia perder o paladar ou o olfato. A hipótese médica mais sensata dizia que Yvonne estaria sentindo dor; ela teria fortes dores de cabeça que se irradiariam pelo queixo e pelo pescoço até os ombros e o esterno. Não era um futuro bonito, mas ela ia sobreviver. Quando Yvonne voltou ao mundo das brumas do coma, o dr. Luzuy declarou que ela provavelmente recuperaria quase todas as suas faculdades, exceto a memória, "o que, pensei, dadas as circunstâncias, não seria uma coisa ruim".[29]

Yvonne era uma paciente e também uma prisioneira do Reich. Para os membros de seu circuito, o estado de saúde precário de Yvonne representava uma esperança. Era muito mais fácil visitar um prisioneiro em um hospital do que na prisão. Os membros sobreviventes da rede iam com frequência sentar-se ao lado da cama de "nossa Jacqueline",[30] sem se deixar abater pelos nazistas que a vigiavam. "Quem sabe até houvesse alguns agentes secretos lá dentro, pagos pelos alemães", disse um morador que fazia visitas regulares, questionando-se sobre o verdadeiro estado de saúde de outros pacientes na enfermaria.[31] Ele sussurrou para Yvonne:

– Logo, logo você vai acordar e nós vamos tomar chá juntos de novo.

Ela estava desorientada, mas ele tinha certeza de que o reconhecia. De qualquer modo, ela não respondeu.

Por meio de grandes e pequenos gestos, a equipe do hospital e os compatriotas de Yvonne conspiraram para mantê-la longe de seu destino como inimiga do Reich. As mulheres da rede de Yvonne levaram para ela uma camisola nova e contrabandearam doces ricos em manteiga, açúcar e geleia. Disse uma moradora local: "Tentamos deixar os dias dela mais fáceis."[32] Não se tratava apenas de Yvonne ser amada por aqueles que trabalharam para ela, que se emocionaram com sua "dedicação aos companheiros, sua coragem, firmeza e espírito de resistência";[33] havia razões práticas para monitorá-la enquanto se recuperava: Yvonne estava entre as últimas pessoas nas redondezas que haviam conseguido fazer contato com Londres de maneira confiável. Além disso, se os nazistas conseguissem interrogá-la, os depósitos de armas restantes poderiam ser capturados e outros membros da rede seriam presos. Ela não podia ser interrogada.

Nos dias que se seguiram ao acidente de Yvonne, a Gestapo tentou interrogá-la várias vezes. Jovens de botas de cano alto e uniformes apertados chegavam à entrada do hospital junto ao rio e marchavam pelo labirinto de enfermarias até o quarto dela. Quando as recepcionistas os viam, alertavam a ala de isolamento, soando um alarme nos fundos do hospital, onde Yvonne repousava, para que seus médicos pudessem administrar Pentothal, um anestésico geral de ação rápida.[34] Após abrir caminho até a cama dela, os nazistas a encontravam em sono profundo.

Os dias de convalescença de Yvonne se transformaram em uma espécie de rotina conforme sua figura espectral recuperava a força e a saúde. Uma série de planos de resgate ganhou forma à medida que ela melhorava – alguns esquemas mais viáveis que outros. Hospitais são vulneráveis: existem pontos de transferência, nós em uma cadeia de responsabilidades, pouquíssimos carcereiros profissionais, uma equipe compassiva e muitas oportunidades de subornar alguém poderoso. A polícia era alemã; o hospital era francês.

Supostamente, havia túneis entre as criptas da igreja e as octocentenárias abóbadas da abadia original. Yvonne poderia ser conduzida para fora em uma maca ou cadeira de rodas por meio de passagens subterrâneas até chegar a um veículo, desde que alguém se lembrasse de onde ficavam os tais túneis secretos; ninguém sabia.

Quando Yvonne estivesse forte o suficiente para andar, ela poderia hipoteticamente sair da enfermaria com o hábito de uma das freiras, escondendo suas feridas, passando por uma porta de uso exclusivo da equipe médica, e então ser transportada para um esconderijo do outro lado do rio. Os membros do circuito imprimiram, em cera, a chave de ferro da porta, a fim de gerar uma cópia para ser usada no dia da fuga.

Conforme os planos de resgate foram sendo compartilhados na rede, a enorme dimensão da tragédia nos circuitos ligados à rede PROSPER ficou clara: Pierre Culioli tinha entregado a localização dos depósitos de armas e das zonas de lançamento ao redor de Blois e enviara cartas a seus tenentes instruindo-os a cooperar. Quando os nazistas voltaram para a região rural, levaram consigo muitos dos possíveis libertadores de Yvonne.

Os poucos agentes restantes em Paris ficaram sabendo da captura de Yvonne e enviaram uma enorme quantia à região para comprar sua libertação, 1 milhão de francos, o preço vigente para um agente britânico.[35] Em uma época em que a comunicação entre Londres e o norte da França estava afetada pela falta de rádios, pagar pela liberdade de Yvonne com o dinheiro que restava nos cofres era um tiro no escuro.

Quando compreendeu que havia um plano de resgate em andamento, Yvonne o desestimulou. Qualquer fuga colocaria mais *partisans* em risco, fazendo com que a tragédia de sua captura se prolongasse. Ela sabia que isso causaria uma enxurrada de desastres.

Sua presença no hospital de Blois era motivo de orgulho escancarado em meio àqueles dias agitados e úmidos. Ela se tornou uma celebridade local, uma convidada de honra, a senhora sabotadora, a velhinha da Inglaterra que lutava pela França contra a Alemanha.[36] A equipe do hospital desenvolveu um senso de dever em relação a Yvonne. Protegê-la era uma forma de expressar apoio à Resistência. Mantê-la viva e longe dos nazistas era um ato de patriotismo.

Uma noite, um jovem médico se divertia em um bar nas proximidades. Depois de algumas taças de vinho a mais, ele contou a história de Yvonne e foi entreouvido por soldados alemães. Subitamente chegaram ordens ao hospital: Yvonne seria transferida para um hospital-prisão em Paris.

Os 160 quilômetros da estrada que ligava Blois a Paris chiavam em um dia de verão e a ambulância de Yvonne era como uma lata repleta de umidade e enjoo. Ela estava acompanhada pelo chefe do departamento de saúde local, que a monitorava. Após muitas horas de viagem, a condição de Yvonne se desestabilizou, sua pulsação ficou irregular e a respiração, difícil.

O médico insistiu para que o motorista parasse e encostasse. A condição da paciente estava se deteriorando, disse. Ele teria que aplicar uma injeção, caso contrário ela morreria muito antes de chegar ao hospital de Paris.

A ambulância reduziu a velocidade até parar no acostamento. Insetos zumbiam nos campos e o alemão que fazia a escolta abriu a porta para descer do veículo, arma em punho.

– Se você me permite, eu gostaria de sair – disse o nazista, respirando fundo o ar inebriante do verão. – Não posso ver sangue.[37]

A lua continuou crescendo. O ciclo de 28 dias de expectativa noturna da França se repetiu em meados de julho. Grandes aparelhos de rádio, de madeira, estavam posicionados no centro das salas de estar, afastados das paredes, das janelas e de vizinhos curiosos. O ritual noturno da BBC agora fazia parte do imaginário nacional. "Você ouviu às 9h20 que um judeu matou um soldado alemão e comeu o coração dele?", uma pessoa perguntava. "Isso é impossível por três motivos: os alemães não têm coração, os judeus não comem porco e às 9h20 todo mundo está ouvindo a BBC." A transmissão em francês preparava o país para uma única notícia no verão de 1943: o anúncio da invasão dos Aliados. O verão e o clima mais ameno tornavam a travessia do canal da Mancha mais fácil. Quando teve início a lua cheia de julho, o correspondente militar francês da BBC expôs detalhes explícitos do ataque iminente:

> Os exércitos inglês e norte-americano desejam desembarcar o mais rápido possível em solo europeu. Os países ocupados esperam impacientes, mas uma expedição de tais proporção e importância requer preparativos demorados e complicados.[38]

Todos os franceses soltaram um suspiro de alívio ao digerirem, com reservas, uma notícia boa: a de que a Europa estava testemunhando uma "batalha aérea de proporções sem precedentes". Praticamente nenhum canto da Europa de Hitler estava agora fora do alcance das aeronaves dos Aliados. Os exércitos anglo-americanos estavam, naquele momento, sendo treinados para pousar na areia das praias.

O mundo inteiro espera, impaciente, pelo dia em que finalmente será possível dar início ao ataque final.

Em Londres, os espiões de Baker Street estavam todos de prontidão, pois também tinham ouvido quando o locutor da BBC disse:

As chances de sucesso aumentam a cada dia.

NA NOITE DE SÁBADO, 10 de julho de 1943, o quarto crescente despontou por trás da Torre Eiffel, enquanto as *familles* parisienses se reuniam em torno do rádio.

Houve uma reportagem especial dirigida à França:

As Forças Armadas das nações aliadas lançaram hoje uma ofensiva contra a Sicília. É a primeira etapa da libertação do continente europeu. Haverá outras.[39]

A notícia era maravilhosa e terrível, animadora e triste. Os Aliados tinham desembarcado na Europa, mas não foi na França. A libertação estava tão perto, mas a meio continente de distância.

Ao longo de 160 quilômetros da perigosa orla marítima do Mediterrâneo, a Sicília viu a primeira invasão das tropas aliadas na Europa, em "um ataque anfíbio de complexidade singular".

Contudo, muitos *partisans* haviam arriscado suas vidas na França; muitos desses jovens ainda estavam nas colinas. Outros tantos já haviam morrido e muitos se juntavam aos *maquis* diariamente. Embora a rede PROSPER tivesse sido destruída, havia milhares de rebeldes armados, esperando, a postos. A França queria se libertar, mas não poderia fazer isso sem um exército aliado. A liberdade chegou primeiro à Itália, o país que tinha inventado o fascismo e então aderido avidamente à doutrina de Herr Hitler.

A BBC não ignorou o fato de que o anúncio seria recebido com indignação na França.

Em tom formal e comedido, o apresentador prosseguiu:

> Exorto o povo francês a manter a calma, a não se deixar enganar pelos falsos boatos que o inimigo pode vir a espalhar. As transmissões de rádio dos Aliados irão mantê-los informados sobre a evolução das operações militares.

O moral estava prestes a desabar. Como manter a esperança após anos de Ocupação? Não havia reservas às quais a Resistência pudesse recorrer. Como poderia a rebelião conservar suas forças diante da decepção? A retomada das colônias francesas no norte da África não era suficiente; palavras noturnas de inspiração do general De Gaulle não eram o mesmo que soberania. O futuro da França dependia de sua liberdade, mas os Aliados haviam escolhido a Itália.

Aquela decisão fora tomada seis meses antes. Na Conferência de Casablanca em janeiro, os comandantes militares declararam que abririam a linha de ataque contra Hitler na Europa em 1943. O plano foi denominado Operação Husky: com a Sicília como cabeça de ponte, os Aliados lançariam a primeira grande ofensiva na Europa. A ilha ficava a apenas 16 quilômetros de distância do continente. Winston Churchill chamou aquilo de um "ataque contra a 'bolsa primordial' do Eixo".[40] As tropas britânicas e norte-americanas poderiam abrir caminho até a "bota", separar a Itália de Hitler e assumir o controle do Mediterrâneo ao mesmo tempo que desviariam o poder de fogo da Wehrmacht do front russo.

> Contamos com seu sangue-frio e com seu senso de disciplina. Não ajam com precipitação, pois o inimigo está à espreita.[41]

Na Avenue Foch, o destino dos "terroristas" recém-capturados – Andrée e Gilbert entre eles – mudou imediatamente. Não havia mais sentido em torturar Andrée para arrancar a data de uma invasão que não ocorreria naquele verão. Berlim sabia tão bem quanto Londres e Washington que os Aliados não tinham força suficiente para montar campanhas simultâneas na Itália e na França.

Quando chegar a hora da ação, nós avisaremos. Até lá, colaborem seguindo nossas instruções. Ou seja, mantenham a calma, conservem as forças.[42]

Se o povo francês decidisse entrar em combate naquela hora, não poderia contar com o apoio dos Aliados para o levante. Não haveria desfile da vitória marchando ao som de "Sambre-et-Meuse" no verão de 1943. A França tinha recebido ordens de esperar. *Attentisme*.

Repetimos: quando chegar a hora da ação, nós avisaremos.[43]

Hitler teria mais um verão para reforçar sua Muralha do Atlântico.

Parte III

CAPÍTULO 20

Beijos

Prisão de Fresnes[1]

No pátio da prisão de Fresnes, de vez em quando Andrée Borrel ouvia um compasso ou outro da Marselhesa, embora os oficiais alemães proibissem qualquer um de cantar o hino. As notícias circulavam pela prisão: informações eram sussurradas através da tubulação, repassadas em bilhetes entre os companheiros de cela, batucadas em código Morse. Todos os prisioneiros sabiam que os Aliados haviam desembarcado na Itália. Andrée sempre acreditou que sobreviveria à guerra, que Hitler perderia. Ela disse isso a seus colegas e insistiu que eles mantivessem o entusiasmo e animassem uns aos outros.[2]

Andrée estava radiante, na medida do possível, depois de retomar contato com o mundo exterior na virada de 1943 para 1944. De alguma forma, ela convenceu uma carcereira a mandar sua roupa suja à irmã para que ela a lavasse. Com uma caligrafia delicada num finíssimo papel de enrolar cigarros, Andrée enfiou mensagens nos forros de sua lingerie e de suas luvas, com pedidos básicos do dia a dia, notícias e informações cifradas de maneira complexa para os poucos membros da clandestinidade que ainda atuavam em Paris.

"*Chère* Lily", era como Andrée começava suas cartas. Sua irmã Leone tinha engravidado no verão anterior e agora havia um bebê, um sobrinho – qual era o nome dele? Na cascata do desastre da PROSPER, o marido de Leone, Robert, também havia sido capturado, então a família precisava de dinheiro: Andrée insistiu para que a irmã vendesse tudo – todos os pertences dela. Não deveria faltar nada a Leone nem à mãe delas. (E certamente não às custas desta prisioneira, disse Andrée com sarcasmo; devido à sua nova "situação militar",[3] ela não precisava de muita coisa.) O único item que ela não queria que Leone vendesse era o colar de ouro; talvez o quisesse quando acabasse a guerra. Ainda havia dinheiro por chegar a Paris por meio da organização britânica: Andrée continuava recebendo um salário em Londres; tudo que lhe era devido estava sendo reservado. Os prisioneiros de Fresnes estavam convencidos de que 1944 seria o ano da libertação.

Andrée pedia comida: chá, azeite, geleia. Deve haver suprimentos largados pelos aviões britânicos, escreveu. Leone poderia colocar alguns cubos de açúcar no fundo do pote de geleia. Ela também precisava de sabonete, pasta de dentes, absorventes íntimos. E cigarros. Pediu que Leone se lembrasse dos fósforos. No Natal, a Cruz Vermelha dava bolo de gengibre para os prisioneiros – em tal quantidade, escreveu Andrée, que ela ficara empanturrada.[4] Andrée temia que sua mãe ficasse sabendo que ela estava na prisão, então implorava que não enviasse nenhum pacote se houvesse o risco de *Maman* descobrir.

Havia tarefas para Leone: Andrée estava encomendando roupas em Paris.[5] Será que a irmã se importaria de ir ao ateliê para pegar os ternos? Por acaso, a costureira estava conectada à rede clandestina. "Diga a ela que me arrependo de não ter podido convidá-la para almoçar", era a mensagem, "mas isso vai acontecer em breve, e será melhor do que na Taverne de Genève." Mencionar a última refeição juntas era uma verificação de identidade, uma forma de confirmar a veracidade do remetente. A costureira entenderia as demais conotações, mais profundas.[6]

Andrée continuou a trabalhar para o Escritório, mesmo na prisão. Tinha um casaco de inverno, portanto não precisava de um, mas não tinha botas nem calças quentes. A roupa de inverno fora guardada em Trie-Château com um colega rebelde, que também saberia que Andrée estava confirmando sua identidade quando Leone entregasse a mensagem. Como sua irmã instruiu: "Você vai dizer que Andrée está muito feliz, que deixa que ele fique com as provisões e que espera que durem." As chamadas provisões provavelmente eram suprimentos de contêineres que não haviam sido confiscados pelos nazistas quando o circuito foi desbaratado. Andrée pediu a Leone que retransmitisse qualquer mensagem pela roupa limpa.

A lista continuava: Será que Leone poderia mandar chinelos de pele de coelho para as irmãs Tambour, também em Fresnes? Andrée tentava manter a higiene, escreveu ela, usava uma combinação debaixo do terno para não sujá-lo, mas não tinha levado as roupas certas para a prisão; tendo que instruir um nazista armado sobre o que coletar em seu apartamento, fora difícil pensar com clareza. Os interrogadores da Avenue Foch encontraram o endereço de Andrée na pasta de Pierre Culioli. Com Gilbert, eles descobriram onde seus sogros moravam; ele tinha escondido um aparelho de rádio lá. (Ela escreveu que poderia, no entanto, ser uma insensibilidade mencionar a perfídia de Gilbert aos sogros de Leone, cujo filho tinha acabado de ser preso na varredura.) O ex-amante de Andrée, Maurice Dufour, jamais revelara uma única palavra sob tortura; Maurice não se comoveu nem mesmo com as ameaças de estupro coletivo de Andrée.

Agora Gilbert delatara uma rede inteira para a Avenue Foch.

Isso também aconteceu com o outro Gilbert, Henri Déricourt.[7]

Andrée escreveu que estava aproveitando o tempo disponível. Estava tricotando um suéter e precisava de agulhas finas, tesouras, fechos e enfeites. Também estava estudando inglês e pediu um livro didático.

As cartas que Andrée enviava da prisão eram esquisitas e pareciam escritas em um código sutil, compreendido apenas por irmãs e por membros da clandestinidade. É difícil imaginar que ela estava de fato encomendando ternos à costureira num momento em que todos os tecidos franceses haviam sido despachados para a Alemanha como tributo pela Ocupação; ou que um livro de inglês seria um pedido inofensivo que entraria facilmente em uma prisão controlada por alemães.

Se alguém encontrasse as missivas ocultas de Andrée, talvez não soubesse exatamente as intenções por trás de seus pedidos. Depois de quatro anos de Ocupação, os franceses tinham o hábito de colocar poucos detalhes na escrita, de dizer coisas por meio de alusões e implicações, pois tudo era censurado. Havia um alto risco em repassar as notas de Andrée e as penas seriam gravíssimas se aquela comunicação fosse descoberta. Suas instruções a Leone pareciam enormes charadas.

Os grandes e óbvios apelos estavam escondidos por trás do cifrado e do mundano. Ela disse à irmã para queimar os papéis que havia em suas malas. Acrescentou que qualquer vestígio de mensagens sem fio obviamente tinha que desaparecer. Queria saber quem tinha aparecido para perguntar sobre o quarto alugado de Andrée. E avisou que, se alguém chegasse dizendo ser portador de uma mensagem enviada da prisão de Fresnes, Leone não deveria confiar. O mais importante, advertiu Andrée, a irmã não deveria confiar em ninguém para repassar de volta uma mensagem: seria claramente uma armadilha.

Cuide-se, disse ela. *Bon Noël.* Feliz Natal. Ela desejou feliz aniversário tanto para a irmã quanto para a mãe.

"Acho que vou ser mandada para a Alemanha."[8]

Baisers. Beijos.

CAPÍTULO 21

Uma incumbência patriótica

Poitiers

O aluguel estava pago, a lua estava minguando e nas primeiras horas do dia 18 de fevereiro de 1944 a agente Mary Herbert sentou-se na cama para amamentar sua filha recém-nascida, Claudine, de 2 meses.

Mary fixou residência no confortável e agora vazio apartamento de Lise de Baissac ao lado da sede da Gestapo. Lise e Mary tinham uma relação de amizade – haviam se formado na mesma turma em Beaulieu – e, desde que Mary chegou à França no *Seadog*, junto com Odette, ela se tornou mensageira da rede SCIENTIST, de Claude, na região costeira.

Agora Lise e Mary eram uma família: Claude de Baissac era tanto o oficial comandante de Mary quanto o pai de seu filho. No início ele não queria uma mulher sob suas ordens, já que "os nervos delas geralmente não são fortes o suficiente para o trabalho".[1] Mas o intelectualismo discreto de Mary o convenceu do contrário. Eles formavam uma equipe confiável e coesa (mais coesa do que o aconselhável, para os padrões militares; o bebê havia sido planejado).

– Claude e eu estamos fazendo o possível para ter um bebê – anunciou Mary a Lise certa noite, na primavera anterior.

– Vocês estão completamente loucos – disse Lise. – O que vão fazer com um bebê no meio da guerra?

– Eu quero um bebê – respondeu Mary.

Ela estava com 40 anos, vinha de uma pequena e antiga família de *recusants* – o movimento católico britânico dos que se recusaram a se converter após a Reforma – ela queria ser mãe.

– Por favor, você me daria um filho? – pediu Mary a Claude.

Ele deu.

Mary "não queria um marido, ela queria um filho", disse Lise.[2]

O circuito de Claude em Bordeaux tinha sido uma "organização poderosa"[3] em uma região cheia de simpatizantes de Vichy, muitos deles ex-soldados da direita militar, os *anciens militaires*. Claude tinha sido "um dos organizadores mais competentes que já enviamos para a França", disseram seus comandantes. A rede SCIENTIST tinha 20 mil combatentes paramilitares. Claude também mobilizou 30 mil simpatizantes que poderiam ser usados durante a invasão dos Aliados. Em seu primeiro ano de atuação, suas equipes receberam 121 lançamentos: 1.600 contêineres e 350 pacotes, contendo 8.350 quilos de explosivos de alta potência, 7.500 submetralhadoras Sten, 300 metralhadoras Bren, 1.500 fuzis e 17.200 granadas.

Claude, assim como a irmã, era um prodígio e se tornou um agente secreto multifuncional. Foi despachado para planejar sabotagens, mas duvidava do valor dos Bangs como preparativos para o desembarque dos Aliados; quando chegou a hora, seus homens estavam prontos para impedir os alemães de usarem todas as linhas ferroviárias entre Bordeaux e a Espanha. Até o momento, Claude tinha fornecido informações importantes aos Aliados sobre o trânsito de entrada e saída da França. "Foi a inteligência de campo vinda de Bordeaux que praticamente acabou com os furos no bloqueio no tráfego entre a Europa e o Extremo Oriente este ano. A paralisação desse tráfego é da maior importância, visto que os suprimentos transportados são vitais para os japoneses."[4]

Mary trabalhou continuamente para Claude em seus dois primeiros trimestres. Sua gestação avançada era um belo disfarce – que mulher grávida trabalharia para a clandestinidade?

As tarefas de Mary terminaram muito antes de ela entrar em trabalho de parto. Lise e Claude foram exfiltrados de volta a Londres no mesmo voo, no verão de 1943, e Mary se escondeu em algum lugar da França. Todo mundo precisava desaparecer: a rede havia sido abalada pelas prisões[5] e eles eram rostos familiares para muitos dos agentes de Paris capturados – Andrée, Yvonne, Gilbert e Francis –, mas acreditava-se que, na condição em que estava, Mary não poderia viajar. Além disso, se voltasse a Londres, que tipo de vida ela poderia esperar? Gravidez era sinônimo de desmobilização. Que trabalho ela encontraria como mãe solteira, sozinha na Inglaterra?

A França, pelo menos, reverenciava as mães. A maternidade era vista como uma incumbência patriótica. Philippe Pétain justificou a derrota da França para Hitler pelo fato de haver "pouquíssimas crianças", a ideia de que bebês crescem e se tornam soldados e que assim a França teria tido força para resistir ao ataque alemão. Para o regime de Vichy, dar à luz era uma tarefa colaborativa; a reprodução era um serviço prestado à *patrie* – tanto que o controle de natalidade e o aborto foram criminalizados pela lei de Vichy, passíveis de multa de até 120 mil francos e 20 anos de cadeia. As defensoras do aborto iam parar na guilhotina. (O aborto era considerado um ato de traição; a prostituição era legalizada.)

Mary preferia a França, embora a guerra não fosse uma época feliz para os bebês. Ela dispunha de dinheiro do Escritório e um esconderijo cujo aluguel estava integralmente pago. Em 1944, o litoral estava sob constante bombardeio dos Aliados. Em Poitiers havia apenas algumas centenas de soldados alemães, em comparação com as inúmeras divisões estacionadas ao longo da costa. O apartamento de Lise era tão aconchegante e convidativo que, a certa altura, a Gestapo tentou requisitá-lo. Mary disse: "A vida em Bordeaux era muito desconfortável com um bebê."[6] Teria sido um péssimo lugar para criar a filha de Claude: a cabeça dele estava a prêmio. Ele era um dos homens mais procurados pela Gestapo.

No inverno de 1944, a invasão da França era quase uma certeza. Embora a campanha da Itália estivesse empacada em Monte Cassino – os Aliados ainda não haviam chegado a Roma –, havia a convicção tanto entre o alto escalão nazista quanto entre os comandantes aliados de que a frota anglo-americana cruzaria o canal da Mancha na primavera ou no verão. O mundo inteiro estava esperando por isso.

Na Inglaterra, Lise e Claude foram informados sobre seus papéis nos planos para o Dia D. Um novo esquema reuniu agentes especiais britânicos e norte-americanos com oficiais franceses; eles saltariam uniformizados de paraquedas após o desembarque para oferecer uma estrutura de comando à Resistência francesa amadora: a Operação Jedburgh. Quando os Jeds chegassem, Claude estaria lá esperando, um importante comandante *maquis* no norte da França.

Se Mary e Claude sobrevivessem à guerra, ele prometeu que um dia se casariam, para que o filho fosse legítimo. Ele faria a coisa certa, adequada, por sua nova família e, antes de deixar a França, atestou por escrito que o bebê era dele, com testemunhas do Escritório, o tipo de documento que poderia levar à morte todos os envolvidos. Não deixe nada por escrito, ditavam as regras de segurança, mas a carta era uma necessidade; por mais que atestasse que Claudine era uma filha bastarda, se Mary ou Claude morressem em ação, aquela era a única esperança de que a menina conseguisse uma pensão de guerra.

Ninguém em Baker Street sabia o que havia acontecido com Mary. Ela fugira de Bordeaux sem deixar vestígios. Munida das senhas para a jovem empregada de Lise, Mary assumiu o charmoso apartamento e a pilha de dinheiro na estante, bem como o "aquecimento e uma vida mais fácil". Não fez mais nenhum contato com Londres.

Antes muito magra, Mary tinha ganhado corpo durante a gravidez, mas estava frágil por causa do parto. Naquele dia de fevereiro, durante a amamentação matinal de Claudine, Mary estava na cama quando a campainha tocou. Ela esperava que fosse um dos *partisans* com notícias de Claude, de Londres; não tinha ideia de quando ele retornaria.

A empregada deixou entrar dois homens da Gestapo que perguntavam por madame Irène Brisée, o pseudônimo de Lise.

Madame Brisée estava em Paris, falou Mary.

Qual era o grau de amizade entre as duas, uma vez que uma mulher que havia acabado de dar à luz estava morando na casa da outra enquanto estava em Paris?

Elas se conheciam por um amigo em comum, respondeu Mary. Com uma recém-nascida no colo, ela não sabia mais para onde ir. Não havia pai. Recorrera a madame Brisée em busca de ajuda.

Com a Gestapo no apartamento e um bebê nos braços, Mary perguntou se poderia mandar a empregada comprar algumas coisas básicas, como pão, leite em pó, fraldas e, se possível, sabonete. Recém-nascidos tinham muitas necessidades.

Se a jovem tivesse algum bom senso, pensou Mary, ela avisaria alguém na rede de Lise, que espalharia a notícia, soaria o alarme.

Mary agarrou sua filha recém-nascida e, de cabeça, fez um inventário de tudo que tinha dentro do apartamento – havia uma barra de chocolate com etiqueta britânica no armário. Em meio às páginas não aparadas de um livro, estava a nota de Claude atestando a paternidade de Claudine e uma quantia inexplicavelmente alta de dinheiro, evidências contundentes em inúmeras direções.

Os inspetores da Gestapo disseram a Mary que ela teria que comparecer ao quartel-general para interrogatório. Seu bebê precisaria ficar.

Mary se recusou: nenhuma criança pode ser deixada sozinha. Que tipo de mãe faria aquilo? Que mulher francesa cogitaria aquela possibilidade? Que cretino exigiria tal coisa?

Os alemães concordaram em esperar até que a empregada retornasse.

Naquelas circunstâncias, Mary explicou que era função da mãe deixar instruções sobre os cuidados com o bebê. Ela rabiscou um bilhete com orientações sobre dieta, horários de dormir, trocas de fralda e, talvez, o que fazer com Claudine caso Mary jamais voltasse da prisão.

Ela ficaria na prisão por muito tempo?, perguntou Mary. Os inspetores alemães não responderam.

A empregada voltou e, sussurrando, avisou a Mary que os ajudantes da rede de Lise também estavam sendo cercados; em Poitiers, pelo menos cinco já haviam sido detidos.

Mary foi presa.

Ela entregou a filha.

A Resistência chamou a atenção da França no inverno de 1944. Foram capturados tantos agentes no mortal verão de 1943 que pelo menos um terço dos depósitos de armas no norte da França passou às mãos dos nazistas – no que viria a ser a própria zona de combate. Apesar disso, muita coisa havia sido feita: aconteceram vários Bangs. Fábricas foram desativadas; barcos, afundados; eixos de locomotivas ficaram sujos de areia; e, em uma fábrica de camisas, uma remessa de uniformes da Marinha destinados aos submarinos nazistas tinha sido tratada com pó de mico.

As táticas do Escritório agora visavam apenas à invasão. Baker Street não mais encomendava pequenos atos inconvenientes de violência para aumentar o moral e incentivar o recrutamento; em vez disso, coordenava esforços sincronizados em todo o país para prejudicar a infraestrutura durante o maior ataque marítimo que o mundo jamais vira. Os planos de batalha para os levantes da clandestinidade na Europa se estendiam por mais de 3 mil quilômetros, da Escandinávia à Espanha.

Na França, o objetivo era enfraquecer a Wehrmacht por todos os lados.

A transmissão em francês da BBC declarou que a meta do país para a primavera de 1944 era "preparar a massa de franceses para as responsabilidades que recairão sobre eles no momento do desembarque".[7] Os locutores começaram a convocar ataques que "interrompessem os deslocamentos do inimigo, perseguindo suas tropas, eliminando milícias, organizando greves em solidariedade". Durante a invasão, se os alemães fossem forçados a usar rádios em vez de telefones, os Aliados poderiam antever os movimentos do inimigo graças à decifração do código Enigma realizada pela Ultra.

Mary ainda não sabia, mas Claude já estava de volta à França, na Normandia, para sua segunda missão. Ele estava armando um bando rebelde com o objetivo de perseguir o Exército alemão pela retaguarda, a fim de evitar que as tropas de reforço chegassem à linha de frente. Se um ano antes Claude tinha enviado telegramas furiosos a Baker Street reclamando da escassez de armas, no quarto ano da guerra na França as operações aéreas estavam frenéticas, passando de 107 no último trimestre de 1943 para 759 no primeiro trimestre de 1944 e para 1.969 entre abril e junho. Preocupações mesquinhas com o moral tinham deixado de ser prioridade para Claude; em vez disso, ele se concentrava em reunir homens suficientes para seus *maquis*. O Escritório agora fornecia armas para um exército rebelde de 125 mil homens; 75 mil seriam armados pela Seção F e 50 mil pela Seção RF, de De Gaulle.[8]

Em escolas de treinamento especiais na Inglaterra e na Escócia, Lise era uma agente experiente, trabalhando como oficial-instrutora de uma nova turma de recrutas femininas, todas com missões planejadas sob medida para a invasão. Um dia, entretanto, enquanto ensaiava seus saltos de paraquedas, ela quebrou a perna. A fratura a deixou de lado por mais meses do que ela gostaria, pois desejava voltar ao combate.

Ainda assim, ninguém sabia onde os Aliados iriam desembarcar: Calais? Bretanha? Normandia? Todas as áreas do norte da França estavam à espera da flotilha.

Todas as ações se voltavam para a data prevista: maio de 1944.[9]

Mary era interrogada a cada 10 dias. Como ensaiado em Beaulieu, ela contou sua história de fachada: passara a maior parte de sua vida em Alexandria. Seu pai era arqueólogo; ela havia estudado arte em Florença. Só que precisava improvisar em relação ao bebê. Seu marido era engenheiro, contou aos nazistas, mas eles se separaram e ela teve um amante em Paris. Ao descobrir que estava grávida, foi à capital anunciar a novidade e o encontrou na cama com uma loura. Ele deu-lhe 100 mil francos e "falou para ela desaparecer e nunca mais o incomodar". Era uma história digna de pena, que explicava tanto seu estado de isolamento quanto a soma encontrada no apartamento.

À primeira vista, a Gestapo aceitou a história de Mary. O alvo deles era Lise. Mary sabia se Lise tinha muitos amantes? Ou aqueles homens todos que entravam e saíam de sua casa eram, na verdade, agentes britânicos? Ela sabia que Lise era uma espiã britânica?

Mary insistiu em sua inocência. Ela só fora apresentada ao professor de espanhol de Lise, um professor universitário. Estava muito fraca por causa da cesariana, explicou. A cirurgia tinha sido debilitante; ela não estava em condições de socializar.

Mary sabia que Lise falava inglês fluentemente?

Mary disse que não, não sabia.

O interrogador manteve um ritmo implacável. Mary não parecia ser francesa. Você tem um sotaque esquisito, comentou o homem.

Para isso, Mary tinha uma resposta prática na ponta da língua: se você tivesse passado sua vida no Egito, falando árabe, francês, inglês, espanhol e italiano, também teria um sotaque esquisito.

Mary não disse a seus captores que falava um alemão excelente; era sua sexta língua.

– Não acho que conseguiremos nada com essa mulher – confidenciou o interrogador a seu superior *auf Deutsch*.

– Vamos mantê-la aqui enquanto ela reflete sobre isso.

Como parte dos interrogatórios, a Gestapo mostrou a Mary organogramas e fotos de agentes da Seção F, como Andrée, Yvonne e Odette, junto a endereços que ela reconhecia. Mary tinha uma cópia da chave do apartamento de Andrée para quando fosse a Paris.

Ela reiterou seu desconhecimento. Era apenas uma mãe solteira que sentia falta de sua filha recém-nascida.

Um dia, um ataque aéreo interrompeu as intermináveis horas de interrogatório. A campanha de bombardeio dos Aliados estava mais intensa em todos os cantos, golpeando estrategicamente a França antes da ofensiva de verão.

Em pânico, um alemão perguntou ao superior se eles deveriam ir para o abrigo.

O interrogador soou resignado:

– Em breve estaremos todos mortos.

Até mesmo comandantes nazistas mais empedernidos achavam que o Reich estava travando uma guerra perdida na França.

– Por que a bebê se chama Claudine? – perguntou a Gestapo. – Mary sabia que havia uma agente chamada Claudine em Bordeaux? Haveria alguma conexão entre elas?

Claudine era o pseudônimo de Mary.

– Não – respondeu ela. – É só um nome bonito. Um nome fervoroso. A menina nasceu perto do dia de São Cláudio, comemorado em meados do inverno.

Ela queria saber se veria a filha novamente.

– Só se disser a verdade – foi a resposta.

Mary assinou sete cópias de seu depoimento, em francês e em alemão.

Pouco antes da Páscoa, após dois meses de detenção, Mary foi libertada pela Gestapo. Os guardas lhe devolveram seus pertences, mas não seu anel; pediram a ela que voltasse ao presídio no dia seguinte, para o caso de eles terem conseguido encontrá-lo. Às vésperas da Semana Santa, o anel foi devolvido, com um pedido de desculpas.

Enquanto Mary estava no quartel-general, ataques aéreos atingiram Poitiers, aterrorizando a jovem empregada de Lise. Ela havia deixado Claudine em um orfanato nas proximidades e fugido da cidadezinha rumo a um local mais seguro – menos povoado e menos estratégico.

As irmãs do Hôtel-Dieu foram gentis com a filhinha de Mary, "que foi muito bem cuidada".[10] Era contra a política da Igreja devolver os enjeitados às mães que os abandonavam, mas Mary explicou que havia sido detida pelos nazistas e as freiras foram compassivas.

Durante os dias em que ficou presa, os interrogadores da Gestapo e os colaboradores de Vichy jamais aceitaram o fato de que uma mulher frágil e que acabara de dar à luz pudesse ser também uma espiã britânica.

A maternidade salvou a vida de Mary.

CAPÍTULO 22

Um pouco mais de coragem

Paris

No dia 13 de maio de 1944, Andrée Borrel e Odette Sansom entraram na sala de estar do número 84 da Avenue Foch acompanhadas de outras seis mulheres, todas da Seção F. Espelhos *belle époque* pendiam, inclinados. Odette e Andrée estavam presas havia quase um ano; as demais haviam acabado de chegar e tinham a aparência descansada e saudável das mulheres para quem o cativeiro era ainda um novo inconveniente em vez de um inferno já bem estabelecido.

Elas se sentaram sob a vigilância reservada e severa dos soldados alemães.

– Por que vocês não preparam um pouco de chá para nós? – ordenou Odette. – Vocês têm bastante chá inglês, eu sei.[1]

Era uma ordem imperiosa e arriscada, mas ela estava certa: os nazistas vinham recebendo contêineres britânicos havia quase um ano, graças aos jogos do rádio da Avenue Foch.

De maneira automática, os sentinelas nazistas seguiram as ordens de Odette. O chá foi servido em uma travessa, em xícaras de porcelana com detalhes nas bordas. As mulheres ficaram maravilhadas com o simples prazer mundano de tomar um bom chá em uma xícara delicada. Elas não viam nada parecido havia muito tempo.

Um britânico animado, que Odette logo reconheceu, entrou na sala. John Starr, o mais novo agente de estimação da Avenue Foch, substituíra

Gilbert assim que houve a confirmação de que seu rádio havia sido capturado. John saiu de seu escritório, de onde colaborava com os nazistas, e ofereceu chocolate às mulheres. Odette fora apresentada a ele em seu primeiro dia na França: o irmão dele viajara no *Seadog* junto com ela e Mary, e eles se cruzaram rapidamente na praia rochosa, no meio da noite. Durante um de seus interrogatórios na Avenue Foch, ele até mesmo se sentou para ouvir. Odette ficou furiosa com a ideia de um agente britânico estar do lado de seus captores. John estava traduzindo mensagens no jogo do rádio e corrigindo a gramática de falantes não nativos de inglês, usando frases que só seriam compreendidas por um britânico. Ele racionalizava aquilo dizendo a si mesmo que nunca fornecia informações ativamente, apenas as recebia, e que, se mantivesse uma conversa amigável, a Gestapo poderia retribuir e revelar algumas informações, algo essencial que pudesse ajudar a vencer a guerra. Ele acreditava que poderia escapar em um momento de descuido e ser útil novamente aos Aliados graças a tudo que tinha escutado. No entanto, por causa da colaboração de John com os jogos do rádio dos nazistas da Avenue Foch, Baker Street enviou 17 agentes de paraquedas para aterrissar em áreas controladas por Hitler.

Odette cumprimentou John com frieza e a seguir o provocou. Informou que o irmão dele havia sido enviado para a Alemanha. (Odette estava errada; ela confundiu identidades secretas. O irmão de John, George Starr, estava em Toulouse, supostamente torturando colaboradores, colocando fogo em seus pés.)[2] Ela memorizou as feições de John, o que ele estava vestindo – calça de flanela, jaqueta azul, boina –, para que, quando a guerra acabasse, pudesse denunciar a traição dele a Baker Street.

Entretanto, Odette não esperava sobreviver. Ela estava com tuberculose. Ao sair de Fresnes, deixou um pacote com o capelão da prisão destinado a suas filhas. Continha uma carta e bonecas de pano costuradas à mão com trapos.

Andrée, porém, tinha fé de que sobreviveria. Os Aliados estavam vencendo. Ela podia ouvir bombas pela janela de sua cela. Era apenas uma questão de tempo.

Cada uma das mulheres carregava consigo alguns bens preciosos: Andrée tinha um enorme casaco de pele, apesar do calor de verão, e vestia todas as roupas de inverno enviadas pela irmã, Odette usava um batom em um tom bonito e sedutor e o emprestou às demais, a fim de que todas pudessem usá-lo. Para elas, aquilo era um verdadeiro mimo.

Naquele ambiente agradável, que contrastava bastante com o de suas celas, elas estavam felizes em se ver, por conviver com colegas, disse Odette. Elas "conversaram, e conversaram, e conversaram". Em Fresnes, precisavam manter discrição diante dos outros prisioneiros – havia dedos-duros por toda parte –, mas ali, na Avenue Foch, tudo estava à mostra. Todas as mulheres era agentes secretas; "todas nós estávamos mais ou menos na mesma posição".[3]

Enquanto tomavam o chá, as mulheres refletiram sobre suas atribuições.[4] Todas tinham sorte de estar vivas. Muitas de suas colegas não estavam. Algumas se culpavam: enumerando os próprios erros, elas repassaram suas missões, listando, em retrospectiva, tudo que poderiam ter feito de outra forma, com a sabedoria acumulada e o arrependimento típicos dos prisioneiros.

Elas compartilhavam da suspeita de que, na verdade, havia um informante infiltrado na sede, em Londres – coisas demais deram errado para muita gente. Uma das mulheres fora presa ao aterrissar, vítima dos jogos do rádio. Outra estava grávida, era casada com um agente, mas estava decidida a ser útil, apesar do estado frágil. Uma jovem agente era bem-humorada, até mesmo divertida, principalmente considerando o fato de que estava presa; fora capturada apenas seis semanas antes e o encarceramento era novidade para ela. Havia uma executiva francesa, mais velha; uma garota inglesa terrivelmente rija, com uma fita xadrez no cabelo; outra, uma judia nascida na Alemanha, era namorada de um tenente da rede judaica que foi desfeita depois do arrastão que se seguiu às prisões da rede PROSPER.

Por mais singulares que fossem suas vidas e histórias, o que impressionou Odette foram as semelhanças, os motivos pelos quais haviam mergulhado na espionagem. "Todas nós tínhamos a sensação, no começo, de que seríamos… úteis."[5]

Elas tentavam manter o ânimo falando sobre o que aconteceria após a guerra. As conversas sobre o futuro distante passaram para o futuro próximo: a formalidade teutônica rendeu poucas informações, apenas de que seriam transferidas de uma prisão francesa para uma alemã. Havia uma sensação de confiança naquela união, no fato de serem muitas, depois da solidão do tempo passado em Fresnes. Em um luxuoso prédio no verão parisiense, as mulheres eram compassivas e acolhedoras, conversavam sobre um futuro promissor enquanto bebiam chá inglês. "Todas tentavam demonstrar um pouco mais de coragem do que de fato tinham."[6]

A luz do sol entrava pelas janelas altas e atravessava as pesadas cortinas. Cada uma daquelas mulheres era linda e corajosa; cada uma chorou em algum momento. Elas choravam pelo que estava por vir.

As mulheres estavam algemadas umas às outras quando entraram na caminhonete da polícia e deixaram a Avenue Foch rumo ao trem com destino à Alemanha.

Paris passou num piscar de olhos. Nas ruas, as mulheres usavam vestidos leves e grandes óculos de sol redondos, os homens estavam em mangas de camisa; casais conversavam nas esplanadas dos cafés, com suas xícaras. Todo mundo parecia andar de mãos dadas. Foi um vislumbre da vida que conheciam e amavam, da França pela qual haviam lutado.

O dia seguinte seria todo noite e nevoeiro.[7]

CAPÍTULO 23

Canção de outono

França

Em 1º de junho de 1944, a lua cheia brilhava sobre o canal da Mancha quando teve início a transmissão das 21h15 da BBC em francês – como havia acontecido por quatro anos –, com cantos de vitória, exigindo a atenção da França ocupada:

Ici Londres!

Após o noticiário, no fluxo interminável de frases pueris e frívolas cantigas infantis, uma mensagem particular foi ao ar, repetindo um sinal que também havia soado em 1º de maio:

Estes lamentos
Dos violões lentos
Do outono[1]

Eram os três primeiros versos de "Chanson d'automne", de Paul Verlaine, um dos poemas mais famosos da língua francesa: era a mensagem A, a ordem de "prontidão". Ela foi reproduzida novamente nos dias 2, 3 e 4 de junho.

Células da Resistência em toda a França receberam ordens por telégrafo:

GRANDE OPERAÇÃO AGENDADA PARA OS PRÓXIMOS DIAS PT VOCÊ SERÁ
NOTIFICADO PELA BBC VINTE E QUATRO HORAS ANTES DO COMEÇO DAS
OPERAÇÕES PT A MENSAGEM RELEVANTE SERÁ[2]

Embalam meu coração
Com uma languidez
Monótona[3]

Era a segunda metade da estrofe de Verlaine, a chamada mensagem B.[4] A ordem de "ação".

SUA TAREFA SERÁ SABOTAR FERROVIAS DESTRUIR DEPÓSITOS DE COM-
BUSTÍVEL E INTERROMPER AO MÁXIMO AS LINHAS DE COMUNICAÇÃO
INIMIGAS PARAR DE EXECUTAR OPERAÇÕES DE GUERRILHA SINCRONI-
ZADAS MAS EVITAR QUALQUER AÇÃO DE GRANDE ESCALA QUE POSSA
EXPOR A POPULAÇÃO CIVIL A REPRESÁLIAS PT[5]

Instruções relativas aos alvos foram enviadas para todas as redes na França. O Plano Verde era uma operação de duas semanas para sabotar ferrovias; o Plano Azul ordenava a destruição de usinas elétricas; o Plano Violeta tinha como objetivo destruir a fiação de telefones e telégrafos do inimigo, forçando os nazistas a transmitirem seus planos de batalha por rádio; o Plano Tartaruga era uma operação de paralisação, para manter os reforços de Hitler distantes das praias.

A invasão aconteceria necessariamente no Norte, mas o general Eisenhower acreditava que era importante notificar os circuitos de todas as regiões para que se preparassem para a sabotagem em massa, de modo a mascarar o ponto de desembarque específico do Dia D.[6]

Em Indre, perto de Valençay e Châteauroux, os rebeldes ouviriam:

Quasimodo est une fête.[7]
Quasímodo é um feriado.

Na Dordonha, os rebeldes esperavam ouvir:

La girafe a un long cou.[8]
A girafa tem um pescoço comprido.

Em 5 de junho de 1944, às 21h15, quando teve início a segunda transmissão do programa noturno *Les Français parlent aux Français*, o tempo sobre o canal da Mancha era frio, com fortes rajadas de vento e mar agitado e confuso.

Um pouco antes das 22 horas, no número 84 da Avenue Foch, todos os rádios estavam ligados. Os oficiais da Gestapo ouviram as mensagens particulares ao final do programa de variedades. Hitler afirmara que a invasão "será o evento não apenas do ano, mas de toda a guerra. Se não repelirmos os invasores, não poderemos vencer uma guerra estática a longo prazo".[9] A Alemanha estava exaurida após cinco anos de combate e o território francês era grande demais para que se pudesse sustentar uma linha de frente tão extensa em uma guerra de desgaste. "Portanto, a invasão deve ser repelida na primeira tentativa."

Em meio à sequência de mensagens particulares, o locutor leu, em francês, a mensagem B:

Embalam meu coração
Com uma languidez
Monótona

A Gestapo de Paris identificou a chamada de "ação" para o Dia D. Em meio a aparelhos de rádio capturados e agentes presos, a cifra estava nas mãos dos alemães desde a primavera. A Avenue Foch notou um aumento na atividade de rádio e entendeu que a invasão estava próxima; o sargento Hugo Bleicher, o notório "coronel Henri" que prendera Odette e Peter, disse ter recebido informações sobre os códigos de "ação" por meio de dois de seus agentes duplos, homens recrutados por André Marsac, o tenente da CARTE.

A Avenue Foch acreditava que o poema de Verlaine era o chamado de "ação" para o conjunto das forças rebeldes em toda a França. Assim que a mensagem soou, a liderança nazista da Grande Paris enviou telegramas urgentes ao alto-comando alemão.

Os Aliados chegariam dentro de 48 horas.

Ao ouvir os alertas, os militares alemães não se organizaram. A impressão que dava era que, a cada lua cheia, os nazistas na costa do canal da Mancha recebiam ordens para se preparar; a cada alarme falso, ficavam mais frustrados. Em Calais, na península do Cotentin, o Décimo Quinto

Exército alemão ouviu a conhecida cifra da BBC e foi posto em alerta, mas, na Normandia, foi decidido que o Sétimo Exército não deveria tomar nenhuma providência. "Eu sou escaldado demais para ficar muito animado com isso", resmungou um comandante nazista enquanto retomava seu jogo de bridge.[10] O general Rommel não recebeu nenhum tipo de aviso; estava em casa, na Alemanha, comemorando o aniversário da esposa. O marechal de campo Von Rundstedt, comandante das forças alemãs no front ocidental, menosprezou: "Até parece que o general Eisenhower iria anunciar a invasão pela BBC."[11]

Minutos depois das últimas palavras – *langueur monotone* –, os rebeldes não estavam nem lânguidos nem monótonos, mas completamente engajados. Os estrategistas dos Aliados esperavam que houvesse uma ação em etapas, mas o povo tinha tanta sede de liberdade que a Resistência arremeteu de uma vez só.

Ao amanhecer do dia 6 de junho, em uma estrada secundária a oeste de Paris, Lise de Baissac sentia a perna doer ao pedalar uma bicicleta enferrujada. A origem da dor era a fratura mal curada que ela havia sofrido durante um salto de treinamento no intervalo das missões. As bicicletas eram a verdadeira arma da Resistência, dizia-se. Uma comodidade banal antes da guerra, elas agora custavam tanto quanto um carro novo e eram tão estritamente regulamentadas quanto o emplacamento dos veículos. Lise pedalava para longe da capital, em direção à Normandia.

Na vasta região agrícola abaixo da costa do canal da Mancha, Lise estava trabalhando para Claude como subcomandante. Ela operava ao sul de praias que ficariam para sempre conhecidas como Omaha, Utah, Gold, Juno e Sword.

Lise tinha ido a Paris em uma viagem de recrutamento quando a mensagem B soou. Ela ainda não sabia por onde os Aliados atacariam, apenas que o território da rede SCIENTIST estava localizado entre cruciais portos de águas profundas no canal da Mancha e no Atlântico.

Na França, a ação do Dia D começou antes da chegada da primeira embarcação. Assim que os *maquis* de Lise ouviram a mensagem dirigida a eles na noite de 5 de junho, seus "soldados" explodiram o entroncamento ferroviário da cidade de Avranches, na base da península do Cotentin; ele ficou "completamente inutilizável".[12] Enquanto ela pedalava na escuridão, os adolescentes que havia treinado e armado naquela primavera estavam cortando cabos subterrâneos de telefones e telégrafos ao longo da costa da Normandia. Sete de seus homens foram presos naquela noite, mas não antes de destruir duas linhas de transmissão de energia aéreas e derrubar árvores fechando as estradas principais.

Em toda a França, na noite de 5 de junho de 1944, ocorreram cerca de 950 cortes nas linhas ferroviárias usando explosivos lançados pelo Escritório.

No alvorecer do dia 6 de junho, toda a Normandia estava isolada.

Lise estava apenas no primeiro dos três dias de viagem pedalando por pequenas vias secundárias "em meio a densas formações inimigas"[13] até a zona de combate. Ela dormia em valas quando ficava cansada e, ao acordar, pegava sua *vélo* e retomava o trajeto rumo ao quartel-general.

Ela não estava nem perto de um rádio quando o comunicado do general Dwight D. Eisenhower, comandante supremo das forças aliadas, foi ao ar se dirigindo à população da Normandia:

> A vida de muitos de vocês depende da velocidade de sua obediência. Deixem suas cidades imediatamente, fiquem fora das estradas, viajem a pé e não levem nada que seja difícil de carregar. Não formem grupos que possam ser confundidos com tropas inimigas.[14]

A maior armada que o mundo já vira estava a poucos minutos do desembarque nas praias do norte da França.

> A hora da sua libertação está se aproximando.

Bombardeiros sobrevoaram as vilas que pontilhavam a costa da Normandia – Saint-Lô, Avranches, Cherbourg, Caen –, lançando panfletos para alertar os moradores sobre o ataque.

Às 6h20, a guarnição nazista estacionada em Pointe du Hoc relatou a presença de quatro cruzadores de batalha.

Às 6h30, a Hora H chegou, a hora indicada para o ataque.

Havia sido dado o "Ok" para a Operação Overlord.[15]

As tropas norte-americanas foram as primeiras a desembarcar na França,[16] nas praias Omaha e Utah.[17]

Dezoito minutos depois, às 6h48,[18] a Transocean, rádio de Berlim, declarou que paraquedistas aliados estavam pousando na foz do Sena, que o Havre, Calais e Dunquerque estavam sendo fortemente bombardeados por ar e que as forças navais alemãs estavam em combate com lanchas de desembarque dos Aliados.

A Associated Press captou as notícias vindas da Alemanha. Elas reverberaram por todo o planeta.

Na sequência das Horas H de Sword, Gold e Juno, às 9h, o general Eisenhower autorizou a divulgação de uma atualização concisa. Levado ao ar às 9h32, o comunicado foi reproduzido a partir de um gramofone em Londres e espalhado para o mundo todo via rádio. A mensagem não revelava detalhes estratégicos, mas continha a peça mais importante da inteligência militar na guerra:

> Sob o comando do general Eisenhower, as forças navais dos Aliados, com o apoio de uma forte ofensiva aérea, começaram a desembarcar os exércitos aliados esta manhã no litoral norte da França.[19]

Era tudo que a França esperava ouvir depois de quatro anos terríveis de Ocupação.

O mundo inteiro ficou em alerta.

EM PARIS, AO MEIO-DIA de 6 de junho, do terceiro andar do número 84 da Avenue Foch, um texto não criptografado foi transmitido em código Morse por um aparelho de rádio britânico roubado. A mensagem havia sido preparada com semanas de antecedência, por ordem de Himmler, Göring e Hitler; fora uma questão estratégica durante a primavera, com o comando nazista discutindo sobre o momento preciso de expor os rádios capturados dos Aliados. Em que ponto da guerra o inteligente *Englandspiel* do Reich deveria ser revelado aos ingleses? Adolf Hitler achava que a revelação deixaria os generais aliados tão enervados que ficariam se perguntando até que ponto a clandestinidade havia sido contaminada. Ele presumiu que a revelação da farsa seria tão poderosa e desestabilizadora que os comandantes do Quartel-General Supremo das Forças Expedicionárias Aliadas poderiam pensar duas vezes e abortar a invasão, supondo que as forças nazistas estariam prestes a lançar uma armadilha.

No dia da invasão, a Gestapo encerrou seu jogo de longa data:

```
TELEGRAMA DE BARBER BLUE

MUITO OBRIGADO GRANDES CARREGAMENTOS DE ARMAS E MUNIÇÕES EN-
VIADOS DURANTE LONGO PERÍODO EM TODA A FRANÇA PT APRECIAMOS
MUITO AS ÓTIMAS DICAS A RESPEITO DE SUAS INTENÇÕES E SEUS
PLANOS PT[20]
```

No Dia D, os exércitos de Hitler possuíam toneladas de material lançado na França pela SOE, confiscadas dos rebeldes.

```
INEVITAVELMENTE TIVEMOS QUE MANTER SOB CUIDADOS DA GESTAPO
SEUS AMIGOS DA SEÇÃO FRANCESA COMO MAX PHONO THEODORE ETC ETC
PT ANTOINE E TELL EM EXCELENTES CONDIÇÕES PT[21]
```

A Gestapo estava se exibindo: Phono e Antoine eram os codinomes de Emile Garry e France Antelme, agentes que trabalhavam lado a lado na rede PROSPER.

```
ENORME PRAZER RECEBER SUA VISITA PARA A QUAL ESTÁ TUDO PRE-
PARADO PT[22]
```

Quando a mensagem foi recebida em Londres, em 6 de junho de 1944, o tempo era instável, opaco e frio. Sob a luz neon estéril de Baker Street trabalhava-se com força máxima e os nervos de todos estavam sendo postos à prova.

O coronel Buckmaster ordenou a transmissão de uma resposta a seus oponentes, os espiões da Avenue Foch:

```
PARA NIGHT BARBER

LAMENTO VER QUE SUA PACIÊNCIA ESTÁ ESGOTADA E SEUS NERVOS
NÃO TÃO BONS QUANTO OS NOSSOS PT LAMENTO TERMOS DADO TANTOS
PROBLEMAS NA COLETA DE CONTÊINERES MAS TIVEMOS QUE CONTINUAR
ATÉ QUE NOSSOS OFICIAIS PUDESSEM FAZER MAIS E MELHORES AMIGOS
EM SEU TERRITÓRIO PT NÃO REGISTRE NEM ARMAZENE NENHUM OBJETO
PT SUGERIMOS QUE VOCÊ COMECE A VOLTAR PARA O LESTE PT RECUE
ATÉ BERLIN PARA ABRIR CAMINHO PARA ORGANIZADOR DE RECEPÇÃO E
OPERADOR DE RÁDIO MAS CUIDADO PARA NÃO DAR DE CARA COM NOSSOS
```

AMIGOS RUSSOS PT ALÉM DISSO SUGERIMOS TROCAR SEU OPERADOR DE S PHONE O INGLÊS DELE É BEM RUIM PT ESTAMOS ENCERRANDO SEU PLANO AGORA POIS ELE TERÁ OUTRO DESTINO AUF WIEDERSEHEN PT[23]

As forças aliadas estavam havia seis horas na Europa e a 1.200 quilômetros de Berlim.

CAPÍTULO 24

Morte de um lado, vida do outro

Normandia

Um oficial alemão entrou no novo apartamento de Lise de Baissac, na aldeia normanda de Saint-Aubin-du-Désert, e lhe deu uma ordem:
– Saia!

No norte da França, bem distante de sua antiga base em Poitiers, Lise estava novamente vivendo sob o disfarce de viúva parisiense, uma refugiada solitária que fugiu para o interior em busca de comida. De acordo com sua biografia fictícia, ela era fraca e vulnerável.[1] Aquele apartamento tinha apenas dois cômodos, "uma mesa, um banco e não uma cama, [mas] um colchão no chão".[2] A senhoria era deficiente e ocupava o primeiro andar; ela estava acamada, por isso não protestou quando o Exército alemão chegou para tomar posse de sua casa.

O Dia D foi apenas um dia na luta dos Aliados pela retomada da Europa. Os exércitos anglo-americanos haviam capturado as praias, mas durante o verão de 1944 eles ainda estavam lutando nas áreas de desembarque, nas zonas rurais, nas ruas e nas colinas.[3] No D+45, o quadragésimo quinto dia após o Dia D, a situação na Normandia era "de plena guerra",[4] segundo Lise. A Wehrmacht estava estacionada em toda a nova área da rede SCIENTIST de Claude de Baissac:[5] as divisões alemãs estavam nas grandes cidades e nos pequenos vilarejos; as tropas de Hitler entupiam as praças das cidades. Comboios de cavalos, caminhões e colunas de tropas obstruíam as estradas sinuosas e lamacentas. A guerra ainda era precária e "bastante aquecida".

A rede SCIENTIST cobria os campos agrícolas abaixo de Caen, Saint-Lô e Avranches. Não era um bom território para os *maquis*: havia mais pastagens e pomares do que arbustos ou montanhas. Mas os homens de Lise estavam adaptados ao terreno, dormiam precariamente nas matas, se deslocavam constantemente e eram difíceis de ser encontrados, atacando de surpresa, em pequenos grupos, com armas leves. A Wehrmacht, em contraste, não conseguia viver facilmente ao ar livre. Os céus estavam tomados de bombardeiros dos Aliados e as barracas de lona transformavam os soldados em alvos fáceis. Os alemães hesitaram em construir acampamentos militares em massa. A BBC informou que a campanha aérea estava tentando evitar bombardear aldeias francesas, para minimizar as vítimas civis. Assim, as forças de Hitler entraram em ação e começaram a confiscar velhas casas de senhorinhas para alojar tropas, sem pedir permissão e sem pedir nada em troca.

O inimigo ocupou a pequena casa de Lise. Rifles e capacetes estavam espalhados pelo chão. O oficial nazista estava ladeado por 40 soldados russos, recrutados no front oriental, que tinham preferido matar na França a morrer de fome em um campo de concentração alemão.[6]

– A senhora pode sair? – indagou o tenente, parado em meio ao seu pelotão de recrutas imundos. – Precisamos destes aposentos, saia, por favor.[7]

O oficial alemão era educado, escrupuloso e correto, mas mesmo assim autoritário.

– Pegue seus pertences e libere seus aposentos para nós.[8]

LISE ESTAVA NA NORMANDIA em um momento marcante da história. A Wehrmacht lutava pela própria sobrevivência, por Hitler e pela Europa. Se o Führer perdesse a França, perderia o controle sobre a *Festung Europa* – a Fortaleza da Europa, sua cidadela de ódio. Assim que o Reich perdesse a Europa, a Alemanha desapareceria para sempre. A política de "rendição incondicional" dos Aliados deixava claro: os planos do pós-guerra para a Alemanha incluíam divisão, zonas de ocupação e desarmamento. Hitler sabia o que estava em jogo desde o começo, tendo escrito no *Minha luta*: "A Alemanha ou será uma potência mundial, ou não existirá em absoluto."[9]

Para a aliança anglo-americana, a batalha pela Normandia não era meramente uma guerra contra o nazismo; era a defesa da democracia liberal e determinaria o equilíbrio global de poder. Britânicos e norte-americanos estavam competindo com os soviéticos: no front oriental, o Exército Vermelho dizimou as tropas de Hitler e 1,6 milhão de soldados russos marchavam sobre a Polônia e a Lituânia a caminho da Alemanha. Se as forças anglo-americanas não pudessem atacar Hitler também pelo lado ocidental, havia uma enorme chance de Stálin reivindicar Berlim para si, substituindo um ditador por outro.

O Reino Unido também lutava pelo próprio futuro. Se os Aliados fossem derrotados na Normandia e enxotados de volta para o mar, os norte-americanos poderiam redirecionar seus esforços para o teatro do Pacífico e o Japão. A guerra na Europa poderia se estender por mais alguns anos. Os Estados Unidos se recuperariam; o Reino Unido, não.

A invasão da França seria decisiva para todos. A guerra estava longe de terminar; faltava pelo menos um ano. O fim ainda estava por escrever. A estratégia do general Eisenhower previa um desembarque maciço no continente, de modo a assegurar um amplo corredor a partir do qual lançar um ataque avassalador contra o Reich.

Os franceses estavam cautelosos. Na Normandia, eles se lembravam da última vez que tinha havido uma Blitzkrieg, no verão de 1940. Foi uma catástrofe. Todas as famílias ainda estavam de luto por alguém. Agora, aos domingos, nas igrejas de pedra cinzenta, as viúvas pensavam em seus maridos e filhos e acendiam velas pedindo um desfecho mais afortunado.

Dessa vez a França estava à altura do desafio. Para reforçar o front na Normandia, a Wehrmacht teve que cruzar uma nação inteira repleta de combatentes rebeldes beligerantes, "a maioria deles treinados e praticamente todos armados pela SOE", disse Michael Foot, historiador da Executiva de Operações Especiais na França.

Aquela era a guerra para a qual o Escritório havia sido concebido; todos os anos de organização, recrutamento, evasão e sofrimento de agentes, tudo se encaminhava para um desfecho épico. As noites de lua cheia que Lise e os colegas passavam nos campos, esperando por explosivos, agora faziam ainda mais sentido. O general Eisenhower disse, em julho: "Os múltiplos e simultâneos episódios de sabotagem, coordenados com o esforço dos Aliados, atrasaram consideravelmente o deslocamento das reservas alemãs em direção à zona de combate."[10]

Os Panzers de Hitler não conseguiram realizar uma contra-Blitzkrieg no verão de 1944. Quando as ferrovias foram danificadas em toda a França, as divisões de tanques da Waffen-SS tiveram que viajar pelas estradas – cheias de minas explosivas e bloqueadas com árvores derrubadas. Pontes tinham sido destruídas. O assédio interminável deteve os exércitos do Reich e atrasou a chegada deles à Normandia por quase três semanas. Foot disse: "Quando eles finalmente rastejaram em seus *laagers* próximo à frente de combate, dando um suspiro de alívio porque finalmente teriam que enfrentar soldados de verdade e não aqueles malditos terroristas, a capacidade de combate estava muito abaixo da que tinham quando começaram. A divisão podia ser comparada a uma cobra que tinha mordido a ponta de um galho estendido de propósito, para provocá-la; a quantidade de veneno que tinha sobrado de sua picada era muito menor do que antes."[11]

Os reforços nazistas cruzaram justamente o território da rede SCIENTIST de Claude de Baissac. Quando, e se, Hitler ordenasse uma retirada, seria através dos *maquis* de Claude também.

No auge da guerra, Lise e Claude eram uma equipe de sucesso na Normandia. Ela era sensível demais para ser dominada pelo nepotismo, mas mesmo assim considerava o desempenho de Claude "indiscutivelmente de primeira classe".[12] Eles trabalhavam duro, seus tenentes mais próximos tinham sido capturados e morrido em trocas de tiros,[13] mas Lise "adorava" a parceria como subcomandante de seu irmão mais velho.[14]

Os *maquis* da SCIENTIST estavam ocupados todos os dias. Claude não tinha autorizado nenhuma sabotagem antes do Dia D e, depois de anos nas sombras, a rede estava envolvida em uma batalha aberta. Ela era "extremamente ativa nesse tipo de ação em pequena escala, que, se repetida com bastante frequência, provoca danos a um exército inteiro".[15] Claude esperava que a invasão trouxesse mais *partisans* para o serviço ativo, mas, quando ele procurou por explosões em sua zona feitas por outros rebeldes controlados localmente, fossem gaullistas ou comunistas, não encontrou nada. A Resistência francesa organizada pela França parecia ser *introuvable*, disse ele. "O exército secreto é tão secreto que é impossível encontrá-lo!"[16]

Já os comandantes dos Aliados foram mais elogiosos em relação ao exército clandestino da França. Em um relatório anterior ao Dia D, os chefes declararam que a Resistência "superou em muito"[17] as expectativas e "mostrou unidade em ação e grande espírito de luta".

Então a ofensiva aliada empacou.

Se a invasão tinha sido "a maior de todas as coisas que já tentamos", como disse Churchill, as seis semanas seguintes seriam muito menos impressionantes. Na luta para ultrapassar as cabeças de ponte da Normandia, o progresso foi opaco e penoso. No fim de junho os norte-americanos haviam capturado a península do Cotentin; era um polegar irrompendo no canal da Mancha, com o porto de Cherbourg na ponta, mas este estava tão comprometido e repleto de armadilhas explosivas que não valia a pena lutar por ele. A frente norte-americana ficou detida na península e não se moveu por semanas. Os exércitos britânico e canadense não conseguiram capturar Caen, a cidade mais próxima das praias, no Dia D. Ela não foi capturada até D+44.

Em julho a invasão da Europa fora contida. O impasse era um problema inerente ao planejamento da Operação Overlord: ao privilegiar a surpresa e o sigilo, os Aliados desembarcaram em uma costa onde não havia nenhum porto de águas profundas para o desembarque de tropas e suprimentos. Eles não tinham como descarregar comida e combustível suficientes no continente para manter o avanço dos exércitos. Portos artificiais[18] haviam sido enviados pela Inglaterra e cruzado o canal da Mancha, mas o tempo não cooperava; fortes tempestades que supostamente acontecem uma vez a cada geração atingiam a costa com regularidade e destruíam as instalações. Rajadas de vento também atrasavam o transporte de combustível pelo Canal.[19] Se os alemães não tinham conseguido deter os Aliados, as tempestades fizeram o serviço.

A invasão tinha sido jogada na lama, de forma bastante literal. A Normandia era uma região complicada para uma investida: pastagens de gado e pomares de maçã eram separados uns dos outros por grossas sebes de 18 metros de altura, bem arraigadas, fruto de séculos de construção. Os *bocages* constituíam um problema pitoresco: suas valas íngremes e seus altos pés de urtiga serviam de esconderijo para os atiradores alemães e interrompiam o avanço dos tanques Sherman. Os planejadores militares esperavam que a Wehrmacht "fosse dura na queda", mas o *bocage* tinha sido ainda mais duro.

Os Aliados estavam presos. Por semanas as forças expedicionárias perscrutaram a fronteira da Europa e morreram – aos milhares – para conseguir entrar. Os autoproclamados libertadores tinham uma praia e uma península, mas não conseguiam levar a batalha para o interior. Hitler tinha mantido sua posição. A costa da Normandia não era a França.

Confinados à orla do continente, os comandantes dos Aliados planejaram uma ruptura, uma forma de ultrapassar a Muralha do Atlântico: a Operação Cobra exigia um bombardeio de saturação e uma enorme investida de 6,5 quilômetros de extensão a partir da península em direção ao restante da Europa.

A Operação Cobra se concentrava no território da SCIENTIST.[20]

Em um verão de chuva implacável, Lise andava de bicicleta todos os dias. Durante meses os *maquis* da SCIENTIST assediaram os alemães nas onduladas terras leiteiras, na expectativa de virar o placar da invasão. Claude dormia em um palheiro diferente a cada noite e fedia a esterco. "Eu não podia descansar", disse.[21] Havia noites em que eles recebiam até 60 contêineres.[22] Mas ele não tinha como estar em todos os lugares ao mesmo tempo. Quando o irmão não podia comandar, Lise o substituía. Ela assumiu o "lugar dele como chefe do circuito quando [ele] estava fora, 'em turnê'".

Uma noite, enquanto Lise e um pequeno contingente viajavam em direção ao Somme para coordenar ações com outros grupos rebeldes, ela se deparou com uma patrulha alemã. Do meio do *bocage*, uma saraivada de fogo foi disparada sobre seus homens. Diz o relatório: "Nossas armas automáticas fizeram maravilhas contra os Mausers."[23] Vários alemães morreram naquela noite, mas nenhum dos "soldados" de Lise caiu.

Entre as ameaças mais perniciosas a Lise estava a recém-chegada operadora de rádio de sua rede, a alferes Phyllis Latour, que era "muito corajosa e cheia de iniciativa, mas uma garota ruim da cabeça".[24] Aos 23 anos, ela estava entre as mais jovens e últimas mulheres recrutadas pela SOE e infiltradas na França. Com idade suficiente para servir como agente, ela parecia ser muito mais nova do que realmente era e agia de acordo. A imaturidade e a neurose são fatores comumente associados ao fracasso em operações secretas: Phyllis tinha pontuação alta em ambos. Segundo sua história de fachada, ela havia fugido do litoral para morar com parentes, tinha 14 anos, era estudante e estava em férias de verão. Ela tentou conversar com os soldados alemães como uma adolescente tonta. Nas palavras dela, eles falaram "sobre tudo e qualquer coisa, [como se eu estivesse] tentando ser útil".[25] Ela deixou mensagens cifradas para trás em seus esconderijos. Certa vez, quando Lise deu a Phyllis um doce inglês que chegara em um dos contêineres lançados de paraquedas, a moça comeu a gulodice com gosto, amassou a embalagem e a jogou no meio da rua. Phyllis era completamente "irracional", pensou Lise.[26] Trabalhar com a garota era como fazer malabarismo com uma arma carregada.

Phyllis realizava seu trabalho radiofônico "com estupidez, mas também com coragem", relatou Claude.[27] Ela tentava provar que tinha utilidade: como a maioria das moças na França, Phyllis tricotava, então ela traduzia suas mensagens em código Morse em lenços e suéteres, aproveitando a natureza binária dos pontos de tricô e crochê. "Um nó comum pode fazer as vezes de ponto e um nó em forma de oito pode ser o equivalente a um traço", disse ela.[28]

Mas a engenhosidade não tinha como mudar a rotina básica de um operador de rádio. Certa vez, enquanto Phyllis transmitia, os localizadores de direção nazistas estavam sintonizados em suas mensagens, ajustando os *dials* para suas frequências; ela conseguia ouvir a interferência na linha. As caminhonetes circulavam cada vez mais perto, triangulando seu sinal, às vezes disfarçadas de ambulâncias ou de caminhões de padeiro. Eles estavam a apenas uma hora de distância. Por fim o *maquis* de Lise arremessou uma granada em uma caminhonete que os perseguia; uma mulher alemã e duas crianças morreram no ataque. Desafiando todo o bom senso ou a segurança, Phyllis compareceu aos funerais, enlutada:

– Ouvi dizer que fui a responsável por suas mortes. Foi uma sensação horrível.[29]

Phyllis estava traumatizada pela guerra e era uma ameaça para seus comandantes.[30] Os habitantes da Normandia tinham sido instruídos a permanecer ali enquanto o exército alemão se reposicionava no front. Com a "proibição dos deslocamentos na região",[31] Lise pedalava com Phyllis para ajudar a mantê-la segura. Seus dias consistiam em viagens entre as transmissões programadas; suas noites eram enxurradas de recepções de paraquedas. Phyllis sonhava acordada enquanto pedalava, observando os aviões dos Aliados no alto, imaginando os jovens pilotos "dando tapinhas nas costas uns dos outros e se parabenizando após um ataque". A Normandia era toda céu e campos marcados por crateras da campanha aérea. Os bombardeiros nunca viam a devastação que se seguia, "a carnificina que ficava para trás".[32] Ela sempre reparava nisso. Lise designou outros *partisans* para deslocar o transmissor e as baterias de Phyllis. Lise, por sua vez, enfiou os cristais de rádio debaixo do vestido.

Um dia, na metade do verão, enquanto pedalavam em direção a um esconderijo, com as saias rasgadas salpicadas de lama e as camisas úmidas de suor, elas se depararam com um posto de controle alemão. A sentinela fez sinal para que Phyllis e Lise encostassem para serem interrogadas, para conferir seus documentos e reafirmar seu poderio. Ele usava a arma pendurada no ombro como um espadachim, a mão largada sobre a coronha.

Os nazistas eram, em sua maioria, bem-comportados com os civis franceses, mas, à medida que o domínio deles sobre a França diminuía, também sumiam suas boas maneiras. A oeste do território de Lise, uma agente que entregava documentos sofreu um estupro coletivo. "Um me segurou", contou ela.[33] "Meu primeiro instinto foi o de brigar, e então pensei: 'Não, não posso. Eu tenho esses papéis. Se lutar, eles vão me dominar e, em seguida, provavelmente vão me despir e ficaríamos em uma situação pior do que a que já estávamos.'"

Lise estreitou os olhos sob a luz do verão, mas não demonstrou medo quando o alemão apalpou em torno de sua cintura, para cima e para baixo em sua saia e sobre pedaços volumosos de rádio. Ela servia de exemplo para a pequena operadora "desmiolada". "Se [Phyllis] tivesse sido revistada, provavelmente teria sido presa", disse Lise.[34]

No verão de 1944, a propaganda alemã repetia que todos os *partisans* deveriam ser tratados como *francs-tireurs*, traidores, dissidentes, guerrilheiros, subversivos, divergentes, espiões. Os direitos dos prisioneiros de guerra não seriam estendidos aos cidadãos insurretos da França; eles seriam executados sem julgamento. A *Kommandobefehl*, ordem de comando ilegal e secreta de Hitler emitida em 1942, era agora abertamente propagada pelo rádio; havia se expandido para abarcar até 150 mil combatentes patriotas franceses.

O soldado da Wehrmacht revistou Lise sob sua caixa torácica; tateou por seus quadris em busca de uma arma, passando a mão em volta de sua cintura e para baixo, ao redor das coxas. Foi o mais perto que ela já havia chegado de seu desmascaramento, de perder seu disfarce e se revelar um membro da Resistência. "Ele tocou em tudo."[35]

– Podem ir – disse o alemão.

Phyllis e Lise voltaram a montar em suas bicicletas.

Enquanto Lise pedalava para longe, uma peça sobressalente do rádio caiu de sua saia e bateu na estrada.

Ela se inclinou, pegou o cristal, guardou-o no bolso e seguiu em frente.

Em 25 de julho de 1944, D+49, os Aliados lançaram a Operação Cobra, a ruptura. Visando às defesas alemãs em Saint-Lô, uma campanha épica de bombardeio foi seguida por uma enorme concentração de poder de fogo que finalmente rompeu as fortificações nazistas na Normandia. A fortaleza defensiva de Hitler estava destruída. Durante a noite, o corredor de 6 quilômetros se transformou em uma rodovia norte-americana. O que, para os Aliados, havia sido um lento e torturante andar na ponta dos pés através das sebes era agora uma eclusa de tanques e caminhões norte-americanos. A rapidez do golpe foi boa para a França; a ofensiva foi ágil o suficiente para deixar a maioria das aldeias e igrejas antigas intactas. Como um general da Wehrmacht havia previsto, "toda a França [será] perdida após a ruptura do front alemão contendo a invasão".[36]

Numa fração de segundo, os norte-americanos faziam um ataque-relâmpago. Era tão rápido e ininterrupto que os comandantes aliados sofreram com a falta de informações, uma "lamentável insuficiência nas tropas de sinalização",[37] de acordo com o general Eisenhower. Como sempre, nunca havia rádios suficientes no campo.

Ninguém conseguia visualizar o que estava acontecendo. Os Aliados não conseguiam identificar onde estava a ação, a uma distância de 80 quilômetros além das linhas de frente alemãs.[38] "Em um momento como este é uma experiência mortificante para um correspondente de guerra não saber dizer quem está fazendo o quê, nem exatamente onde está", escreveu o *The Times*.[39] Lise percorreu as instalações de artilharia antiaérea e antitanque; ela sabia mais sobre as condições na zona de combate do que o Quartel-General Supremo das Forças Expedicionárias Aliadas em Londres.[40] Em dias de sol, a poeira levantada pelos comboios sinalizava aos fazendeiros de onde estava vindo a Wehrmacht e, por sua vez, rastros profundos de lama indicavam para onde estavam indo. Fios de telefone suspensos em postes nos cruzamentos apontavam na direção do inimigo; disparos de franco-atiradores ecoavam através das sebes; cavalos e corpos em decomposição se empilhavam ao longo da estrada como feixes de lenha.

A COMUNICAÇÃO DE DENTRO do território inimigo era fundamental. Lise era uma peça-chave: ela recebeu um agente de paraquedas pouco antes do ataque, o capitão Jack Hayes, irmão do antigo tenente de Claude em Bordeaux. Ele foi encarregado da comunicação com os comandantes durante o avanço da ofensiva da Operação Cobra. Lise e Claude ajudaram a designar guias locais para o capitão, cerca de 30 corredores que podiam se esgueirar em meio ao combate, cruzar o território dos Aliados para entrar em contato com os comandantes e fornecer "notícias do que estava acontecendo atrás das linhas inimigas". Os corredores *maquis* de Lise foram a chave para localizar o front enquanto ele se dirige para o interior da França, como Fidípides modernos em Maratona.[41]

Em retirada, o exército alemão se desfez. A Wehrmacht estava "dispersa, desorganizada e caótica".[42] Fazia agora seis anos que o Reich lutava a guerra de Hitler: suas armas e seus suprimentos estavam desgastados e eram inferiores aos reluzentes equipamentos dos Estados Unidos, a mais nova potência industrial do mundo. Os soldados alemães não viam férias em casa havia dois anos. As tropas que se arrastavam pela Normandia eram garotos "famintos"[43] de apenas 15 anos, soldados enrugados exaustos de lutar contra o inverno russo e o Exército Vermelho ou os "Batalhões do Leste",[44] formados por prisioneiros de guerra recrutados em países soviéticos distantes, como a Armênia, a Geórgia e o Azerbaijão. A SS não era mais o principal exército profissional do mundo; eles eram uma força defensiva humilhada em debandada. A tentativa de assassinato sofrida por Hitler a 20 de julho de 1944,[45] orquestrada por altos oficiais do Abwehr, deixou todos os comandantes nazistas temerosos por seu futuro, agravando a anarquia da retirada.

"Tínhamos todo o exército alemão vindo do mar, recuando cada vez mais rápido em direção à minha aldeia", lembrou Lise.[46] A sede da SCIENTIST estava montada em uma escola, que também funcionava como prefeitura. Era um verão de guerra, e o diretor da escola cedera o lugar à Resistência.

Conforme a evacuação alemã se aproximava da vila de Saint-Mars-du--Désert, a Wehrmacht também confiscou o prédio simples, de dois andares, para fazê-lo de estação de campo. Enquanto os *maquis* entravam e saíam da cozinha pelos fundos do prédio, os comandantes de Hitler assumiam as salas de aula e o refeitório na parte da frente.

Do lado de fora da escola havia uma placa carimbada com o selo oficial do *Kommandantur* alemão: os fazendeiros foram informados de que nada devia ser deixado do lado de fora de suas casas e todas as mulheres deviam ser vigiadas, pois os sargentos e oficiais alemães não podiam se responsabilizar por quaisquer danos causados pelos russos. Os nazistas repudiavam a barbárie russa.

A professora era uma "pessoa muito simples, uma dona de casa que gostava de zelar para que as coisas fossem feitas da maneira correta", disse Lise.[47] O desalinhado e poliglota exército alemão de 1944 antecipou seu futuro sombrio entregando-se a um festim de laticínios normandos: leite, manteiga e queijos cremosos. Quando os soldados terminaram de se servir dos préstimos da cozinha da escola e prepararam uma refeição com ovos, a esposa do professor ficou mortalmente ofendida.

– Não é assim que se faz – repreendeu ela.

Aquela era a sua cozinha e ela era uma cozinheira francesa. Ela ensinou os selvagens a preparar corretamente uma omelete.

A ONDA DE CONFISCOS por parte dos nazistas na Normandia atingiu o auge em agosto de 1944. Ao mesmo tempo que a Wehrmacht assumiu o controle da escola, também o pequeno apartamento de Lise foi reivindicado para servir de alojamento. Agora, 40 russos carrancudos com botas enlameadas vasculhavam os parcos bens de Lise, remexendo em sua despensa, olhando suas calcinhas, declarando que aquela inspeção rude era apenas uma "tentativa de levar as coisas dela para um lugar seguro".[48] A mesma reputação de crueldade do Exército Vermelho que, em Stalingrado, era uma característica positiva, na França era uma abominação moral. As tropas soviéticas capturadas "se comportaram muito mal", disse Claude, "pilhando casas e estuprando mulheres".

Lise apelou para o oficial alemão encarregado. Aquela era sua casa. Ela era viúva. Será que ele não era capaz de controlar seus subordinados?

Ele deu de ombros, dizendo que "não poderia fazer muita coisa a respeito".[49] Então, em uma demonstração de disciplina militar e superioridade ariana, deu um exemplo para os russos sob seu comando: caminhou até o guarda-roupa e, sem examinar seu conteúdo, fechou a porta, girou a fechadura e entregou a chave a ela. "Pronto", disse ele, "fechei a porta do seu armário."

Dentro dele Lise tinha um pacote de chá inglês.

Um soldado preguiçoso deitou-se no colchão irregular de Lise no chão. Outros se agacharam ao lado dele, amontoados no saco de dormir dela, costurado a partir de um velho paraquedas de seda.

– Por favor – disse Lise –, será que vocês se importariam de sair da cama? Deixem-me pegar meu saco de dormir.

Com o oficial nazista de guarda, os russos aquiesceram. Lise recolheu suas poucas peças de roupa, uma saia, uma jaqueta e saiu correndo do cômodo. "Tentei manter a minha dignidade", contou.[50] Ela enrolou tudo no paraquedas aliado que poderia provocar sua morte se fosse reconhecido e pediu licença ao sair da própria casa.

Depois que os norte-americanos romperam a linha alemã na Normandia, a França estava a caminho da libertação.

Na primeira semana de agosto, Hitler fez um último ato de resistência. Os Aliados estavam em movimento e o combustível e a comida dos norte-americanos precisavam atravessar uma distância maior a cada dia para alcançar as tropas, que avançavam. Hitler pretendia interromper as linhas de abastecimento. Seus generais argumentaram que uma contraofensiva estava fadada ao fracasso, que a luta nazista pela França já estava perdida. Era hora de recuar. Não poderia haver resposta defensiva ao avassalador poderio aéreo dos Aliados. O Führer, no entanto, atacou duramente as forças norte-americanas entre Avranches e Mortain, em território da SCIENTIST.

Foi um erro fatal. Os Aliados estavam lendo as comunicações de Hitler graças à decifração do código Enigma e sabiam de suas ações de antemão. No primeiro dia de ataque, os alemães recuperaram a vila de Mortain. Seguiu-se então uma semana de intensos combates de curta distância; a cidade foi capturada e retomada sete vezes. Entre a inteligência avançada, de um lado, e o poder absoluto e a diligência da campanha aérea, de outro, Mortain se tornou, nas palavras do primeiro-ministro Churchill, um "massacre".[51]

O front alemão entrou em colapso. Em relação a esse momento decisivo, o historiador de campo do Exército norte-americano Forrest Pogue escreveu: "Passamos dos combates centímetro a centímetro nas sebes para uma guerra de manobras que tinha toda a Normandia e a Bretanha como campo de batalha."[52]

O contra-ataque de Hitler foi uma catástrofe sanguinolenta em um momento crucial. Em 8 de agosto de 1944, D+63, os Aliados estavam avançando na direção de Lise: o general George Patton tomou Le Mans, depois Alençon. O exército norte-americano atacou os nazistas pela esquerda, enquanto os exércitos britânico e canadense atacaram de Caen. A Wehrmacht foi cercada na cidade de Falaise. "Uma oportunidade desse tipo aparece para um comandante não mais do que uma vez a cada século", disse o general norte-americano Omar Bradley.[53] "Estamos prestes a destruir um exército inimigo inteiro e percorrer todo o caminho daqui até a fronteira alemã."

Em questão de dias os norte-americanos cruzariam o território de Lise e Claude, avançando agora quase sem oposição. Ao longo do rio Orne, os *maquis* da SCIENTIST ainda estavam explodindo os últimos ninhos de vespa dos combatentes alemães. Juntaram-se a eles os atrasados colaboradores franceses, chamados de "tropa da naftalina"[54] por conta de seus uniformes velhos – acumulando poeira no armário havia quatro anos –, que cantavam marchas vingativas: "Um alemão para cada um."[55] Uma região controlada pelos nazistas desde 1940 seria francesa novamente no verão de 1944, mas, até que isso acontecesse, Lise tinha que manter o disfarce e a autoridade sobre os verdadeiros soldados secretos em um momento de crescente ilegalidade.

O tempo finalmente estava quente e Lise pedalava em meio a nuvens de mosquitos. As estradas estavam lotadas de caminhões destruídos e tanques danificados, cavalos mortos jaziam junto a carroças derrubadas, as gaiolas de prisioneiros transbordavam, cruzes de madeira surgiam como margaridas, com capacetes no topo.

Um soldado alemão parou Lise em mais uma inspeção. Ela se apoiou no quadro de sua bicicleta e se preparou para pegar seus documentos.

– Desça de sua *vélo*! – ordenou o alemão.

Com mãos grossas e sujas, ele agarrou o quadro, sacudiu com força e tentou afastá-la. Entre as muitas coisas que o inimigo confiscava em seus últimos dias na França, o soldado exigia a bicicleta dela. Seu exército estava em retirada; melhor andar sobre rodas, pensou ele, do que a pé até a Linha Kitzinger.

Sem uma bicicleta, Lise não poderia cumprir sua missão.

Ela se manteve firme com todas as suas forças. E, então, fez a jogada da patente.

– Não! Vou chamar o seu oficial – disse.

Ele paralisou ao ouvir aquela ameaça. Roubar era contra as ordens. Mesmo em retirada, os nazistas tinham uma reação instintiva à autoridade.

– Vou até o seu superior e contarei para ele.[56]

O alemão deixou Lise ficar com a bicicleta.

Em 13 de agosto de 1944, D+68, a sede da SCIENTIST foi tomada pelo avanço do exército norte-americano.

Dois dias depois, o comando nazista tomou a "Grande Decisão" de evacuar o front da Normandia. Naquele mesmo dia, o general Eisenhower lançou sua segunda ofensiva na França, atacando pelo Mediterrâneo: 151 mil soldados aliados desembarcaram na Côte d'Azur, na Operação Dragão.

Hitler afirmou que 15 de agosto de 1944, D+70, foi o pior dia de sua vida.

Claude embarcou de volta para a Inglaterra em 17 de agosto de 1944, D+72. Lise permaneceu na Normandia, esperando que ele voltasse para buscá-la.

Em uma Paris livre no dia 26 de agosto de 1944, D+81, os sinos da Notre-Dame, da Sacré-Coeur e de todas as outras igrejas da cidade repicaram sem parar.

O general De Gaulle desfilou pela Champs-Élysées. Ele distribuiu acenos, apertos de mão – sobreviveu a pelo menos duas tentativas de assassinato bem diante das câmeras – e celebrou seu retorno público ao lar cercado de parisienses entoando "A Marselhesa":

> *Allons enfants de la patrie,*
> *Le jour de gloire est arrivé!*[*]

Lise esperou que o irmão retornasse à França para buscá-la.[57] Ela visitou a cena de um incêndio, na qual dois de seus colegas mais próximos foram capturados e mortos.[58] "Olhei para aquela casa, que estava destruída", disse ela sobre as fundações carbonizadas e as paredes enegrecidas, "e a região ao redor era arrebatadora, um campo todo verde, coberto de cogumelos cor-de-rosa comestíveis." A Normandia já estava voltando ao que era antes, uma zona rural exuberante.

"E foi triste, porque era morte de um lado, vida do outro."[59]

Dois anos depois de pular de paraquedas em um campo iluminado pela lua ao lado de Andrée Borrel, a missão secreta de Lise na França estava concluída.

---

[*] Avante, filhos da Pátria,/ O dia da glória chegou!

CAPÍTULO 25

A cabeça não para

Ravensbrück, Alemanha

Odette estalava os dedos um de cada vez, puxando-os para fora, atenta ao reconfortante clique que faziam após o estalo.[1] Isso ocupou seus dias. No escuro de sua cela, ela conseguia dormir apenas duas horas por dia. Não importava em que momento eram essas duas horas; ela estava sozinha, sem luz e sem janela havia três meses e 11 dias. Mas tinha defesas interiores até mesmo para isso. Na infância contraiu o vírus da pólio quando este se alastrou pela França, ficando cega e paralisada por três anos, então lembrou a si mesma do que aprendera quando pequena: ela não tinha medo do escuro. Por uma semana ninguém lhe levou comida.[2] O campo de concentração havia se esquecido dela.

Naqueles longos dias – ou seriam noites? – vazios, Odette fazia padrões para vestidos de meninas em sua mente, combinando tecidos, costurando algodão, prendendo fitas, fazendo pregas e bolsos para as roupas de domingo de suas filhas. "A cabeça não para", disse ela.

Odette se concentrava em suas filhas: Françoise, Marianne e Lily. "Eu pensava nelas o tempo todo. O tempo todo. Isso me deixou mais forte."

Ela se esforçava para lembrar versos de poesia e letras de música. "A gente acha que vai ser fácil encontrar algo em que pensar, mas não é, não."[3]

Numa cela de 3 metros de comprimento por 2 de largura, sem sair da cama, Odette percorria mentalmente outros lugares: a casa dos avós, os apartamentos que dividiu com o marido após se casar, uma *villa* na Côte d'Azur com Peter Churchill, tudo isso enquanto dormia em uma tábua de madeira. Nos meses quentes de verão, com o calor da cela, ela ensopava o saco de dormir na torneira, sempre aberta para se refrescar, enquanto desenrolava tapetes orientais imaginários em pisos de madeira em algum outro lugar. Enchia vasos invisíveis com flores silvestres. "Eu redecorei todas as casas que conheci."[4]

Odette morava em qualquer lugar, menos onde estava: Ravensbrück, Alemanha, na maior prisão feminina da história. Não era mais um campo de concentração para judeus: Heinrich Himmler tinha declarado Ravensbrück *Judenfrei* (livre de judeus) em 1942.

As luzes nunca estavam acesas, mas os sons ao redor de Odette eram altos e terríveis. Ela estava no porão da ala de punição, o *Strafblock*, e todas as noites escutava gritos vindos das celas próximas. Odette não via nada, mas ouvia tudo. "Por instruções expressas de Himmler, as prisioneiras eram açoitadas com [um] chicote de couro de cerca de 75 centímetros de comprimento por infrações disciplinares", disse o comandante do campo, Fritz Suhren.[5] "Eu podia contar cada golpe", lembrou Odette.[6] Os guardas registravam os golpes em alemão, *eins*, *zwei*, *drei*. Às vezes os gritos eram seguidos de tiros. E então a fumaça preenchia a atmosfera do campo.

Uma vez por mês Odette recebia atenção especial. Como suposta esposa do sobrinho do primeiro-ministro Winston Churchill, ela era considerada VIP: o comandante ia até a porta de sua cela para perguntar sobre seu bem-estar:[7]

– Você tem algo a dizer?[8]

– Não – respondia Odette.

Suhren sempre estava acompanhado por uma carcereira sanguinária. Se Odette reclamasse de qualquer coisa, a *Aufseherin* e seu cão policial se vingariam assim que o comandante fosse embora. As prisioneiras descreveram as guardas de Ravensbrück como "mulheres duras, cruéis".[9]

Era 1945 e, em seu segundo ano de prisão, Odette pesava 38 quilos. Doente e desnutrida, ela era um esqueleto vivo, uma *Muselweib* (o termo significa "menina muçulmana" – apelido usado nos campos de concentração para os mortos-vivos.) Tinha tuberculose, uma fratura nas costas e uma erupção avermelhada que percorria seu corpo; seu cabelo caía em tufos, suas glândulas estavam tão inchadas que respirar doía e ela sofria de dores de cabeça intermináveis.[10] "Fiquei a um minuto da morte por diversas vezes. Teria sido muito fácil morrer. Teria sido um prazer."[11] Ela carregava uma lâmina de barbear consigo, e a ideia de que poderia privar os *boches* de seu lento sofrimento era uma tentação. Pensar em suicídio a deixava feliz, disse ela. "Confesso que cheguei ao fundo do abismo."[12]

Nesse momento Odette foi levada para a enfermaria e recebeu os cuidados irrisórios que os prisioneiros recebiam quando não havia muito incentivo para que fossem mantidos vivos. A luz do sol a cegou e o ar puro fez seu estômago se revirar. Entretanto, no hospital ela ouviu a notícia de que a França havia sido libertada pelos Aliados.

No dia em que Odette deixou a enfermaria, o vento fez uma folha passar voando por seus pés. Ela ficou maravilhada com o milagre que era ver uma folha seca em um dia de inverno: "Não havia árvores em Ravensbrück."[13] Ela interpretou aquilo como um sinal divino.

Após sua recuperação limitada, Odette foi transferida da cela subterrânea nº 42 para uma cela térrea que tinha uma janela aberta no alto da parede, uma fenda de luz. Era o suficiente: o sol nascia todas as manhãs e restaurava a esperança de que "algo extraordinário aconteceria no dia seguinte".[14] Toda noite voavam cinzas que fediam a carne carbonizada, um "cheiro insuportável".[15]

Em abril de 1945, em todas as cidades da Alemanha, os nazistas estavam se rendendo. Hitler perderia sua pátria. Ravensbrück estava situada bem no meio do caminho dos exércitos que avançavam, o norte-americano de um lado e o soviético de outro, e o estrondo das bombas se aproximava cada vez mais. O comandante negociou com seus prisioneiros: os julgamentos de guerra estavam prestes a acontecer e precisava fazer com que aqueles que fossem testemunhar contra ele tivessem boas coisas a dizer. Ele transformou Ravensbrück em um campo-modelo, um *Musterlager*, e começou a agir como se ele e seus colegas nazistas fossem "os filhos exemplares que nunca haviam feito nada de mau a ninguém".[16] Alguns prisioneiros VIP tinham chegado lá usando diamantes. Eles agora haviam desaparecido de suas alas, ao mesmo tempo que os novos colares brilhantes de Frau Suhren sumiram de vista. Os presos com maior influência política que pudessem criticar o encarceramento foram retirados do campo pela Cruz Vermelha.

O objetivo do comandante era "dar a impressão de que era o diretor de uma escola bastante seleta para meninas ou de uma colônia de férias".

NA PRIMAVERA DE 1945, enquanto os Aliados marchavam em direção a Berlim, a vitória na Europa estava finalmente assegurada. Mas o fim da

Segunda Guerra levou mais uma vez a singular questão da participação das mulheres no conflito à atenção do alto escalão. Era pelo menos possível que os agentes do sexo masculino fossem parar nas listas de prisioneiros com seus verdadeiros nomes; eles tinham patentes em exércitos regulares. Os homens capturados podiam ter se entregado ao inimigo revelando que eram oficiais, na esperança de reivindicar os direitos dos prisioneiros de guerra. Mas esse não era um privilégio de que Odette nem outras mulheres pudessem se valer: as FANYs eram uma organização civil. O status do *corps féminins* como combatentes nunca havia sido claro, a princípio, e ficou ainda menos claro quando elas desapareciam em ação.

Os meninos de uniforme logo estariam em casa. Alguns deles não conseguiriam voltar; cartas de condolências seriam enviadas a mães e pais anunciando a triste morte de seus filhos, a data e o local de seu falecimento, com um agradecimento pelos serviços prestados na vitória contra a tirania. Mas o processo de localização de soldados desaparecidos não era nada simples. Os diversos ramos das Forças Armadas aliadas enviavam listas de desaparecidos para a Cruz Vermelha, para o Vaticano e para o Quartel-General Supremo das Forças Expedicionárias Aliadas. Os alemães tinham o dever legal de notificar a Cruz Vermelha se algum nome listado constasse em seus campos, mas não havia a obrigação correspondente de incluir todos os nomes nas listas nazistas. Apenas os nomes explicitamente solicitados eram procurados.

Procurar agentes sem patente era mais complicado ainda. Em Londres, o status de mais de 100 operativos da Seção F se tornou um assunto cada vez mais preocupante. As famílias têm direito de saber o que aconteceu e, quando um órgão clandestino do governo perde agentes, precisa igualmente notificar seus dependentes. O governo não estava previamente equipado para lidar com pensões e benefícios por invalidez para empregos que nunca haviam existido oficialmente. Mesmo em uma guerra vitoriosa, os militares procuram manter o mínimo de registros possível quanto a operações secretas. Um bom agente não deixa rastros nem documentação, e a SOE pretendia manter os agentes disfarçados até o fim.[17] Se Baker Street alertasse a Cruz Vermelha, isso daria pistas sobre suas missões, o que poderia fornecer ao inimigo inteligência ultrassecreta em uma guerra que ainda não tinha acabado por completo. A informação também ficaria à disposição dos soviéticos, os mais novos rivais que a Europa havia acolhido em seu ninho. Ambos os lados do conflito advogavam que os nomes dos agentes fossem mantidos longe da tinta e do papel. Berlim arriscava se expor em termos criminais. A SOE temia deixar pegadas públicas de ações secretas e erros banais cometidos atrás das linhas inimigas.

Enquanto os Aliados avançavam pela Alemanha, iam e vinham memorandos de Londres tratando do influxo iminente de retornados. Se Baker Street já estava relutante em colocar nomes de homens nas listas da Cruz Vermelha, dizer que as mulheres estavam entre os desaparecidos significava admitir que elas haviam sido empregadas em uma guerra suja e sacrificadas. Não era uma confissão fácil de fazer.

Ao final do inverno de 1945, a questão envolvendo a publicação dos nomes dos agentes era crítica: os russos estavam libertando os campos de concentração na Polônia. As forças aliadas teriam todos os motivos para duvidar da versão de qualquer pessoa que não estivesse nas listas de combatentes, mas que reivindicasse status militar. Homem ou mulher, haveria poucas maneiras imediatas de conferir se um suposto soldado secreto não era, no fim das contas, uma fraude.[18] Era preciso tomar uma decisão.

A princípio, o coronel Buckmaster estava seguro de que haveria poucas baixas em sua equipe. "Temos todos os motivos para acreditar que eles serão resgatados ao cessarem as hostilidades", disse ele.[19] Com um número cada vez maior de evidências em contrário, Buck manteve a fé no decoro dos comandantes militares de ambos os lados. Entretanto, em março chegaram a Londres informações sugerindo que algo muito mais sinistro havia ocorrido sob o comando do Reich.

Os registros mostrariam que não havia registros. Os nomes dos agentes – fossem de batismo ou pseudônimos – raramente constavam nos registros das prisões; tinham se perdido nas nuvens metódicas dos crimes de guerra nazistas. Em uma inscrição encontrada nos arquivos da prisão de Fresnes, havia uma anotação na coluna de comentários:

N plus N.[20] *(Nacht und Nebel.) Ständig gefesselt*
Noite e nevoeiro. Agrilhoados para sempre.

A guerra na Europa chegou a seu terrível desfecho 11 meses após o Dia D. Em 16 de abril de 1945 o comandante Suhren recebeu ordens de Heinrich Himmler para executar todas as prisioneiras sob seu comando. Odette estava entre aquelas consideradas VIP[21] em Ravensbrück, mulheres que poderiam ser úteis como moeda de troca. Com as que sobreviveriam, Fritz

Suhren era amável e solícito: como estava a saúde delas? Careciam de roupas? De comida? As mulheres com cicatrizes de tortura estariam dispostas a testemunhar, por escrito, que havia sido um acidente de trabalho em uma fábrica? A guerra estava acabando, os Aliados estavam na Alemanha, então Suhren agia "como um lojista oferecendo suas mercadorias",[22] quando antes fora um monstro.

No trigésimo terceiro aniversário de Odette, ela estava com "mil anos de idade".[23] Mas viva em 28 de abril de 1945, quando, pouco depois da meia-noite, Suhren apareceu em sua cela para dizer-lhe que recolhesse seus pertences, pois partiria às seis da manhã. Um homem bonito, com cabelos ruivos brilhantes e olhos cinza-claros emoldurados por cílios tão louros que pareciam invisíveis, Suhren "parou na porta e fez um gesto indicando uma garganta sendo cortada".[24] Os russos estavam chegando e o comandante acreditava que a "Sra. Churchill", casada com o sobrinho do primeiro-ministro, tinha algum valor: ser prisioneiro dos norte-americanos representava um futuro mais feliz do que ser prisioneiro dos soviéticos.

Às oito da manhã do dia seguinte, um oficial da SS foi até a cela de Odette para escoltá-la rumo à saída. Ela mancou apoiando-se nos calcanhares até o pátio de tropas de Ravensbrück; seus pés ainda estavam inflamados por causa da remoção das unhas e seus tornozelos estavam inchados devido à desnutrição. Odette foi colocada em uma caminhonete preta da prisão junto com outras VIPs e viajou cerca de 560 quilômetros rumo à fronteira com a Bélgica, para um campo de detenção em Neustadt. Lá não havia comida nem água. Os prisioneiros deliravam e os guardas atiravam na multidão com desprezo. Quando uma mulher caiu morta aos pés mutilados e sépticos de Odette, outros prisioneiros se jogaram no chão para devorar o cadáver.[25]

Em 30 de abril de 1945 Adolf Hitler engoliu uma cápsula de cianureto, depois deu um tiro na própria cabeça em seu bunker subterrâneo em Berlim. Sua equipe derramou gasolina sobre o corpo e ateou fogo em seus restos mortais.

Um *Kapo* de Neustadt foi até Odette na tarde de 2 de maio de 1945 e pediu a ela que se encontrasse com o comandante Suhren no exterior do campo. Em um Mercedes-Benz branco, Suhren estava acompanhado de duas meninas polonesas que trabalhavam para ele, uma delas governanta de seus filhos. A saia suja e o cabelo castanho emaranhado de Odette se acomodaram no estofamento de couro macio e Suhren dirigiu em direção ao oeste pela noite inteira e no dia seguinte, acompanhado por uma carreata da SS.

– Quer saber para onde estamos indo? – perguntou ele a Odette.[26]

Ela não se importava. O comandante acreditava que ela era alguém importante e ela não fazia ideia do que ele poderia esperar dela.

– Bem, estou levando você para os norte-americanos – anunciou ele.

Em um piquenique, ele encheu Odette de vinho tinto e disse a ela que esperava um relatório positivo do tratamento sob seu comando, que tinha sido humano, até mesmo gentil, que ela recebia cuidados médicos quando precisava e tinha uma cela limpa, com luz e ventilação. O relatório de um membro da família de Churchill teria um peso moral.

Às 22 horas o carro foi parado em um posto de controle norte-americano.

– Esta é Frau Churchill, ela tem sido minha prisioneira – disse Suhren ao se render.

– Este é o comandante de Ravensbrück, prendam-no! – gritou Odette.[27]

Suhren foi tirado do carro, sua pistola foi confiscada, quebrada e jogada no banco do motorista. Odette foi deixada sozinha em um magnífico Mercedes novo em folha.

Os jovens soldados disseram que iriam encontrar um lugar para ela dormir, mas Odette recusou.

– Não, se vocês não se importam, faz muito tempo que eu não vejo o céu e as estrelas. Gostaria de ficar dentro do carro até amanhecer.[28]

Foi um pedido romântico. Mas era também estratégico: as fogueiras de papel em Ravensbrück ainda não haviam destruído todas as evidências dos crimes de Fritz Suhren; havia documentos no porta-malas do Mercedes, três álbuns de fotos.[29] Um soldado norte-americano de bochechas rosadas levou um cobertor limpo para Odette e ela adormeceu na limusine de seu carcereiro.

Foi sua primeira noite em liberdade em dois anos.

Odette foi repatriada à Inglaterra em 8 de maio de 1945, no dia da celebração da vitória na Europa, o *VE Day*. Ela chegou carregando a mala, a pistola, o diário e o pijama de Fritz Suhren.

Suas filhas a estavam esperando.

EPÍLOGO

Uma vida útil[1]

Londres

"God Save the King" trombeteava no salão de recepção do Palácio de Buckingham na manhã de 17 de novembro de 1946. O edifício havia sido bombardeado nove vezes durante a Blitz, mas mesmo assim estava pronto para a pompa e a circunstância de uma cerimônia de investidura. O rei George VI posava, de uniforme, em seu trono.

O salão dourado estava frio, com uma umidade que penetrava nos ossos. Ao lado, liderando a comitiva, estava Odette Sansom, de jaqueta e quepe das FANYs, os pés ainda feridos envolvidos em bandagens de algodão, calçando sapatos masculinos de tamanho bem maior que o seu. Ela recorda que seria a única mulher a receber uma homenagem nacional naquele dia. A George Cross (GC) era a maior honraria do Império Britânico concedida a civis por atos de bravura.

Conforme o hino se encaminhava para o fim, Odette avançava com passos suaves.

– Sra. Odette Sansom! – chamou o lorde chamberlain e a seguir leu sua apresentação aos cortesãos e familiares ali reunidos:

A Sra. Sansom foi infiltrada na França em território ocupado pelo inimigo e trabalhou com grande coragem e distinção até abril de 1943, quando foi presa juntamente com seu comandante.

Duas das filhas de Odette estavam sentadas na primeira fileira, em seus melhores vestidos, balançando descontroladamente os pés, que não alcançavam o chão.

– A George Cross era a melhor coisa que poderiam lhe dar? – perguntou Marianne quando foi colocada na cama na noite em que a Lista de Honras foi publicada.

– Não sei, mas me parece uma coisa importante – arrulhou Odette.

Foi aquele reconhecimento de sua filha, na hora de dormir, que ela lembraria como seu "melhor momento".[2]

As mulheres eram novatas na guerra, e a George Cross era uma medalha totalmente nova, criada para aquele conflito, o primeiro a avançar em solo nacional em cerca de 200 anos. A Segunda Guerra exigiu coragem de britânicos comuns, um tipo de valor que jamais fora demandado. Os civis exibiam coragem diariamente em uma ilha sitiada; eles enfrentaram um perigo comum no front doméstico. A coragem, a bravura e a perseverança dos cidadãos comuns tinham que ser reconhecidas.

Odette foi uma das primeiras mulheres a receber a George Cross; a primeira – e única naquele momento – mulher a recebê-la por servir atrás das linhas inimigas. (Duas outras agentes da Seção Francesa, as alferes Noor Inayat Khan e Violette Szabo, seriam condecoradas com GCs póstumas.) Pelos termos da honraria, elas eram civis. No entanto, seu serviço ao Império Britânico tinha sido inegavelmente militar.

A George Cross não foi a primeira homenagem de Odette. Após seu retorno imediato da Alemanha, ela recebeu um prêmio menor, o de Membro da Excelentíssima Ordem do Império Britânico, ou MBE (Civil). Era a mesma medalha que seria concedida a outras agentes femininas da Seção F.

Depois que a guerra acabou e os corpos foram contados, novas informações vindas da França revelaram a extensão dos serviços de Odette, a forma como ela salvou a vida de Peter Churchill, bem como a de seu operador de rádio, mesmo sob tortura.[3] Nesse ponto, ela foi indicada para receber a George Cross. A Coroa agora agradecia a ela por ter passado dois anos nas mãos do inimigo, durante os quais "demonstrou coragem, resistência e autossacrifício da mais alta ordem imaginável".

Os homens receberam diferentes louros pelo combate. Ao final da guerra, o tratamento diferenciado entre os gêneros se tornou algo corriqueiro: agentes do sexo masculino que haviam realizado os mesmos feitos podiam ser indicados para receber a Victoria Cross, criada pela rainha Vitória, a mais alta homenagem por bravura militar. Embora o *corps féminins* tenha feito basicamente o mesmo trabalho nos mesmos lugares, elas não eram tecnicamente soldados, portanto não eram elegíveis para honrarias militares – apenas condecorações civis. Essa foi uma das muitas formas pelas quais se negou status igualitário às mulheres. Seus salários e cargos eram mais baixos; o mesmo aconteceu com suas pensões de guerra. Como eram necessários cinco saltos de paraquedas[4] para se ter direito à insígnia de paraquedista, as mulheres só eram designadas para quatro saltos,[5] portanto jamais recebiam nada. E, embora as mulheres da Seção F servissem em combate, o chauvinismo do governo ditava que elas não eram elegíveis para o reconhecimento militar.

"Não havia nada remotamente civil naquilo que eu fiz. Eu não passava o dia inteiro sentada atrás de uma mesa", disse a tenente Pearl Witherington, recusando seu MBE (Civil) pelo trabalho de armar, treinar e comandar uma força de *maquis* de 1.500 homens além de presidir a rendição de mais de 18 mil prisioneiros alemães após o Dia D.[6]

A história de Odette atraiu atenção internacional. Dois dias depois de chegar à Inglaterra vinda da Alemanha, seu comandante retornou da Itália. A experiência de Peter Churchill na prisão foi mais suave, embora de forma alguma fácil.[7] A gigantesca fábula churchilliana de Odette o poupou do pior que a ferocidade nazista podia oferecer:

> Para proteção mútua, eles concordaram em sustentar a história de que eram casados. Ela adotou essa história e conseguiu convencer até mesmo seus captores, apesar de consideráveis evidências contrárias e ao longo de pelo menos catorze interrogatórios. Ela também desviou a atenção da Gestapo de seu comandante para si mesma, dizendo que ele era completamente inocente e que só tinha ido à França por insistência dela.[8]

Odette fez uma mesura e deu três passos em direção ao rei.

O monarca afixou a medalha no uniforme do FANY de Odette, em seguida pegou sua mão e a segurou por mais tempo do que parecia adequado ou exigido pelo protocolo. "Ele não a soltava."[9]

– Eu pedi que a senhora conduzisse a procissão – gaguejou o rei –, visto que nenhuma mulher o fizera antes nem durante o meu reinado.[10]

Odette sorriu, recuou três passos encarando o soberano e fez uma última reverência. Cerca de 200 apertos de mão reais depois, um alto e sorridente Peter Churchill caminhou pelo tapete vermelho para receber sua Ordem de Serviços Distintos (Militar):

> Organizou uma série de operações de lançamento de paraquedas e recepção de agentes por via marítima na costa mediterrânea.

Na época em que suas honrarias foram concedidas, Odette e Peter estavam morando juntos em um chalé em Culmstock, recuperando-se dos traumas da guerra e das doenças da prisão. Logo após o retorno, Odette voltou a usar seu nome de solteira, Brailly, e então se divorciou de forma rápida e discreta de Roy Sansom. Uma semana depois do anúncio da atribuição da George Cross, a imprensa publicou a manchete: "Heroína britânica prestes a se casar com espião salvo por ela na França: aguentou tortura para protegê-lo".[11]

Em noticiários e jornais, Peter disse que pretendia viver como eles haviam encenado na França: "Espero me casar com a Sra. Sansom."[12]

– Diga-me, Churchill – disse o rei –, a que você atribui o poder da Sra. Sansom para superar as coisas terríveis que ela teve que enfrentar?[13]

– Estou convencido – disse Peter – que no caso dela o poder do espírito superou as limitações de um físico frágil.

Odette era frágil porque seu corpo fora o palco de atrocidades. Logo após a investidura, em dezembro de 1946, ela viajaria com uma delegação a Hamburgo para prestar depoimento no julgamento dos crimes de guerra na prisão feminina de Ravensbrück.[14]

Odette e Peter se casaram em 1947. Cinco anos depois de desembarcar em Vichy, França, ela se tornou Odette Churchill; o nome que uma vez salvou sua vida agora seria dela para sempre.

Pelo menos até o divórcio.[15]

As mulheres da Seção F não tiveram uma reintegração fácil após a vitória na Europa. A economia e o ego britânicos dificultavam o restabelecimento da paz, sob o fardo das dívidas de guerra e das baixas emocionais do extremismo de Hitler.

Odette foi uma das três mulheres da Seção F que sobreviveram aos campos de concentração.[16] Ela foi colocada sob supervisão médica militar e, embora nada "orgânico" pudesse ser diagnosticado além de desnutrição, tuberculose, cicatrizes de tortura, "unhas finas como papel de seda" e uma fratura não tratada, o próprio médico do Escritório observou que Odette estava "sofrendo de problemas psicológicos que, sem dúvida, haviam sido causados por [seu] serviço no campo".[17] Ele escreveu: "Esses sintomas interferem, em uma extensão considerável, na eficiência [dela] para empregos futuros e é provável que [eles] continuem a interferir por algum tempo." Assim como soldados ao redor do mundo todo, ela estava em estado de choque. "Recomendo que Odette receba 70% da indenização por invalidez", decretou o médico.[18] "Percebe-se que esses agentes pertencem a uma classe própria e que devem receber tratamento preferencial."

Em vida, Odette se tornou um fenômeno nacional britânico, uma celebridade resumida em um único prenome, a Diana de seu tempo.[19] Muitas atividades do Escritório foram mantidas sob sigilo até os arquivos de pessoal da SOE perderem o status de confidencialidade, em 2003, mas, imediatamente após seu retorno, a propaganda do Departamento de Guerra colaborou com sua biografia autorizada, *Odette*, para contar a história de sua missão, seu amor, sua captura e sua fuga.[20] Tudo isso passou a fazer parte da memória da Executiva de Operações Especiais; em 1950 foi produzido um filme homônimo. Buck, Vera, o rei e a rainha compareceram à estreia de gala. Nos tristes anos do pós-guerra, a heroica narrativa da jovem mãe uniu dois países ainda feridos e fragilizados que nem sempre lutaram do mesmo lado: França e Inglaterra.

As mulheres da Seção F eram símbolos da inocência britânica perdida, de sua dor, sua força e seus sacrifícios na pior guerra travada no exterior e na primeira guerra que atingiu o solo nacional. Seus feitos ajudaram a superar alguns dos erros mais hediondos da Seção F – principalmente o lançamento de agentes de paraquedas em território controlado pelo inimigo devido a mensagens enviadas por aparelhos de rádio capturados pelos nazistas, os jogos do rádio.

Apaixonadas por dois países e comprometidas com uma única causa – a liberdade –, todas tiveram a oportunidade de permanecer na Inglaterra e todas se alistaram para o combate em solo francês. Mulheres raramente aparecem em importantes documentos oficiais de guerra; suas experiências no conflito costumam estar ligadas às famílias, aos bombardeios, à escassez, ao trabalho e às perdas. Enquanto os homens são celebrados como heróis, as guerras das mulheres são silenciosas e esquecidas. Quando o *corps féminins* foi para a guerra, elas quebraram barreiras, destruíram tabus e alteraram o curso da história: entre suas inúmeras conquistas inéditas, elas foram as primeiras mulheres no combate organizado,[21] as primeiras mulheres nas forças especiais ativas, as primeiras mulheres paraquedistas infiltradas em uma zona de guerra, as primeiras mulheres a integrar grupos de elite, as primeiras mulheres a cargo das comunicações atrás das linhas inimigas; foram as primeiras a inscrever o gênero feminino na história da guerra.[22]

A "guerra total" de 1939-1945 foi uma força modernizadora na história das mulheres em todos os níveis da sociedade, não apenas para as FANYs e outras auxiliares. Foi um motor de mudança social. Durante a guerra, as mulheres foram estimuladas a assumir "trabalhos de homem", as tarefas altamente qualificadas e bem-remuneradas alimentadas pelas demandas industriais da batalha. Mas isso não desencadeou uma revolução econômica permanente. Muitos dos ganhos das mulheres se dissiparam quando os homens se desmobilizaram e retornaram ao mercado de trabalho. No boom do pós-guerra, havia mais mulheres trabalhando fora de casa do que nunca, mas a participação delas não resultou em aumento correspondente nos salários. Na paz imediata, as mulheres foram novamente relegadas a empregos "leves" – como os de enfermeira e secretária –, com salários mais baixos e uma "barreira do casamento" que as impedia de manter um emprego depois que sacramentassem o matrimônio.

Para algumas das mulheres mais favorecidas do Escritório, Vera serviu como caçadora de talentos informal.[23] A Seção F esperava acompanhar seus agentes mais bem-sucedidos, para o caso de haver um novo conflito e a necessidade de recorrer a operativos clandestinos experientes ser renovada. Algumas mulheres foram colocadas em uma "lista branca" não oficial e inseridas em boas carreiras.

"Eu estava voltando rumo ao nada. Não tinha uma casa, não sabia o que [...] ia fazer no futuro", disse Lise de Baissac.[24] Em Londres, ela foi recomendada ao serviço francês da BBC e se tornou jornalista de rádio.

Lise foi crucial para a libertação da França. Na atribuição de seu MBE (Civil), disseram:

> Era comum essa oficial pedalar 60 a 70 quilômetros diariamente carregando material comprometedor com risco iminente de vida. Em uma ocasião, quando o QG dos *maquis* foi atacado, ela usou

armas de fogo com grande habilidade. Seu trabalho, realizado nas condições mais difíceis, ajudou muito os preparativos dos *maquis* antes do avanço em Mayenne [departamento da Normandia].[25]

No entanto, Lise tinha a sensação de que não poderia voltar à França após a guerra. Sua vida em Paris havia acabado. Depois que saiu de lá, em 1940, uma amiga se apossou de seus móveis e disse ao proprietário do apartamento que ela não voltaria. "Eu não tinha mais casa, nem dinheiro, nem nada. Eu não tinha para onde ir."[26]

Lise se casou por volta dos 40 anos – com o artista que sua mãe rejeitou quando ela era adolescente – e voltou a morar no sul da França.

"Fiquei muito feliz em ver a França ser recuperada e por ter dado uma ajudinha."[27] Lise recebeu a Croix de Guerre e a Légion d'Honneur e, aos 91 anos, finalmente recebeu sua insígnia de paraquedista. "Minha vida tem tido algum valor. Isso me dá prazer."[28]

Após ser libertada pela Gestapo, Mary Herbert fugiu para o interior e se escondeu com sua filha até o fim das hostilidades na França. Quatro meses após a libertação, os diretores da Seção F viajaram pela França em uma turnê de vitória, a Operação Judex, e se depararam com Mary vivendo nos arredores de Poitiers:[29]

> 20 de dezembro de 1944: Conhecemos o membro mais jovem do grupo da Resistência, mademoiselle Claudine de Baissac, com 1 ano de idade.[30]

Mary e Claude se casaram, legitimando a filha, mas jamais viveram juntos como marido e mulher.[31]

Depois que Mary se tornou mãe, ela deixou de ser útil para o Escritório e seus anos imediatamente posteriores à guerra foram de apreensão. Preocupada em encontrar um trabalho decente com uma filha pequena, ela voltou à Inglaterra e se tornou professora de idiomas.[32]

TRINTA E NOVE MULHERES da Seção Francesa foram para a guerra e 13 morreram em combate. Embora a taxa de baixas pareça alta, a guerra é sempre mortal – em particular para as unidades avançadas.

Em 15 de abril de 1945, quando o hospital de prisioneiros em Belsen,

Alemanha, foi libertado pelo exército britânico, Yvonne Rudellat estava registrada como uma paciente francesa, sob o nome de Jacqueline Gauthier.

Dez dias depois, foi feito um recenseamento do hospital: em 25 de abril de 1945, Jacqueline Gauthier não estava mais nas listas de Bergen-Belsen.

Yvonne,[33] a primeira mulher a ser agente de sabotagem,[34] morreu de tifo, fome e disenteria, com uma bala na cabeça.[35]

Ela viveu apenas o suficiente para testemunhar a própria libertação.

ANDRÉE BORREL MORREU DA mesma forma que viveu: lutando.[36]

A retaliação estava no imaginário coletivo do Reich nas semanas após o Dia D. Passado um mês da invasão da França pelos Aliados, no dia 6 de julho de 1944, em Natzweiler, nas altas e nebulosas florestas de pinheiros das montanhas dos Vosges, na Alsácia – o único campo de concentração em solo francês –, Andrée recebeu uma injeção com veneno.

Diz-se que Andrée acordou assim que seus pés começaram a entrar no forno crematório. Ela agarrou seu carcereiro, cravando as unhas fundo nele, arranhando seu rosto "violentamente", a ponto de tirar sangue.

Enquanto a porta do forno se fechava, Andrée gritou: "*Vive la France!*"[37]

A EXECUTIVA DE OPERAÇÕES Especiais era de fato especial – notável –, por ser em grande parte uma completa novidade. Na batalha pelo controle da Europa, as mulheres e os homens da Seção F formaram uma força de combate fundamental. Cerca de 429 agentes foram enviados para trás das linhas inimigas,[38] somando 104 baixas;[39] junto com a Seção RF de De Gaulle, eles armaram toda a França ocupada. No total, as forças da Resistência apoiadas pelos Aliados tiveram peso igual a 15 divisões na França,[40] ou cerca de 200 mil soldados.

Os agentes especiais eram todos heroicos, determinados e humanos: seus erros foram graves – mais de 50 agentes[41] seriam capturados como resultado das farsas do jogo do rádio nazista, o *Funkspielen* –, mas esses homens e mulheres apressaram o fim da guerra. O histórico de sabotagem na França teve impacto muito positivo se comparado à estratégia mais arriscada, cara e fatal (pelo menos para os civis) de enviar bombardeiros para atacar as instalações inimigas.

Da mesma forma que suas agentes femininas, o Escritório inaugurou muitas novidades históricas: foi a primeira agência governamental dedicada ao combate irregular, aos atos de sabotagem e à guerra política e econômica. (Ele serviu de modelo para as muitas aventuras de James Bond. Vera é considerada o protótipo de Miss Moneypenny; Ian Fleming teria tomado conhecimento da SOE como oficial de inteligência naval durante a guerra.)[42] O Escritório desapareceu, mas seus métodos e técnicas serviram de diretriz para o Escritório de Serviços Estratégicos (OSS, na sigla em inglês) nos Estados Unidos, predecessor da CIA, e para o Mossad em Israel, entre muitos outros. As operações especiais pioneiras na Europa e no Extremo Oriente na Segunda Guerra Mundial continuam a ser táticas essenciais para qualquer potência moderna.

A Executiva de Operações Especiais foi encerrada em 1946 e as agências de espionagem rivais – os vários MIs – reivindicaram a Guerra Fria e mais. Os registros de guerra da SOE foram editados seletivamente e muitos deles queimaram em um incêndio. O Escritório simplesmente deixou de existir.

No entanto, seu heroico legado ainda vive. Nos países ocupados da Europa, a guerra de guerrilha fez pelo menos tanto para promover a autoestima no pós-guerra quanto havia feito para acelerar a queda de Hitler.

Òs historiadores militares discutem se *la Résistance* acumulou vitórias estratégicas ou se sempre foi apenas um símbolo útil. Que discutam. O chefe da Força Aérea aliada disse: "A maior vitória dela foi manter a chama do espírito francês acesa durante os sombrios anos da Ocupação."[43] Mas o general Eisenhower, comandante supremo das forças aliadas na Europa, fez o mais alto elogio ao Escritório, dizendo que os atos estratégicos de sabotagem executados por aquele bando irregular de amadores encurtaram a guerra em até seis meses, salvando milhares de vidas.[44]

Quando o general Charles de Gaulle marchou vitorioso pelas ruas de Paris, ele recuperou seu país das mãos do Reich. Mas o general também teve que reconciliar verdades inquietantes na consciência nacional: a França não era uma mera vítima; o país havia colaborado ativamente com Hitler. No fim da guerra descobriu-se que metade dos aviões alemães que bombardearam os Aliados haviam sido fabricados na França; o marechal Pétain e o regime de Vichy enviaram 650 mil trabalhadores franceses para fábricas de guerra nazistas e 76 mil judeus para a morte em campos de extermínio.

De Gaulle criou uma nova França a partir das cinzas da guerra. A Resistência foi fundamental para seu argumento; ela se tornou o veículo narrativo pelo qual ele conduziu um país novo e livre. Ele disse que havia uma linha contínua ligando a Terceira República à Quarta. Os anos de Vichy não tinham sido uma anomalia; eles sequer haviam existido. "A República nunca deixou de existir", disse.[45] "Vichy sempre foi e ainda permanece nula e sem efeito." Quando os exércitos rebeldes da França desempenharam um papel na emancipação, eles ligaram uma república à outra, apagando quatro anos de cooperação, cumplicidade e consentimento.

Assim que o exército alemão foi derrotado em solo francês e De Gaulle reivindicou o crédito pela vitória, a França tornou-se repentinamente "uma nação de resistentes".

Todos faziam parte da Resistência francesa.

Exceto as mulheres.

O papel que as mulheres desempenharam na libertação não é celebrado no mito fundador da Resistência. Quando a França contabilizou suas forças *maquis* após a guerra, as mulheres constituíam apenas 10% a 15% dos soldados de infantaria, embora fossem mais de 51% da população em virtude das várias políticas de recrutamento e da alta mortalidade dos homens na guerra.[46] Historicamente, o trabalho das mulheres não é contado, e o trabalho das mulheres na guerra também ficou nas sombras. Elas eram falsificadoras, mensageiras e contramestras; alimentar um rebelde também é um trabalho de resistência.

A fim de canonizar o golpe de autolibertação de De Gaulle, a Resistência tinha que ser percebida como forte, como uma força regente legítima.[47] A fragilidade feminina tradicional enfraquecia o argumento de De Gaulle para criar a imagem de uma nação viril.[48] Mulheres ainda não eram consideradas atores políticos;[49] as mulheres francesas nem mesmo tinham direito a voto até 1946.[50] E, assim, as mulheres foram subestimadas e menosprezadas no censo final dos combatentes pela liberdade da França.

O general foi um líder naquele momento – obstinado, egoísta, o último grande francês –, mas também um péssimo companheiro: sua voz era a única no recinto. Mesmo assim, sem recursos, sem exército, sem poder de barganha de qualquer espécie, ele ressuscitou uma nação. Para ter um assento na mesa global, para reivindicar uma parte da nova ordem mundial, ele insistiu para que a França construísse a própria cadeira. Dessa forma, os Aliados também foram marginalizados por De Gaulle. O épico churchilliano de armar rebeldes franceses ia contra o triunfalismo gaullista. A existência da ajuda anglo-americana era uma narrativa inconveniente para a Quarta República, pois reduzia a França a um satélite colonial de grandes potências.

Então, a França havia libertado a si mesma.[51]

Havia pouco espaço para agradecimentos na nova mitologia nacional do general. Pouco depois do Dia D, as redes da Seção F foram marginalizadas; seus organizadores foram dispensados e substituídos por comandantes gaullistas. Alguns foram até mesmo expulsos da França. O novo governo tinha "enormes reservas"[52] em relação à SOE. Para os líderes rebeldes apoiados pelos Aliados, havia poucas honras no novo país de De Gaulle.

Os homens e as mulheres da Seção F falaram principalmente sem amargura sobre aqueles anos desdenhosos do pós-guerra; admitiram que a nova história nacional da França era razoável, necessária e talvez até justa. Eles haviam lutado disfarçados; não esperavam pela glória.

C'était la guerre.

Nota da autora

O historiador de guerra Max Hastings diz que o que é publicado sobre as agentes femininas da SOE é "baboseira romântica".[1] Como jornalista, contadora de histórias e mulher, acredito que a baboseira é importante. Ela é a matéria da experiência humana. A forma como sentimos, amamos, sofremos – é essa a matriz na qual existimos e agimos, mesmo enquanto exércitos arrasam continentes inteiros. Optar ou não pela baboseira é uma falsa dicotomia. Essa perspectiva, por si só, sugere o pecado original das mulheres na guerra. Coloca tudo isso como um jogo retórico: silencia as histórias das mulheres enquanto privilegia todo o restante do conflito. Não fosse pelos relatos orais, a maior parte da história das mulheres estaria perdida para sempre. Assim, o apelo ao empirismo é apontado como má-fé: a misoginia, disfarçada de piedade. É raro haver um historiador, de Tucídides a Tuchman, cujas histórias sejam lembradas sem o romance ou a baboseira.

Este livro não é uma ficção. Ele foi construído com base em arquivos de Reino Unido, França e Estados Unidos e nas memórias, tanto escritas quanto orais, daqueles que tiveram a sorte de sobreviver. Enquanto perdemos os sobreviventes e os governos se debatem com seus papéis na guerra, novos documentos continuam a perder o status de confidencialidade e se tornam públicos. Todas as citações foram obtidas de fontes originais, faladas, escritas ou relatadas pelos oficiais. As fontes podem, intencionalmente ou não, ter narrado os eventos de uma forma que beneficiava a si próprias. (Todos nós somos os heróis de nossas vidas.) No entanto, se uma história é verdadeira para quem conta, se era a história que essa pessoa tinha para contar, então é verdade. O fato de Andrée Borrel não ter sobrevivido para nos contar a dela é algo que sempre partirá meu coração.

Essa é a engrenagem da história; é assim que funciona escrever o passado. Tentei confrontar as lacunas e as tensões do que sabemos com o contexto mais amplo da Ocupação, guiado pela caixa de ferramentas do historiador: os critérios dos múltiplos relatos, do constrangimento, da plausibilidade, da coerência e outros julgamentos. Vista em conjunto, a história inteira tinha que fazer sentido. Eu espero que tenha feito.

No fim das contas, como disse o coronel Buckmaster: "*Tant pis*, ela tinha que ser contada."[2]

Agradecimentos

Palavras não bastam para expressar minha gratidão a Larry Weissman, Sascha Alper e Amanda Cook, mas é tudo que tenho a oferecer. Larry e Sascha me defendem, me leem e me inspiram, como agentes e como amigos. Nunca quis a aprovação de nenhum editor mais do que a de Amanda Cook – muito obrigada, Amanda, por permitir que eu tentasse. O apoio e a diligência de toda a equipe da Crown têm sido fontes de prazer e motivação duradouros: obrigada a Claire Potter, Zachary Philips, Rachel Rokicki, Julie Cepler, Chris Brand, Elena Giavaldi, Craig Adams, Andrea Lau, Heather Williamson, Mark Stutzman, Annsley Rosner e Molly Stern. Tenho uma dívida com a comunidade de veteranos, famílias e acadêmicos que compartilharam tempo, energia, materiais de arquivo e percepções comigo, com agradecimentos especiais à Dra. Juliette Pattinson, da Universidade de Kent, por suas transcrições de entrevistas, a Martyn Cox, que fez as apresentações e mantém registro das memórias, e a Steven Kippax, cujo domínio dos arquivos é um presente para os pesquisadores. Eu não poderia ser mais grata aos primeiros leitores, que me forneceram maravilhosos insights, correções essenciais e informações precisas desde assuntos globais até os de nicho: Anne Whiteside, Francis J. Suttill, coronel (da reserva) Nick Fox (OBE), David Harrison e Saul Austerlitz. Por camas aconchegantes, chá quente e champanhe gelado em Paris e em Londres, meu amor a Elizabeth Austin, Tory e Henry Asch, e a Richard Heelas. Eu não estaria aqui se não fosse por Joel Derfner e Kim Binsted; obrigada por tudo, sempre. Por enormes e infinitas demonstrações de amizade, obrigada a Gabriela Shelley; Charles Coxe; Peter Grant; Diane Selkirk; Maria Smilios; Michael Zola, Shea Grimm e Lola Nagata; Maria, Sergio e Pieralberto Deganello; Jeff e Betsy Garfield; Jennifer Baker e Jason (Big Red) Jestice; Kenny Longenecker e Tammy Castleforte; Darlene McCampbell; Steven Dickstein; Michael Combs; Maya Kron, Lauren Coleman e Esther Saskin; Erik Larson; Laurie Gwen Shapiro; Susannah Cahalan; Richard Ford; Karen Abbott; Maia Selkirk e Evan Gatehouse; Mary O'Dowd, Meagan O'Dowd O'Malley e Ed O'Malley; Oliver e Rob Tannenbaum; Stephanie, Adam, Jacob e Lily Brown; Katherine Austin e Sy Bortz; Elissa e Erin Labbie; Jason, Beth, Will, Cora, Lorelei, Bill e Barbara Myers; Talia, Laila, Mia e Marco Veissid e Phyllis Bieri; Amanda Gadziak e Douglas Pulver; Julian Land; Shai Ingber; Heather Massart; Josh Marshall; Charity Thomas; Peter Greenberg; Duncan Black; Nina Combs; Scott Anderson; Joy Tutela e David Black; Edward Readicker-Henderson; à Eglise Française du Saint-Esprit pelas aulas de francês; e gratidão a toda a equipe heroica do Village Care at 46 & Ten. Fico eternamente admirada com o amor e a paciência de minha família: obrigada, Barney, Gerald e Helen Cohen Rose.

Notas

CAPÍTULO 1: QUE DEUS NOS AJUDE

1   Odette Hallowes, HS 9/648/4, National Archives, Kew.
2   Leo Marks, *Between Silk and Cyanide: A Codemaker's Story, 1941–1945* (Nova York: Touchstone, 1998), 95.
3   Jerrard Tickell, *Odette: The Story of a British Agent* (Londres: Chapman & Hall, 1952), 69.
    O arquivo pessoal de Odette não contém uma cópia da carta original do capitão Jepson. Esse texto vem da versão autorizada da história de Odette, escrita por Jerrard Tickell, do setor de Relações Públicas do Departamento de Guerra. Temos, no entanto, o texto remanescente de uma das cartas do capitão Jepson, enviada em 5 de junho de 1942 para a recruta Jacqueline Nearne, colega de turma de treinamento de Odette. O texto dessa carta parece quase idêntico ao que é citado na biografia de Tickell. Na minha opinião, isso sugere que Tickell teve acesso aos arquivos de Odette enquanto escrevia. A carta completa de Nearne é reproduzida aqui, para o leitor mais desconfiado: "Foi-me informado que a senhora possui qualificações e informações potencialmente valiosas nesta fase dos esforços de guerra. Se estiver disponível para uma entrevista, terei o maior prazer em recebê-la no endereço acima na quinta-feira, dia 25 de junho de 1942, às 15h30. Peço-lhe a gentileza de confirmar seu comparecimento. Atenciosamente, Selwyn Jepson, Capitão." Susan Ottaway, *A Cool and Lonely Courage: The Untold Story of Sister Spies in Occupied France* (Nova York: Little, Brown, 2014), 26.
4   *Rosa de esperança* estreou em junho de 1942. Foi o filme de maior bilheteria no Reino Unido naquele ano.

5   Odette Marie Céline Sansom, história oral, 1986, Imperial War Museum, Londres.

6   Valerie Grove, "Life Wisdom Learnt in the Darkness of a Torture Cell – Odette Hallowes, GC", *Sunday Times* (Londres), 14 de outubro de 1990.

7   Em entrevistas já no fim da vida, Odette afirmou que tinha 2 anos de idade quando o pai morreu. No entanto, a Batalha de Verdun foi em 1916, de modo que ela tinha 4 anos.

8   O arquivo pessoal de Odette informa, em 11 de julho de 1942, seu endereço como Comeragh Road, nº 11, W4, que fica em Hammersmith. Sua biografia autorizada e seus relatos orais sugerem que ela havia trocado Londres por Somerset. As provas documentais nem sempre correspondem aos seus relatos orais. Como autora, tive que fazer uma escolha diante de versões conflitantes. Sempre que possível, sinalizando a fonte pela qual optei e os motivos.

9   Até os menores prazeres eram censurados: "É um tanto inconveniente e inapropriado ver donas de casa confortáveis – jovens e velhas – ainda se empanturrando de pãezinhos e bolos em cada um dos muitos restaurantes desta cidade entre quatro e cinco da tarde todos os dias", lamentavam as revistas femininas. "Está na hora de parar com essa frivolidade perdulária." S. A. Thompson, Court Hey Avenue, Bowring Park, Liverpool, *Picture Post*, 12 de setembro de 1942.

10 Ottaway, *Cool and Lonely Courage*, 26.

11 Shrabani Basu, *Spy Princess: The Life of Noor Inayat Khan* (Londres: Sutton, 2006), e-book.

12 Jepson, Imperial War Museum, Londres.

13 Hallowes, HS 9/648/4, National Archives, Kew.

14 Keith Grint, *Leadership, Management, and Command: Rethinking D-Day* (Londres: Palgrave Macmillan, 2007), 46; Paul Winter (org.), *D-Day Documents* (Londres: Bloomsbury, 2014), 76.

15 Allison Lear, "Report on Suzanne Kyrie-Pope, an ISTD Employee", WW2 *People's War*: An Archive of World War Two Memories, BBC, 2005, disponível na internet.

16 Nancy Wake, *The Autobiography of the Woman the Gestapo Called the White Mouse* (Melbourne: Macmillan, 1985), 104.

17 Jepson, Imperial War Museum, Londres.

18 Hallowes, Imperial War Museum, Londres.

19 Jepson, Imperial War Museum, Londres.

20 Hallowes, Imperial War Museum, Londres.

21 Sansom, Imperial War Museum, Londres.

22   "The French Ships in Egypt", *Times* (Londres), 17 de julho de 1942.
23   Sansom, Imperial War Museum, Londres.
24   Jepson, Imperial War Museum, Londres.
25   Gordon Nornable *apud* Roderick Bailey (org.), *Forgotten Voices of the Secret War: An Inside History of Special Operations During the Second World War in Association with the Imperial War Museum* (Londres: Ebury Press, 2008), 43.
26   Jepson, Imperial War Museum, Londres.
27   Sansom, Imperial War Museum, Londres.
28   Ibid.
29   Jepson, Imperial War Museum, Londres. Na biografia de Tickell, *Odette*, a inscrição diz: "Obstinação e coragem. Que Deus ajude os alemães se conseguirmos chegar perto deles. S.J." O livro foi publicado logo após a guerra e Jepson não foi entrevistado para os arquivos até mais de 40 anos depois, em 1986. Embora eu acredite que o biógrafo de Odette tenha tido acesso a arquivos pessoais originais e não editados, porque alguns documentos são reproduzidos fielmente, sabe-se que o livro foi escrito por um homem, ficcionalizado e com imprecisões fáceis de serem detectadas. Foi concebido como uma ferramenta de relações públicas do Departamento de Guerra, para celebrar a existência de uma agência governamental secreta em um momento em que as operações atrás das linhas inimigas ainda eram confidenciais e, portanto, tende a soar como propaganda. Antes da queda do status de confidencialidade, Odette serviu como porta-voz não oficial da SOE e raramente (ou nunca) contradizia a agenda da agência. Por mais que Odette tenha dançado conforme a música até sua morte, tendo a privilegiar os relatos em primeira pessoa em detrimento da biografia de Tickell pelo simples fato de que os personagens principais estavam lá; Tickell, não.

CAPÍTULO 2: GUERRA DESCORTÊS

1   Em entrevistas arquivadas no Imperial War Museum, em Londres, ex-agentes casualmente se referem à Special Operations Executive (Executiva de Operações Especiais) como "the Firm" ("Escritório"). Alguns afirmaram que só descobriram o verdadeiro nome da SOE após o fim da guerra.
2   C. Wretch, Arquivos particulares, Imperial War Museum, Londres.
3   Marks, *Between Silk and Cyanide*, 5.
4   CHAR 20/52/30/73, Sir Winston Churchill Archive Trust, 2002.
5   A primeira data possível é apontada como 1º de abril de 1943 e, se os navios

vindos dos Estados Unidos atrasassem, seria adiada para "o fim do verão" de 1943. Ibid.

6   Em ordem descendente do tempo decorrido até a rendição, não em ordem cronológica.

7   Hugh Dalton a lorde Halifax, 2 de julho de 1940, daltondatabank.org.

8   Em *The Fateful Years*, Hugh Dalton situa essa conversa com Churchill no dia 16 de julho de 1940, o que coincide com o início da Operação Leão-Marinho de Hitler, uma bela amostra de simetria narrativa. William Mackenzie diz que "o primeiro-ministro escreveu formalmente ao Sr. Dalton informando-o dessas propostas e pedindo que aceitasse a tarefa" em 16 de julho de 1940 e afirma que a carta estava anteriormente contida nos arquivos da SOE sob o número 2/340/3.0, que já foi destruído. Os diários de Dalton, no entanto, sugerem que a data da conversa foi, na verdade, 22 de julho de 1940, conforme consta aqui.

9   Ao comitê de defesa, presidido por Churchill e com a presença de Attlee, Eden, Lyttelton, Grigg, Sinclair, Pound, Brooke, Portal, Mountbatten e Ismay; Selborne, Hambro, Cadogan, Morton e três secretários *apud* M. R. D. Foot, *SOE in France: An Account of the Work of the British Special Operations Executive in France, 1940–1944* (Londres: Frank Cass, 2004), e-book.

10 Discurso de Woolrych aos novos alunos, Group B Training Syllabus, HS 7/52, National Archives, Kew.

11 As Convenções de Genebra vigentes tinham quatro critérios para que um combatente fosse reconhecido como soldado por um oponente: ele tinha que ser comandado por um oficial responsável por seus subordinados, usar um "emblema distintivo fixo reconhecível a distância" (ou seja, estar de uniforme), portar armas ostensivamente e conduzir operações dentro das leis de guerra. Os agentes da SOE cumpriam apenas um critério: estavam sujeitos a um comando e controle.

12 D-Day – o *D* não tem nenhum significado além de ser a letra inicial da palavra *day* (dia), do mesmo modo que em francês o *J* se refere a *jour*.

13 O Führer e Supremo Comandante das Forças Armadas, Quartel-General do Führer, 16 de julho de 1940, "Diretiva nº 16: Preparativos para uma operação de desembarque na Inglaterra".

14 Uma parcela substancial dos homens em idade de serviço na Segunda Guerra havia nascido durante o *baby bust* demográfico da Primeira Guerra, quando as taxas de natalidade entraram em colapso. No momento em que a Europa mais precisava de soldados, a oferta de recrutas masculinos não atendia à demanda de mão de obra militar, razão pela qual as mulheres foram convocadas para o serviço.

15 Jepson, Imperial War Museum, Londres.

16 Pearl Witherington, entrevista a Kate Vigurs, maio de 2003, *apud* "The Women Agents of the Special Operations Executive F Section: Wartime Realities and Post War Representations" (Tese de doutorado, Universidade de Leeds, 2011).

17 Com certeza houve estupro homossexual em campos de batalha desde o início dos tempos. Para este propósito aqui, por estarmos falando de mulheres, estamos falando apenas de estupro heterossexual.

18 O medo era de estupro por forças oponentes. Agora sabemos que, na prática, as mulheres em combate têm probabilidade igual – ou maior – de serem estupradas por homens de suas próprias Forças Armadas.

19 Historicamente, foram feitas tentativas de resolver o problema do estupro na guerra; a ativista social Jane Addams defendeu a inclusão do estupro entre os crimes de guerra no Congresso Internacional de Mulheres, em Haia, 1915: "Pior do que a morte [...] é a ausência de defesa das mulheres na guerra e sua violação por soldados invasores." Sua campanha não teve sucesso. O estupro não foi incluído entre os crimes de guerra nas Convenções de Genebra vigentes.

20 O National Service (Number 2) Act, que em 1941 renovou a lei anterior, de 1939, para incluir as mulheres, declarava: "Nenhuma mulher convocada para o serviço ao abrigo da Lei principal deve de fato usar qualquer arma letal ou participar do uso efetivo de qualquer arma letal, a menos que esta tenha manifestado por escrito seu desejo de usar armas letais ou, conforme o caso, de participar do uso delas." National Archives, National Service (Number 2) Act *apud* Juliette Pattinson, *Behind Enemy Lines: Gender, Passing, and the Special Operations Executive in the Second World War* (Manchester: University of Manchester Press, 2007), 26.

21 A primeira vez que um regimento de gênero misto disparou em combate foi em novembro de 1941, e a primeira "morte" provocada por um ocorreu em abril de 1942. D'Ann Campbell, "Women in Combat: The World War II Experience in the United States, Great Britain, Germany, and the Soviet Union", *Journal of Military History* 57, n. 2 (abril de 1993): 301–23.

22 James Moore, "The Blitz Spirit – 75 Years On!", *Express* (Londres), 6 de setembro de 2015.

23 O que hoje chamamos de Blitz foi composto por dois ciclos de ataques aéreos distintos. O primeiro se seguiu à queda da França e durou cerca de oito meses, de 7 de setembro de 1940 a 11 de maio de 1941. O segundo começou em janeiro de 1944 e durou até 29 de março de 1945. Após o Dia D, em 1944, o segundo ciclo incluiu as armas secretas de Hitler: os mísseis de cruzeiro V1 e os mísseis balísticos V2. O número de mulheres a cargo das defesas antiaéreas *ack-ack* é o total para toda a guerra.

24 Churchill estava tão entusiasmado com a ideia de alocar mulheres em baterias

de artilharia que declarou que qualquer general que fosse capaz de poupar mais de 40 mil soldados para a frente de batalha conquistaria algo equivalente a uma vitória. Campbell, "Women in Combat".

25 Parece que a fonte original desta citação se perdeu ao longo da história. Foi com tanta frequência e em tantos lugares que se tornou canônica. Ver Pattinson, *Behind Enemy Lines*, bem como Duncan Barrett e Nuala Calvi, *The Girls Who Went to War: Heroism, Heartache, and Happiness in Wartime Women's Forces* (Londres: Harper Element, 2015), e-book.

26 Jepson, Imperial War Museum, Londres.

27 Pela maioria dos relatos, muito poucas pessoas ouviram o primeiro *Appel 18 juin* de De Gaulle no próprio dia da transmissão; porém, como peça de propaganda, ele foi repetido com tanta frequência pela BBC que se tornou mítico logo no início da guerra.

28 "De todas as cruzes que tive que carregar, a Croix de Lorraine é a mais pesada", disse Churchill sobre De Gaulle. Michael Mould, *The Routledge Dictionary of Cultural References in Modern French* (Londres: Routledge, 2011).

29 Foi dito que trabalhar com o general De Gaulle era "como tentar conviver amigavelmente com uma esposa ciumenta, melindrosa e dominadora". Keith Jeffery, *MI6: The History of the Secret Intelligence Service* (Londres: Bloomsbury, 2010) apud Max Hastings, *Winston's War: Churchill, 1940-1945* (Nova York: Vintage, 2011), 273.

30 Traduzido do francês, *in* Charles de Gaulle, *Memoires de Guerre: l'Unité, 1942-1944* (Paris: Librarie Plon, 1956), 224.

31 O França Livre criou o BCRA (Bureau Central de Renseignements et d'Action) para operações secretas no país. A Seção RF sempre fez parte da SOE e permaneceu sob seu comando. Era "o interlocutor diário e o intermediário obrigatório com os serviços secretos franceses", segundo Jean-Louis Crémieux-Brilhac em seu livro *La France libre: De l'appel du 18 juin à la libération* (Paris: Gallimard, 1996).

32 *L'armée de l'ombre.*

33 History of SOE, HS 7/121, National Archives, Kew.

34 "Uma figura materna para todos os agentes da Seção F com quem ela esteve em contato (e para muitos com os quais não esteve). Ela era banqueira, guia, filósofa e amiga de, pelo menos, quinze dos nossos homens." History of F Section, HS 7/121, National Archives, Kew.

35 Jepson, Imperial War Museum, Londres.

36 *Times* (Londres), 8 de agosto de 1942.

37 Jepson, Imperial War Museum, Londres.

38 Ibid.

CAPÍTULO 3: UM AGENTE DE PRIMEIRA CLASSE

1. Coronel André Passy *apud* Foot, *SOE in France*, e-book.
2. Phyllis Bingham, comandante das FANYs, *apud* Stella King, *Jacqueline: Pioneer Heroine of the Resistance* (Londres: Arms and Armour Press, 1989), 127.
3. Mme. Le Chêne, colega de Andrée em Beaulieu, comentou que ela fumava e que isso era malvisto em uma jovem.
4. Le Chêne *apud* Elizabeth Nicholas, *Death Be Not Proud* (Londres: Cresset Press, 1958), 134.
5. Robert Ferrier, entrevista, Imperial War Museum, Londres.
6. Andrée não era fluente em inglês. Todas as instruções secretas eram passadas em francês, mas ela também havia estudado em Ringway, onde os instrutores provavelmente falavam inglês.
7. Franklin a Ingenhousz, 16 de janeiro 1784, Founders Online.
8. Da década de 1920 em diante, o salto de paraquedas passou a fazer parte do entretenimento popular em feiras e espetáculos de acrobacias em todo o continente. O período entreguerras testemunhou o aperfeiçoamento da técnica de combate – em exercícios de batalha com o Exército Vermelho, para enfermeiras na França.
9. Primeira Divisão Aerotransportada, Companhia C, Segundo Batalhão da Primeira Brigada de Paraquedistas, cerca de 120 homens.
10. A captura da tecnologia de radar do Reich ajudou os Aliados a desenvolver e aplicar medidas de contra-ataque, como por exemplo uma estratégia de congestionamento.
11. *Times* (Londres), 2 de março de 1942.
12. Eric Piquet Wicks, *Four in the Shadows* (Londres: Jarrolds, 1957), 142, *apud* Foot, *SOE in France*, e-book.
13. Maurice H. Dufour, HS 9/455/565, National Archives, Kew. Sessenta e cinco é o total de assistências atribuídas ao namorado de Andrée, o capitão Maurice Dufour, e aplico esse número a Andrée na crença – sustentada por documentos do governo e diários pessoais – de que eles estavam trabalhando em conjunto. Em uma noite ousada, eles ajudaram até 50 fugitivos, de acordo com documentos sobre Dufour.
14. Censo norte-americano, população internacional, histórico, www.census.gov.
15. Le Chêne *apud* Nicholas, *Death Be Not Proud*, 135.
16. "*Stalag*" era o termo para os prisioneiros comuns de guerra; "*oflag*" era o termo usado para os oficias presos.
17. Maurice Dufour, HS 9/455/5, National Archives, Kew.

18 Ibid.
19 Pat O'Leary *apud* Brian Stonehouse Diary, inédito. Cortesia de Steven Kippax.
20 Winston Churchill, *The Second World War*, 6 vols. (Boston: Houghton Mifflin, 1948–53), vol. 4, *The Hinge of Fate*, 483.
21 Dufour, HS 9/455/5, National Archives, Kew.
22 Ibid.
23 As entrevistas ocorreram pouco antes de De Gaulle mudar o nome, logo o França Livre (*France Libre*) ainda não havia se tornado o França Combatente (*France Combattante*).
24 Andrée Borrel, HS 9/183, National Archives, Kew.
25 Dufour, carta, 18 de julho de 1942, HS 9/455/5, National Archives, Kew.
26 Tanto Wybot quanto Passy trabalharam sob pseudônimos para poupar suas famílias da retaliação francesa. O coronel Wybot se chamava de fato Roger Warin. Passy era o nome de uma estação de metrô de Paris; seu nome de batismo era André Dewavrin.
27 Dufour, HS 9/455/5, National Archives, Kew.
28 Relatório da embaixada norte-americana *apud* Michael Bilton, "Dirty War on Our Doorstep", *Sunday Times* (Londres), 15 de março de 2009.
29 King's Bench Division Folios 23. Sentença proferida em 6 de agosto de 1943, envolvendo Maurice Henri Dufour, autor, e o general Charles de Gaulle, o tenente-coronel André Passy, o capitão Roger Wybot, o capitão François Girard, o coronel Louis Renouard, o comandante De Person, o comandante Etienne Cauchois e o comandante Pierre Simon, réus.
30 Queixa de Dufour, 6 de agosto de 1943.
31 Dufour, HS 9/455/5, National Archives, Kew.
32 Queixa de Dufour, 6 de agosto de 1943.
33 Borrel, HS 9/183, National Archives, Kew.
34 Apesar disso, dezenas de milhares de pessoas saíram às ruas na França, desafiando a proibição. "France's National Day", *Times* (Londres), 14 de julho de 1942; "Le Quatorze Juillet: Celebrations", *Times* (Londres), 15 de julho de 1942; "July 14 in France", *Times* (Londres), 16 de julho de 1942.
35 "French ATS: New Chief Appointed in England", 25 de março de 1942, republicado em *Auckland Star*.
36 Nigel West (org.), *The Guy Liddell Diaries: MI5's Director of Counter-Espionage in World War II*, vol. 1, *1939–1942* (Londres: Routledge, 2005), e-book.
37 Andrée foi a primeira mulher a ser treinada para paraquedismo em combate e seria a primeira a ser destacada para isso. Ninguém mais de sua turma em

Beaulieu saltou de paraquedas. (As outras mulheres de sua turma foram consideradas velhas demais para o salto.) Outras mulheres, em serviços auxiliares, seriam treinadas para o paraquedismo – como aquelas necessárias para a entrega de aeronaves –, mas não foram destacadas para operações de combate.

38 Dufour, HS 9/455/5, National Archives, Kew.
39 Dufour, HS 9/455/5, National Archives, Kew. No verão de 1942, De Gaulle mudou o nome de seu movimento de *France Libre* (Free French) para *France Combattante* (Fighting French). Ambos são abreviados "FF" nos documentos em inglês.
40 Ibid.
41 É fato notório que foi um francês, Georges Clemenceau, quem disse que a justiça militar está para a justiça assim como a música militar está para a música.
42 "Nestas circunstâncias, independentemente dos méritos ou deméritos do caso Dufour, esperamos que você possa tomar medidas para garantir que ele não seja devolvido ao FF e, se necessário, para que seja mantido em local seguro até que não esteja mais em posição de comprometer nossa agente." Ibid.
43 Ibid.

CAPÍTULO 4: A RAINHA DA ORGANIZAÇÃO

1 O treinamento dos agentes especiais em Beaulieu ocorria em casas menores espalhadas pela propriedade – como os Rings e a House in the Woods. A área de Beaulieu, como um todo, era classificada como STS 31 ou STS27b. Na época do curso de Lise, o nome comum para Beaulieu nos documentos parece ter sido STS 31. O número "27" era o código do Escritório para assuntos relacionados à França, "27Land".
2 Noël Coward, "The Stately Homes of England", letra de *Operette* (1938), reproduzido com permissão.
3 Buckmaster só foi promovido a tenente-coronel em abril de 1943, de modo que durante a maior parte dessa história sua patente é de major.
4 Maurice Buckmaster, F Section History and Agents, HS 7/121, National Archives, Kew.
5 Pode ter havido mais alunas que não constam dos arquivos da SOE no National Archives. Havia também um oficial responsável por essa turma. As cinco alunas das quais tivemos confirmação pelos documentos são Lise, Mary, Odette, Hélène e Jacqueline.
6 Cyril Cunningham, *Beaulieu: The Finishing School for Secret Agents* (Yorkshire, Reino Unido: Pen & Sword Military, 1998), 57.

7   Lise de Baissac, HS 9/77/1, National Archives, Kew.

8   Em entrevistas já no fim da vida, Lise questionou a utilidade do interrogatório simulado, mas também parecia mal se lembrar dele (entrevista a Pattinson em *Behind Enemy Lines*). Ela estava na casa dos 90 anos quando os arquivos pessoais perderam o status de confidencialidade. Entrevistas em áudio com outros agentes, como as arquivadas no Imperial War Museum de Londres, sugerem que a encenação da captura de reféns era bastante transparente. Alguns agentes a acharam útil, em retrospecto. Odette deu um testemunho da utilidade dessa prática em áudio gravado arquivado no Imperial War Museum. Nos anos anteriores à queda do status de confidencialidade, Odette serviu como porta-voz não oficial do Escritório; ela raramente (ou nunca) contradizia a agenda da agência.

9   Vamos lá, vamos lá, mexam-se, e assim por diante.

10 Lise Villemeur, nascida Lise de Baissac, entrevista a Juliette Pattinson, Marselha, França, em 17 de abril de 2002. A Dra. Pattinson apresentou transcrições de suas entrevistas realizadas com agentes masculinos e femininos da SOE para sua tese de doutorado, publicada como Pattinson, *Behind Enemy Lines*; doravante citado como "entrevista a Pattinson".

11 Harry Ree, em *School for Danger* (1947). Esse filme de propaganda foi produzido no fim da guerra pela SOE e estrelado pelos agentes Jacqueline Nearne e Harry Ree. O treinamento exposto no filme é considerado por Michael Foot, historiador oficial da SOE, um reflexo preciso da formação de um agente nas Escolas de Treinamento Especial.

12 Lise de Baissac, entrevista a Darlow Smithson, 1º de junho de 2002, para o filme *Behind Enemy Lines: The Real Charlotte Grays*, dirigido por Jenny Morgan (Londres: British Film Institute, 2002); doravante citado como "entrevista a *The Real Charlotte Grays*".

13 Há um debate sobre o uso do termo "espião" aplicado aos agentes da SOE. Há uma distinção entre trabalho de inteligência e trabalho de organização de guerrilhas; muitos argumentam que a SOE empregou não espiões, mas sabotadores. Os próprios agentes, no entanto, usaram o termo "espião" para descrever os trabalhos que realizaram na França. Lise disse: "Ouvíamos rádio juntos, esse tipo de coisa. E quando eu t... eu tinha mensagens especiais, e ele... uma vez que ele me disse, você sabe, 'Isso é coisa de espião!' [*RISOS*] E... e eu sou um deles!" Lise, entrevista a *The Real Charlotte Grays*.

14 "Talvez ela tenha sofrido com as questões familiares (excesso de ambição pessoal e de sensibilidade), mas está sempre pronta para enxergar o que é razoável e invariavelmente coloca o trabalho em primeiro lugar. É 'difícil', mas dedicada." Essa foi a avaliação de Buckmaster. Lise de Baissac, HS 9/77/1, National Archives, Kew.

15 Lise, entrevista a Pattinson.
16 Robert Ferrier, Sound Archives, Imperial War Museum, Londres.
17 Philby ajudou a conceber o curso de Beaulieu de propaganda clandestina; não foi instrutor de Lise.
18 William E. Fairbairn e Eric Anthony Sykes deram aula nas escolas de treinamento escocesas, que Lise não frequentou para sua primeira missão. Ela foi, no entanto, instruída nas técnicas de luta do Escritório, que eram derivadas do método "vale-tudo" deles.
19 William E. Fairbairn, *All-In Fighting* (Londres: Faber and Faber, 1942; repr., Naval and Military Press em parceria com Royal Armouries, 2009), 30.
20 "Ele conhecia pelo menos 100 maneiras de matar pessoas sem atirar nelas. Entendia de briga de faca e de briga de rua. Dizia-se que ele havia matado dezenas de pessoas em combate corpo a corpo. [...] Fairbairn nos fez jogar uns aos outros por todo lado. Felizmente, ninguém matou nenhum dos colegas de turma. Todos sobreviveram." Edgar Prichard, "Address to Historical Prince William, Inc.", National Park Service, transcrição de palestra, 16 de janeiro de 1991. Citado em John Whiteclay Chambers II, *OSS Training in the National Parks and Service Abroad in World War II* (Washington, D.C.: National Park Service, 2008).
21 O arquivo particular de Claude de Baissac, HS 9/75 e 9/76, National Archives, Kew, indica que ele estava familiarizado com a prática de tiro na França como um hobby antes mesmo da guerra.
22 Jepson, Imperial War Museum, Londres.
23 Lise, entrevista a Pattinson.
24 Sabemos que Buck e Vera ouviram porque Lise foi destacada não como mensageira, mas para montar a própria rede como agente de ligação.
25 Lise, entrevista a Pattinson.
26 Sara Helm, *A Life in Secrets: Vera Atkins and the Missing Agents of WWII* (Nova York: Anchor Books, 2007), 49.
27 Training Lectures and Statistics, HS 8/371, National Archives, Kew.
28 Lise, entrevista a Pattinson.
29 O *nom de guerre* de Lise era Odile, mas ela não teria usado seu pseudônimo no treinamento.
30 Jean-Marc Dewaele, *Emotions in Multiple Languages* (Londres: Palgrave Macmillan, 2010).
31 Lise, entrevista a Pattinson.
32 Lise de Baissac, HS 9/77/1, National Archives, Kew.
33 Em entrevistas arquivadas no Imperial War Museum de Londres, é possível ouvir Vera fumando sem parar; foi um hábito que ela manteve por toda a vida.

34 Havia, claro, a floresta das Ardenas.

35 Maurice Buckmaster, *They Fought Alone: The Story of British Agents in France* (1958; repr., Londres: Biteback, 2014), 233.

36 Ibid., 134.

37 History of F Section, HS 7/121, National Archives, Kew. Soa estranho hoje em dia, mas *girls* (garotas) era um termo usado comumente para se referir às mulheres adultas da Executiva de Operações Especiais. O termo era amplamente usado por agentes, comandantes, codificadoras e pilotos do sexo feminino, em comunicação falada e escrita.

PEARL WITHERINGTON

Uma garota que estava treinando comigo disse, depois de um dia inteiro explodindo munição e atirando em tudo mais, e ela disse: "O que a gente está fazendo aqui?" Fiquei perplexa! Perguntei "Você não sabe?" e ela respondeu: "Não! Fui convidada para ser… para ser secretária bilíngue." Bem, eu não ia dizer a ela no que ela estava se metendo, então fui até o comandante da escola e contei a ele. Mas ele disse: "Esse é o recrutamento, infelizmente." E, bem, ela ficou e fez o resto do… do treinamento dela, o treinamento de três semanas com os paramilitares, e nós treinamos com os meninos.

NANCY WAKE

[…] meu código. Bem, a maioria das garotas usava Shakespeare ou a Bíblia, mas eu não, eu sou um pouco agnóstica. Então pensei: "Bem, alguma coisa vai vir." Então escolhi um versinho que estava na minha cabeça: "She stood right there, in the moonlight fair. The moon shone through her nightie. It lit right on the nipple of her tit, oh Jesus Christ Almighty!" ("Ela estava bem ali, à luz do luar. A lua penetrava através de sua camisola. Acendia bem no mamilo, ah, meu Deus Todo-Poderoso!")

LISE DE BAISSAC

É claro que estávamos… estávamos tentando… ajudar, e tentando fazer o nosso melhor, para… para… para fazer algo útil para o… para o esforço de guerra. Era bem esse o nosso sentimento. Éramos várias, três ou quatro garotas…

SONIA D'ARTOIS

Eu sei que nos ensinaram isso [treinamento desarmado em combate] e que deveríamos saber como aplicá-lo e que eu nunca precisei usar. E estou muito feliz por isso. Provavelmente alguns dos homens tiveram que usar, mas acho que muitas das garotas não. Mas a gente precisava saber mesmo assim, fazia parte do treinamento, e o treinamento para as mulheres era igual ao treinamento para os homens.

HUGH VERITY (ESQUADRÃO DE OPERAÇÕES ESPECIAIS, PILOTO)

Uma garota que eu... que eu levei e busquei de avião três vezes, eu não cheguei a conhecê-la de verdade, bem... naquelas ocasiões, mas, bem... porque elas eram completamente anônimas, elas eram só corpos que nós [rindo] carregávamos, e, hmm... ela, ela era Julienne Aisner, e se tornou madame Besnard, e ela era de fato a mensageira de Déricourt.

[...] entre as, bem... 50 ou mais garotas, hmm... colocadas na França, principalmente de paraquedas, posso dizer... é, apenas algumas foram realmente transportadas por Lysander, havia... a maioria delas chegou de paraquedas.

[...] as garotas que nós transportamos, as FANYs e as WAAFs, eram passageiras muito bem-vindas, e, é... um dos meus pilotos, o Bunny Rymills, é... é... ele, bem... parecia ter um canto [sic] especial em transportar garotas lindas, embora tenha sido por puro acaso, porque, bem, não sabíamos realmente o sexo dos nossos passageiros até que eles chegassem.

LESLIE FERNANDEZ (INSTRUTORA DA SOE E DEPOIS AGENTE CONDECORADA)

Eu cresci com as FANYs, se você me entende, nas escolas de treinamento, quero dizer, as garotas foram levadas primeiro como operadoras de rádio, sabe, era essa a ideia que deu início a tudo, mas algumas delas, não há dúvida sobre isso, eram operadoras clandestinas excepcionalmente boas, em muitos casos é mais fácil para uma mulher circular clandestinamente com documentos falsos e assim por diante, desde que ela tenha a linguagem básica. [...] Algumas delas eram excelentes, sem dúvida. Elas eram melhores espiãs, se é que você me entende.

(As citações são cortesia de Martyn Cox, fundador do Secret WW2 Learning Network, www.secret-ww2.net.)

38 Em última instância, foram computadas cerca de 20 mil baixas civis na Batalha da Grã-Bretanha; esse cálculo inclui os bombardeios das Blitzes de 1940–1941 e de 1944–1945.

39 O embate iria custar, no fim das contas, a vida de 2 milhões de civis.

40 Lise, entrevista a Pattinson.

41 Tickell conversou com Buckmaster e Odette para seu livro. Ele parece ter tido acesso a arquivos particulares não editados e tanto Buck quanto Odette assinaram embaixo da história, defendendo-a publicamente pelo resto de suas vidas. Tickell, *Odette*.

CAPÍTULO 5: *MERDE ALORS!*

1 Benjamin Cowburn, *No Cloak, No Dagger* (Londres: Frontline, 2009), e-book.

2 "Por pelo menos dois anos a lua foi como uma divindade, como numa religião do Oriente Próximo." Brook ao Departamento de Relações Externas, 16 de novembro de 1964, *apud* Foot, *SOE in France*, e-book.

3 Lise de Baissac, entrevista ao Legasee Project, Legasee Educational Trust, 2011, legasee.org.uk, citada como "entrevista Legasee".

4 Lise, entrevista a *The Real Charlotte Grays*.

5 Lise, entrevista a Pattinson.

6 History of F Section, HS 7/121, National Archives, Kew. No modelo em "pirâmide", várias organizações se conectam a um único nó, ou comandante, como em uma pirâmide. Manter as redes independentes e funcionando em paralelo umas com as outras foi pensado para evitar isso e promover a segurança.

7 Suttill à esposa, 22 de setembro de 1942, cortesia de Francis Suttill.

8 Suttill à esposa, 1º de outubro de 1942, cortesia de Francis Suttill.

9 Rupert Brooke, "Peace", *Poetry Magazine* 6, n. 1 (abril de 1915), disponível em: poetryfoundation.org.

10 "Se", poema de Rudyard Kipling (tradução de Guilherme de Almeida). "Se és capaz de manter a tua calma quando/ Todo o mundo ao teu redor já a perdeu e te culpa/ [...] E o que mais – tu serás um homem, ó meu filho!"

11 Lise, entrevista a Pattinson.

12 Maurice Buckmaster, *Specially Employed* (Londres: Batchworth, 1952), 73.

13 Não sabemos o número exato de presentes na despedida; Lise participou de duas missões, assim como Virginia Hall. Na segunda missão de Lise, ela recebeu um lápis de ouro. "Se eu colocasse isso à venda, não viveria muito tempo com o dinheiro que receberia." Lise, entrevista a Pattinson.

14 Lise, entrevista a *The Real Charlotte Grays*.

15 Vera Atkins, Imperial War Museum, Londres, arquivo de áudio.

16 Josephine se parece com a avó.

17 *Joseph ressemble son grand-père.*
18 Em entrevistas, Vera disse existirem diversas versões desse código, como Jean/Jacqueline ou Clement/Clementine.
19 Maurice Buckmaster, Imperial War Museum, Londres, arquivo de áudio.
20 Max Hastings, "Agent Blunderhead: The British Spy Who Was Left Out in the Cold", *Times* (Londres), 31 de agosto de 2015.
21 Lise de Baissac, HS 9/77/1, National Archives, Kew.
22 Borrel, HS9/183, National Archives, Kew.
23 Marks, *Between Silk and Cyanide*, 45.
24 Em 10 de maio de 1940, a Alemanha ameaçou os cidadãos franceses de prisão, trabalhos forçados ou morte caso ouvissem transmissões de rádio em outro idioma que não o alemão. Olivier Wieviorka, *The French Resistance*, trad. Jane Marie Todd (Cambridge, Massachusetts: Harvard University Press, 2016).
25 Havia 4 ou 5 milhões de aparelhos de rádio na França (Michael Stenton, *Radio London and Resistance in Occupied Europe: British Political Warfare, 1939–1943* [Oxford Scholarship Online, 2011]). A população da França era então de 40 milhões de pessoas. A referência a "metade da população" se baseia na suposição de que quatro pessoas ouviam cada aparelho, em média. As famílias eram numerosas, poucos podiam viver sozinhos e os rádios eram caros. A ideia de que as notícias chegavam mesmo aos ouvidos de quem não buscava por elas era um conceito já bem estabelecido.
26 Claude de Baissac, HS 9/75, National Archives, Kew. Reproduzido com base em um documento de arquivo no qual a gramática e a acentuação não estão corretas do ponto de vista técnico.
27 Telegrama de Actor, 24 de dezembro 1942, em J. A. F. Antelme, HS 9/43, National Archives, Kew.
28 Esse método é conhecido como "transmissão às cegas".
29 Armel Guerne, entrevista contida em John Vader, *The Prosper Double-Cross* (Mullimbimby, Austrália: Sunrise Press, 1977), 59.
30 Essa é uma expressão comumente usada na Inglaterra e na França. Remonta ao século XIII, embora seja convencionalmente atribuída a Augustin Louis de Ximénès, dramaturgo francês, que a empregou em um poema intitulado "L'Ère des Français", publicado em 1793: *Attaquons dans ses eaux la perfide Albion*. "Ataquemos a pérfida Albião em vossas águas".
31 Para a operação de Andrée e Lise, os panfletos costumavam ser distribuídos depois de elas terem que abortar um salto, não antes, de acordo com o coronel (da reserva) Nick Fox (MBE).
32 Lise, entrevista Legasee.

33 Maurice Buckmaster, "They Went by Parachute", reproduzido na internet por Steven Kippax, em uma série de oito artigos publicados no *Chamber's Journal*, 1946-1947.

34 Marcel Ophüls (dir.), *Le chagrin et la pitié* (*Tristeza e compaixão*), Télévision Rencontre, 1969.

35 HS 7/244, National Archives, Kew.

36 "Report on Operations Undertaken by 138 Squadron on Night 24/25th September 1942."

37 Lise, entrevista a Pattinson.

38 Lise, entrevista a *The Real Charlotte Grays*.

39 Andrée era Monique Urbain em seus documentos, Denise nas suas comunicações e Whitebeam nas transmissões de rádio. No Diário de Guerra da Seção F de julho a setembro de 1942, HS 7/244, Andrée é Monique na narrativa e Whitebeam nas notas. Lise era Irène Brisée em seus documentos e Odile e Artist no Diário de Guerra.

CAPÍTULO 6: ATÉ O ÚLTIMO HOMEM

1 William Blake, "Jerusalem": "E o santo Cordeiro de Deus,/ nas agradáveis pastagens da Inglaterra foi visto!"

2 Fritjof Saelen *apud* Eric Lee, *Operation Basalt: The British Raid on Sark and Hitler's Commando Order* (Stroud, Reino Unido: History Press, 2016), e-book.

3 O número de alemães atingidos nas invasões é até hoje debatido, de acordo com Lee em *Operation Basalt*.

4 "Os prisioneiros de guerra estão em poder do governo hostil, mas não dos indivíduos nem da formação que os capturou. Devem ser sempre tratados com humanidade e protegidos, em particular contra atos de violência, de insultos e da curiosidade pública. Medidas de represália contra eles são proibidas." Parte I: Disposições Gerais – Art. 2, Convenção Relativa ao Tratamento de Prisioneiros de Guerra, Genebra, 27 de julho de 1929.

5 *O ouro do Reno,* cena 3, quando o anão Alberich coloca o elmo dourado da invisibilidade, o *Tarnhelm*. Composição e libreto de Richard Wagner, 1869.

6 Tradução da autora. O agente Bob Shepherd sugeriu em uma entrevista televisionada no documentário *Brian, You're Dreaming* que o N+N da ordem tem uma fonte muito anterior: o poema épico alemão *Parzival*, de Wolfram von Eschenbach, datado da Alta Idade Média. O poeta descreve o luto da mãe de Parcifal, Herzeloyde: "*In ihrer trauer, da ihr aller Glanz der Welt em Nacht und Nebel verfunken, und die Sonne feldst verdunkelt, die Nacht aber ein wacher Tag*

des Grauens und der Sorgen gworden war." Herzeloyde pinta uma visão turva do que estaria reservado a qualquer pessoa submetida a N+N. "Em sua tristeza, em que o mundo inteiro era noite e nevoeiro, o sol era sombra, a noite era um dia vivo de dor e sofrimento." Entre Wagner e Von Eschenbach, as fontes concorrentes podem ser reconciliadas: Wagner estava no meio da leitura de Von Eschenbach como o texto fonte de sua ópera *Parsifal* quando deixou o manuscrito de lado para compor o Ciclo do Anel. O fato de Bob Shepherd ser capaz de citar as origens medievais atesta o tipo de formação clássica da classe alta que os agentes possuíam.

CAPÍTULO 7: MILHARES DE AMEAÇAS

1. A transferência completa da contraespionagem da SD para a Avenue Foch se deu no início de 1943. Testemunhos de crimes de guerra nazistas apontaram que a unidade de contraespionagem de rádio funcionava no número 84 em abril de 1943.

2. Jacques Delarue, *Histoire de la Gestapo* (1962) *apud* David Drake, *Paris at War, 1939-1944* (Cambridge, Massachusetts: Harvard University Press, 2015), 316.

3. "*Es shau'n aufs Hakenkreuz voll Hoffnung schon Millionen, Der Tag fur freiheit und fur Brot bricht an.*"

4. As secretárias da Avenue Foch eram chamadas de camundongos, *souris*; eram mulheres alemãs designadas para Paris, e não colaboradoras francesas. Os ocupantes nazistas estavam bem alimentados; os parisienses, não.

5. Tabela de Beker e Piper, como reproduzida em Simon Singh, *The Code Book: The Science of Secrecy from Ancient Egypt to Quantum Cryptology* (Nova York: Anchor Books, 2000), 19.

6. "Devemos adiar a decisão de continuar em direção ao oeste de Paris", disse o Führer. "Uma grande cidade como Paris pode esconder mil perigos: o inimigo pode lançar sobre nós entre 400 e 500 mil homens a qualquer momento. Nossos tanques não podem travar um combate intenso nas ruas. É uma armadilha. [...] Pelo contrário, nossos exércitos a leste [da cidade] devem estar prontos para uma importante força blindada a fim de tomar Paris rapidamente, mas apenas se necessário." Hitler aos líderes militares, 26 ou 27 de maio de 1940 *apud* Ronald C. Rosbottom, *When Paris Went Dark: The City of Light Under German Occupation, 1940-1944* (Nova York: Little, Brown, 2014), 30.

7. Isso era conhecido como "Simple Word Code" (Código de Palavra Simples) nos manuais da SOE:

Um código de palavra simples é o arranjo, por convenções, de certas palavras ou frases para significar outras palavras ou frases.

[...] por exemplo. O nome "John" pode significar "Estou partindo imediatamente para o esconderijo".

[...] NENHUMA NOTÍCIA RECEBIDA HÁ SÉCULOS COMO VOCÊ ESTÁ

pode significar, por convenção,

CONTINUE COM O ESQUEMA CONFORME COMBINADO.

(SOE Group B Training Syllabus, HS 7/52, National Archives, Kew.)

8   Existem rumores de que Bömelburg e os agentes da SOE Nicholas Bodington e Henri Déricourt se conheciam socialmente antes da guerra, mas essas histórias parecem ter surgido muito tempo depois do conflito. O especialista em idiomas da Avenue Foch disse que abordaram Déricourt com a proposta de que ele se tornasse agente da Luftwaffe e, para evitar voar para eles, ele pediu que fosse apresentado a Bömelburg. Francis J. Suttill, *Shadows in the Fog: The True Story of Major Suttill and the Prosper French Resistance Network* (Stroud, Reino Unido: History Press, 2017), nota na edição francesa. Procès Verbal, 29 de novembro de 1945, dossiê Z6 NL 17339, Archives Nationales.

9   "Vinte mil libras é o equivalente atual em libras esterlinas. Goetz respondeu que era apenas o preço de uma propriedade que Déricourt queria comprar no Midi; e este último admitiu aos franceses que estivera interessado em uma propriedade no valor de três quartos dessa quantia, onde ele e alguns amigos planejavam começar a criar galinhas." Interrogatório de Placke pela DST, 10 de abril de 1946 *apud* Foot, *SOE in France*, e-book.

10 Ferdinand Foch ao assinar o Tratado de Versalhes, 1919; Paul Reynaud, *Mémoires* (1963), vol. 2 (Paris: Flammarion, 1960) *apud Oxford Dictionary of Quotations*.

11 J. A. F. Antelme, HS 9/43, National Archives, Kew.

CAPÍTULO 8: OS ANOS SOMBRIOS

1   Entrevista de Guerne, em Vader, *Prosper Double-Cross*, 72.
2   Andrée Borrel, HS 9/183, National Archives, Kew.

3   Tradução da autora. 9 de outubro de 1943, transmissão de rádio, em *Les Français parlent aux Français,* Jacques Pessis (org.), com comentários históricos de Jean-Louis Crémieux-Brilhac (Paris: Omnibus, 2010), 2:1487. Esse encontro entre Andrée e Francis ocorreu provavelmente entre os dias 3 e 5 de outubro de 1943.

4   Claude de Baissac, HS 9/75 and 9/76, National Archives, Kew.

5   *"Où peut-on avoir de l'essence a briquette?"* Borrel, HS 9/183, National Archives, Kew.

6   "*Les écrevisses marchent de travers*" apud Suttill, *Shadows in the Fog,* e-book. Referência a uma fábula de La Fontaine que toda criança francesa que frequentou a escola sabe de cor.

7   Jacques Bureau, entrevista a Robert Marshall, 24 de fevereiro de 1986, em *All the King's Men* (Londres: Bloomsbury, 2012), e-book.

8   Roger Landes, entrevista em King, *Jacqueline,* 238. O agente Roger Landes, cujo pseudônimo era Actor, era o operador de rádio do circuito SCENTIST de Claude de Baissac, em Bordeaux.

9   Guerne, em Vader, *Prosper Double-Cross,* 58.

10 Gilbert Norman, HS 9/110/5, National Archives, Kew.

11 "De modo geral, as pessoas na França, especialmente nas províncias, resistiram maravilhosamente bem à tempestade. Elas se ajudam mutuamente e, com exceção das gorduras, têm tudo de que precisam, como ovos, aves, carne e vegetais", relatou o agente France Antelme, HS 9/43, National Archives, Kew.

12 Harry Ree, "Experiences of an SOE Agent in France, Henri Raymond, *alias* César" (cortesia de Steven Kippax).

13 Relatórios de campo de organizadores como Francis Suttill, Claude de Baissac e Peter Churchill incluem extensos relatos sobre as necessidades e as emoções de seus colegas franceses.

14 Shane Harris, "Do Women Make Better Spies? CIA Director John Brennan Is Considering Whether to Put a Woman in Charge of the National Clandestine Service", *Washingtonian,* 2 de abril de 2013.

15 King, *Jacqueline,* 238.

16 Pierre Culioli, HS 9/379/8, National Archives, Kew.

17 King, *Jacqueline,* 273.

18 Entrevista de Buckmaster, Imperial War Museum, Londres.

19 Buckmaster, "They Went by Parachute".

20 Training Lectures and Statistics, HS 8/371, National Archives, Kew.

21 Tenentes da rede PROSPER, relatório de 18 de maio de 1943, em Culioli, HS 9/379/8, National Archives, Kew.

22 King, *Jacqueline*, 281.

23 Ibid., 79. Quanto a isso, Buckmaster parece ter esquecido que Virginia Hall já estava em campo. Virginia era norte-americana e trabalhava disfarçada como jornalista na França desde 1941. Ela parece ter tido um status especial na Seção F na época e não era geralmente considerada pertencente à mesma classe de agentes treinadas para o *corps féminins*.

24 Ibid., 160.

25 Pierre Culioli não oferece uma data específica para essa operação em suas entrevistas a Stella King, mencionando apenas o inverno de 1942-1943, o que tornaria Yvonne a primeira agente feminina de sabotagem em combate. Os relatórios de Prosper de abril e maio dizem que Yvonne "também está se tornando, *e pela participação pessoal na sabotagem*, uma especialista em detonações como MONIQUE". 18 de abril de 1943, em J. Agazarian, HS 9/11/1, National Archives, Kew. E "Suzanne has become a first class demolition expert". 18 de maio de 1943, em Culioli, HS 9/379/8, National Archives, Kew.

26 Culioli, HS 9/379/8, National Archives, Kew.

27 Filippo Occhino, Kim Oosterlinck e Eugene N. White, "How Much Can a Victor Force the Vanquished to Pay? France Under the Nazi Boot", *Journal of Economic History* 68, n. 1 (março de 2008).

28 Jonathan Fenby, *France: A Modern History from the Revolution to the War with Terror* (Nova York: St. Martin's Press, 2016), e-book.

29 Ian Ousby, *Occupation: The Ordeal of France, 1940–1944* (Nova York: Cooper Square Press, 2000), 103.

30 King, *Jacqueline*, 282.

31 "Major Attack on London", *Times* (Londres), 17 de abril de 1941; "Germans Gloat over London Raid", *Times* (Londres), 18 de abril 1941.

32 Moore, "Blitz Spirit – 75 Years on!".

33 Os relatos são de que o barão Gustav Braun von Stumm, porta-voz do Departamento Alemão de Relações Externas, proferiu essas palavras em 24 de abril de 1942.

CAPÍTULO 9: SOZINHA NO MUNDO

1 Lise, entrevista a *The Real Charlotte Grays*. "Havia muita coisa para se ver, antiguidades e coisas afins, e eu tinha interesse por arqueologia e arquitetura."

2 Ibid.

3 Ibid.

4 Lise, entrevista Legasee.

5   Claude de Baissac, HS 9/75, National Archives, Kew.
6   Ibid.
7   *Tout pour la bouche* (Tudo pela boca). Ibid.
8   Ibid.
9   Em sua transmissão de rádio na noite de Natal de 1942, o papa Pio XII anunciou que a sociedade europeia deveria voltar "ao seu centro de gravidade imóvel na lei divina". Sem mencionar os judeus pelo nome, ele afirmou: "A humanidade deve este voto às centenas de milhares que, sem qualquer culpa, às vezes apenas em razão de sua nacionalidade ou raça, são marcados para a morte ou extinção gradual." Ao longo da guerra, foi a declaração mais direta do Vaticano sobre a Solução Final de Hitler.
10 O padre Jean Fleury é chamado de "Honrado Gentio" no Yad Vashem, o memorial de Israel dedicado às vítimas do Holocausto.
11 Testemunho de Henry du Moulin de Labarthète, 26 de outubro de 1946, citado em Michael Curtis, *Verdict on Vichy* (Nova York: Arcade, 2002), 111 *apud* Robert Satloff, *Among the Righteous* (Nova York: PublicAffairs, 2006), 31.
12 Essa lista inclui Marie-Thérèse Le Chêne, Andrée Borrel, Blanche Charlet, Yvonne Rudellat, Lise de Baissac, Odette Sansom, Mary Herbert e Virginia Hall. Jacqueline Nearne, que treinou com Lise, Odette e Mary, não seria destacada até janeiro de 1943.
13 O curso do Destacamento nº 27.OB para mulheres foi dividido em duas partes: a primeira incluía Yvonne Rudellat e Andrée Borrel e foi realizada em junho de 1942; a segunda foi realizada em agosto de 1942 e incluía Odette Sansom, Lise de Baissac, Mary Herbert, Jacqueline Nearne e Hélène Aron.
14 Os comentários dos instrutores em Beaulieu podem ser bastante hostis, como "mentalmente lenta e não muito inteligente", avaliação recebida por uma das colegas de turma de Hélène e Lise, Jacqueline Nearne, para a qual havia uma resposta escrita a lápis: "OK. Acho que ela é uma das melhores que já tivemos."
15 Hélène B. Aron, HS 9/55/6, National Archives, Kew.
16 "Espionage in U.S.", *Times* (Londres), 19 de outubro de 1940; "German Spy Shot at the Tower", *Times* (Londres), 16 de agosto de 1941; "My Husband Never Was a Spy", *Times* (Londres), 31 de julho de 1940.
17 A favor de Buckmaster, parece que a resposta da Seção F a isso, escrita a lápis, estava duplamente sublinhada e com dois pontos de exclamação: "Nonsense!!" Agosto de 1942, em Charles Hayes, HS 9/681/3, National Archives, Kew.
18 Yvonne Baseden, entrevista a Pattinson.
19 Mais tarde na guerra, outras judias foram recrutadas. Das mulheres que a SOE destacou para a França, Denise Bloch e Muriel Byck eram judias. Ambas morreram em serviço.

20 O circuito ROBIN/JUGGLER.

21 O Escritório continuou recrutando agentes judeus durante a guerra, mas outubro de 1942 foi um divisor de águas para as capturas de judeus em Vichy. Depois que Hitler assumiu o controle de toda a França, em novembro de 1942, as deportações de judeus perderam força.

22 Aron, HS 9/55/6, National Archives, Kew.

23 Sempre se presumiu que qualquer *agente* levado sob custódia pelos nazistas estaria "convertido" se fosse libertado ou fugisse. Mas, nesse caso, Hélène era uma cidadã particular. A SOE não fez nenhum barulho sobre a possível fraude por parte de outros candidatos a agente que já haviam sido presos, como Claude de Baissac e Frank Pickersgill, que escaparam das prisões, imigraram para a Inglaterra e se juntaram à SOE.

24 Em outras palavras, ela era avarenta, um rótulo havia muito associado aos judeus.

25 Ibid.

26 Ibid. Sabia-se, na época, que isso era uma sentença de morte. Ver "Jews' Plight in France", *Times* (Londres), 22 de agosto de 1942; "More Deportations of French Jews", *Times* (Londres), 9 de setembro de 1942; "Vichy's Jewish Victims", *Times* (Londres), 7 de setembro de 1942; "RoundUp of Jews in France", *Times* (Londres), 1º de setembro de 1942.

27 Peter Churchill, *Of Their Own Choice* (Londres: Hodder & Stoughton, 1953), 32.

28 Por esse motivo, agências secretas e governos democráticos costumam estar em conflito, pelo menos em tempos de paz.

29 Apesar de o nome do movimento de De Gaulle ter mudado oficialmente, os documentos referem-se a ele como França Livre.

30 Essa turma é chamada de "Amazonas" na ficha particular de Hélène.

31 O debate combatente *versus* não combatente atormentaria as mulheres da SOE durante a guerra e muito tempo depois, afetando muitos aspectos de seu desempenho nos tempos de guerra e seu destino no pós-guerra. Ao mesmo tempo que o *corps féminins* era recrutado, os soviéticos começaram a enviar soldados mulheres para o front oriental, onde foram imediatamente classificadas como combatentes. Campbell, "Mulheres em Combate".

32 Aron, HS 9/55/6, National Archives, Kew.

33 Pessis, *Les Français parlent aux Français,* 2:1459.

34 Hitler, discurso no Berlin Sportpalast, 30 de setembro de 1942 *apud* Robert S. Wistrich, *A Lethal Obsession: Anti-Semitism from Antiquity to the Global Jihad* (Nova York: Random House, 2010).

35 *Times* (Londres), 10 de julho de 1942.

36 Robert Louis Benson, "SIGINT and the Holocaust", *Cryptologic Quarterly,*

disponível em: www.nsa.gov, publicado pelo Freedom of Information Act em 2010. Também Robert J. Hanyok, *Eavesdropping on Hell: Historical Guide to Western Communications Intelligence and the Holocaust, 1939-1945*, Center for Cryptologic History, National Security Agency, 2005.

37 A força de trabalho em Bletchley era composta majoritariamente por mulheres, cerca de 75%.
38 Perseguição aos judeus – Declaração dos Aliados, debate da Câmara dos Lordes, 17 de dezembro de 1942, lido pelo lorde chanceler, o visconde John Simon.
39 Não sabemos para que cargo De Gaulle a contratou, apenas que ela não foi infiltrada na França como agente.
40 Claude de Baissac, HS 9/75, National Archives, Kew.
41 Lise de Baissac, HS 9/77/1, National Archives, Kew.
42 Lise, entrevista a Pattinson.
43 Liane Jones, *A Quiet Courage: Heart-Stopping Accounts of Those Brave Women Agents Who Risked Their Lives in Nazi-Occupied France* (Londres: Corgi Books, 1990), 75.
44 Lise, entrevista a Pattinson.
45 Lise de Baissac, HS 9/77/1, National Archives, Kew.
46 Circuit and Mission Reports – B, Baissac, HS 6/567, National Archives, Kew.
47 Lise, entrevista a *The Real Charlotte Grays*.
48 Claude de Baissac, HS 9/76, National Archives, Kew.
49 Claudine Pappe em entrevista à autora, 15 de setembro de 2017.
50 Claude de Baissac, HS 9/76, National Archives, Kew.
51 Lise, entrevista a Pattinson.
52 Lise, entrevista a *The Real Charlotte Grays*.
53 Lise, entrevista Legasee.
54 Lise, entrevista a *The Real Charlotte Grays*.
55 Lise, entrevista a Pattinson. Citação completa: "Acho que tudo vai acabar dando certo. Eu não sou pessimista." Foi editada para deixar a construção menos estranha.

CAPÍTULO 10: *ROBERT EST ARRIVÉ*

1 *Boîtes aux lettres*.
2 Entre as nossas principais agentes femininas, Odette é a única de quem não temos um relatório completo de treinamento no texto do livro. Para fazer justiça,

e porque é interessante, eis aqui o que os instrutores de Odette em Beaulieu achavam dela:

É entusiasmada e parece ter absorvido as lições ministradas no curso. Ela é, entretanto, impulsiva e precipitada em seus julgamentos, e não tem a clareza de espírito desejável para atividades subversivas.

Ela parece ter pouca experiência do mundo lá fora. É irritável e temperamental, embora tenha certa determinação.

Uma figura simpática e que se dá bem com a maioria das pessoas.

Seu principal trunfo é seu patriotismo e sua vontade de fazer algo pela França; sua principal fraqueza é uma total relutância em admitir que pode cometer erros.

(Odette Hallowes, HS 9/648/4, National Archives, Kew.)

3   Homens e mulheres se aliviavam no mar.
4   King, *Jacqueline*, 198.
5   Foot, *SOE in France*, e-book.
6   M.-T. Le Chêne, HS 9/304/1, National Archives, Kew.
7   André Girard, *Bataille secrète en France* (Paris: Brentano's, 1944), 292.
8   Relatório de Nicholas Bodington, setembro de 1942, France-Missions-Carte, HS 6/382, National Archives, Kew.
9   Peter Churchill, *Duel of Wits* (Nova York: G. P. Putnam's Sons, 1955), 206.
10 *Elle ne mourra pas!* Girard, *Bataille secrète en France*, 292.
11 Peter Churchill, HS 9/314, National Archives, Kew.
12 Ibid.
13 P. Churchill, *Duel of Wits*, 196.
14 A Ocupação colocou "irmãos" uns contra os outros.
15 Ibid., 197.
16 Marks, *Between Silk and Cyanide*, 17.
17 P. Churchill, *Duel of Wits*, edição em capa dura.
18 Agente George Hiller apud Max Hastings, *Das Reich: The March of the 2nd SS Panzer Division Through France, June 1944* (Mineapolis: Zenith Press, 2013), e-book.
19 Janet Flanner, "Guinea Pigs and the Mona Lisa", A Reporter at Large, *New Yorker*, 31 de outubro de 1942.
20 Peter Churchill, HS 9/314, National Archives, Kew.
21 Peter Churchill, *Duel of Wits*, 225.
22 Ibid.

23 Ibid., 226.
24 Ibid., 188.
25 Peter Churchill, HS 9/314, National Archives, Kew.
26 Peter Churchill, *Duel of Wits*, 238. Essa citação quase certamente foi extraída dos arquivos particulares de Peter Churchill, de uma anotação datada de 30 de novembro de 1942 em que ele escreve: "Você se lembra das animadas reuniões em bancos de parque com uma meia dúzia de personagens presentes e rabiscando com lápis e papel." Essa frase indica que Peter teve acesso a seus arquivos particulares enquanto escrevia suas memórias e confere credibilidade adicional ao relato publicado.
27 Peter Churchill, HS 9/314, National Archives, Kew.
28 Hallowes, HS 9/648/4, National Archives, Kew.
29 Peter Churchill, *Duel of Wits*, e-book.
30 Tickell, *Odette*, 175. (O texto é redundante no original.)
31 Peter Churchill, *Duel of Wits*, 229.
32 *Times* (Londres), 7 de novembro de 1942.
33 Lise de Baissac, que relatou ter ouvido o alerta, não sabia o que ele indicava. Ele foi repetido muitas vezes, ao passo que as *messages personnels* da BBC foram lidas em duas transmissões, mas não repetidas vezes.
34 "Operation Torch: Invasion of North Africa, 8–16 November 1942", Naval History and Heritage Command, www.history.navy.mil, citando Robert J. Cressman, *The Official Chronology of the U.S. Navy in World War II* (Annapolis, Maryland/Washington, D.C.: U.S. Naval Institute Press/Naval Historical Center, 1999); Samuel Eliot Morison, *History of United States Naval Operations in World War II*, vol. 2, *Operations in North African Waters, October 1942–June 1943* (Boston: Little, Brown, 1947).
35 Benoîte Groult e Flora Groult, *Journal à quatre mains* (Paris: Livre de Poche, 1962), traduzido em Drake, *Paris at War*, 292.
36 Winston Churchill, Lord Mayor's Luncheon, Mansion House, 10 de novembro de 1942.
37 "40,000,000 Poppies for Remembrance Day", *Times* (Londres), 5 de novembro de 1942.
38 "German Troops Occupy Vichy France", *Times* (Londres), 12 de novembro de 1942.
39 No mesmo discurso, Hitler fez uma ameaça: "Onde o fanatismo cego ou os agentes pagos pela Inglaterra se opuserem às nossas tropas, as decisões serão tomadas pela força."
40 Pessis, *Les Français parlent aux Français*, 1:viii.

41 "Plunderers of Europe", *Times* (Londres), 28 de abril de 1943; "Hitler Turns the Screw", *Times* (Londres), 9 de fevereiro de 1943.

42 W. Churchill para M. Selborne (ministro do esforço de guerra), 13 de novembro de 1942, CAB 120/827, *apud* Mark Seaman, *Special Operations Executive: A New Instrument of War* (Londres: Routledge, 2013), e-book.

43 Mary Herbert ainda estava em Cannes no dia da invasão, 11 de novembro de 1942. "Ela estava, porém, em CANNES quando os italianos chegaram lá, e a população lhe pareceu preocupada com a mudança nas condições de vida que poderiam ser ocasionadas pela Ocupação." Circuit and Mission Reports – B, HS 6/567, National Archives, Kew.

44 Peter Churchill, HS 9/314, National Archives, Kew.

45 Peter Churchill, *Duel of Wits* 227.

46 Hallowes, HS 9/648/4, National Archives, Kew.

CAPÍTULO 11: A PARIS DO SAARA

1 Stálin se recusou a comparecer à Conferência de Casablanca quando estava lançando a ofensiva de inverno contra Hitler. "Os negócios do front me impedem absolutamente, exigindo minha presença constante junto a nossas tropas", escreveu ele a Churchill, rejeitando o convite. W. Churchill, *Hinge of Fate*, 667.

2 Ibid., 694.

3 Ibid.

4 O general Hideki Tojo foi o primeiro-ministro japonês que ordenou o ataque a Pearl Harbor. Ele foi julgado por crimes de guerra e enforcado em 1948.

5 Elas não seriam devolvidas ao povo do norte da África por muitos anos.

6 "Darlan in Algiers", *Times* (Londres), 28 de novembro de 1942.

7 Churchill a Roosevelt, telegrama, 23 de outubro de 1943. "Meu caro amigo, esta é sem dúvida a melhor das coisas que já fizemos." Roosevelt Papers, Departamento de Estado norte-americano, Office of the Historian.

8 Jochen Hellbeck (org.), *Stalingrad: The City That Defeated the Third Reich* (Nova York: PublicAffairs, 2015), e-book.

9 W. Churchill, *Hinge of Fate*, 649–50.

10 Debate sobre as datas, verão de 1943. W. Churchill, *Hinge of Fate*, 648–52; e minuta de Churchill aos chefes de gabinete, 29 de novembro de 1942, Churchill Archives, CHAR 20/67/9 *apud* Hastings, *Winston's War*, 283.

11 Hastings, *Winston's War*, 289.

12 General Albert Wedemeyer, do Exército norte-americano, *apud* John Keegan, *The Second World War* (Nova York: Basic Books, 2017), e-book.

13 W. Churchill, *Hinge of Fate*; a discussão tem início na página 685.

CAPÍTULO 12: NOSSAS POSSIBILIDADES

1 Quando o codinome Prosper se refere a Francis Suttill, está apenas com inicial em maiúscula, como um nome próprio. Quando se refere à rede dele, PHYSICIAN/PROSPER, está todo em caixa-alta.

2 Annex of Telegrams, HS 6/338, National Archives, Kew. Os telegramas contidos neste capítulo têm origem no mesmo documento, mas nem todos teriam sido da rede PROSPER.

3 Dentro de um ano ela se tornaria a Estação 53a, pois um segundo receptor foi instalado para lidar com o tráfego da SOE.

4 Marks, *Between Silk and Cyanide*, 138.

5 O termo usado para se referir às operadoras de rádio e de códigos secretos era *cypherenes* (cifradoras).

6 Agentes decifradores, HS 7/45, National Archives, Kew.

7 Marks, *Between Silk and Cyanide*, 326.

8 Brigadeiro Gammell *apud* ibid., 37.

9 O termo *girls* (garotas) também era comumente usado para se referir às operadoras de códigos da SOE, não só às agentes:

PADDY SPROULE (*CYPHERENE* EM MASSINGHAM, FALANDO A RESPEITO DE CHRISTINE GRANVILLE)

Ela era fascinante. [...] Eu literalmente apenas ensinei a ela como fazer seu código particular e ela era muito inteligente, quero dizer, ela não precisava de muitas aulas, por assim dizer. Acho que foi quase metade de um dia mais ou menos, e ela foi apenas uma das agentes que passaram por Massingham. Presumivelmente, ela decolou a partir de Blida em direção [...] à França [...], mas acho que ela foi a única agente mulher de que me lembro, com quem eu tive alguma coisa a ver, mas não – ela era uma garota incrível. Era adorável.

[...] Em Massingham, havia algumas que chamávamos de "garotas dos correios" [...], que entendiam de transmissões com ou sem fio e esse tipo de coisa, tinham sido recrutadas especialmente para isso e eram de todos os estilos de vida.

BETTY NORTON (*CYPHERENE* EM MASSINGHAM)

O coronel Anstey me deu esta mensagem e eu codifiquei, e, claro, quero dizer, entreguei no escritório de comunicações e, então, recebemos uma mensagem de Avignon, e uma das garotas que estava fazendo a codificação disse: "Ei, isso é pra você."

(As citações são cortesia de Martyn Cox, fundador do Secret WW2 Learning Network, disponível em: www.secret-ww2.net.)

A literatura sobre as mulheres auxiliares na guerra também inclui vários exemplos de mulheres enaltecendo a palavra "garota". Ver as memórias de Joan Miller, *One Girl's War: Personal Exploits in MI5's Most Secret Station* (Dingle, Irlanda: Brandon, 1986). Ver também Dorothy Brewer Kerr, *The Girls Behind the Guns: With the ATS in World War II* (Londres: Robert Hale, 1990).

10 A presença de mulheres no local de trabalho era um desafio para muitos dos rapazes da diretoria de comunicações. O sargento Leo Marks disse que não conseguia, por exemplo, entender por que suas melhores codificadoras não eram tão eficientes de tempos em tempos, por que a precisão da decifração se desfazia com a regularidade de um relógio. Ele relatou que foi obrigado a aprender sobre a mecânica do corpo feminino, o que o levou a descobrir que suas codificadoras se tornavam erráticas de acordo com seus ciclos menstruais. Uma vez por mês, quando a precisão caía, disse ele, oferecia à FANY tarefas menos pesadas.
11 Marks, *Between Silk and Cyanide*, 38.
12 Seção F refere-se apenas ao funcionamento da Seção Francesa. Quando uso "Escritório" ou "SOE", estou me referindo principalmente à organização mais ampla que supervisionava as operações secretas na Europa, no norte da África e no Extremo Oriente. Outras vezes, "Escritório" é usado da perspectiva dos agentes, porque muitos deles não sabiam que ele se chamava SOE até retornarem da guerra. Mas, de vez em quando, recorro à "variação elegante" para que não haja SOE ou Seção F com muita frequência no mesmo trecho.
13 Suttill, *Shadows in the Fog*, e-book.
14 Annex of Telegrams, HS 6/338, National Archives, Kew.
15 Allan Mitchell, *Nazi Paris: The History of an Occupation, 1940–1944* (Nova York: Berghahn Books, 2008), 94–95, *apud* Drake, *Paris at War*, 294.
16 J. A. F. Antelme, HS 9/43, National Archives, Kew.
17 Pôsteres das normas de restrição podem ser vistos no Musée de la Résistance Nationale, em Champigny, França. Disponível na internet.

18 *Apud* Foot, *SOE in France*, e-book.
19 Drake, *Paris at War*, 288.
20 Ibid., 332.
21 Virginia d'Albert-Lake, em Judy Barrett Litoff (org.) *An American Heroine in the French Resistance: The Diary and Memoir of Virginia d'Albert-Lake* (Nova York: Fordham University Press, 2006), e-book.
22 Larry Collins e Dominique Lapierre, *Is Paris Burning?* (Nova York: Warner Books, 1991).
23 Hanna Diamond, *Women and the Second World War in France, 1939-1948: Choices and Constraints* (Londres: Routledge, 1999), 156.
24 Flanner, "Guinea Pigs and the Mona Lisa".
25 *Les Anglais sont débarqués.*
26 Este é o número aceito de maneira mais ampla, repetido em todos os lugares. Ver Stenton, *Radio London and Resistance in Occupied Europe*.
27 De janeiro a março de 1943, 250 mil franceses foram enviados à Alemanha, sendo 70 mil deles saídos apenas de Paris; outros 220 mil foram requisitados até junho (Drake, *Paris at War*, 303). "*Pas un homme pour l'Allemagne!*", gritou um dos locutores na transmissão noturna da BBC – Mais nenhum homem para a Alemanha! (23 de janeiro de 1943, Jean-Louis Crémieux-Brilhac, *Ici Londres, 1940-1944: La voix de la liberté*, 5 vols. [Paris: Documentation Française, 1975], 3:81).
28 Annex of Telegrams, HS 6/338, National Archives, Kew.
29 Guerne, em Vader, *Prosper Double-Cross*, 99.
30 J. Agazarian, HS 9/11/1, National Archives, Kew.
31 Guerne, citado em Vader, *Prosper Double-Cross*, 100.
32 Reinhardt (1910-1953) foi um violonista francês de origem cigana (romani), considerado um dos maiores músicos do século XX, bem como o principal compositor europeu de jazz.
33 Guerne, em Vader, *Prosper Double-Cross*, 50.
34 Andrée Borrel, HS 9/183, National Archives, Kew.
35 Sonya d'Artois, entrevista a Pattinson.
36 A palavra *zazou* vem da música "Zah, Zuh Zaz", de Cab Calloway, gravada em 1934.
37 A comida era tão escassa que nem mesmo os coelhos conseguiam se multiplicar. Os porquinhos-da-índia também se tornaram uma fonte de proteína animal criada localmente. "A carne de porquinho-da-índia, graças a Deus, é excessivamente gorda", escreveu um gourmet norte-americano. "A maioria dos gatos,

mesmo os favoritos, foram comidos. Se você ainda tiver um cachorro de estimação, um açougueiro em Marselha lhe venderá comida de cachorro feita de outros animais de estimação." Flanner, "Guinea Pigs and the Mona Lisa".

38 Mme. Guepin *apud* Nicholas, *Death Be Not Proud*, 171.
39 Diamond, *Women and the Second World War in France*, 83.
40 Borrel, HS 9/183, National Archives, Kew.
41 J. O. Fuller, *The German Penetration of SOE* (Londres: Kimber, 1975), 61.
42 Mme. Guepin *apud* Nicholas, *Death Be Not Proud*, 171.
43 Borrel, HS 9/183, National Archives, Kew.
44 Annex of Telegrams, HS 6/338, National Archives, Kew.
45 Ibid.
46 Ibid.
47 Foot, *SOE in France*, e-book.
48 Annex of Telegrams, HS 6/338, National Archives, Kew.
49 Ibid.
50 Ibid.
51 Ibid.
52 Ibid.

CAPÍTULO 13: AS DETONAÇÕES NUNCA PODEM DAR ERRADO

1 Houve pelo menos dois ataques às estações transformadoras de Chaingy, bem como um ataque à estação de Chevilly. Os arquivos da SOE fornecem datas tanto de março quanto do início de abril. Temos ampla evidência de que Andrée participou das operações de sabotagem de sua rede. (Progress Report to SOE Executive Committee, 26 de abril de 1943, e Agazarian Report, 23 de junho de 1943. Prosper menciona em despachos que Andrée participou de uma sabotagem recente: ela "compartilha de todos os perigos". National Archives, Kew.) A cena deste capítulo vem de *Pin-Stripe Saboteur: The Story of "Robin", British Agent and French Resistance Leader* (Londres: Odhams, 1959), de Charles Wighton, que parece ser o pseudônimo de Jacques Weil, um membro do circuito ROBIN/JUGGLER em Paris, a rede judaica afiliada à rede PHYSICIAN de Andrée. M. R. D. Foot, o historiador oficial da SOE, diz que *Pin-Stripe Saboteur* inclui "reconstituições imaginadas", lançando dúvidas sobre a precisão das memórias de Jacque Weil. Weil era um empresário judeu suíço que sobreviveu à guerra, ajudou a financiar a Resistência e foi condecorado por

seus serviços, mas seu livro, publicado 15 anos após o fim do conflito, é uma mistura de verdade e invenção. Weil funde seu papel no circuito com o do organizador Jean Worms, judeu francês e agente da SOE treinado em Beaulieu que foi executado em Flossenbürg. Weil coloca o local desse ataque perto de Orléans. Também houve ataques no mesmo período em Chaingy, ao sul de Nantes, em março e/ou abril de 1943. Sabemos que esses ataques ocorreram e que Andrée participou deles. Não posso confirmar se Jean Worms foi seu parceiro nessa operação, nem se foi o ataque de março ou abril, nem se foi em Chevilly ou Chaingy – ou o que eles viram –, porque nenhum deles sobreviveu à guerra. Quando *Pin-Stripe Saboteur* foi publicado, as informações sobre a SOE permaneceram confidenciais e uma narrativa novelizada escrita sob pseudônimo tangencia o que era legalmente permitido contar, dadas as rígidas leis britânicas que tratam de calúnia e sigilo. Como fonte, pego informações de *Pin-Stripe Saboteur* com moderação e observo onde não é possível conciliá-las com relatos contemporâneos. Mas não posso desconsiderar totalmente as memórias de Weil. *Pin-Stripe Saboteur* continua sendo a história pessoal de um agente, por mais colorida que seja.

2   J. A. F. Antelme, HS 9/43, National Archives, Kew.
3   Foot, *SOE in France*, e-book.
4   Antelme, HS 9/43, National Archives, Kew.
5   Leone Arend, nascida Borrel, *apud* Nicholas, *Death Be Not Proud*, 176.
6   Andrée Borrel, HS 9/183, National Archives, Kew; extraído de uma carta de Prosper.
7   Wighton, *Pin-Stripe Saboteur*, 158.
8   Training Lectures & Statistics, HS 8/371, National Archives, Kew.
9   Circuit and Mission Reports: Carte, HS 6/382, National Archives, Kew.
10 Jean Worms, HS 9/1621/4, National Archives, Kew.
11 Pierre Lorain, *Secret Warfare: The Arms and Techniques of the Resistance*, adaptado por David Kahn (Londres: Orbis, 1983), 154.
12 Antelme, HS 9/43, National Archives, Kew. O relatório de Antelme sobre Butcher e Prosper, de 25 de março de 1943, diz que "20 e poucos explosivos" era o volume normal carregado.
13 Syllabus of Lectures, HS 7/56, National Archives, Kew, H.2, novembro de 1943.
14 Antelme, HS 9/43, National Archives, Kew.
15 As linhas de energia foram rompidas em Eguzon, Chevilly e L'Épine.
16 Wighton, *Pin-Stripe Saboteur*, 158.

17 Quando detonados, os explosivos plásticos se decompõem para liberar nitrogênio e óxidos de carbono, bem como outros gases. A detonação ocorre a uma velocidade explosiva de 8.092 metros por segundo.

18 Ibid.

19 Syllabus of Lectures, HS 7/56, National Archives, Kew, H.2. novembro de 1943.

20 Ree, "Experiences of an SOE Agent in France, Henri Raymond, *alias* César."

21 Essas mortes alemãs não são confirmadas em registros ou jornais franceses em Chaingy ou Chevilly. Como não consigo localizar a data ou o local com precisão, não há como conferir os registros de vítimas. Pelo mesmo motivo, não encontrei corroboração detalhada nos jornais, já que a imprensa francesa era rigidamente controlada. Globalmente, no entanto, há ampla confirmação: a imprensa britânica e internacional descreve ataques dos *partisans* nas regiões da rede PROSPER no período de março/abril de 1943, transmitidos como parte de uma campanha de relações públicas para demonstrar ao mundo que havia uma oposição bem-sucedida a Hitler dentro da França e que esta estava se aglutinando em torno de De Gaulle. Também é importante notar que a maioria dos atos de sabotagem não foi comunicada do campo para Londres, pela boa razão de que relatos das mortes provocadas, se encontrados, seriam documentos de acusação. Os agentes relataram detalhes de suas sabotagens principalmente quando estavam seguros, de volta à Inglaterra, como Buckmaster observa em um relatório de novembro de 1943: "Foi somente com o retorno de [nossos agentes] a este país que soubemos do que eles fizeram" (F Section History and Agents, HS 7/121, National Archives, Kew). Outros oficiais observaram que os organizadores "não eram bons em reportar […] atividades. Este é um dos fatos da vida com o qual temos que lidar e se deve quase que inteiramente a um desejo mais louvável de limitar o tráfego W/T [sem fio] tanto quanto possível às necessidades operacionais" (Robert Bourne-Patterson sobre Claude de Baissac, HS 9/76, National Archives, Kew). Além disso, foi durante esse período que "o volume de ataques cresceu tanto que os registros individuais se tornaram impossíveis", observando "sabotagem contínua desde abril, mas detalhes muito volumosos para enviar por rádio" (History of SOE, 1938–1945, HS 7/1, National Archives, Kew).

22 Wighton, *Pin-Stripe Saboteur*, 159.

23 Como Wighton mescla as experiências de dois agentes, Weil e Worms, não há certeza sobre quem participou das detonações com Andrée. Os registros da SOE não podem ser confirmados e Worms não sobreviveu à guerra. Worms, no entanto, havia sido treinado em detonações na Grã-Bretanha; Weil, não.

24 Claude de Baissac, HS 9/75, National Archives, Kew.

25 F Section History and Agents, HS 7/121, National Archives, Kew.
26 Robert Bourne-Patterson, British Circuits in France, HS 7/122, National Archives, Kew.
27 Antelme, HS 9/43, National Archives, Kew.
28 "French Guerrillas Wreck Train", *Times* (Londres), 12 de março de 1943.
29 F Section History and Agents, HS 7/121, National Archives, Kew.
30 Antelme, HS 9/43, National Archives, Kew.
31 F Section History and Agents, HS 7/121, National Archives, Kew.

CAPÍTULO 14: UMA MULHER OBSTINADA

1 "Ainda acho que você deveria ter ido. Você é uma mulher obstinada. Meu Deus, você é uma mulher obstinada." Peter Churchill para Odette, em Tickell, *Odette*, 236.
2 Descrições da Prisão de Fresnes e da Avenue Foch, WO 311/103, National Archives, Kew. Também HS 9 files, National Archives, Kew, incluindo Odette Hallowes e Andrée Borrel, bem como de memórias publicadas por agentes, incluindo Christopher Burney, *Solitary Confinement* (Londres: Macmillan, 1951); Peter Churchill, *The Spirit in the Cage* (Nova York: G. P. Putnam's Sons, 1955); Hugo Bleicher, *Colonel Henri's Story* (Londres: Kimber, 1954).
3 A descrição de Bleicher foi tirada dos arquivos particulares de Odette Sansom e Peter Churchill, do arquivo KV de Bleicher, KV 2/2127, Bardet, KV 2/1175, National Archives, Kew. Para livros, ver a biografia escrita por Tickell, *Odette*; a autobiografia de Bleicher, *Colonel Henri's Story*; e os livros de Peter Churchill, especialmente *Spirit in the Cage*; também Fuller, *German Penetration of SOE*, e documentos particulares.
4 Bleicher, *Colonel Henri's Story*, 77.
5 Bleicher, KV 2/2127, National Archives, Kew.
6 Bleicher, *Colonel Henri's Story*, 78.
7 KV 2/165, Hugo Ernst Bleicher, *alias* Verbeck, Castel, Heinrich, National Archives, Kew.
8 Bleicher, *Colonel Henri's Story*, 81.
9 Ibid., 91.
10 Ibid.
11 Ibid.
12 Ibid., 92.

13 A rede CARTE não acabou com a exfiltração de André Girard; foi reformulada sob uma nova liderança.
14 Odette Hallowes, HS 9/648/4, National Archives, Kew.
15 Bleicher, KV 2/2127, National Archives, Kew.
16 Bleicher, *Colonel Henri's Story*, 89.
17 F. C. A. Cammaerts, HS9/258/5 National Archives, Kew.
18 Ousby, *Occupation*, e-book.
19 Bleicher, *Colonel Henri's Story*, 88.
20 Capitão Sydney Jones.
21 Hallowes, HS 9/648/4, National Archives, Kew.
22 Ibid.
23 Ibid.
24 Ibid.
25 Ibid.
26 Bleicher, KV 2/2127, National Archives, Kew; Tickell, *Odette*.
27 Peter Churchill, *Duel of Wits*, 345. Esse telegrama das memórias de Churchill do pós-guerra não se enquadra nas informações do interrogatório de Odette de 1945, mas sabemos que Peter teve acesso aos arquivos da SOE enquanto escrevia seu livro, aparentemente antes que estes fossem eliminados, já que alguns de seus telegramas e cartas mais vivazes são reproduzidos palavra por palavra em seus livros. Odette diz que, em seu interrogatório de 1945, foi instruída a "agir de acordo com [sua] discrição em relação ao coronel alemão". No entanto, uma súmula do interrogatório também diz que, da parte do QG de Baker Street, houve insistência para que ela "dispensasse o coronel alemão" (Hallowes, HS 9/648/4, National Archives, Kew). Informações oriundas de documentos de crimes de guerra sugerem que ela estava agindo contra as ordens: "A SOE, de maneira muito compreensível, instruiu os agentes envolvidos com a mensagem a negar qualquer ligação com o projeto obviamente perigoso" (Bardet, KV 2/1131, National Archives, Kew).
28 Hallowes, HS 9/648/4, National Archives, Kew.
29 *Voici maintenant quelques messages personnels.*
30 *La Scarabée d'or fait sa toilette de printemps.* Peter Churchill, *Duel of Wits*, e-book.
31 Rabinovitch contou a Odette a data da chegada de Churchill. Sabemos que Baker Street disse a Odette, pelo rádio de Rabinovitch, para cortar o contato com o coronel. De forma independente, Baker Street também disse a Rabinovitch para receber Peter Churchill. (Os dois eventos não estavam necessariamente conectados de forma lógica, apenas temporalmente.) Segundo todos os relatos,

Odette tomou a decisão independente de ficar na montanha para receber Peter. Um ano depois, Buckmaster parece ter decidido que foi culpa de Churchill ter sido pego. *F Letter*, 28 de março de 1944, Peter Churchill, HS 9/315, National Archives, Kew.

32 Peter Churchill, *Duel of Wits,* 356.

33 De acordo com o interrogatório de Rabinovitch sobre a prisão de Odette e Peter, o proprietário foi "ameaçado de morte" caso contasse à polícia francesa o que havia acontecido. Bleicher, KV 2/2127, National Archives, Kew.

34 Peter Churchill, HS 9/315, National Archives, Kew.

35 Ibid.

36 Hallowes, HS 9/648/4, National Archives, Kew.

37 Ibid.

38 Ibid.

39 Peter Churchill, HS 9/315, National Archives, Kew. Bleicher também afirma que conhecia a verdadeira identidade de Peter quando este foi preso. Bleicher, KV 2/2127, National Archives, Kew.

40 Peter Churchill, *Spirit in the Cage,* 12.

41 Hallowes, HS 9/684/4, National Archives, Kew.

42 Ibid.

43 Peter Churchill, *Spirit in the Cage,* 13.

44 Peter Churchill, HS 9/315, National Archives, Kew.

45 Em *Duel of Wits*, Peter afirma também que portava novas cifras para os operadores de rádio. Por volta dessa época, as cifras em verso da SOE haviam sido aposentadas para dar lugar a códigos descartáveis, que não tinham como ser memorizados antes de ser destruídos.

46 Peter Churchill, *Spirit in the Cage,* 13.

CAPÍTULO 15: CALVÁRIO INFINITO

1 Odette Hallowes, HS 9/648/4, National Archives, Kew.

2 Interrogatório, em Peter Churchill, HS 9/315, National Archives, Kew.

3 Jones, *Quiet Courage,* 295.

4 Peter Churchill, *Spirit in the Cage,* 31.

5 Aparentemente, não havia uma forma óbvia ou imediata para que o governo italiano ou o comando nazista verificassem o parentesco com Winston Churchill no meio da guerra. Uma vez aceita, a mentira de Odette parece ter sido

difundida por todo o comando do Eixo em cada ponto da cadeia. O texto da atribuição da George Cross a Odette observa: "Ela se agarrou a essa história e conseguiu convencer até mesmo seus captores, apesar de consideráveis evidências em contrário" (Hallowes, Odette HS 9/648/4). Em vez de ser posta em dúvida, a história ganhou vida. Os nazistas pareciam desejar que um prisioneiro de alto valor fosse trocado pelo vice-Führer Rudolf Hess, encarcerado na Escócia. Em agosto de 1943, telegramas levariam até Hitler a informação de que a Gestapo de Paris havia capturado o sobrinho de Winston Churchill.

6   Peter Churchill, *Spirit in the Cage*, 31.
7   Ibid., 32.
8   Peter Churchill, HS 9/315, National Archives, Kew.
9   Peter Churchill, *Spirit in the Cage*, 32.
10 Ibid., 33.
11 Peter Churchill, *Duel of Wits*, 364.
12 Interrogatório de Bleicher, 15 de agosto de 1945, KV 2/165.
13 Avenue Foch, Paris, WO 208/4675, National Archives, Kew.
14 A SD-SIPO (Sicherheitsdienst/Sicherheitspolizei) de Bömelburg, comumente chamada de Sicherheitsdienst ou apenas SD, continha cinco subseções: Anticomunismo, Contrassabotagem, Antissemita, Documentos Falsos e Trabalhadores que se Evadem do Trabalho Compulsório, e Contraespionagem. Ele respondia ao *SS-Standartenführer* Dr. Helmut Knochen, que era responsável não apenas pela SD-SIPO, mas também por Administração, Propaganda, Contato com a Polícia Francesa, Polícia Criminal, Espionagem e Ideologia.
15 O acrônimo que deu origem ao nome da polícia secreta GESTAPO – *GEheime STAatsPOlizei* – teve origem na década de 1930, quando um funcionário dos correios ficou irritado com substantivos alemães compostos de forma excessivamente longa.
16 Havia também uma polícia antiterrorismo de Vichy em 1943, a *Milice*, que lutava "contra os inimigos internos".
17 Foot, *SOE in France*, e-book.
18 Depoimento de Joseph August Peter Placke a Vera Atkins, 13 de agosto de 1946.
19 A conspiração daria errado: Canaris morreu no campo de concentração de Flossenbürg, estrangulado com um pequeno pedaço de corda de violino.
20 Condensei o período dos interrogatórios porque achei impossível mapear as lembranças de Odette de suas repetidas visitas e dos muitos interrogadores dentro do elenco de funcionários no testemunho de crimes de guerra na Avenue Foch. Os relatos de Odette no pós-guerra são inconclusivos e a história dela foi filtrada por meio de uma biografia escrita por um *ghostwriter*. Suas citações dizem que ela foi interrogada 14 vezes. Seus interrogatórios no pós-guerra

mencionam de 10 a 12 vezes. Esses episódios aconteceram entre maio de 1943 e maio de 1944. Deixei os nomes em branco, apenas com referência geral à sua lembrança de cenas e atores. Ernest Vogt era o falante de francês e interrogador da Avenue Foch durante o período em que alguns dos interrogatórios dela teriam ocorrido; na época, o capitão John Starr estava no prédio. War Crimes Avenue Foch Paris, WO 311/933; Fresnes and Avenue Foch, WO 311/103; Hallowes, HS 9/648/4; John Starr, HS 9/1406/8, National Archives, Kew.

21 Peter Churchill, *Spirit in the Cage*, 67. No interrogatório de Peter no pós-guerra, ele disse que recebeu "várias folhas de informações digitadas com precisão" de Marsac e cartas que ele havia enviado enquanto era agente.

22 Hallowes, HS 9/648/4, National Archives, Kew.

23 Odette Hallowes, entrevista, Imperial War Museum, Londres.

24 Hallowes, HS 9/648/4, National Archives, Kew.

25 Ibid.

26 Ibid.

27 No interrogatório de Odette imediatamente após o fim da guerra, ela disse que não sabia se era um atiçador ou um cigarro. Anos depois, apenas disse que era um atiçador quente.

28 Anos após a guerra, a tortura de Odette foi publicamente questionada na imprensa e por historiadores da SOE. O assunto se tornou objeto de crítica da opinião pública quando o governo britânico se recusou a ser transparente quanto ao destino de suas agentes desaparecidas, aquelas que morreram nos campos de concentração. Os críticos diziam que Odette inventou tudo, que aquilo nunca tinha acontecido, que ela era histriônica. Selwyn Jepson chega a sugerir que ela sobreviveu a Ravensbrück somente por ter dormido com o comandante do campo de concentração, Fritz Suhren (Jepson, entrevista, Imperial War Museum, Londres). Por mais que Odette tenha tido ganho de causa em um processo por difamação contra o historiador da SOE, Michael Foot, uma tênue suspeita de que ela inventou as atrocidades descritas persiste entre alguns especialistas até hoje. Vez por outra é criticada por ser a agente mais notória da SOE, por ser um símbolo de uma agência que manteve informações obscuras escondidas da população britânica e por sua personalidade dramática. No entanto, os relatórios médicos refletem evidências físicas de crimes de guerra: "Algumas unhas dos pés dela estavam faltando; havia nas costas uma cicatriz arredondada, de cerca de meia polegada de diâmetro" (T. Markowicz, M.D., 31 de maio de 1946, em Hallowes, HS 9/648/4, National Archives, Kew. Ver também Christopher J. Murphy, "Whitehall, Intelligence, and Official History: Editing *SOE in France*", em Christopher R. Moran e Christopher J. Murphy (orgs.), *Intelligence Studies in Britain and the US: Historiography Since 1945* [Edimburgo: Edinburgh University Press, 2013]). Além

disso, um piloto britânico do Esquadrão 41 que foi capturado, Hugh Lawrence Parry, viu Odette imediatamente após uma sessão de tortura em 1944, quando ambos estavam na Rue des Saussaies, endereço de outro local de interrogatório nazista. Por qualquer padrão moderno, os dois anos que Odette passou na prisão – em grande parte em confinamento solitário e sem assistência médica – constituem tratamento cruel e desumano da mais alta ordem. É verdade que Odette era dramática e que sua lembrança dos detalhes podia ser traiçoeira, mas, ao longo de toda a vida, ela foi consistente no que dizia respeito à tortura. (Na verdade, em todos os principais elementos de sua história, são os detalhes que mudam.) A dor das mulheres costuma ser silenciada, e é difícil não reconhecer esse elemento na cruzada contra Odette. Agentes do sexo masculino raramente foram sujeitos a críticas semelhantes.

29 Hallowes, Imperial War Museum, Londres.
30 Ibid.
31 Hallowes, HS 9/648/4, National Archives, Kew.
32 Ibid.
33 Ibid.
34 War Crimes Avenue Foch Paris, WO 311/933, National Archives, Kew.
35 Hallowes, HS 9/648/4, National Archives, Kew.
36 Fresnes and Avenue Foch, WO 311/103, National Archives, Kew.
37 Nos primeiros relatos de Odette no pós-guerra, o número de interrogatórios dos nazistas varia de 10 a 12; suas citações dizem 14.
38 Depoimento de Starr, 1º de maio de 1946, "In the Matter of Ill Treatment of British and Allied Nationals and Prisoners of War at Gestapo Headquarters in the Avenue Foch in 1943 and 1944", em Avenue Foch Paris, WO 208/4675, National Archives, Kew.
39 Avenue Foch Paris, WO 208/4675, National Archives, Kew.
40 Hugh Lawrence Parry, Imperial War Museum, Londres, entrevista. Digno de nota aqui, Parry morreu baleado em 24 de setembro de 1943, muito tempo depois da invasão da Sicília. Pelo relatório de Parry, parecia que a Gestapo de Paris jamais desistiu da ideia de que os prisioneiros britânicos poderiam saber mais sobre a hora e a data da invasão. Relatórios de Claude de Baissac no verão de 1943 também sugerem que ele acreditava que um desembarque no outono poderia ser possível, assim como os relatórios de Buckmaster de 1943. Alertas de prontidão foram enviados à Resistência francesa em setembro-outubro de 1943, mas não foram seguidos por ordens de ação. Isso pode ter sido parte da farsa em torno da invasão, um plano de logro chamado Operação Cockade, programado para acontecer de setembro a novembro de 1943. Parece ter permanecido pelo menos uma crença razoável entre as forças aliadas de que uma

invasão poderia ocorrer – ou de que seria possível fazer Hitler acreditar, erroneamente, que a invasão da França ainda era provável – no fim de 1943.

41 Yvonne Burney, nascida Baseden, entrevista a Pattinson. Burney fala sobre como era estranho ver mulheres alemãs nos interrogatórios: "Havia quatro ou cinco mulheres alemãs fardadas tagarelando no canto e dois outros homens conversando ali, e eles nem sequer desviavam o olhar! Nem se viravam! Sabe, era completamente normal ver alguém, no estado em que eu estava, sendo pressionada ainda um pouco mais."

42 Jones, *Quiet Courage*, 299.

43 Hallowes, Imperial War Museum, Londres.

44 Parry, Imperial War Museum, Londres.

45 Hallowes, Imperial War Museum, Londres.

46 Hallowes, HS 9/648/4, National Archives, Kew.

CAPÍTULO 16: A TROCA

1 Pelo menos dois estavam a caminho: Gaston Cohen iria para JUGGLER/ROBIN, a rede judaica em Paris, em 13 de junho de 1943; Noor Inayat Khan chegaria em um Lysander em 16-17 de junho de 1943 e foi prometido a ela um subcircuito PROSPER a ser denominado PHONO.

2 German Penetration of SOE SIS and Allied Organizations, KV 3/75, National Archives, Kew.

3 Ree, "Experiences of a SOE Agent in France, Henri Raymond, *alias* César".

4 J. Agazarian, HS 9/11/1, National Archives, Kew.

5 "Je suis un ami de Roger Dumont. Il y a plus d'un mois que je ne l'ai vu." Suttill, *Shadows in the Fog*, e-book.

6 Anton Pierrefeu, KV 2/946, National Archives, Kew.

7 Foot, *SOE in France*, e-book.

8 "Prime Minister's Speech to Congress: Good Allies in the Cause", *Times* (Londres), 20 de maio de 1943.

9 "Increased Sinkings of UBoats", *Times* (Londres), 15 de maio de 1943.

10 Os Aliados estavam tentando enganar o mundo. Naquele momento, agentes duplos estavam desinformando Berlim, dando a entender que o Dia D ocorreria em julho no Pas de Calais. O objetivo era convencer a Alemanha de que a frota britânica estava se reunindo em Kent e Hampshire e de que os norte-americanos estavam planejando uma invasão da Bretanha.

11. Danièle Lheureux, *La Résistance "Action-Buckmaster": Sylvestre-Farmer, avec le captaine "Michel"* (Roubaix: Geai Bleu, 2001) apud Suttill, *Shadows in the Fog*, e-book.
12. O orçamento da SOE era famoso pela extravagância. Em Londres, o Escritório tinha um apartamento corporativo em Orchard Court, decorado no limite dos excessos da *art Déco*, com um banheiro em azulejos pretos e uma banheira gigante de mármore, bidê e espelhos rosa-pêssego entalhados com donzelas dançando.
13. Relatório especial, abril 1943–setembro 1943, datado de 1º de outubro de 1943, em F Section History and Agents, HS 7/121, National Archives, Kew.
14. Por acaso, um homem que morava ao lado de Gilbert era, na verdade, um operador de rádio que trabalhava para a Seção RF de De Gaulle – até que ele também foi preso. J. A. F. Antelme, HS 9/42, National Archives, Kew.
15. Gilbert Norman, HS 9/110/5, National Archives, Kew.
16. A família Tambour instruiu os recém-chegados britânicos sobre os mais novos regulamentos e regras impostos pelos nazistas: a que horas começava o toque de recolher, que carne estava disponível clandestinamente e em quais restaurantes, e onde se podia conseguir uma boa carteira de identidade falsa.
17. Buckmaster coloca isso entre aspas em sua história da Seção F (HS 7/121, National Archives, Kew).
18. Buckmaster foi promovido em 29 de abril de 1943.
19. J. Agazarian, HS 9/11/1, National Archives, Kew.
20. Ibid.
21. Henri Frager havia sido o segundo em comando da CARTE e, posteriormente, lançou a DONKEYMAN.
22. Guerne, em Vader, *Prosper Double-Cross*, 63.
23. Ibid., 99.
24. F Section History and Agents, HS 7/121, National Archives, Kew.
25. Ibid.
26. Gaston Cohen, infiltrado em 13 de junho de 1943.
27. Noor Inayat Khan, infiltrada em 17 de junho de 1943.
28. Agazarian, HS 9/11/1, National Archives, Kew.
29. J. A. F. Antelme, HS 9/42, National Archives, Kew.
30. Esses são os números do Dia D para 1944. O biênio 1943-1944 testemunhou um aumento maciço da produção e do tamanho das tropas. Não tenho números concretos para esse período, em parte porque a invasão estava indo para a Itália. É por isso que usei o modo subjuntivo. Dados de www.history.com.

31 "Em meados de 1943 recebemos uma mensagem ultrassecreta dizendo que o Dia D poderia estar mais perto do que pensávamos. Essa mensagem estava ligada à política internacional em um nível muito acima do nosso conhecimento e nós, é claro, agimos de acordo com ela sem fazer questionamentos" (Buckmaster, *They Fought Alone*, 225). "Suas ordens, como ele se lembrou muitos anos depois, eram de acelerar os preparativos de sua seção para dar apoio a uma invasão, caso fosse possível organizar uma para o fim do ano. Essa possibilidade foi amplamente discutida na época, pois era politicamente atraente, especialmente entre a extrema-esquerda; mas acabou sendo logisticamente impraticável. Suttill, de qualquer forma, deixou Londres para voltar a Paris no fim de maio 'com um sinal de alerta, que dizia a todo o circuito para ficar de prontidão'" (Foot, *SOE in France*, e-book). No entanto, em uma pesquisa subsequente, o filho de Francis Suttill, também chamado Francis, sugere que essas não eram ordens de "prontidão", mas mensagens direcionadas à área de Le Mans.

32 Francis Suttill à esposa, final de maio de 1943, cortesia de Francis Suttill.

33 Wighton, *Pin-Stripe Saboteur*, 131.

34 Guerne, em Vader, *Prosper Double-Cross*, 73.

35 Diário de Buckmaster, 26 de março de 1943. Cortesia de Tim Buckmaster.

36 Guerne, em Vader, *Prosper Double-Cross*, 73. A citação sugere que Francis não deveria ter barganhado vidas rebeldes e/ou que estaria oferecendo muito dinheiro. Os registros mostram que os fundos enviados ao circuito PROSPER em maio de 1943 foram muitos milhões a mais do que nos meses anteriores. Isso pode significar que Baker Street aprovou o acordo – além disso, que eles estavam prevendo o aumento das despesas antes de um pouso. F Section Diary, HS 7/121, National Archives, Kew.

37 "From Army Orderly to Secret Service Lady", em Dee Gallie, site da Stratford-upon-Avon Society.

38 Wighton, *Pin-Stripe Saboteur*, 132.

39 Ibid.

40 Antelme, HS 9/43, National Archives, Kew.

41 Wighton, *Pin-Stripe Saboteur*, 138.

42 Na primavera de 1943 havia várias redes em atividade em Paris, não só a PHYSICIAN/PROSPER de Andrée. Jean Worms, parceiro de detonações de Andrée, era o líder do circuito judaico JUGGLER/ROBIN, também em Paris. A rede CARTE reformulada estava em funcionamento em Paris, sob nova liderança, depois que André Girard havia sido exfiltrado para Londres. O agente France Antelme também estava em Paris, com o circuito BRICKLAYER.

CAPÍTULO 17: O CACHORRO ESPIRROU NA CORTINA

1. "Prime Minister on the Fight Ahead", *Times* (Londres), 9 de junho de 1943.
2. Robert Gildea, *Fighters in the Shadows: A New History of the French Resistance* (Cambridge, Massachusetts: Belknap Press of Harvard University Press, 2015), e-book.
3. Em fevereiro de 1943 as autoridades alemãs na França proibiram as fotos de moda e de alta-costura, com a intenção de evitar a disseminação de desejos de alfaiataria que não podiam ser satisfeitos, pois não havia tecido disponível.
4. Sob o guarda-chuva de De Gaulle, em 23 de maio de 1943 Jean Moulin formou o Conselho Nacional da Resistência, com 16 membros, uma confederação que incluía representantes de oito grupos da Resistência, seis partidos políticos e dois sindicatos.
5. "Prime Minister on the Fight Ahead".
6. Suttill, *Shadows in the Fog*, e-book.
7. SS Colonel Mersch, em E. H. Cookridge, *Inside S.O.E.: The First Full Story of Special Operations Executive in Western Europe, 1940–45* (Londres: Arthur Barker, 1966), 205.
8. Suttill, *Shadows in the Fog*, e-book.
9. Guerne, em Vader, *Prosper Double-Cross*, 60.
10. La République du Centre, 13-14 de setembro de 1947, conforme traduzido e citado em Suttill, *Shadows in the Fog*, e-book.
11. King, *Jacqueline*, 297.
12. Ibid.
13. Yvonne não estava no comando da recepção naquela noite, mas integrava a equipe.
14. King, *Jacqueline*, 276.
15. Eduardo VIII, príncipe de Gales, adotou o título de duque de Windsor após a abdicação.
16. Pierre Culioli, HS 9/379/8, National Archives, Kew.
17. King, *Jacqueline*, 309.
18. Nem todas as mensagens eram criptografadas. A criptografia era sempre usada no tráfego telegráfico. Mensagens com uma corrente de transmissão conhecida – enviadas de um agente para Londres ou vice-versa – eram frequentemente enviadas *en clair* (em texto simples), com códigos predeterminados escondidos no texto ou em uma cifra conhecida como PLAYFAIR.
19. Culioli, HS 9/379/8, National Archives, Kew.

20 Ibid.
21 Ibid.
22 "Ele fala 27 com sotaque canadense", dizia um relatório de treinamento; "27" era o código do Escritório para tudo relacionado à França, denominada "27Land". F. H. D. Pickersgill, HS 9/1186/2, National Archives, Kew.

CAPÍTULO 18: CAÇADA

1   Interrogatórios, Extracts on Prosper, HS 6/440 SPU, National Archives, Kew.
2   Nicolas entregou as chaves a Gilbert. "Ele era nosso líder", disse Maude, procurando uma justificativa.
3   Philippe de Vomécourt, *Who Lived to See the Day: France in Arms, 1940-1945* (Londres: Hutchinson, 1961), 74.
4   Suttill, *Shadows in the Fog*, e-book.
5   *Les faux faux papiers*. Circuit and Mission Reports – B, Baissac, HS 6/567, National Archives, Kew.
6   *Les vrais faux papiers*.
7   J. A. F. Antelme, HS 9/43, National Archives, Kew.
8   M. R. D. Foot *apud* Lois Gordon, *The World of Samuel Beckett, 1906-1946* (New Haven, Connecticut: Yale University Press, 1996), e-book.
9   Guerne, em Vader, *Prosper Double-Cross*, 95.
10 Leone Arend, nascida Borrel, *apud* Nicholas, *Death Be Not Proud*, 175.
11 *Nom, prenom, profession, nationalité, naissance, adresse.*
12 *Ouvre, la police allemande!*
13 Chefe do consulado suíço em Paris para seu ministro das Relações Exteriores, fevereiro de 1944, sobre Armel Guerne e sua esposa, ambos membros do circuito de Andrée, em Vader, *Prosper Double-Cross*, 95.
14 Fuller, *German Penetration of SOE*, 72.
15 "Cerca de duas horas depois, ele me apareceu todo desfigurado, com a aparência de ter sido espancado, em um estado deplorável", disse a proprietária. "Quando recuperei meu quarto no domingo seguinte, percebi que os alemães haviam destruído tudo. A moldura de mármore da lareira tinha sido arrancada e quebrada. O espelho do meu guarda-roupa tinha sido quebrado. Havia cadeiras e poltronas danificadas por todos os lados." De Suttill, *Shadows in the Fog*, versão em francês, manuscrito, cortesia de Francis Suttill.

16 Essa gangue era chamada de Sion Gang, comumente referida como a Gestapo francesa, de acordo com Francis Suttill, autor de *Shadows in the Fog*.

17 Há boas razões para acreditar que foi a prisão de Pierre Culioli que desencadeou a queda. Após sua captura, ele foi torturado e interrogado em Blois, e então levado para a Avenue Foch em 24 de junho de 1943, para mais interrogatórios. No entanto, um sem-número de erros pode ter puxado os fios que desfizeram a PROSPER: em novembro, Marsac, tenente da CARTE, pegou no sono em um trem de posse de uma lista de nomes ligando os pontos das redes britânicas. Assim que Marsac foi capturado, em março, ele indicou aos alemães o paradeiro de Germaine Tambour.

Francis provavelmente não tinha como saber, mas parece ter suspeitado de que Marsac indicou aos alemães outros agentes britânicos que trabalhavam em paralelo com a rede de Francis (Roger Bardet e Henri Frager); também eles atuavam como agentes duplos da Resistência nos arredores de Paris, ainda interagindo com o circuito PROSPER – por mais que Francis tentasse isolar sua equipe.

O apartamento de Andrée era uma encruzilhada de mensageiros de outras redes: Mary Herbert, de Bordeaux, tinha uma cópia da chave; Lise de Baissac recebia mensagens por Andrée. A polícia bisbilhotava. Andrée morava em cima de um café frequentado por membros da "Gestapo francesa", a famosa gangue da Rue Lauriston.

A crise pode ter começado ao final daquela primavera, enquanto Francis era exfiltrado de volta para Londres e o misterioso agente holandês era preso no Café Capucines. Este último esteve perto da liderança da rede – Andrée e Gilbert – durante o jogo de pôquer na casa dos Bussoz e talvez tenha avisado a Gestapo; ele já estava na equipe deles como agente do Abwehr. O operador de rádio Jack Agazarian, que escapou da *rafle* no café, pode ter sido seguido enquanto ia ao encontro de Andrée; foi ele quem, então, infectou o restante da equipe parisiense.

Inúmeros aspectos deram errado: Pierre e Yvonne estavam desaparecidos, tendo sido presos apenas três dias antes. Os capangas da Avenue Foch provavelmente tinham descoberto a localização de Francis apenas naquelas últimas horas, depois que Pierre foi levado a Paris para interrogatório. Pierre tinha levado um tiro na perna, estava com dores e viu sua parceira levar uma bala na cabeça; pode ter entregado toda a rede PROSPER sob tortura – ou para se salvar. Pierre sabia onde Nicolas e Maude Laurent moravam, a casa em que Andrée e Gilbert trabalhavam nas falsificações. Pierre escreveu cartas a quatro de seus subordinados no Loire orientando-os a entregar os depósitos de armas, com a promessa de que a Gestapo não os machucaria caso eles cooperassem.

Quando Andrée foi capturada na noite anterior, na casa dos Laurents, deixou para trás uma mesa cheia de papéis que comprometiam o circuito estendido, com fotos, nomes falsos, endereços falsos e detalhes de quase todos os envolvidos, sua assinatura em cada um deles. Os efeitos colaterais da prisão de Andrée e Gilbert podem ter levado a Gestapo ao Hôtel Mazagran e a Francis.

Havia outras direções de onde a tempestade pode ter soprado: Henri Déricourt estava entregando as correspondências com destino à Inglaterra para os alemães lotados na Avenue Foch. Um oficial graduado de Baker Street parecia saber dessa perfídia – e talvez até mesmo consentir com ela: em um comunicado distribuído naquele dia pelos escritórios de Londres, um oficial sênior da Seção Francesa escreveu sobre Déricourt: "Sabemos que ele está em contato com os alemães e também como e por quê."

18 Prosper Press Cuttings Correspondence, HS 6/426; registro do depoimento de Hans Kieffer a Vera Atkins, 19 de janeiro de 1947, Atkins Papers.

CAPÍTULO 19: É CHEGADA A HORA DA AÇÃO

1 Buckmaster, *They Fought Alone*, 229. Ver também Prosper Press Cuttings Correspondence, HS 6/426, National Archives, Kew.

2 Suttill, *Shadows in the Fog*, e-book. Suttill tem provas de 240 detenções. Estimativas anteriores apresentam números muito mais elevados. Foot sugere que tenham sido entre 400 e 1.500 prisões.

3 Guerne, em Vader, *Prosper Double-Cross*, 86. Mais tarde Guerne disse que os rebeldes franceses nunca quiseram partir. Imediatamente após o desastre da PROSPER, ele implorou para ser exfiltrado para Londres. Gilbert Norman, HS 9/1110/5, National Archives, Kew.

4 Guerne, em Vader, *Prosper Double-Cross*, 87.

5 Lise, entrevista Legasee.

6 Marks, *Between Silk and Cyanide*, 328.

7 Ibid., 326.

8 Pontuação acrescentada a título de clareza. J. A. F. Antelme, HS 9/43, National Archives, Kew.

9 Norman, HS 9/110/5, National Archives, Kew.

10 Marks, *Between Silk and Cyanide*, 326. As letras em caixa-alta foram usadas para efeito de estilo, porque os telegramas eram transmitidos em código Morse e representados por letras maiúsculas. Não temos o texto original dessa mensagem; o livro de memórias de Marks foi publicado quase 50 anos após a guerra. No entanto, os telegramas que sobrevivem em arquivos e que aparecem no livro de Marks são surpreendentemente semelhantes. Para corroborar Marks, temos o relatório do agente Maurice Southgate de que imediatamente após o fim da guerra falou com Gilbert Norman na Avenue Foch: "Repetidas

vezes, para homens diferentes, LONDRES respondeu de volta dizendo: 'Meu caro companheiro, você nos deixou há apenas uma semana. Logo em sua primeira mensagem você se esqueceu de usar sua confirmação de identidade'. Logo, é possível perceber o que aconteceu com os agentes que *não* apresentaram a confirmação de identidade legítima aos alemães, fazendo com que eles enviassem uma mensagem que era obviamente falsa. Depois de submetê-los aos piores graus de tortura, esses alemães conseguiram – às vezes com uma semana de atraso – obter a confirmação legítima e enviar outra mensagem a LONDRES com a confirmação adequada no telegrama, e ver LONDRES responder: 'Bom menino, você se lembrou dos dois!!!'" SOE Activities in France, HS 8/422, National Archives, Kew.

11 "Na sequência, o trabalho se torna, tecnicamente, bastante normal", observou Baker Street após o primeiro sinal artificial. "Os operadores da estação doméstica aceitam mensagens [de Gilbert] sem fazer perguntas nem comentários." Antelme, HS 9/43, National Archives, Kew.

12 Conhecidos como *agents de la maison*.

13 Para uma descrição da vida na Avenue Foch como um agente britânico a serviço dos nazistas, ver J. Starr, HS 9/1406/8, National Archives, Kew, e Jean Overton Fuller, *The Starr Affair* (Londres: Victor Gollancz, 1954), assim como os depoimentos de crimes de guerra dos nazistas da Avenue Foch Goetz, Placke, Stork e outros. War Crimes Avenue Foch, WO 311/933, National Archives, Kew.

14 Suposto discurso, Gilbert Norman para Armel Guerne na prisão, Guerne, em Vader, *Prosper Double-Cross,* 99. Ver também os depoimentos de crimes de guerra de Kieffer, Prosper Press Cuttings and Correspondence, HS 6/426, National Archives, Kew.

15 Norman, HS 9/110/5, National Archives, Kew.

16 Interrogatório de Balachowski, em SPU 24 Interrogations – Extracts on Prosper, HS6/440, National Archives, Kew.

17 As conversas com Gilbert Norman sobre sua colaboração com os nazistas estão registradas em várias entrevistas do pós-guerra com agentes que foram capturados e sobreviveram, incluindo Balachowski, Southgate, Guerne, Arend, Culioli, Starr e Rousset. Gilbert era um operador de rádio, então há uma preponderância de evidências contra ele no tráfego sem fio que enviou em nome dos nazistas e em que revelou o paradeiro de seus aparelhos de rádio. Há muito se sugere que não apenas Gilbert, mas também Francis Suttill, capitulou no que foi chamado de "o famoso pacto Prosper/Archambaud". Os agentes que retornaram não relataram ter tido conversas semelhantes com Francis, que não foi detido na Avenue Foch, mas enviado a Berlim. As evidências contra Francis parecem ser boatos britânicos ou ter partido diretamente dos nazistas em depoimentos de crimes de guerra. Durante a guerra,

pelo menos, os nazistas da Avenue Foch teriam interesse em espalhar desinformação, fazendo com que os prisioneiros acreditassem que o líder do circuito havia sido cooptado como uma ferramenta de coerção psicológica.

18 Guerne, em Vader, *Prosper Double-Cross*, 92.

19 "Couriers of Churchill's Order Who Set Europe Ablaze", reproduzido em *Ottawa Journal*, 25 de junho de 1949.

20 11 de agosto de 1943.

21 Lochner, *Goebbels Diaries*, 404, *apud* Milan Hauner, *Hitler: A Chronology of His Life and Time* (Londres: Macmillan, 1983), e-book.

22 Relatório de fontes MOST SECRET nº 121.21.8.43, German Penetration of SOE SIS and Allied Organizations, KV 3/75, National Archives, Kew. Caixa-alta empregada para fins de estilo, visto que os telegramas eram transmitidos em código Morse.

23 Na época desse telegrama, Hitler estava em guerra havia quatro anos, desde 1939. A rede PROSPER em Paris era relativamente recente para os comandantes nazistas; tinha sido estabelecida em outubro de 1942.

24 "French Hero Is Questioned on D-Day Betrayal", *Daily Graphic* (Londres), 9 de junho de 1947, Atkins Papers, Imperial War Museum, Londres.

25 Em grande parte da Europa os sinos das igrejas silenciaram durante a Segunda Guerra Mundial, mas não na França, de acordo com a maioria dos relatos. No Reino Unido os sinos foram silenciados devido ao luto. No continente, os nazistas apreenderam cerca de 175 mil sinos de igrejas; alguns foram confiscados por seus cobre e estanho, fundidos para a indústria de guerra; outros foram saqueados por razões estéticas, como instrumentos. Geralmente, um pequeno sino era deixado em uma torre para ser tocado em caso de emergência. Na França, os sinos continuaram a soar. A França escapou da pior parte do roubo de sinos pelos nazistas, assim como Paris foi deixada praticamente intacta como um emblema conquistado da civilização europeia. Os sinos da Notre-Dame repicaram a cada 15 minutos, sem exceção, entre 1856 e 2012, quando foram substituídos.

26 Uma bala normal viaja a uma velocidade de 760 metros por segundo. *MythBusters*.

27 Resumo do relatório médico em King, *Jacqueline*, 323; "How Explosive Shock Waves Harm the Brain", *Neuroscience News*, 23 de fevereiro de 2016. Além disso, agradecimentos ao Dr. Steven Dickstein pelas explicações clínicas sobre as lesões cerebrais.

28 King, *Jacqueline*, 323.

29 Ibid.

30 *Notre Jacqueline*.

31 Ibid., 338.

32   Ibid., 337.
33   Yvonne Rudellat, 16P-115050, Service Historique de la Défense, Vincennes, Paris.
34   King, *Jacqueline*, 327.
35   Antelme, HS 9/43, National Archives, Kew.
36   Yvonne não era de fato inglesa. Nascida na França, ela se mudou ainda jovem para Londres, onde se casou com um italiano e deu à luz uma filha.
37   King, *Jacqueline*, 339.
38   "L'Europe attend", 7 de julho de 1943, em Crémieux-Brilhac, *Ici Londres*, 3:204.
39   "Call to France", *Times* (Londres), 12 de julho de 1943.
40   A frase de Churchill aparece repetidas vezes, tanto nas memórias de guerra do general Montgomery quanto nas do general Eisenhower. Ver também "Mr. Churchill's War-Time Policy", *Times* (Londres), 20 de agosto de 1946.
41   "Call to France", *Times* (Londres), 12 de julho de 1943.
42   Ibid.
43   Ibid.

CAPÍTULO 20: BEIJOS

1   Esse trecho é composto com base nas cinco cartas de Andrée na prisão, escritas entre novembro de 1943 e janeiro de 1944. Andrée Borrel, HS 9/183, National Archives, Kew.
2   Borrel, HS 9/183, National Archives, Kew.
3   Ibid.
4   A julgar pelas cartas de Andrée, um médico gastroenterologista poderia suspeitar que ela sofria de doença celíaca. O pão lhe fazia mal; ela implorava para não receber pão na prisão, onde há relatos de que nunca havia comida suficiente. "Eu não gosto de farinha!!"
5   *Commissions.*
6   A irmã de Andrée, Leone, estava envolvida na Resistência; ela entenderia muitas substituições de palavras comuns usadas rotineiramente pela clandestinidade. Vimos "doces e brinquedos" serem usados como substitutos para "armas e *matériel*", de acordo com os manuais de treinamento da SOE; além disso, os agentes eram conhecidos como "*lambs*" (cordeiros). Sobreviveram outras cartas de agentes na prisão nas quais vemos lacunas semelhantes na implicatura: Maurice Pertschuk, um agente e poeta judeu, escreve de Buchenwald sobre os ovos que recebeu de presente. ("Da próxima vez, embrulhe-os

com mais cuidado.") É possível que alguém tenha enviado ovos da França ocupada para um campo de concentração alemão, mas improvável. Carta de Pertschuk, cortesia de Anne Whiteside.

7   Na longa história acadêmica em torno da SOE, houve pelo menos meio século de debates sobre quem é o Gilbert a quem Andrée se refere em suas cartas na prisão: se Gilbert Norman ou o agente Gilbert, Henri Déricourt. Em minha leitura dessas cartas, ela está falando de seu namorado, Gilbert Norman. Ela teria ficado sabendo da traição dele quando estava presa, porque ele fez com que seu cunhado fosse preso ao revelar o paradeiro dos transmissores de rádio. No entanto, já havia sido relatado que Andrée também acreditava que as recolhas e os desembarques aéreos de Henri Déricourt eram suspeitos.

8   "Je pense aller en Allemagne."

CAPÍTULO 21: UMA INCUMBÊNCIA PATRIÓTICA

1   Claude de Baissac, HS 9/75, National Archives, Kew.
2   Lise, entrevista a Pattinson.
3   Bourne-Patterson, British Circuits in France, HS 7/122, National Archives, Kew.
4   History of F Section and Agents, HS 7/121, National Archives, Kew.
5   Claude foi exfiltrado não apenas por causa do colapso da rede PROSPER. A rede SCIENTIST também havia sido traída por um agente duplo em 1943.
6   Circuit and Mission Reports – B, HS 6/567, National Archives, Kew.
7   Audrey Bonnéry-Vedel, "La BBC at-elle jamais été la voix de la France libre?", *Le Temps des Médias*, n. 11 (2008).
8   "Todo esse esforço aéreo totalizou, em meados de maio, o armamento de cerca de 75 mil homens pela Seção F e 50 mil pela RF, nas estimativas mais otimistas, e esses números não levaram em consideração as armas capturadas em qualquer dos triunfos da Gestapo que estragaram o ano de 1943, o que provavelmente reduziu o total de homens armados à disposição em algo em torno de um terço." Foot, *SOE in France*, e-book.
9   Foot diz que foi especificamente 17 de maio de 1944, mas era dia de lua minguante, a última antes do Dia D. Quartos minguantes eram úteis para ataques em pequena escala, mas uma escolha questionável para a mobilização em massa.
10 Circuit and Mission Reports – B, HS 6/567, National Archives, Kew.

CAPÍTULO 22: UM POUCO MAIS DE CORAGEM

1. Rita Kramer, *Flames in the Field* (Londres: Michael Joseph, 1995), e-book.
2. George Starr foi acusado de torturar a *Milice*, a polícia de segurança de Vichy. Ele foi inocentado de todas as acusações em um tribunal de inquérito. A SOE afirmou que George Starr foi um dos melhores organizadores na área, recomendando-o para a DSO (Distinguished Service Order) e para a MC (Military Cross); ele foi um dos três únicos agentes a serem promovidos ao posto de coronel. Uma das acusações partiu de uma agente, Anne-Marie Walters, que escreveu o livro *Moondrop to Gascron* (1947; reed., Wiltshire, Reino Unido: Moho Books, 2009). Walters relatou a seus superiores: "Também era muito errado, na minha opinião, rebaixar-se aos padrões da Gestapo torturando *milicients* [integrantes da polícia secreta francesa] e colaboradores para que revelassem o paradeiro de seus colegas – alguns foram espancados até o sangue jorrar em todas as paredes, outros foram horrivelmente queimados; os pés de um homem foram mantidos no fogo por 20 minutos e suas pernas queimaram lentamente até os joelhos; outras torturas são horríveis demais para serem mencionadas." A Seção Francesa negou as acusações, condenando Walters por ser impressionável e "romântica". Starr também deu uma palestra aos instrutores da SOE logo após seu retorno, que deixou os oficiais com a impressão de que ele supervisionava torturas na França. O coronel Woolrych, comandante de Beaulieu, prestou testemunho sob juramento sobre a palestra de Starr. "Disse que, no caso do homem da Gestapo, ele ficou pendurado por um dos pés por várias horas. Também afirmou que uma agulha de tricô de aço foi inserido em seu pênis e que foi aplicado calor na outra extremidade." George Reginald Starr, HS 9/1407/1, National Archives, Kew; Tribunal de Inquérito referente ao tenente-coronel G. R. Starr (SOE), fevereiro de 1945, cortesia de David Harrison.
3. Odette Sansom, Imperial War Museum, Londres.
4. As outras mulheres que supostamente estavam no mesmo cômodo naquele dia eram Yolande Beekman, Madeleine Damerment, Vera Leigh, Eliane Plewman, Diana Rowden e Sonia Olschanezky. Todas morreram.
5. Kramer, *Flames in the Field*, e-book.
6. Ibid.
7. No trem para a Alemanha, o oficial da SS da Avenue Foch disse a Odette e a outras mulheres da Seção F que "nenhuma de nós voltaria viva e que iríamos sofrer antes que eles se livrassem de nós". Depoimento de Odette Sansom, "In the Matter of War Crimes and the Matter of the Ill-Treatment of Allied Personnel and Atrocities Committed at Ravensbruck [*sic*] Concentration Camp", assinado em 20 de maio de 1946, Atkins Papers. Apenas Odette sobreviveu.

CAPÍTULO 23: CANÇÃO DE OUTONO

1. Os ouvintes da BBC em francês escutaram:

    Les sanglots longs
    Des violons
    D'automne

2. Jacques R. E. Poirier, *The Giraffe Has a Long Neck*, trad. John Brownjohn (Barnsley, Reino Unido: Pen & Sword, 1995), 137.

3. Em francês:

    Bercent mon coeur
    D'une langueur
    Monotone

    No relato de Vomécourt, o dístico diz "*Bercent mon coeur*" (Embalam meu coração), em oposição ao verso original de Verlaine "*Blessent mon coeur*" (Ferem meu coração).

4. Nos relatórios de Francis Suttill de 1943, o código substituto para as mensagens A e B eram as palavras "Apple" e "Beer".

5. Poirier, *The Giraffe Has a Long Neck*, 137.

6. Em Nantes, no Loire, havia mensagens A e B para alvos ferroviários e para alvos telefônicos.

    Para alvos ferroviários:

    A: *C'était le sergent qui fumait sa pipe en pleine champagne.*
    Foi o sargento que fumou seu cachimbo em plena Champagne.

    B: *Il avait mal au coeur mais il continuait tout de même.*
    Ele estava doente do coração, mas continuou mesmo assim.

    Para alvos telefônicos:

    A: *La corse ressemble à une poire.*
    A Córsega parece uma pera.

    B: *L'Italie est une botte.*
    B: A Itália é uma bota.

    (R. Benoist, HS 9/127/128, National Archives, Kew.)

7   Pearl Witherington Cornioley, *Code Name Pauline: Memoirs of a World War II Special Agent* (Chicago: Chicago Review Press, 2013), apêndice, entrevista de Pearl Cornioley. Há um jogo de palavras nessa mensagem: embora se traduza literalmente como "Quasímodo é um feriado", ela soa semelhante a *quasiment un fait* ou *quasiment fait*, respectivamente "quase um fato" ou "quase feito" – uma referência bastante direta aos desembarques. Imagine como não teria soado com o crepitar das ondas de rádio. Mais do que isso, o domingo do quasímodo é, na Igreja Católica, o nome dado ao domingo após a Páscoa. *Quasi* e *modo* são as duas primeiras palavras da missa em latim daquela semana e indicavam aquele dia na linguagem popular; dessa forma, a mensagem apontava para uma determinada data em que algo poderia acontecer. Como uma mensagem de ação para o Dia D, teria soado com muitas semanas de atraso para o domingo do quasímodo, mas, como um alerta de prontidão soando em 1º de maio de 1944, teria chegado quase na hora.

8   Poirier, *The Giraffe Has a Long Neck*. Há um jogo de palavras nessa mensagem também: a palavra francesa *cou* tem homônimos e termos foneticamente semelhantes, muitos dos quais de conotação sexual.

9   D. K. R. Crosswell, *Beetle: The Life of General Walter Bedell Smith* (Lexington: University Press of Kentucky, 2010), 669.

10 David Kahn, *Hitler's Spies: German Military and Intelligence in World War II* (Nova York: Da Capo Press, 1978), 513.

11 Paul Carell, *Invasion – They're Coming*, trad. E. Osers (Nova York: Dutton, 1963), disponível na internet.

12 Na Mancha – parte do território da rede SCIENTIST –, algumas mensagens de ação podem ser traduzidas por:

Alerta: A hora do combate irá chegar.

Fim do alerta (ferrovias): As crianças ficam entediadas aos domingos.

Plano Verde: Os dados estão sobre o tapete.

Guerrilha: Faz calor em Suez.

(France Resistance and Secret Army, junho-julho 1944, HS 6/377, National Archives, Kew.)

13 Claude de Baissac, HS 9/76, National Archives, Kew.

14 "D-Day: June 6th 1944 as It Happened", *Telegraph* (Londres), 6 de junho de 2014.

15 O comando do general Eisenhower foi simplesmente: "Ok. Let's go." (Ok. Vamos.)

5 de junho de 1944, National Archives and Record Administration, disponível em: www.archives.gov.

16 As tropas britânicas foram as primeiras a pisar em solo francês na Operação Deadstick. Na noite de 5 de junho, liderados pelo major John Howard, 181 homens deixaram o Reino Unido em seis planadores para capturar duas pontes perto da praia Sword. O primeiro planador pousou à 0h16 de 6 de junho de 1944. Seis horas antes da Hora H.

17 Martha Gellhorn foi a única mulher a relatar os desembarques do Dia D na Normandia. Não era permitida a presença de mulheres no front, mas Gellhorn se refugiou em um navio-hospital para atravessar o canal da Mancha, se trancou em um banheiro e foi para a praia disfarçada de maqueiro. Ela até mesmo bateu no marido, Ernest Hemingway, depois que ele usurpou as credenciais de imprensa dela.

18 "D-Day: June 6th 1944 as It Happened", *Telegraph* (Londres), 6 de junho de 2014, disponível em: telegraph.co.uk.

19 Digital Collections, Brigham Young Library, Eisenhower Communiqués, 6 de junho de 1944, n. 1, disponível em: lib.byu.edu.

20 "Telegram from BARBER BLUE, dated 6.6.44", France Maquis jan.-jun. 1944, HS 6/597, National Archives, Kew.

21 É importante observar que Max também era o pseudônimo de Jean Moulin, emissário do general De Gaulle na França, que passou suas últimas duas semanas atormentado na *villa* particular do *SS-Sturmbannführer* Karl Bömelburg. Mas esse telegrama se refere apenas aos agentes da Seção F nas mãos dos nazistas: Max é o agente Jean Bougennec/Butler, Tell é Gustave Bieler/Musician e Theodore é Jacques de Guélis/Facade.

22 O trecho a seguir foi omitido a título de clareza: "COMPARATIVAMENTE FÁCIL DE GANHAR EM RELAÇÃO AOS MEMBROS NORTE-AMERICANOS DO BUREAU D'OPERATIONS AERIENNES E DA DELUGE MILITAIRE LIASON VAUTRIN E COMET ALIAS PIQUIER CAPTURADOS VISTO QUE ELES FRACASSARAM EM NOS COMPREENDER PT".

23 France Maquis jan.-jun. 1944, HS 6/597, National Archives, Kew. A referência a "problemas na coleta de contêineres" refere-se às farsas nas operações de paraquedas. "Mais e melhores amigos" sugere que as operações estavam ganhando fôlego à medida que os Aliados – Inglaterra, Estados Unidos e Rússia – ficavam mais fortes; também parece fazer referência ao armamento da população francesa. "Recue até Berlim para abrir caminho" sugere que eles vão pousar na capital alemã. "Não dar de cara com nossos amigos russos" é uma referência ao temido exército soviético. E "S Phone" era uma nova tecnologia de rádio por meio da qual um piloto nas alturas conseguia se comunicar com a equipe de paraquedas em solo; esse avanço na tecnologia exigia que os

alemães tivessem prisioneiros capazes de participar das recepções dos jogos do rádio para enganar as tripulações em voo. "O inglês dele é bem ruim" sugere que Baker Street sabia que eram alemães infiltrados (ou um agente trabalhando sob coação). "Estamos encerrando seu plano" refere-se à programação das transmissões de rádio, pela qual as FANYs da Estação 53 sabiam quando deveriam ouvir determinado rádio.

CAPÍTULO 24: MORTE DE UM LADO, VIDA DO OUTRO

1 Para essa missão, Lise viajou usando a identidade falsa de Jeanette Bouville.
2 Lise, entrevista a Pattinson.
3 Alusão ao discurso "We Shall Fight on the Beaches", de Churchill, após a queda de Dunquerque, em 4 de junho de 1940. "Lutaremos na França. Lutaremos nos mares e oceanos [...], lutaremos nas praias, lutaremos nas áreas de desembarque, lutaremos nos campos e nas ruas, lutaremos nas colinas, jamais nos renderemos."
4 Lise, entrevista a Pattinson.
5 As redes de Claude foram batizadas com seu codinome, SCIENTIST, mas são divididas pelos historiadores em SCIENTIST I e SCIENTIST II, de acordo com suas duas missões – a primeira em Bordeaux, em 1942-1943, e a segunda na Normandia, em 1944.
6 Lise conta, em várias entrevistas ao final da vida, essa história, a qual é bastante próxima do relato feito por Claude de Baissac em seu interrogatório em 1944.
7 Lise, entrevista a Pattinson.
8 Lise, entrevista Legasee.
9 Adolf Hitler, *Mein Kampf* (Munique: Franz Eher Nachfolger, 1925).
10 Dwight D. Eisenhower Special Communiqué n. 1, 17 de julho de 1944; "French Forces of Resistance", *Times* (Londres), 19 de junho de 1944.
11 Foot, *SOE in France,* e-book.
12 Lise, entrevista a Pattinson.
13 Maurice Larcher e Jean Marie Renaud-Dandicolle.
14 Ibid.
15 Bourne-Patterson, British Circuits in France, HS 7/122, National Archives, Kew.
16 Claude de Baissac, HS 9/76, National Archives, Kew.
17 Report, SFHQ to SHAEF, 10th Monthly Report (referente a junho de 1944), 10 de julho de 1944, SHAEF SGS 319.1/10 Monthly SOE/SO Reports (SFHQ). Ver também "The French Forces of the Interior, prep in French Resistance

Unit", Hist Sec, ETOUSA, 1944, MS, pt. 2, caps. 1–2, OCMH files *apud* Forrest C. Pogue, *United States Army in World War II: European Theater of Operations: The Supreme Command* (Washington, D.C.: Office of the Chief of Military History, Department of the Army, 1954), disponível na internet.

18 Nome secreto: Mulberries.

19 Nome secreto: Pluto.

20 "Um breve resumo das realizações pós-Dia D da rede SCIENTIST na zona de combate:

Entre 5 e 8 de junho, inúmeros alvos foram atacados e a linha Caen-Vire foi interrompida. O início de uma série extremamente valiosa de mensagens de Inteligência tática de Verger [Jean Marie Renaud-Dandicolle], o segundo em comando da SCIENTIST [Claude de Baissac] na área de Thury Harcourt.

15 de junho: Linha Paris-Granville cortada perto de Tessy s/Vire.

18 de junho: Notícias de que foi assumido o comando de um grupo de 600 homens perto de Laval.

22 de junho: Notícias de que os *maquis* de Monaye Maquis estão se reorganizando no triângulo Domfront-Mayenne-Pré-en-Pail.

23 de junho: Tentativa de fornecer guias para auxiliar as patrulhas das tropas britânicas aerotransportadas entre os rios Orne e Dive. Não houve êxito.

30 de junho: Linhas telefônicas e cabos subterrâneos cortados S. da península do Cotentin. Informou ser capaz de receber paraquedistas em cinco áreas "controláveis".

30 de julho: Comboios bloqueados nas estradas; centenas de caminhões destruídos; colunas de infantaria atacadas; trens descarrilados; comunicações interrompidas.

(Bourne-Patterson, *British Circuits in France*, HS 7/122, National Archives, Kew.)

21 Claude de Baissac, HS 9/76, National Archives, Kew.

22 Lise, entrevista Legasee.

23 Claude de Baissac, HS 9/76, National Archives, Kew. Mausers eram o tipo de fuzil mais comum em uso pela infantaria alemã na guerra.

24 Lise, entrevista a Pattinson.

25 Judith Martin, "Pippa's War", *New Zealand Army News*, 21 de julho de 2009.

26 Lise, entrevista a Pattinson.
27 Claude de Baissac, HS 9/76, National Archives, Kew.
28 Martin, "Pippa's War".
29 Ibid.
30 Ela era, acima de tudo, corajosa: quando Phyllis não conseguia contornar os postos de controle da Wehrmacht até chegar ao esconderijo seguinte, tinha que enviar mensagens programadas do meio das pastagens, com o fio da antena pendurado sobre cercas ou sebes. Certa vez, soldados entraram em seu esconderijo quando ela estava transmitindo; ela gritou que estava com escarlatina e os alemães fugiram, com medo de serem contaminados. Em outra ocasião, quando foi localizada durante a transmissão, a filha de um fazendeiro cortejou os alemães que a haviam encontrado com copos de sidra caseira.
31 Claude de Baissac, HS 9/76, National Archives, Kew.
32 Martin, "Pippa's War".
33 Sonia d'Artois (nascida Butt), entrevista a Pattinson.
34 Lise, entrevista a Pattinson.
35 Ibid.
36 Joachim Ludewig, *Rückzug: The German Retreat from France, 1944* (Lexington: University Press of Kentucky, 2012), e-book.
37 Eisenhower *apud* Crosswell, *Beetle*, 679.
38 Bourne-Patterson, British Circuits in France, HS 7/122, National Archives, Kew.
39 "Americans Cross River into Brittany", *Times* (Londres), 2 de agosto de 1944.
40 "Suas missões sempre foram de natureza muito perigosa, por causa da dificuldade de locomoção e do perigo de contatar pessoas ativas na Resistência", relatou Claude.
41 O sucesso dessa operação, batizada Helmsman, foi tamanho que manobras dessa natureza são até hoje chamadas de "Helmsman missions", de acordo com Foot, *SOE in France*, e-book.
42 "US Forces Break Through West of St. Lô", *Times* (Londres), 28 de julho de 1944.
43 Carta enviada da França por A. J. Liebling, *New Yorker*, 29 de julho de 1944.
44 S. J. Lewis, "Jedburgh Team Operations in Support of the 12th Army Group, August 1944" (Fort Leavenworth, Kansas: U.S. Army Command and General Staff College, 1991).
45 D+44.
46 Lise, entrevista Legasee.
47 Lise, entrevista a Pattinson.

48 Claude de Baissac, HS 9/76, National Archives, Kew.
49 Ibid.
50 Lise, entrevista a *The Real Charlotte Grays*.
51 W. Churchill, *Second World War*, vol. 6, *Triumph and Tragedy*, 33.
52 Crosswell, *Beetle*, e-book.
53 Bradley para o secretário do Tesouro Henry Morgenthau, em 8 de agosto de 1944, em Omar N. Bradley, *A Soldier's Story* (Nova York: Henry Holt, 1951), 375–76.
54 *Napthalinards*.
55 *Chacun son boche*.
56 Lise sentiu pena dos alemães ao final da guerra. "É triste quando você está ganhando e de repente se torna o perdedor", disse ela. "Um homem é um homem. O inimigo, apesar de ser o inimigo, não tinha escolha." Lise, entrevista a Pattinson.
57 A Operação Judex, em 1944, foi uma "volta olímpica" da Seção F. Os comandantes foram ao circuitos locais na França e tomaram notas sobre o que havia ocorrido atrás das linhas inimigas.
58 Jean Marie Renaud-Dandicolle e Maurice Larcher.
59 Jones, *Quiet Courage*, 291.

CAPÍTULO 25: A CABEÇA NÃO PARA

1 Odette Hallowes, Imperial War Museum, Londres, entrevista.
2 Depoimento de Odette Marie Seline [sic] Sansom, "In the Matter of War Crimes and the Matter of the Ill-Treatment of Allied Personnel and Atrocities Committed at Ravensbruck [sic] Concentration Camp", assinado em 20 de maio de 1946, Atkins Papers.
3 Grove, "Life Wisdom Learnt in the Darkness of a Torture Cell".
4 Ibid.
5 Depoimento de Fritz Suhren, 15 de junho de 1945, Atkins Papers.
6 Hallowes, Imperial War Museum, Londres.
7 A mentira de Odette de que era casada com Peter, suposto sobrinho de Winston Churchill, foi mantida durante toda a guerra. Ravensbrück mantinha uma coleção de VIPs. A sobrinha do general Charles de Gaulle, Geneviève de Gaulle, também ficou presa ali por seu trabalho na Resistência; sua prisão ofuscou a de Odette. Os nazistas pareciam desejar prisioneiros de alto valor que pudessem ser trocados por Rudolf Hess ou negociados em julgamentos de crimes

de guerra. No telegrama de agosto de 1943 enviado a Hitler e decifrado pelo Ultra, a história de que Peter Churchill era sobrinho de Winston Churchill foi repetida para o próprio Führer. Ao longo da guerra, a história de Odette pareceu mais ganhar corpo do que ser objeto de crítica.

8   Entrevista de Odette, em Jones, *Quiet Courage*, p.306.
9   Yvonne Burney, entrevista a *The Real Charlotte Grays*.
10 Depoimento de Odette Sansom, "In the Matter of War Crimes and the Matter of the Ill-Treatment of Allied Personnel and Atrocities Committed at Ravensbruck [sic] Concentration Camp", assinado em 20 de maio de 1946.
11 Odette Hallowes, *London Dispatch*, 30 de novembro de 1958, *apud* Penny Starns, *Odette: World War II's Darling Spy* (Stroud, Reino Unido: History Press, 2009), 104.
12 "J'avoue que j'ai touché le fond de l'abime du desespoir." O. Sansom, em francês, Atkins Papers.
13 Hallowes, *London Dispatch*, 30 de novembro de 1958, *apud* Starns, *Odette*, 103.
14 "Imaginary Hobbies in Prison: Odette Churchill's Remedy", *Guardian* (Manchester), 16 de dezembro de 1953.
15 Depoimento de Odette Sansom, "In the Matter of War Crimes and the Matter of the Ill-Treatment of Allied Personnel and Atrocities Committed at Ravensbrück Concentration Camp", assinado em 20 de maio de 1946.
16 Vera Atkins a Odette, 3 de novembro de 1949, Atkins Papers.
17 O uso institucionalizado de agentes clandestinas era efetivamente um segredo nacional em 1945, uma vez que o Ocidente esperava usar a mesma estratégia contra os soviéticos. O desejo de sigilo era tão profundo que os arquivos pessoais da SOE não perderiam o status de confidencialidade até 2003, cerca de 60 anos depois que as primeiras agentes femininas foram infiltradas.
18 Isso aconteceu com a agente Eileen Nearne. Após a libertação, ela anunciou que era uma agente que trabalhava para os britânicos, mas as forças de paz norte-americanas julgaram que estava louca e a prenderam – ao lado dos mesmos carcereiros que a mantiveram em Ravensbrück.
19 Buckmaster *apud* Helm, *Life in Secrets*, e-book.
20 12 de março de 1945, de J/Comd SKOYLES, Londres, em HS 6/439, SPU 24 Paris Interrogation of Returned Agents, National Archives, Kew.
21 *Sonderhaftlingen*.
22 Karolina Lanckoronska, *Michelangelo in Ravensbrück: One Woman's War Against the Nazis*, trad. Noel Clark (Cambridge, Massachusetts: Da Capo Press, 2007), 275.
23 Hallowes, Imperial War Museum, Londres.

24 Depoimento de Odette Sansom, "In the Matter of War Crimes and the Matter of the Ill-Treatment of Allied Personnel and Atrocities Committed at Ravensbrück Concentration Camp", assinado em 20 de maio de 1946.
25 Entrevista de Hallowes, Imperial War Museum, Londres.
26 Hallowes, *London Dispatch*, 30 de novembro de 1958, em Starns, *Odette*, 103.
27 Entrevista de Hallowes, Imperial War Museum, Londres.
28 Ibid.
29 O. Sansom, em francês, Atkins Papers.

EPÍLOGO: UMA VIDA ÚTIL

1 Lise, entrevista a Pattinson. "Sou grata por ter tido a oportunidade de viver uma vida útil."
2 Entrevista de Odette Sansom, Imperial War Museum, Londres.
3 O capitão Adolphe Rabinovitch não sobreviveu à guerra, mas sua morte não tem relação com sua missão ao lado de Odette. Como Odette se recusou a fornecer informações sobre o paradeiro do operador durante os interrogatórios, Rabinovitch sobreviveu às batidas que se seguiram à prisão de Marsac. Para uma missão subsequente, Rabinovitch foi lançado em um campo de pouso controlado pelos alemães, em consequência das farsas dos jogos do rádio, e foi executado no campo de concentração de Gross-Rosen em 1944.
4 "War Heroine Honoured 63 Years on", *BBC News*, 11 de abril de 2006, disponível em: news.bbc.co.uk.
5 Três saltos de treinamento e o quarto operacional.
6 A honraria de Witherington foi posteriormente alterada para MBE (Militar).
7 Ele ficou preso em Fresnes, Sachsenhausen, Flossenbürg e Dachau.
8 O seguinte trecho foi omitido: "Além disso, a Gestapo estava muito determinada a descobrir o paradeiro do operador de rádio que trabalhava com seu comandante e de outro oficial britânico sênior cuja vida era de grande valor para a Resistência. A alferes SANSOM era a única pessoa que conhecia seu paradeiro. A Gestapo a torturou da maneira mais brutal para tentar fazer com que revelasse essa informação. Eles queimaram suas costas com um ferro em brasa e, quando isso não deu resultado, arrancaram todas as unhas dos seus pés, mas a alferes SANSOM recusou-se continuamente a falar e, com sua coragem, determinação e abnegação, não só salvou a vida desses dois oficiais [Adolphe Rabinovitch e Francis Cammaerts, membros da Seção F] como também permitiu que continuassem com seus mais valiosos trabalhos."

9   Grove, "Life Wisdom Learnt in the Darkness of a Torture Cell".
10 Peter Churchill, *Spirit in the Cage*, 296.
11 "British Heroine to Wed Spy She Saved in France: Suffered Torture to Protect Him", *Chicago Daily Tribune*, 26 de agosto de 1946.
12 Ibid.
13 Peter Churchill, *Spirit in the Cage*, 296.
14 Onze sentenças de morte foram prolatadas, mas o comandante Fritz Suhren escapou da custódia dos Aliados e foi considerado culpado *in absentia*. Posteriormente, ele foi preso pela polícia alemã e executado por crimes contra a humanidade em 1950.
15 Peter Churchill e Odette dissolveram o casamento após 10 anos. Ele continuava a reviver seu passado na guerra e ela esperava uma vida mais tranquila. Odette posteriormente se casou com outro agente da SOE, Geoffrey Hallowes.
16 As outras duas eram Eileen Nearne e Yvonne Baseden. A ambas foi concedida a honraria MBE (Member of the Most Excellent Order of the British Empire).
17 Odette Hallowes, HS 9/648/4, National Archives, Kew.
18 Eileen Nearne se qualificou para uma pensão por invalidez de 50%. Ela era a irmã mais nova da colega de turma de Lise em Beaulieu, Jacqueline Nearne (MBE). Jacqueline teve um perfil público glamouroso por um tempo. Sendo "a mais bonita", ela estrelou o documentário oficial sobre a SOE junto com o agente Harry Ree, *Now It Can Be Told*, também chamado de *School for Danger*. O filme, assim como o romance de Odette com Peter Churchill, constituiu o legado público de uma agência governamental anteriormente secreta. Com o conhecimento de idiomas de Jacqueline e sua experiência em operações secretas e em relações públicas, ela conseguiu um emprego como oficial de ligação para uma nova organização de paz construída no local de um antigo matadouro na cidade de Nova York: a Organização das Nações Unidas.
19 Pelo resto da vida, Odette disse que aceitou a George Cross não por si mesma, mas em nome das mulheres agentes que não conseguiram voltar. "Eu tinha uma voz, então a melhor coisa que podia fazer era tentar dar a elas algum tipo de visibilidade", disse ela.

    Todo mundo deveria conhecer a história de Andrée Borrel, Yolande Beekman, Denise Bloch, Muriel Byck, Madeleine Damerment, Noor Inayat Khan, Cecily Lefort, Vera Leigh, Eliane Plewman, Lilian Rolfe, Diana Rowden, Yvonne Rudellat e Violette Szabo.

(Odette Sansom, Imperial War Museum, Londres.)

20 "A história de uma agente que enfrenta o perigo e traz os louros para casa ou sofre tortura faz a mídia babar. Odette, que foi a primeira a fazer isso, foi capturada, e aí, suponho, é possível dizer que há um indício de exploração, quem

sabe. Percebeu-se que seria uma propaganda muito boa exibir aquela linda mulher que esteve apaixonada pelo homem que ela conheceu, você sabe, quando ela tocou o chão, eles meio que correram em câmera lenta [*risos*] e então fizeram uma espécie de turnê promocional com ela." Gervase Cowell, ex-conselheiro do Departamento de Relações Externas, entrevista a Pattinson, 7.

21 Essa é uma definição que já passou por bastante escrutínio. As primeiras mulheres a servir em combates modernos serviram na Rússia durante a Primeira Guerra Mundial: entre 1914 e 1916, pelo menos 49 mulheres serviram como família ligada a militares ou em subterfúgio – isto é, vestidas como homens. Elas não eram uma força mobilizada. As primeiras mulheres em combate organizado parecem ter sido o Batalhão Feminino da Morte da Rússia (*Zhenski bataľon smerti*), que lutou na Revolução Bolchevique de 1917. Ficar apontando diferenças entre o combate a um adversário e o combate dentro do próprio país parece bobagem – na Rússia, a Primeira Guerra Mundial e a Revolução se fundem –, mas quero dar espaço ao desafio que é reivindicar quem foram as "primeiras mulheres em combate". As agentes femininas da SOE estavam nas forças especiais, não em exércitos regulares; a ação de guerrilha não é um combate organizado, mas elas respondiam ao comando militar. Em algum ponto, traçamos uma linha: na Segunda Guerra Mundial havia mulheres em combate; as mulheres da SOE foram as primeiras. Vamos comemorar e reconhecer todas essas pioneiras. Beate Fieseler, M. Michaela Hampf e Jutta Schwarzkopf, "Gendering Combat: Military Women's Status in Britain, the United States, and the Soviet Union During the Second World War", *Women's Studies International Forum* 47, parte A (nov.-dez. 2014).

22 As agentes da SOE empatam com as russas quando se trata das primeiras unidades a testemunhar a ação: a partir de 1942 o Exército soviético começou a enviar soldados do sexo feminino. Cerca de 800 mil mulheres serviriam no Exército Vermelho durante a Segunda Guerra Mundial, mais da metade nas unidades de serviço da linha de frente, constituindo 8% do total das forças de combate russas. Ibid.

23 Por seus serviços, em 1997 Vera Atkins foi nomeada CBE (Commander of the Most Excellent Order of the British Empire).

24 Lise, entrevista a *The Real Charlotte Grays*.

25 Lise de Baissac, HS 9/77/1, National Archives, Kew. O seguinte trecho foi omitido:

> Essa oficial foi lançada de paraquedas na França em setembro de 1942 para servir como mensageira e fornecer um centro de ajuda e informações para os trabalhadores da Resistência. Ela cumpriu essa tarefa e, além disso, organizou uma série de entregas de suprimentos e recepções de agentes em um momento em que a Gestapo estava extremamente ativa. Por seu excelente trabalho em condições adversas, deu uma importante contribuição para a

organização da Resistência no nordeste da França. Em julho de 1943, seriamente comprometida, ela retornou ao Reino Unido. Em abril de 1944 ela voltou ao campo como oficial de ligação em um importante circuito no sul da França. Um mês depois, foi transferida para a Normandia para atuar como assistente de um organizador naquela área, onde trabalhou com diligência, habilidade e sucesso até a libertação. Seu comandante relata que Lise conseguiu lidar com contatos delicados que ele próprio não conseguia fazer sozinho e que, quando estava ausente, ela o substituía. Lise cruzou as linhas alemãs duas vezes para ir a Paris e, em uma ocasião, foi detida e revistada quando carregava planos e cristais de rádio. Com sua calma e *sang-froid,* ela enganou seus captores e, assim, permitiu que seu circuito mantivesse contato com o Reino Unido em um momento crítico.

O dossiê de Lise na Resistência francesa afirma:

> Ela foi a força inspiradora para os grupos no Orne [departamento da Normandia] e, por meio de suas iniciativas, infligiu pesadas perdas aos alemães graças a dispositivos espalhados pelas estradas perto de Saint-Aubin-du--Désert, Saint-Mars-du-Désert e até mesmo Laval, Le Mans e Rennes. Ela também participou de ataques armados às colunas inimigas.

26 Lise, entrevista a *The Real Charlotte Grays*, editada para maior clareza. Redação original: "Eu não tinha... não tinha nenhum lugar para ir na França! Eu não tinha mais nada... nem casa, nem... nem dinheiro, nem nada! E não tinha nada... nenhum lugar para onde ir."

27 Ibid.

28 Lise, entrevista a Pattinson.

29 "Ela parece estar perfeitamente contente na França e desejar com todas as forças permanecer por lá." Mary de Baissac-Herbert, HS 9/77/2, National Archives, Kew.

30 Report on Judex Mission, HS 7/134, National Archives, Kew.

31 Claude recebeu a Distinguished Service Order (DSO, Militar) e uma barra.

32 Phyllis Latour, operadora de rádio de Lise, vive na Nova Zelândia.

33 Por seus serviços, Yvonne Rudellat foi nomeada MBE (Member of the Most Excellent Order of the British Empire).

34 A Seção F tinha já uma mulher em campo na França quando Yvonne foi infiltrada: Virginia Hall, que trabalhou como agente de ligação em sua primeira missão. Para os fins dessa definição, detalho: Yvonne Rudellat foi a primeira mulher a realizar explosões de combate e a primeira agente de sabotagem a integrar uma tropa de elite.

35   Pierre Culioli sobreviveu à guerra após ficar preso em Buchenwald. Ele foi julgado duas vezes por trair sua rede, sendo considerado culpado no primeiro julgamento e absolvido no segundo. Culioli morreu em 1994.

36   Após sua morte, Andrée foi galardoada com a KCMB (King's Commendation for Brave Conduct). A recomendação para a condecoração de Andrée diz: "Atuou como mensageira e tenente de PHYSICIAN até ser presa – participou do comitê de recepção em dezembro de 1942. Descrita por PHYSICIAN como uma tenente perfeita, tanto que os chefes de células eram inúteis na ausência dela, compartilhou de todos os perigos. Trabalhou nas seções de Paris e da Normandia de seu circuito."

37   O testemunho do carcereiro não é claro quanto a isso. Quatro mulheres foram mortas naquele dia; a citação foi atribuída a Andrée e a outras mulheres. Eu ficaria feliz em creditá-la a todas elas.

38   Conforme os arquivos continuam a ser liberados, novos nomes são adicionados: 429 é a contagem mais recente.

39   Francis Suttill foi executado no campo de concentração de Sachsenhausen em 23 de março de 1945. Ele recebeu a DSO póstuma. Gilbert Norman morreu em Mauthausen em 6 de setembro de 1944.

40   "Eisenhower atribuiu à Seção Francesa o encurtamento da guerra em seis meses. 'Ela era', disse ele, 'o equivalente a 15 divisões.'" Obituário de Vera Atkins, *Daily Telegraph* (Londres), 26 de junho de 2000.

41   O número exato de agentes que morreram como resultado dos jogos do rádio permanece em debate. De acordo com o governo holandês, pelo menos 54 agentes foram lançados de paraquedas nos jogos do rádio holandeses, que duraram anos. Na França, pelo menos 17 foram capturados.

42   Como oficial de inteligência naval, Fleming certamente saberia da existência da SOE, mas seu papel não teria exigido treinamento de agente. É repetido com frequência que Fleming recebeu treinamento de agente em uma Escola de Treinamento Especial da SOE, mas essa informação nunca foi comprovada.

43   Lord Tedder, em Vomécourt, *Who Lived to See the Day,* 13.

44   Foot, *SOE in France,* e-book. A Resistência francesa "teve um valor inestimável na campanha. Eles foram particularmente ativos na Bretanha, mas em todas as partes do front obtivemos ajuda deles de várias maneiras. Sem essa grande ajuda, a libertação da França e a derrota do inimigo na Europa Ocidental teriam consumido muito mais tempo e significariam perdas maiores para nós mesmos". Dwight D. Eisenhower, *Crusade in Europe* (Garden City, Nova York: Doubleday, 1948), 296.

45   De Gaulle, supostamente falando no Hôtel de Ville sobre a libertação de Paris, citado em dezenas de fontes. Ver Thomas R. Christofferson e Michael S.

Christofferson, *France During World War II: from Defeat to Liberation* (Nova York: Fordham University Press, 2006), e-book.

46   Gildea, *Fighters in the Shadows*, e-book.

47   Para esse fim, os batalhões de soldados negros africanos também foram retirados da criação de mitos de De Gaulle e não receberam autorização para marchar ao lado dele na libertação de Paris enquanto as câmeras estavam gravando.

48   O sexismo no mito de origem da Quarta República é determinado, sobretudo, por aspectos emocionais. Dizia-se que a França havia sido castrada pela Alemanha.

49   Cidadania e serviço militar tornaram-se inextricavelmente ligados no imaginário moderno; negar o papel das mulheres no combate sugere uma negação do status de cidadania plena da parte delas.

50   Uma lei bicentenária que proibia as mulheres francesas de usar calça só foi revogada em 2013.

51   "Gen. de Gaulle Enters Paris", *Times* (Londres), 26 de agosto de 1944.

52   SPU 24 Paris Interrogation of Returned Agents, HS 6/439, National Archives, Kew.

NOTA DA AUTORA

1   "A maioria dos relatos de agentes da SOE em tempos de guerra, particularmente de mulheres e especialmente na França, contém grandes doses de baboseira romântica", de acordo com Max Hastings em *The Secret War: Spies, Codes, and Guerrillas* (Londres: William Collins, 2015). Hastings é um historiador extraordinário, em cuja erudição frequentemente confiei, mas percebo que essa postura é um exemplo da atitude prevalecente na comunidade de pesquisadores da Segunda Guerra Mundial.

2   Buckmaster, *Specially Employed*, 148.

Bibliografia

MEMÓRIAS E RELATOS CONTEMPORÂNEOS

AMICALE de Ravensbrück e Association des Déportées et Internées de la Résistance. *Les Françaises à Ravensbrück*. Paris: Gallimard, 1965.

AUBRAC, Lucie. *Outwitting the Gestapo*. Lincoln: University of Nebraska Press, 1994.

BAILEY, Roderick (org.). *Forgotten Voices of the Secret War*: An Inside History of Special Operations During the Second World War in Association with the Imperial War Museum. Londres: Ebury Press, 2008.

BLEICHER, Hugo. *Colonel Henri's Story*. Londres: Kimber, 1954.

BOURNE-PATTERSON, Robert. *SOE in France, 1941-1945*: An Official Account of the Special Operations Executive's French Circuits. Barnsley, Reino Unido: Frontline Books, 2016.

BRADLEY, Omar N. *A Soldier's Story*. Nova York: Henry Holt, 1951.

BUCKMASTER, Maurice. "Prosper", *Chambers's Journal*, janeiro de 1947.

_____. *Specially Employed*. Londres: Batchworth, 1952.

_____. *They Fought Alone*: The Story of British Agents in France. Londres: Biteback, 2014. Primeira edição de 1958, pela Odhams Press.

_____. *They Went by Parachute*. Reproduzido na internet por Steven Kippax, 2011, a partir de uma série de oito artigos publicados no *Chambers's Journal*, 1946-1947.

BUREAU, Jacques. *Un soldat menteur*. Paris: Laffont, 1992.

BURNEY, Christopher. *Solitary Confinement*. Londres: Macmillan, 1951.

CARRÉ, Mathilde-Lily. *I Was the Cat*. Londres: Four Square, 1961.

CHEVRILLON, Claire. *Code Name Christiane Clouet*: A Woman in the French Resistance. College Station: Texas A&M University Press, 1995.

CHURCHILL, Peter. *Duel of Wits*. Nova York: G. P. Putnam's Sons, 1955. Compilação das edições britânicas de *Duel of Wits* e *Of Their Own Choice*.

_____. *Of Their Own Choice*. Londres: Hodder & Stoughton, 1953.

_____. *Spirit in the Cage*. Nova York: G. P. Putnam's Sons, 1955.

CHURCHILL, Winston. *The Second World War*. 6 vols. Boston: Houghton Mifflin, 1948-53.

COLEVILLE, John. *The Fringes of Power*: 10 Downing Street Diaries, 1939-1955. Nova York: Norton, 1985.

CORNIOLEY, Pearl Witherington. *Code Name Pauline*: Memoirs of a World War II Special Agent. Chicago: Chicago Review Press, 2013.

COWBURN, Benjamin. *No Cloak, No Dagger*. Londres: Frontline, 2009.

CRÉMIEUX-BRILHAC, Jean-Louis (org.). *Ici Londres, 1940-1944*: Les voix de la liberté. 5 vols. Paris: Documentation Française, 1975.

CROSSWELL, D. K. R. *Beetle*: The Life of General Walter Bedell Smith. Lexington: University Press of Kentucky, 2010.

D'ALBERT-LAKE, Virginia. *An American Heroine in the French Resistance*: The Diary and Memoir of Virginia d'Albert-Lake. Editado por Judy Barrett Litoff. Nova York: Fordham University Press, 2006.

DALTON, Hugh. *The Fateful Years*. Londres: Muller, 1957.

DE GAULLE, Charles. *The Complete War Memoirs of Charles de Gaulle*. Tradução de Jonathan Griffin e Richard Howard. Nova York: Carroll and Graf, 1998.

DODDS-PARKER, Douglas. *Setting Europe Ablaze*. Windlesham, Reino Unido: Springwood Books, 1983.

DOURLEIN, Pieter. *Inside North Pole*. Tradução de F. G. Renier e Anne Cliff. Londres: Kimber, 1953.

DREUX, William. *No Bridges Blown*. Notre Dame, Indiana: University of Notre Dame Press, 1971.

DRUMMOND-HAY, Peggy. *The Driving Force*: Memoirs of Wartime WAAF Drivers 1665 HCU and 81 OTU. Lewes, Reino Unido: Book Guild, 2005.

DUFOURNIER, Denise. *Ravensbrück*: The Women's Camp of Death. Londres: George Allen & Unwin, 1948.

EISENHOWER, Dwight D. *Crusade in Europe*. Garden City, Nova York: Doubleday, 1948.

FAIRBAIRN, William E. *All-In Fighting*. Londres: Faber and Faber, 1942. Reedição, Naval and Military Press em parceria com Royal Armouries, 2009.

FERMOR, Patrick Leigh. *Abducting a General*: The Kreipe Operation in Crete. Londres: John Murray, 2014.

GARBY-CZERNIAWSKI, Roman. *The Big Network*. Londres: George Ronald, 1961.

GAULLE-ANTHONIOZ, Geneviève de. *God Remained Outside*: An Echo of Ravensbrück. Nova York: Arcade, 1998.

GIRARD, André. *Bataille secrète en France*. Paris: Brentano's, 1944.

GISKES, H. J. *London Calling North Pole*. Nova York: British Book Centre, 1953.

GOLDSMITH, John. *Accidental Agent*. Londres: Leo Cooper, 1971.

GUÉHENNO, Jean. *Diary of the Dark Years, 1940–1944*: Collaboration, Resistance, and Daily Life in Occupied Paris. Tradução de David Ball. Nova York: Oxford University Press, 2016.

HART, B. H. Liddell. *The German Generals Talk*: Startling Revelations from Hitler's High Command. Nova York: Quill, 1979.

HARVIE, John D. *Missing in Action*: An RCAF Navigator's Story. Montreal: McGill/Queen's University Press, 1995.

HILLARY, Richard. *The Last Enemy*. Londres: Macmillan, 1942.

HUMBERT, Agnès. *Résistance*: A Woman's Journal of Struggle and Defiance in Occupied France. Nova York: Bloomsbury, 2008.

INKSTER, Marjorie. *Bow and Arrow War*: From FANY to Radar in World War II. Studley, Reino Unido: Brewin Books, 2005.

KERR, Dorothy Brewer. *The Girls Behind the Guns*: With the ATS in World War II. Londres: Robert Hale, 1990.

KHAN, Noor Inayat. *Twenty Jātaka Tales*. Rochester, Vermont.: Inner Traditions International, 1985.

LANCKORONSKA, Karolina. *Michelangelo in Ravensbrück*: One Woman's War Against the Nazis. Tradução de Noel Clark. Cambridge, Massachusetts: Da Capo Press, 2007.

LANGELAAN, George. *Knights of the Floating Silk*. Londres: Hutchinson, 1959.

LE CHÊNE, Evelyn. *Watch for Me by Moonlight*. Londres: Corgi, 1974.

MACKENZIE, William. *The Secret History of SOE:* Special Operations Executive, 1940–1945. Londres: St. Ermin's Press, 2000.

MARKS, Leo. *Between Silk and Cyanide*: A Codemaker's Story, 1941-1945. Nova York: HarperCollins, 1998.

MILLAR, George. *Maquis*. Londres: Heinemann, 1945.

_____. *Road to Resistance*. Londres: Bodley Head, 1979.

MILLER, Joan. *One Girl's War*: Personal Exploits in MI5's Most Secret Station. Dingle, Irlanda: Brandon, 1986.

MONTGOMERY, Bernard. *The Memoirs of Field Marshal Montgomery*. Barnsley, Reino Unido: Pen & Sword, 2016.

NEAVE, Airey. *Saturday at MI9*. Londres: Pen & Sword Military, 2010.

OSMONT, Marie-Louise. *The Normandy Diary of Marie-Louise Osmont, 1940-1944*. Tradução de George L. Newman. Nova York: Random House/Discovery Channel Press, 1994.

PESSIS, Jacques (org.). *Les Français parlent aux Français*. 3 vols. Com notas históricas de Jean-Louis Crémieux-Brilhac. Paris: Omnibus, 2010.

PICKERSGILL, Frank. *The Pickersgill Letters*. Toronto: Ryerson Press, 1948.

POGUE, Forrest C. *Pogue's War: Diaries of a WWII Combat Historian*. Lexington: University Press of Kentucky, 2001.

_____. *United States Army in World War II* – European Theater of Operations: The Supreme Command. Washington, D.C.: Office of the Chief of Military History, Department of the Army, 1954.

POIRIER, Jacques R. E. *The Giraffe Has a Long Neck*. Trad. de John Brownjohn. Barnsley, Reino Unido: Pen & Sword, 1995.

RIGDEN, Denis. *SOE Syllabus*: Lessons in Ungentlemanly Warfare, World War II. Richmond, Reino Unido: Secret History Files, National Archives, 2001.

RIOLS, Noreen. *The Secret Ministry of Ag. & Fish*: My Life in Churchill's School for Spies. Londres: Macmillan, 2013.

SWEET-ESCOTT, Bickham. *Baker Street Irregular*. Londres: Methuen, 1965.

TICKELL, Jerrard. *Odette*: The Story of a British Agent. Londres: Chapman & Hall, 1952.

VERITY, Hugh. *We Landed by Moonlight*: Secret RAF Landings in France, 1940-1944. Londres: Crécy, 2013.

VOMÉCOURT, Philippe de. *Who Lived to See the Day*: France in Arms, 1940-1945. Londres: Hutchinson, 1961.

WAKE, Nancy. *The Autobiography of the Woman the Gestapo Called the White Mouse*. Melbourne: Macmillan, 1985.

WALTERS, Anne-Marie. *Moondrop to Gascony*. Wiltshire, Reino Unido: Moho Books, 2009.

WEBB, A. M. (org.). *The Natzweiler Trial*. Londres: Hodge, 1949.

WEST, Nigel (org.). *The Guy Liddell Diaries*: MI5's Director of Counter-Espionage in World War II. Vol. 1, *1939–1942*. Londres: Routledge, 2005.

WIGHTON, Charles. *Pin-Stripe Saboteu*r: The Story of "Robin", British Agent and French Resistance Leader. Londres: Odhams, 1959.

WINTER, Paul (org.). *D-Day Documents*. Londres: Bloomsbury, 2014.

ZUCCA, André. *Les Parisiens sous l'occupation*: Photographies en couleurs d'André Zucca. Paris: Gallimard, 2000.

HISTÓRIAS, SOE

BASU, Shrabani. *Spy Princess*: The Life of Noor Inayat Khan. Londres: Sutton, 2006.

BEAVAN, Colin. *Operation Jedburgh*: D-Day and America's First Shadow War. Nova York: Penguin Books, 2007.

BINNEY, Marcus. *The Women Who Lived for Danger*. Londres: Morrow, 2003.

BROME, Vincent. *The Way Back*. Londres: Cassell, 1957.

COOKRIDGE, E. H. *Inside S.O.E.*: The First Full Story of Special Operations Executive in Western Europe, 1940–45. Londres: Arthur Barker, 1966.

CUNNINGHAM, Cyril. *Beaulieu*: The Finishing School for Secret Agents. South Yorkshire, Reino Unido: Pen & Sword Military, 2005.

FOOT, M. R. D. *SOE: An Outline History of the Special Operations Executive, 1940–46*. Londres: British Broadcasting Corporation, 1984.

_____. *SOE in France*: An Account of the Work of the British Special Operations Executive in France, 1940–1944. Londres: Frank Cass, 2004.

FULLER, Jean Overton. *Déricourt*: The Chequered Spy. Londres: Michael Russell, 1989.

_____. *Double Agent?*. Londres: Pan Books, 1961.

_____. *Double Webs*. Londres: Putnam, 1958.

_____. *Espionage as a Fine Art by Henri Déricourt*. Traduzido do original francês inédito, com introdução e notas. Londres: Michael Russell, 2002.

_____. *The German Penetration of SOE*. Londres: George Mann, 1996.

_____. *Horoscope for a Double Agent*. Londres: Fowler, 1961.

_____. *Noor-un-nisa Inayat Khan (Madeleine)*. Roterdã: East-West Publications/Londres: Barrie & Jenkins, 1971.

_____. *The Starr Affair*. Londres: Victor Gollancz, 1954.

GLEESON, James. *They Feared No Evil*: The Stories of the Gallant and Courageous Women Agents of Britain's Secret Armies, 1939-45. Londres: Robert Hale, 1976.

GUILLAUME, Paul. *L'Abbé Émile Pasty, prêtre et soldat*. Baule, França: Comité Abbé Pasty, 1946.

_____. *Les Martyrs de la Résistance en Sologne*. Orléans, França: Lodde, 1945.

_____. *La Sologne au temps de l'heroisme et de la trahison*. Orléans, França: Imprimerie Nouvelle, 1950.

HELM, Sara. *A Life in Secrets*: Vera Atkins and the Missing Agents of WWII. Nova York: Anchor Books, 2007.

IRWIN, Will. *The Jedburghs*: The Secret History of the Allied Special Forces, France 1944. Nova York: PublicAffairs, 2006.

JAKUB, Jay. *Spies and Saboteurs*: Anglo-American Collaboration and Rivalry in Human Intelligence Collection and Special Operations, 1940-1945. Londres: Palgrave Macmillan, 1999.

JONES, Liane. *A Quiet Courage*: Heart-Stopping Accounts of Those Brave Women Agents Who Risked Their Lives in Nazi-Occupied France. Londres: Corgi Books, 1990.

KING, Stella. *Jacqueline*: Pioneer Heroine of the Resistance. Londres: Arms and Armour Press, 1989.

KRAMER, Rita. *Flames in the Field*. Londres: Michael Joseph, 1995.

LORAIN, Pierre. *Secret Warfare*: The Arms and Techniques of the Resistance. Adaptação de David Kahn. Londres: Orbis, 1983.

MALOUBIER, Bob; LARTÉGUY, Jean. *Triple jeu*: l'espion Déricourt. Paris: Robert Laffont, 1992.

MARSHALL, Bruce. *The White Rabbit*. Londres: Evans, 1952.

MARSHALL, Robert. *All the King's Men*. Londres: Bloomsbury, 2012.

MCCUE, Paul. *Brighton's Secret Agents*: The Brighton and Hove Contribution to Britain's WW2 Special Operations Executive. Chicago: Uniform Press, 2017.

NICHOLAS, Elizabeth. *Death Be Not Proud*. Londres: Cresset Press, 1958.

OTTAWAY, Susan. *A Cool and Lonely Courage*: The Untold Story of Sister Spies in Occupied France. Nova York: Little, Brown, 2014.

PATTINSON, Juliette. *Behind Enemy Lines*: Gender, Passing, and the Special Operations Executive in the Second World War. Manchester, Reino Unido: University of Manchester Press, 2007.

RABINO, Thomas. *Le Réseau Carte*. Paris: Perrin, 2008.

RICHARDS, Brooks. *Secret Flotillas*. Londres: Her Majesty's Stationery Office, 1996.

SEAMAN, Mark. *Bravest of the Brave*: The True Story of Wing Commander "Tommy" Yeo-Thomas, SOE Secret Agent, Codename "the White Rabbit". Londres: Michael O'Mara Books, 1997.

_____. *Secret Agent's Handbook of Special Devices*. Richmond, Reino Unido: PRO, 2000.

_____. *Special Operations Executive*: A New Instrument of War. Londres: Routledge, 2006.

SEYMOUR-JONES, Carole. *She Landed by Moonlight*: The Story of Secret Agent Pearl Witherington, the Real "Charlotte Gray". Londres: Hodder & Stoughton, 2013.

STAFFORD, David. *Secret Agent:* The True Story of the Special Operations Executive. Londres: BBC, 2000.

_____. *Ten Days to D-Day*: Countdown to Liberation of Europe. Londres: Abacus, 2004.

STARNS, Penny. *Odette*: World War Two's Darling Spy. Londres: History Press, 2010.

STENTON, Michael. *Radio London and Resistance in Occupied Europe*: British Political Warfare, 1939–1943. Oxford Scholarship Online, 2011.

SUTTILL, Francis J. *Shadows in the Fog*: The True Story of Major Suttill and the Prosper French Resistance Network. Stroud, Reino Unido: History Press, 2017.

TÉLLEZ SOLÁ, Antonio. *The Anarchist Pimpernel* – Francisco Ponzán Vidal: The Anarchists in the Spanish Civil War and the Allied Escape Networks of WWII. Trad. de Paul Sharkey. Hastings, Reino Unido: ChristieBooks, 2012.

TICKELL, Jerrard. *Moon Squadron*. Londres: Endeavour Media, 2013.

VADER, John. *The Prosper Double-Cross*. Mullimbimby, Austrália: Sunrise Press, 1977.

WALLER, Douglas. *Wild Bill Donovan*: The Spymaster Who Created the OSS and Modern American Espionage. Nova York: Free Press, 2012.

WARD, Irene. *F.A.N.Y. Invicta*. Londres: Hutchinson, 1955.

WEST, Nigel. *Secret War*: The Story of SOE, Britain's Wartime Sabotage Organization. Londres: Hodder & Stoughton, 1992.

WILKINSON, Peter; WILKINSON, Joan Bright Astley. *Gubbins and SOE*. Barnsley, Reino Unido: Pen & Sword Military, 2010.

WYLIE, Neville. *The Politics and Strategy of Clandestine War*: Special Operations Executive, 1940-1946. Londres: Routledge, 2007.

YARNOLD, Patrick. *Wanborough Manor*: School for Secret Agents. Puttenham, Reino Unido: Hopfield, 2009.

HISTÓRIAS, FRANÇA

ADAMS, Christine. *Poverty, Charity, and Motherhood*: Maternal Societies in Nineteenth-Century France. Urbana: University of Illinois Press, 2010.

AMBROSE, Stephen. *D-Day, June 6, 1944*: The Climactic Battle of World War II. Nova York: Simon & Schuster, 1993.

ARON, Robert. *The Vichy Regime, 1940-1944*. Londres: Putnam, 1958.

ATKIN, Nicholas. *The Forgotten French*: Exiles in the British Isles, 1940-1944. Manchester, Reino Unido: Manchester University Press, 2003.

BEEVOR, Antony. *O Dia D*: A batalha que salvou a Europa. São Paulo: Crítica, 2019.

BOYD, Douglas. *Voices from the Dark Years*: The Truth About Occupied France, 1940-1945. Londres: Sutton, 2007.

BURRIN, Philippe. *France Under the Germans*: Collaboration and Compromise. Nova York: New Press, 1996.

CARON, Vicki. *Uneasy Asylum*: France and the Jewish Refugee Crisis, 1933-1942. Stanford, Califórnia: Stanford University Press, 1999.

COBB, Matthew. *The Resistance*: The French Fight Against the Nazis. Londres: Simon & Schuster, 2009.

COLLINS, Larry; LAPIERRE, Dominique. *Is Paris Burning?*. Nova York: Warner Books, 1991.

WEITZ, Margaret Collins. *Sisters in the Resistance*: How Women Fought to Free France, 1940-45. Nova York: Wiley, 1995.

DAVIES, Peter. *France and the Second World War*: Occupation, Collaboration, and Resistance. Londres: Routledge, 2001.

DIAMOND, Hanna. *Fleeing Hitler*: France, 1940. Nova York: Oxford University Press, 2008.

_____. *Women and the Second World War in France, 1939–1948*: Choices and Constraints. Londres: Routledge, 1999.

DRAKE, David. *Paris at War, 1939–1944*. Cambridge, Massachusetts: Harvard University Press, 2015.

FENBY, Jonathan. *France*: A Modern History from the Revolution to the War with Terror. Nova York: St. Martin's Press, 2016.

_____. *The General*: Charles de Gaulle and the France He Saved. Nova York: Simon & Schuster, 2010.

FISHMAN, Sarah. *We Will Wait*: Wives of French Prisoners of War, 1940–1945. New Haven, Connecticut: Yale University Press, 1991.

GILDEA, Robert. *Fighters in the Shadows*: A New History of the French Resistance. Cambridge, Massachusetts: Belknap Press of Harvard University Press, 2015.

_____. *Marianne in Chains*: In Search of the German Occupation, 1940–1945. Londres: Macmillan, 2002.

HASTINGS, Max. *Overlord*: D-Day and the Battle for Normandy. Nova York: Simon & Schuster, 1984.

_____. *Das Reich*: The March of the 2nd SS Panzer Division Through France, June 1944. Minneapolis: Zenith Press, 2013.

JACKSON, Jeffrey H. *Making Jazz French*: Music and Modern Life in Interwar Paris. Durham, Carolina do Norte: Duke University Press, 2003.

JACKSON, Julian. *France*: The Dark Years, 1940–1944. Oxford: Oxford University Press, 2001.

JONES, Benjamin. *Eisenhower's Guerrillas*: The Jedburghs, the Maquis, and the Liberation of France. Nova York: Oxford University Press, 2016.

KEDWARD, Harry R. *In Search of the Maquis*: Rural Resistance in Southern France, 1942–1944. Oxford: Clarendon Press, 1994.

_____. *Occupied France*: Collaboration and Resistance, 1940–1944. Londres: Wiley-Blackwell, 1991.

_____. *Resistance in Vichy France*: A Study of Ideas and Motivation in the Southern Zone, 1940–1942. Nova York: Oxford University Press, 1978.

KERSHAW, Alex. *Avenue of Spies*: A True Story of Terror, Espionage, and One American Family's Heroic Resistance in Nazi-Occupied France. Nova York: Crown, 2015.

LUDEWIG, Joachim. *Rückzug*: The German Retreat from France, 1944. Lexington: University Press of Kentucky, 2012.

MAN, John. *The D-Day Atlas*: The Definitive Account of the Allied Invasion of Normandy. Nova York: Facts on File, 1994.

MARNHAM, Patrick. *Resistance and Betrayal*: The Death and Life of the Greatest Hero of the French Resistance. Nova York: Random House, 2002.

MARRUS, Michael R.; PAXTON, Robert O. *Vichy France and the Jews*. Nova York: Basic Books, 1981.

MAYO, Jonathan. *D-Day Minute by Minute*. Nova York: Atria Books, 2014.

MESSENGER, Charles. *The D-Day Atlas*: Anatomy of the Normandy Campaign. Nova York: Thames and Hudson, 2014.

MICHEL, Henri. *The Shadow War*: European Resistance, 1939–1945. Trad. Richard Barry. Nova York: Harper and Row, 1972.

MICHLIN, Gilbert. *Of No Interest to the Nation*: A Jewish Family in France, 1925–1945. Detroit: Wayne State University Press, 2004.

MILWARD, Alan S. *The New Order and the French Economy*. Oxford: Clarendon Press, 1970.

MOOREHEAD, Caroline. *A Train in Winter*: An Extraordinary Story of Women, Friendship, and Resistance in Occupied France. Nova York: HarperCollins, 2011.

_____. *Village of Secrets*: Defying the Nazis in Vichy France. Nova York: HarperCollins, 2014.

MOULD, Michael. *The Routledge Dictionary of Cultural References in Modern French*. Nova York: Routledge, 2011.

MUEL-DREYFUS, Francine. *Vichy and the Eternal Feminine*: A Contribution to a Political Sociology of Gender. Trad. Kathleen A. Johnson. Durham, Carolina do Norte: Duke University Press, 2001.

OTTIS, Sherri Greene. *Silent Heroes*: Downed Airmen and the French Underground. Lexington: University Press of Kentucky, 2001.

OUSBY, Ian. *Occupation*: The Ordeal of France, 1940–1944. Nova York: Cooper Square Press, 1999.

PAXTON, Robert. *Vichy France*: Old Guard and New Order, 1940–1944. Nova York: Columbia University Press, 1972.

PERRAULT, Gilles; AZÉMA, Jean-Pierre. *Paris Under the Occupation*. Nova York: Vendome Press, 1989.

POLLARD, Miranda. *Reign of Virtue*: Mobilizing Gender in Vichy France. Chicago: University of Chicago Press, 1998.

PORCH, Douglas. *The French Secret Services*: A History of French Intelligence from the Dreyfus Affair to the Gulf War. Nova York: Farrar, Straus and Giroux, 1995.

POTTER, Charles B. *The Resistance, 1940*: An Anthology of Writings from the French Underground. Baton Rouge: Louisiana State University Press, 2016.

PRYCE-JONES, David. *Paris in the Third Reich*: A History of the German Occupation, 1940–1944. Nova York: Holt, Rinehart and Winston, 1981.

REES, Siân. *Lucie Aubrac*: The French Resistance Heroine Who Outwitted the Gestapo. Chicago: Chicago Review Press, 2016.

ROSBOTTOM, Ronald C. *When Paris Went Dark*: The City of Light Under German Occupation, 1940–1944. Nova York: Little, Brown, 2014.

ROSSITER, Margaret. *Women in the Resistance*. Nova York: Praeger, 1986.

ROUSSO, Henry. *The Vichy Syndrome*: History and Memory in France Since 1944. Trad. Arthur Goldhammer. Cambridge, Massachusetts: Harvard University Press, 1991.

SCHOENBRUN, David. *Soldiers of the Night*: The Story of the French Resistance. Nova York: New American Library, 1980.

SHAKESPEARE, Nicholas. *Priscilla*: The Hidden Life of an Englishwoman in Wartime France. Nova York: HarperCollins, 2014.

SPOTTS, Frederic. *The Shameful Peace*: How French Artists and Intellectuals Survived the Nazi Occupation. New Haven, Connecticut: Yale University Press, 2008.

SWEETS, John F. *Choices in Vichy France*: The French Under Nazi Occupation. Nova York: Oxford University Press, 1994.

THIÉBAUD, Eric; CORPET, Olivier. *Collaboration and Resistance*: French Literary Life Under the Nazi Occupation. Nova York: Five Ties, 2010.

VINEN, Richard. *The Unfree French*: Life Under the Occupation. Londres: Allen Lane, 2006.

WIEVIORKA, Olivier. *Divided Memory*: French Recollections of World War II from the Liberation to the Present. Trad. George Holoch. Stanford, Califórnia: Stanford University Press, 2012.

_____. *The French Resistance*. Trad. Jane Marie Todd. Cambridge, Massachusetts: Harvard University Press, 2016.

ZUCOTTI, Susan. *The Holocaust, the French, and the Jews*. Nova York: Basic Books, 1993.

HISTÓRIAS, SEGUNDA GUERRA MUNDIAL

AMBROSE, Stephen. *The Supreme Commander*: The War Years of General Dwight D. Eisenhower. Nova York: Doubleday, 1970.

BAMBERY, Chris. *The Second World War*: A Marxist History. Londres: Pluto Press, 2014.

BASSETT, Richard. *Hitler's Spy Chief* – The Wilhelm Canaris Betrayal: The Intelligence Campaign Against Adolf Hitler. Nova York: Pegasus Books, 2013.

BENNETT, G. H. "Women and the Battle of the Atlantic, 1939–1945: Contemporary Texts, Propaganda, and Life Writing." In: SMITH, Angela K. (org.). *Gender and Warfare in the Twentieth Century* – Textual Representations. Manchester, Reino Unido: Manchester University Press, 2004.

CHRISTOFFERSON, Thomas R.; CHRISTOFFERSON, Michael S. *France During World War II*: From Defeat to Liberation. Nova York: Fordham University Press, 2006.

CRÉMIEUX-BRILHAC, Jean-Louis. *La France libre*: De l'appel du 18 juin à la Libération. Paris: Gallimard, 1996.

DONNELLY, Mark. *Britain in the Second World War*. Londres: Routledge, 1999.

FEIGEL, Lara. *The Love Charm of Bombs*: Restless Lives in the Second World War. Londres: Bloomsbury Press, 2013.

GILBERT, Martin. *Churchill*: Uma vida. São Paulo: Leya, 2016.

_____. *Road to Victory*: Winston S. Churchill, 1941–1945. Londres: Minerva, 1989.

GLUCKSTEIN, Donny. *A People's History of the Second World War*: Resistance Versus Empire. Londres: Pluto Press, 2012.

GORDON, Lois. *Nancy Cunard*: Heiress, Muse, Political Idealist. Nova York: Columbia University Press, 2007.

GRINT, Keith. *Leadership, Management, and Command*: Rethinking D-Day. Londres: Palgrave Macmillan, 2007.

HASTINGS, Max. *Inferno*: o mundo em guerra, 1939–1945. Rio de Janeiro: Intrínseca, 2012.

_____. *The Secret War*: Spies, Codes, and Guerrillas, 1939–45. Londres: William Collins, 2015.

_____. *Winston's War*: Churchill, 1940–1945. Nova York: Vintage, 2011.

HAUNER, Milan. *Hitler*: A Chronology of His Life and Time. Londres: Macmillan, 1983.

HELLBECK, Jochen (org.). *Stalingrad*: The City That Defeated the Third Reich. Nova York: PublicAffairs, 2015.

HINSLEY, F. H. *British Intelligence in the Second World War*. Com E. E. Thomas, C. F. G. Ransom e R. C. Knight. vols. 1-3. Londres: Her Majesty's Stationery Office, 1979.

HITLER, Adolf. *Hitler's Table Talk, 1941-1944*. Trad. Norman Cameron e R. H. Stevens. Londres: Weidenfeld & Nicolson, 1953.

KEEGAN, John. *The Second World War*. Nova York: Penguin Books, 1989.

KREMER, Lillian. *Women's Holocaust Writing*: Memory and Imagination. Lincoln: University of Nebraska Press, 1999.

LARSON, Erik. *No jardim das feras*: intriga e sedução na Alemanha de Hitler. Rio de Janeiro: Intrínseca, 2012.

LASKA, Vera (org.). *Women in the Resistance and in the Holocaust*. Westport, Connecticut: Greenwood Press, 1983.

LEE, Eric. *Operation Basalt*: The British Raid on Sark and Hitler's Command Order. Stroud, Reino Unido: History Press, 2016.

MACINTYRE, Ben. *Agente Zigzag*: Uma verdadeira história sobre espionagem, amor e traição. Rio de Janeiro: Record, 2010.

_____. *Double Cross*: The True Story of the D-Day Spies. Nova York: Crown, 2012.

_____. *Rogue Heroes*: The History of the SAS, Britain's Secret Special Forces Unit That Sabotaged the Nazis and Changed the Nature of War. Nova York: Crown, 2016.

MANCHESTER, William. *The Last Lion*: Winston Spencer Churchill. Nova York: Little, Brown, 2012.

MORRISON, Jack G. *Ravensbrück*: Everyday Life in a Woman's Concentration Camp, 1939-45. Princeton, Nova Jersey: Markus Wiener, 2000.

NICHOLSON, Mavis. *What Did You Do in the War, Mummy?* Londres: Pimlico, 1995.

NOAKES, Lucy. *Women in the British Army*: War and the Gentle Sex, 1907-1948. Londres: Routledge, 2006.

NORMAN, Jill. *Make Do and Mend* – Keeping Family and Home Afloat on War Rations: Reproductions of Official Second World War Instruction Leaflets. Londres: Michael O'Mara Books, 2007.

OLSON, Lynne. *Last Hope Island*: Britain, Occupied Europe, and the Brotherhood That Helped Turn the Tide of War. Nova York: Random House, 2017.

ROBERTS, Andrew. *The Storm of War*: A New History of the Second World War. Nova York: Harper, 2012.

SHIRER, William L. *Ascensão e queda do Terceiro Reich*. 2 vols. Rio de Janeiro: Nova Fronteira, 2017.

SUMMERFIELD, Penny. *Reconstructing Women's Wartime Lives*: Discourse and Subjectivity in Oral Histories of the Second World War. Manchester, Reino Unido: Manchester University Press, 1998.

TEC, Nehama. *Resilience and Courage*: Women, Men, and the Holocaust. New Haven, Connecticut: Yale University Press, 2003.

WESTERFIELD, L. Leigh. *This Anguish, Like a Kind of Intimate Song*: Resistance in Women's Literature of World War II. Nova York: Rodopi, 2004.

WOOD, Ian. *Britain, Ireland, and the Second World War*. Edimburgo: Edinburgh University Press, 2010.

ZEIGER, Susan. *Entangling Alliances*: Foreign War Brides and American Soldiers in the Twentieth Century. Nova York: New York University Press, 2010.

OUTRAS OBRAS CONSULTADAS

ABERNETHY, David B. *The Dynamics of Global Dominance*: European Overseas Empires, 1415–1980. New Haven, Connecticut: Yale University Press, 2000.

AXINN, Sidney. *A Moral Military*. Filadélfia: Temple University Press, 2009.

BLAETZ, Robin. *Visions of the Maid*: Joan of Arc in American Film and Culture. Charlottesville: University of Virginia Press, 2001.

CHURCHILL, Winston. 16 de junho de 1940, Parlamento, Grã-Bretanha, *Parliamentary Debates*, 5ª série, vol. 365. *House of Commons Official Report Eleventh Volume of Session 1939-40* (Londres: His Majesty's Stationery Office, 1940), cols. 701–2.

DEWAELE, Jean-Marc. "Pavlenko, Aneta Multilingualism, and Emotions." In: CHAPELLE, Carol A. (org.). *The Encyclopedia of Applied Linguistics*. 1–7. Oxford: Wiley-Blackwell, 2013.

GOLDSTEIN, Joshua S. *War and Gender*: How Gender Shapes the War System and Vice Versa. Cambridge, Reino Unido: Cambridge University Press, 2001.

GORDON, Lois. *The World of Samuel Beckett, 1906–1946*. New Haven, Connecticut: Yale University Press, 1996.

MACRAKIS, Kristie. *Prisoners, Lovers, and Spies*: The Story of Invisible Ink from Herodotus to al-Qaeda. New Haven, Connecticut: Yale University Press, 2014.

MORAN, Christopher R.; MURPHY, Christopher J. (orgs.). *Intelligence Studies in Britain and the US*: Historiography Since 1945. Edimburgo: Edinburgh University Press, 2013.

REJALI, Darius. *Torture and Democracy*. Princeton, Nova Jersey: Princeton University Press, 2007.

SINGH, Simon. *The Code Book*: The Science of Secrecy from Ancient Egypt to Quantum Cryptology. Nova York: Anchor Books, 2000.

SOLOWAY, Richard A. *Demography and Degeneration*: Eugenics and the Declining Birthrate in Twentieth-Century Britain. Chapel Hill: University of North Carolina Press, 1995.

SUISMAN, David; STRASSER, Susan (orgs.). *Sound in the Age of Mechanical Reproduction*. Filadélfia: University of Pennsylvania Press, 2010.

WISTRICH, Robert S. *A Lethal Obsession*: Anti-Semitism from Antiquity to the Global Jihad. Nova York: Random House, 2010.

ARTIGOS

ADLER, Jacques. "The Jews and Vichy: Reflections on French Historiography." *Historical Journal* 44, n. 4 (2001).

ALDRICH, Richard J. "Policing the Past: Official History, Secrecy, and British Intelligence Since 1945." *English Historical Review* 119, n. 483 (2004): 922–53.

ALMOND JÚNIOR, Harry H.; BLACKBURN, Donald; WARD, James; MALLISON, W. T.; GEHRING, R. W. "Irregular Warfare: Legal Implications of the Facts, Policies, and Law from World War II to VIETNAM." *Proceedings of the Annual Meeting*, American Society of International Law, n. 70 (1976): 154–59.

AMBROSE, Stephen. "Eisenhower and the Intelligence Community in World War II." *Journal of Contemporary History* 16, n. 1 (1981).

ANDRIEU, Claire. "Women in the French Resistance: Revisiting the Historical Record." *French Politics, Culture, and Society* 18, n. 1 (primavera de 2000).

ANFILOGOFF, R.; HALE, P. J.; HAMMOND, V. A.; CARTER, J. C. "Physiological Response to Parachute Jumping." *British Medical Journal* 295, n. 6.595 (1987): 415.

BELOT, Robert. "Intelligence Considered as a War Weapon and a Global Power Tool: About the Birth of US Secret Services (1942–1945)." *Icon* 8 (2002).

BEN-MOS, T. "Winston Churchill and the 'Second Front': A Reappraisal." *Journal of Modern History* 62, n. 3 (1990): 503.

BENSON, Robert Louis. "SIGINT and the Holocaust." *Cryptologic Quarterly*. Disponível em: www.nsa.gov. Acesso em: 9 dez. 2021. (Publicado mediante o Freedom of Information Act 2010).

BOLDORF, Michael; SCHERNER, Jonas. "France's Occupation Costs and the War in the East: The Contribution to the German War Economy, 1940-4." *Journal of Contemporary History* 47, n. 2 (2012).

BONNÉRY-VEDEL, Audrey. "La BBC a-t-elle jamais été la voix de la France libre?" *Le Temps des Médias*, n. 11 (2008).

BOWLES, BRETT. "German Newsreel Propaganda in France, 1940-1944." *Historical Journal of Film, Radio, and Television* 24, n. 1 (2004): 45-67.

_____. "Résistance Oblige? Historiography, Memory, and the Evolution of *Le silence de la mer*, 1942-2012." *French Politics, Culture, and Society* 32, n. 1 (primavera de 2014).

_____. "'La Tragédie de Mers-el-Kébir' and the Politics of Filmed News in France, 1940-1944." *Journal of Modern History* 76, n. 2 (2004): 347-88.

_____. "Vichy's Afterlife: History and Counterhistory in Postwar France by Richard J. Golsan; The Papon Affair: Memory and Justice on Trial by Richard J. Golsan." *SubStance* 31, n. 1 (2002): 125-28.

BRACHER, Nathan. "Remembering the French Resistance: Ethics and Poetics of the Epic." *History and Memory* 19, n. 1 (2007).

CAMPBELL, D'Ann. "Women in Combat: The World War II Experience in the United States, Great Britain, Germany, and the Soviet Union." *Journal of Military History* 57, n. 2 (abril de 1993): 301-23.

_____. "Women in Uniform: The World War II Experiment." *Military Affairs* 51, n. 3 (1987): 137-39.

CARD, Claudia. "Rape as a Weapon of War." *Hypatia* 11, n. 4 (1996).

CARON, Vicki. "The Politics of Frustration: French Jewry and the Refugee Crisis in the 1930s." *Journal of Modern History* 65, n. 2 (1993): 311-56.

CARTER, Ross S. "How Tranquil the Desert." *Prairie Schooner* 22, n. 1 (1948): 57-61.

CASSIN, René. "Vichy or Free France?" *Foreign Affairs* 20, n. 1 (1941).

CHARNEY, David L.; IRVIN, John A. "The Psychology of Espionage." *Intelligencer: Journal of U.S. Intelligence Studies* 22, n. 1 (primavera de 2016).

"DARLAN and After: The Significance of North Africa." *Commonwealth Journal of International Affairs* 33, n. 130 (1943).

DE JONG, Louis. "The 'Great Game' of Secret Agents: Was It 'Treason' – or Sheer Incompetence – Which Enabled the Ingenious German 'Englandspiel' to Cripple Resistance Forces in World War II? A Dutch Historian Investigates the Charges." *Encounter Magazine,* janeiro de 1980.

DEUTSCH, Harold C. "The Historical Impact of Revealing the Ultra Secret." Reproduzido, com permissão, de *Parameters: Journal of the U.S. Army War College,* aprovado para publicação pela NSA em 26 de outubro de 2006, *case* do FOIA n. 51.639.

DONOHOE, Jerri. "The Kindness of Strangers: An Ohioan Escapes the Nazis' Timeline." *Ohio Historical Society,* outubro-dezembro de 2007.

DRAPAC, Vesna. "The Devotion of French Prisoners of War and Requisitioned Workers to Thérèse of Lisieux: Transcending the 'Diocese Behind Barbed Wire.'" *Journal of War and Culture Studies* 7, n. 3 (2014): 283–96.

EVENTS *Leading Up to World War II*: Chronological History of Certain Major International Events Leading Up to and During World War II with the Ostensible Reasons Advanced for Their Occurrence, 1931–1944. Washington, D.C.: U.S. Government Printing Office, 1944.

FEIL, Alison. "Gendering the War Story." *Journal of War and Culture Studies* 1, n. 1 (2008).

FETTE, Julie. "Apology and the Past in Contemporary France." *French Politics, Culture, and Society* 26, n. 2 (verão de 2008).

FIELDING, Raymond. "The Nazi-German Newsreel." *Journal of the University Film Producers Association* 12, n. 3 (primavera de 1960): 3–5.

FIESELER, Beate; HAMPF, M. Michaela; SCHWARZKOPF, Jutta. "Gendering Combat: Military Women's Status in Britain, the United States, and the Soviet Union During the Second World War." *Women's Studies International Forum* 47, parte A (novembro-dezembro de 2014).

FLANNER, Janet. "Blitz by Partnership." A Reporter at Large. *New Yorker,* 7 de junho de 1941.

_____. "Come Down, Giuseppe!" A Reporter at Large. *New Yorker,* 17 de janeiro de 1942.

_____. "The Escape of Mrs. Jeffries - I." A Reporter at Large. *New Yorker,* 22 de maio de 1943.

_____. "The Escape of Mrs. Jeffries - II." A Reporter at Large. *New Yorker,* 29 de maio de 1943.

_____. "The Escape of Mrs. Jeffries - III." A Reporter at Large. *New Yorker*, 5 de junho de 1943.

_____. "Ferox, Mendax, AC Praedator." A Reporter at Large. *New Yorker*, 1º de agosto de 1942.

_____. "La France et le Vieux I – From the Empress Eugenie to the A.E.F." Profiles. *New Yorker*, 12 de fevereiro de 1944.

_____. "La France et le Vieux II – Hero of Verdun." Profiles. *New Yorker*, 19 de fevereiro de 1944.

_____. "La France et le Vieux IV – Marechal, Nous Voilá!" Profiles. *New Yorker*, 4 de março de 1944.

_____. "Führer – I." Profiles. *New Yorker*, 29 de fevereiro de 1936.

_____. "Guinea Pigs and the Mona Lisa." A Reporter at Large. *New Yorker*, 31 de outubro de 1942.

_____. "Ladies in Uniform." Profiles. *New Yorker*, 4 de julho de 1942.

_____. "Le Nouvel Ordre." A Reporter at Large. *New Yorker*, 15 de março de 1941.

_____. "So You're Going to Paris." A Reporter at Large. *New Yorker*, 21 de junho de 1941.

FOOT, Michael R. D. "Was SOE Any Good?" *Journal of Contemporary History* 16, n. 1 (1981): 167–81.

FOX, Jo. "Careless Talk: Tensions Within British Domestic Propaganda During the Second World War." *Journal of British Studies* 51, n. 4 (2012): 936–66.

FUCHS, Rachel G. "Crossing Borders in Love, War, and History: French Families During World War II." *Pacific Historical Review* 79, n. 1 (fevereiro de 2010): 1–22.

GILDEA, Robert. "Resistance, Reprisals, and Community in Occupied France." *Transactions of the Royal Historical Society* 13 (2003): 163–85.

GLANTZ, David. "Soviet Use of 'Substandard' Manpower in the Red Army, 1941–1945." In: MARBLE, Sanders (org.). *Scraping the Barrel*: The Military Use of Substandard Manpower, 1860–1960. Nova York: Fordham University Press, 2012.

GOLDIN, Claudia. "The Role of World War II in the Rise of Women's Employment." *American Economic Review* 81, n. 4 (1991).

GOLDIN, Claudia; OLIVETTI, Claudia. "Shocking Labor Supply: A Reassessment of the Role of World War II on Women's Labor Supply." *American Economic Review* 103, n. 3 (2013): 257–62.

GREGORY, Derwin. "Communicating with the European Resistance: An Assessment of the Special Operations Executive's Wireless Facilities in the UK During the Second World War." *Post-Medieval Archaeology* 50, n. 2 (2016): 289-304.

HACKER, Barton C. "Engineering a New Order: Military Institutions, Technical Education, and the Rise of the Industrial State." *Technology and Culture* 34, n. 1 (janeiro de 1993): 1-27.

HALE, Oron J. "World War II Documents and Interrogations." *Social Science* 47, n. 2 (1972).

HANNA, Martha. "Iconology and Ideology: Images of Joan of Arc in the Idiom of the Action Française, 1908-1931." *French Historical Studies* 14, n. 2 (1985).

HANYOK, Robert J. *Eavesdropping on Hell:* Historical Guide to Western Communications Intelligence and the Holocaust, 1939-1945. Center for Cryptologic History, National Security Agency, 2005.

HARDING, James M. "You Forgot Your Double Security Check." *Performance Research* 17, n. 3 (2012): 76-82.

HAWKER, Pat. "John Brown and His S.O.E. Radios." *Bulletin of the Vintage British Wireless Society* 18, n. 1 (fevereiro de 1993).

HO DAVIES, Peter. "Think of England." *Ploughshares* 26, n. 2/3 (2000).

HOFFMANN, Kay. "Propagandistic Problems of German Newsreels in World War II." *Historical Journal of Film, Radio, and Television* 24, n. 1 (2004): 133-42.

HOROWITZ, Milton W. "The Psychology of Confession." *Journal of Criminal Law, Criminology, and Police Science* 47, n. 2 (julho-agosto de 1956): 197-204.

JACKSON, Julian. "The Republic and Vichy." In: BERENSON, Edward; DUCLERT, Vincent; PROCHASSON, Christophe (orgs.). *The French Republic*: History, Values, Debates. Ithaca, Nova York: Cornell University Press, 2011.

JEFFORDS, Susan. "Performative Masculinities, or 'After a Few Times You Won't Be Afraid of Rape at All.'" *Discourse* 13, n. 2 (primavera-verão de 1991): 102-18.

JOHNSON, William R. "Clandestinity and Current Intelligence." In: WESTERFIELD, H. Bradford (org.). *Inside CIA's Private World:* Declassified Articles from the Agency's Internal Journal, 1955-1992. New Haven, Connecticut: Yale University Press, 1995.

JONES, Benjamin F. *Freeing France*: The Allies, the Resistance, and the Jedburghs. 437p. Dissertação (Mestrado em História, University of Kansas). Kansas, 2008.

JUDT, Tony. *Passado imperfeito*: um olhar crítico sobre a intelectualidade francesa no pós-guerra. Rio de Janeiro: Nova Fronteira, 2008.

"JUMPING for Joy." *British Medical Journal* 2, n. 5.511 (1966): 423-24.

KEDWARD, H. R. "Mapping the Resistance: An Essay on Roots and Routes." *Modern and Contemporary France* 20, n. 4 (2012).

_____. "Patriots and Patriotism in Vichy France." *Transactions of the Royal Society* 32 (1982).

KEHOE, Robert R. "1944: An Allied Team with the French Resistance", 1997. Disponível em: www.cia.gov. Acesso em: 9 dez. 2021.

KUISEL, Richard F. "The Legend of the Vichy Synarchy." *French Historical Studies* 6, n. 3 (1970).

LEAR, Allison. "Report on Suzanne Kyrie-Pope, an ISTD Employee." *WW2 People's War*: An Archive of World War Two Memories. BBC, 2005.

LEE, Janet. "FANY (First Aid Nursing Yeomanry) 'Other Spaces': Toward an Application of Foucault's Heterotopias as Alternate Spaces of Social Ordering." *Gender, Place, and Culture* 16, n. 6 (2009).

_____. "'I Wish My Mother Could See Me Now': The First Aid Nursing Yeomanry (FANY) and Negotiation of Gender and Class Relations, 1907–1918." *NWSA Journal* 19, n. 2 (verão de 2007): 138–58.

LEWIS, S. J. *Jedburgh Team Operations in Support of the 12th Army Group, August 1944*. U.S. Army Command and General Staff College, Fort Leavenworth, Kansar, 1991.

LIEBLING, A. J. "Cross-Channel Trip." A Reporter at Large. *New Yorker*, 1º de julho de 1944.

_____. "Cross-Channel Trip – II." A Reporter at Large. *New Yorker*, 8 de julho de 1944.

_____. "Cross-Channel Trip – III." A Reporter at Large. *New Yorker*, 15 de julho de 1944.

_____. "Gloomy Meadow." A Reporter in France. *New Yorker*, 15 de junho de 1940.

_____. Letter from France. *New Yorker*, 22 de julho de 1944.

_____. Letter from France. *New Yorker*, 29 de julho de 1944.

_____. Letter from France. *New Yorker*, 26 de agosto de 1944.

_____. Letter from Paris. *New Yorker*, 23 de setembro de 1944.

_____. Letter from Paris. *New Yorker*, 30 de setembro de 1944.

_____. "Paris Postscript – I." A Reporter at Large. *New Yorker*, 3 de agosto de 1940.

_____. "Paris Postscript – II." A Reporter at Large. *New Yorker*, 10 de agosto de 1940.

_____. "Revisited: Normandy: The Chatelaine of Vouilly." Our Far-Flung Correspondents. *New Yorker,* 15 de outubro de 1955.

LIMORE, Yagil. "Rescue of Jews: Between History and Memory." *Humboldt Journal of Social Relations* 28, n. 2 (2004): 105-38.

LUKACS, John. "The Importance of Being Winston." *National Interest,* 16 de dezembro de 2010.

MADDRELL, Avril. "The 'Map Girls': British Women Geographers' War Work, Shifting Gender Boundaries, and Reflections on the History of Geography." *Transactions of the Institute of British Geographers,* n.s., 33, n. 1 (2007).

MARTIN, Judith. "Pippa's War." *New Zealand Army News,* 21 de julho de 2009.

MCDONAGH, Eileen. "Political Citizenship and Democratization: The Gender Paradox." *American Political Science Review* 96, n. 3 (2002).

MICHAELS, Paula A. "Comrades in the Labor Room: The Lamaze Method of Childbirth Preparation and France's Cold War Home Front, 1951-1957." *American Historical Review* 115, n. 4 (2010).

MITCHELL, Robert W. "The Psychology of Human Deception." *Social Research* 63, n. 3 (1996).

MOURÉ, Kenneth. "Black Market Fictions: 'Au Bon Beurre, La Traversée de Paris,' and the Black Market in France." *French Politics, Culture, and Society* 32, n. 1 (primavera de 2014): 47-67.

_____. "The Faux Policier in Occupied Paris." *Journal of Contemporary History* 45, n. 1 (2010).

MURPHY, Christopher. "The Origins of SOE in France." *Historical Journal* 46, n. 4 (dezembro de 2003): 935-52.

NEUMAIER, Christopher. "The Escalation of German Reprisal Policy in Occupied France, 1941-42." *Journal of Contemporary History* 41, n. 1 (janeiro de 2006): 113-31.

NOAKES, Lucy. "Gender, War, and Memory: Discourse and Experience in History." *Journal of Contemporary History* 36, n. 4 (Oct. 2001).

OCCHINO, Filippo; OOSTERLINCK, Kim; WHITE, Eugene N. "How Much Can a Victor Force the Vanquished to Pay? France Under the Nazi Boot." *Journal of Economic History* 68, n. 1 (março de 2008).

"OPERATION Torch: Invasion of North Africa, 8-16 November 1942." In CRESSMAN, Robert J. (org.). *The Official Chronology of the U.S. Navy in World War II*. Annapolis, Maryland/Washington, D.C.: U.S. Naval Institute Press/Naval Historical Center, 1999.

OSBORNE, Deirdre. "'I Do Not Know about Politics or Governments... I Am a Housewife': The Female Secret Agent and the Male War Machine in Occupied France (1942–5)." *Women:* A Cultural Review 17, n. 1 (2006): 42–64.

OSSIAN, Lisa L. "Fragilities and Failures, Promises and Patriotism: Elements of Second World War English and American Girlhood, 1939–1945." In: HELGREN, Jennifer; VASCONCELLOS, Colleen A. (orgs.). *Girlhood:* A Global History. New Brunswick, Nova Jersey: Rutgers University Press, 2010.

OTT, Sandra. "Duplicity, Indulgence, and Ambiguity in Franco-German Relations, 1940–1946." *History and Anthropology* 20, n. 1 (março de 2009): 57–77.

_____. "Undesirable Pen Pals, Unthinkable Houseguests: Representations of Franco-German Friendships in a Post-liberation Trial Dossier and *Suite Française*." *French Politics, Culture, and Society* 32, n. 1 (2014).

PADOVER, Saul K. "France in Defeat: Causes and Consequences." *World Politics* 2, n. 3 (1950): 305–37.

PANTER-DOWNES, Mollie. "After the Men Have Gone." A Reporter at Large. *New Yorker*, 11 de abril de 1942.

_____. "Bundles from Britain." A Reporter at Large. *New Yorker*, 29 de novembro de 1941.

_____. "The Good Women of Grosvenor Street." A Reporter at Large. *New Yorker*, 24 de maio de 1941.

_____. "The Lancashire Way." A Reporter at Large. *New Yorker*, 22 de novembro de 1941.

_____. Letter from London. *New Yorker*, 13 de janeiro de 1940.

_____. "Making It Dirty for Them." A Reporter at Large. *New Yorker*, 7 de setembro de 1940.

_____. "A Night at the Savoy." A Reporter at Large. *New Yorker*, 21 de dezembro de 1940.

_____. "St. Thomas's Takes Four." A Reporter at Large. *New Yorker*, 8 de fevereiro de 1941.

PATTINSON, Juliette. "'The Best Disguise': Performing Femininities for Clandestine Purposes During the Second World War." In: SMITH, Angela K. (org.). *Gender and Warfare in the Twentieth Century*: Textual Representations. Manchester, Reino Unido: Manchester University Press, 2004.

_____. "'Playing the Daft Lassie with Them': Gender, Captivity, and the Special Operations Executive During the Second World War." *European Review of History*/Revue Européene d'Histoire 13, n. 2 (2006): 271–92.

_____. "'The Thing That Made Me Hesitate...': Re-examining Gendered Intersubjectivities in Interviews with British Secret War Veterans." *Women's History Review* 20, n. 2 (2011): 245-63.

PEARL, Monica B. "'What Strange Intimacy': Janet Flanner's Letters from Paris." *Journal of European Studies* 32 (2002).

PENISTON-BIRD, Corinna. "Of Hockey Sticks and Sten Guns: British Auxiliaries and Their Weapons in the Second World War." *Women's History Magazine* 76 (outono de 2014).

QUATAERT, Jean H.; WHEELER, Leigh Ann. "Gender, War, and Sexuality: Convergences of Past and Present." *Journal of Women's History* 26, n. 3 (2014): 7-11.

REID, Donald. "Available in Hell: Germaine Tillion's Operetta of Resistance at Ravensbrück." *French Politics, Culture, and Society* 25, n. 2 (2007): 141-50.

_____. "Everybody Was in the French Resistance... Now! American Representations of the French Resistance." *French Cultural Studies* 23, n. 1 (2012): 49-63.

REPORT of the Committee on Amenities and Welfare Conditions in the Three Women's Services. Londres: His Majesty's Stationery Office, 1942.

ROSE, Sonya O. "Sex, Citizenship, and the Nation in World War II Britain." *American Historical Review* 103, n. 4 (1998): 1147-76.

RUSSELL, Diana. "Rape and the Masculine Mystique." In: WHITELEGG, Elizabeth (org.). *The Changing Experience of Women*. Oxford: Martin Robertson, 1982.

RYAN, Isadore. "Between Detention and Destitution: The Irish in France During the Occupation." *History Ireland*, setembro-outubro de 2016.

SAFRAN, William. "State, Nation, National Identity, and Citizenship: France as a Test Case." *International Political Science Review* 12, n. 3 (1991).

SCHWARTZ, Paula. "*Partisanes* and Gender Politics in Vichy France." *French Historical Studies* 16, n. 1 (1989): 126-51.

_____. "Redefining Resistance: Women's Activities in Wartime France." In: HIGONNET, Margaret R. *et al.* (orgs.). *Behind the Lines* – Gender and the Two World Wars. New Haven, Connecticut: Yale University Press, 1987.

_____. "La répression des femmes communistes (1940-1944)." In: ROUQUET, François; VOLDMAN, Danièle (orgs.). *Identités féminines et violences politiques*. Paris: Centre National de la Recherche Scientifique, 1995.

SEAMAN, Mark. "A Glass Half Full: Some Thoughts on the Evolution of the Study of the Special Operations Executive." *Intelligence and National Security* 20, n. 1 (2006): 27-43.

_____. "Good Thrillers but Bad History: A Review of Published Works on the Special Operations Executive Work in France During the Second World War." In: ROBERTSON, K. G. (org.). *War, Resistance, and Intelligence – Essays in Honour of M. R. D. Foot*. Barnsley, Reino Unido: Pen & Sword, 1999.

SEGAL, Mady Wechsler. "Women's Military Roles Cross-Nationally: Past, Present, and Future." *Gender and Society* 9, n. 6 (dezembro de 1995): 757–75.

SEITZ, Stephen S.; OAKELEY, Kelly M.; GARCIA-HUIDOBRO, Francisco. *Operation Overlord and the Principles of War*. Norfolk, Virgínia.: Joint Forces Staff College, Joint and Combined Staff Officer School, 2002.

"A SHORT History of Northumberland House, 8 Northumberland Avenue, London." Publicação digital.

STAFFORD, David. "The Detonator Concept: British Strategy, SOE, and European Resistance After the Fall of France." *Journal of Contemporary History* 10, n. 2 (1975): 185–217.

STOCKDALE, Melissa K. "'My Death for the Motherland Is Happiness': Women, Patriotism, and Soldiering in Russia's Great War, 1914–1917." *American Historical Review* 109, n. 1 (fevereiro de 2004): 78–116.

SUGARMAN, Martin. "Two Jewish Heroines of the SOE." *Jewish Historical Studies* 35 (1996–1998): 309–28.

SUMMERFIELD, Penny. "Public Memory or Public Amnesia? British Women of the Second World War in Popular Films of the 1950s and 1960s." *Journal of British Studies* 48, n. 4 (2009).

SUTTILL, Francis J.; FOOT, M. R. D. "SOE's 'Prosper' Disaster of 1943." *Intelligence and National Security* 26, n. 1 (2011): 99–105.

TEGEL, Susan. "Third Reich Newsreels: An Effective Tool of Propaganda?". *Historical Journal of Film, Radio, and Television* 24, n. 1 (2004).

THOMAS, Martin. "After Mers-el-Kébir: The Armed Neutrality of the Vichy French Navy, 1940–43." *English Historical Review* 112, n. 447 (1997).

TILLET, Pierre. *History of WWII Infiltrations into France*. Autopublicação digital.

VALLIANT, Derek W. "Occupied Listeners: The Legacies of Interwar Radio for France During World War II." In: SUISMAN, David; STRASSER, Susan (orgs.). *Sound in the Age of Mechanical Reproduction*. Filadélfia: University of Pennsylvania Press, 2010.

VANDENBROUCKE, Guillaume. "On a Demographic Consequence of the First World War." *Vox*, Centre for Economic Policy Research, 2012.

VANDE WINKEL, Roel. "Nazi Newsreels in Europe, 1939–1945: The Many Faces of Ufa's Foreign Weekly Newsreel (Auslandstonwoche) Versus German's Weekly Newsreel (Deutsche Wochenschau)." *Historical Journal of Film, Radio, and Television* 24, n. 1 (2004).

VIGURS, Kate. "Handbags to Hand Grenades: Preparing Women for Work Behind the Lines in Occupied France." *Women's History Magazine* 76 (outono de 2014).

_____. *The Women Agents of the Special Operations Executive F Section*: Wartime Realities and Post War Representations. Tese (Doutorado em História), Faculdade de Artes, Humanidades e Cultura (Leeds), Escola de História (Leeds), Universidade de Leeds. 592p. Leeds, 2011.

WALLACE, William. "Foreign Policy and National Identity in the United Kingdom." *International Affairs* 67, n. 1 (1991).

WEBER, Eugen. "Of Stereotypes and of the French." *Journal of Contemporary History* 25, n. 2/3 (1990).

WEBSTER, Wendy. "'Europe Against the Germans': The British Resistance Narrative, 1940–1950." *Journal of British Studies* 48 (outubro de 2009): 958–82.

WEISIGER, Alex. "World War II: German Expansion and Allied Response." In: *Logics of War – Explanations for Limited and Unlimited Conflicts*. Ithaca, Nova York: Cornell University Press, 2013.

WERNICK, Robert. "The Shadow of a Gunman from World War II." *Smithsonian*, setembro de 1993.

WHEELER, Mark. "The SOE Phenomenon." *Journal of Contemporary History* 16, n. 3 (1981): 513–19.

WILKINSON, James D. "Remembering World War II: The Perspective of the Losers." *American Scholar* 54, n. 3 (1985): 329–43.

WITTE, Peter; TYAS, Stephen. "A New Document on the Deportation and Murder of Jews During 'Einsatz Reinhardt' 1942." *Holocaust and Genocide Studies* 15, n. 3 (2001).

WORLD War II Military Intelligence Map Collection: Declassified Maps from the American, British, and German Militaries. Geography & Map Division, Library of Congress, Washington, D.C., 2015.

ZEIGER, Susan. "GIs and Girls Around the Globe: The Geopolitics of Sex and Marriage in World War II." In: *Entangling Alliances*: Foreign War Brides and American Soldiers in the Twentieth Century. Nova York: New York University Press, 2010.

ARQUIVOS

ARCHIVES of Libre Résistance, Paris. Amicale Buck.

ATKINS, Vera M. Private Papers. Imperial War Museum, Londres.

BUCKMASTER, Maurice. Diary. Inédito. Cortesia de Tim Buckmaster.

CHURCHILL, Winston. Papers. Churchill Archive, Churchill College, Cambridge, Reino Unido. (Disponível na internet.)

DILKS, Professor D. Private Papers. Imperial War Museum, Londres.

FULLER, Jean Overton. Private Papers. Imperial War Museum, Londres.

JACKSON, M. W. Private Papers. Imperial War Museum, Londres.

JOHNSTON, Tenente J. B. Letter, 1 jul. 1944. Inédito. Cortesia de John Johnston.

NATIONAL Archives of the United Kingdom, Kew, Inglaterra. Material citado em consonância com a Britain's Open Government License.

PARTISAN Leader's Handbook, disponível na internet.

RECORDS of the Special Operations Executive, Series: HS6 (Western Europe), HS 7 (Histories and War Diaries), HS 8 (Headquarters Records), HS 9 (Personnel Files), HS 13 (French Card Index); Records of the Security Service, MI5, Series: KV 2 (Personal Files), KV 3 (Subject Files); Records of the War Office and Successor, Series: WO 309 (Judge Advocate General's Office, War Crimes, British Army of the Rhine War Crimes Group), WO 311 (Judge Advocate General's Office, War Crimes files), WO 204 (Allied Forces, Mediterranean Theatre: Military Headquarters Papers), WO 219 (Papers of the Supreme Headquarters Allied Expeditionary Force, covering the invasion of Northern Europe), AIR 27 (Air Ministry Operations Record Books).

REE, Harry. "Experiences of an SOE Agent in France, Henri Raymond, *alias* César." Cortesia de Steven Kippax.

SERVICE Historique de la Défense, Paris. Series 16P (dossiês individuais), 17P (redes, Buckmaster).

STANDARDS Charges + French & Polish Rail Charges. Cortesia de Nick Fox.

STONEHOUSE, Brian. Private Papers. Imperial War Museum, Londres.

SUTTILL, Francis. Letters. Cortesia de Francis Suttill.

U.S. NATIONAL Records and Archives, College Park, Maryland/Washington, D.C.

WRETCH, C. Private Papers. Imperial War Museum, Londres.

RELATOS ORAIS

Transcrições de entrevistas, cortesia da Dra. Juliette Pattinson:

Pearl CORNIOLEY

Sonia D'ARTOIS

Sydney HUDSON

Lise VILLEMEUR

Nancy WAKE

Sound Archives, Imperial War Museum, Londres.

VÍDEO

BEHIND Enemy Lines: The Real Charlotte Grays. Direção de Jenny Morgan. Londres: British Film Institute, 2002.

BRIAN, You're Dreaming. Cortesia de Gordon Stevens.

LEGASEE: The Veterans' Video Archive. Disponível em: legasee.org.uk.

LE CHAGRIN et la pitié (*Tristeza e compaixão*). Direção de Marcel Ophuls. Télévision Rencontre, 1969.

Para saber mais sobre os títulos e autores da Editora Sextante,
visite o nosso site e siga as nossas redes sociais.
Além de informações sobre os próximos lançamentos,
você terá acesso a conteúdos exclusivos
e poderá participar de promoções e sorteios.

sextante.com.br